刘峰等 著

数智化时代企业发展
——案例透视与范式重构

立信会计出版社

图书在版编目(CIP)数据

数智化时代企业发展：案例透视与范式重构 / 刘峰等著. --上海：立信会计出版社，2025.6. -- ISBN 978-7-5429-7934-6

Ⅰ. F272.7

中国国家版本馆 CIP 数据核字第 2025XG1258 号

策划编辑　　窦瀚修
责任编辑　　秦思慧
美术编辑　　吴博闻
封面绘画　　英　方

数智化时代企业发展——案例透视与范式重构
SHUZHIHUA SHIDAI QIYE FAZHAN

出版发行	立信会计出版社
地　　址	上海市中山西路 2230 号　邮政编码　200235
电　　话	(021)64411389　传　真　(021)64411325
网　　址	www.lixinaph.com　电子邮箱　lixinaph2019@126.com
网上书店	http://lixin.jd.com　http://lxkjcbs.tmall.com
经　　销	各地新华书店
印　　刷	常熟市人民印刷有限公司
开　　本	787 毫米×1092 毫米　1/16
印　　张	21.75
字　　数	516 千字
版　　次	2025 年 6 月第 1 版
印　　次	2025 年 6 月第 1 次
书　　号	ISBN 978-7-5429-7934-6/F
定　　价	98.00 元

如有印订差错，请与本社联系调换

作者简介

刘　峰，男，厦门大学管理学院教授，厦门大学经济学（会计学）博士，厦门大学会计发展研究中心主任、《当代会计评论》主编。在《中国工业经济》《经济研究》《管理世界》以及 Journal of Accounting and Public Policy 等权威刊物发表论文 70 余篇。

程六兵，男，中国海洋大学管理学院副教授，中山大学会计管理学（会计学）博士。在《中国工业经济》等权威刊物发表论文多篇。

郭艳婷，女，厦门大学管理学院副教授，浙江大学管理科学与工程博士。在《管理世界》《南开管理评论》等权威刊物发表论文多篇。

孟庆玺，男，厦门大学会计学系助理教授，上海财经大学管理学（会计学）博士。在《经济研究》《会计研究》《金融研究》等权威刊物发表论文多篇。

李胜难，女，厦门大学助理教授，美国新泽西州立罗格斯大学会计学哲学博士，在 Journal of Accounting and Public Policy 等权威刊物发表论文多篇。

翟伟欢，女，厦门大学管理学院助理教授，香港理工大学会计学博士，在 Review of Accounting Studies、Journal of Corporate Finance 等权威刊物发表论文多篇。

袁　歆，男，东北财经大学助理教授，纽约城市大学巴鲁学院会计学博士，在《财务研究》、China Journal of Accounting Research 等权威刊物发表论文多篇。

石　昕，女，山东财经大学助理教授，厦门大学会计学博士，在《管理评论》《管理科学》等权威刊物发表论文多篇。

苏雅拉巴特尔，男，厦门大学管理学院会计系博士研究生，在《会计研究》《当代会计评论》等重要刊物发表论文多篇。

刘　充，男，厦门大学管理学院会计系博士研究生，在《会计研究》《经济评论》《厦门大学学报》等重要刊物发表论文多篇。

张益嘉，女，厦门大学管理学院会计系博士研究生，在《财会月刊》等刊物发表论文多篇。

郭　婷，女，厦门大学管理学院会计系硕士，现就职于中国汽车技术研究中心有限公司，在《当代会计评论》等刊物发表论文多篇。

陈家辉，男，厦门大学管理学院会计系硕士，现为浙江省衢州市审计局选调生。

屠雨泽，男，厦门大学管理学院会计系硕士研究生，在《会计与经济研究》《当代会计评论》等刊物发表论文多篇。

陈立凤，女，厦门大学管理学院会计系硕士研究生，在《当代会计评论》发表论文。

杨子越，男，厦门大学管理学院会计系硕士研究生，在《会计与经济研究》发表论文。

刘桑田，女，厦门大学管理学院会计系硕士研究生，在《财会月刊》发表论文。

林　熹，女，厦门大学管理学院会计系硕士研究生，在《财务研究》发表论文。

何康欣，女，厦门大学管理学院会计系硕士研究生。

洪景昱，女，厦门大学管理学院会计系硕士研究生。

赵姝娅，女，厦门大学管理学院会计系硕士研究生。

王海丞，男，厦门大学管理学院会计系硕士研究生。

卢乐莹，女，厦门大学管理学院会计系硕士研究生。

胡歆翊，女，厦门大学管理学院会计系硕士研究生。

卢禹心，女，厦门大学管理学院会计系硕士研究生。

詹昀菲，女，厦门大学管理学院会计系硕士研究生，在《财务研究》等刊物发表论文多篇。

孙泽楠，男，厦门大学管理学院会计系硕士研究生。

刘　茂，男，厦门大学管理学院会计系学士，香港大学商学院研究生。

序 Preface

本书由案例研究组成,我们期望用具体的案例来详细展示数智化的含义,以及它是如何影响企业运行的,包括组织架构、商业模式等,从而进一步探究数智化时代企业的财务行为发生了什么样的变化。

在数智化时代,数智化给商业模式和相应的财务、会计等带来了革命性的冲击与影响,这是人们普遍接受的观念。各种媒体、刊物都有相应的报道,诸如"新零售、新技术、新制造、新金融、新能源"等术语,更是成为各种媒体宣传的热门词汇。数智化所引发的各种新商业模式,包括共享单车、滴滴与共享出行、瑞幸咖啡与饮料赛道、新能源与汽车制造、抖音与小红书等新型平台等,是2020年之后我国经济生活中的"热点"。如果我们专注于某个具体的企业或某一个行业会发现,数智化时代的企业在很多方面已经不同于传统工业化时代的企业;同样,会计教材中常用的术语如"主营业务收入"及其所代表的含义,在数智化时代也不同于工业化时代。如果细加分析会发现,数智化时代的社会经济、企业特征、员工行为都发生了不同程度的变化。

目前多数文献对数智化及其影响的研究,采用的主体思路如下:用词频统计等方式来量化企业的数智化程度(刘充等,2023);设定数智化的应用会提升公司运营销量、改进公司运营绩效,用数智化程度来解释企业的绩效等经济后果(张益嘉等,2024)。这些研究为我们理解数智化及其应用提供了增量信息,但是,它很难解释市场上的诸多现象。我们需要审视基础问题。

自2021年起,厦门大学会计发展研究中心在冠亚基金的支持下,邀请天文、地理、海洋、历史、人文、人工智能等多个领域的学者来中心介绍各自学科的发展与动态,以期为会计学者们拓宽视野、拓展思路。例如,人工智能领域的学者在展示大模型时,会提及一个模型通常有超过1万个参数,这实际上也是会计领域研究者们采用深度学习、机器学习等所沿用的思路:人们输入原始数据和最终结果后,让系统采用机器学习的方式摸索原始数据与最终结果之间的关系,同时给出新的数据让系统去预测,再以实际数据去"校验",如此多轮反复测试,最后形成预测能力最优的系统。人工智能领域的研究需要动态地"投喂"数据,提升模型的预测力,但过程是一个"黑箱",拆解"黑箱"的工作,没有意义,也不被重视。OpenAI推出的ChatGPT的迭代版本以亿级参数为基准,如GPT-3是1750亿参数、GPT-4的参数据推测达到万亿级;Grok-1官方公布的参数达3140亿;DeepSeek整体规模约

1 450亿参数,实际激活参数160亿。因此,学术研究中的思辨、逻辑、创新已经交给"多模态大模型",学术研究需要关注知识确立研究问题、如何选择相应的现象和样本,甚至在大模型面前,样本都不需要人工选择,大模型自己可以完成。也正因为如此,学术研究成为算力与数据的竞赛。

事实上,这种研究思路在会计、财务领域已经存在。财务领域中影响极大的Eugen Fama因为提出"有效市场假设",而获得学术界高度认可,他本人也因此获得2013年的诺贝尔经济学奖[1]。Fama和French(1992,1993)的"三因素"模型、"五因素"模型,就是建立在大样本测试之上产生的。它会因为市场环境、样本量、观察期等而变化,如1992年的"三因素"模型的数据基础是1941—1990年CRSP与COMPUSTAT美国股票市场的数据,1993年的"五因素"模型的数据是1963—1991年纳入债券市场的数据,基于"三因素",Fama和French提出公司规模、市净率(PB)两个要素。Fama和French(2015)提出基于股票市场的"五因子"模型。当然,这一研究后续被演化为"因子大战",它会因为纳入样本期间的不同、研究的颗粒度粗细等的不同而不同,能够解释资本市场报酬的"因子"也不同。目前,资本市场中大量基于大模型的量化投资公司,很多时候采用机器、算法驱动。如果打开"黑箱",计算纳入分析的因子,那也是一个天文数字。

本书得到国家自然科学基金重点项目"数智化时代企业的投融资与风险管理"(72232007)的支持。感谢国家自然科学基金委员会的信任,将"数智化时代的企业投融资与风险管理"课题授予我们。在接到任务后,课题组成员反复讨论后认为,在规范的学院式研究展开前,先需要厘清数智化是什么、改变了什么,在此基础上再对数智化时代企业投融资行为进行研究,才能做到有针对性。因此,本课题研究的基础性工作就是通过案例研究打开"黑箱",具体、形象地描述数智化是什么、数智化改变了什么等。

课题组的目标是分专题,选择市场上经典的、有代表性的企业或事件,进行细致的资料整理,并根据需要、可能性条件等,选择部分案例企业进行实地访谈,第一步要完成100个案例,多方位、立体地展示数智化时代企业的具体特征及其变化。第一批选入本案例集的案例,一共分为四组专题,即"数智化是什么""数智化改变了什么""数智化与财务、会计"与"数智化与并购"逻辑。在每一专题中,我们通过多个案例展示数智化时代的具体特征。

通过上述四个专题的资本市场案例,不仅集中展示了资本市场各公司事件及其"故事性",而且透过这些真实世界的案例,逐步展示出数智化所带来的企业存在形式与运行、商业逻辑、相应的财务行为等的结构性改变。正因为这些结构性改变,我们认为,正如国务院《关于印发"十四五"数字经济发展规划的通知》所定义的,数字经济是继农业经济、工业经济之后的主要经济形态,正推动生产方式、生活方式和治理方式深刻变革。我们应认识到这些变革,并进一步尝试将其提炼、学术化,为后续研究提供一个较具体的依据和新的逻辑

---

[1] 1970年,Eugen Fama在 *Efficient Capital Markets: A Review of Theory and Empirical Work* 一文中,区分了三种形式的有效资本市场:弱式、半强式、强式。这之后,有效市场假说成为公司财务研究的主流理论。

起点。

每个专题所展示的内容,是基于最初课题申请而展开的,并在研究过程中根据研究进展进行了调整。各专题前都有一个内容提要,这里不再重复赘述。希望阅读本书,能够为读者的后续研究,提供一些启发。

——数智化是什么。目前学术界对数智化的讨论、量化,总体是采用文本词频定义与抓取的方式,或者用大模型对公司年报文本进行阅读,进而赋值、量化。我们对多个公司运营过程及其采用数智化的具体表现的案例进行分析后发现,数智化的深度嵌入,不仅是公司对数智化技术的应用,而且更是一种逻辑重构,如瑞幸咖啡这种内生于互联网时代的企业,它自身带有数智化基因:从获客到产品交付、从材料采购到产品制作、从运营过程管理到员工激励等,都是以数智化为基础建立起来的。我们选取的三个案例:圆通速递、傲农生物、瑞幸咖啡,都展示了不同类型的企业数智化之路以及数智化的应用。通过这些案例分析,我们希望能够为后续数智化的定义、赋值等,提供一种新的方法。寻求数智化的新的量化方式,也是我们一直在努力的方向之一。我们尝试在文本词频统计的同时,考虑微观个体数智化应用程度的标志性变量等因素。

——数智化改变了什么。既然数智化已经上升到数字经济,并与工业经济、农业经济并列,数智化时代企业、商业模式、商业逻辑等的改变就是深刻且全面的。但是,数智化时代的这些改变究竟是怎样的?只有了解数智化之后的具体改变,才能帮助我们更有针对性地提出具体的研究思路与研究策略。本专题案例涉及的内容广,包括企业的性质、企业边界、市场平权、企业发展逻辑、商业模式与情绪价值、商业模式的脆弱性、企业经营模式的变革等。我们相信,本专题案例所提出的因为数智化而改变的企业及其运行逻辑,能带来一系列有意义的研究话题。

——数智化与财务、会计。我们通过多个案例,包括一些多案例分析,尝试提出数智化时代的财务、会计若干新认识。案例分析发现:数智化全面重构商业逻辑、创新商业模式、重新定义商业风险,数智化对财务、会计的挑战也是全面的。本专题案例只是其中的若干具体表现,如在对比多家公司的现金持有余额与趋势后,尝试提出数智化时代现金角色的转变;类似的问题还包括固定资产、负债、股权等。我们还选入2005年谷歌IPO事件,"一场脱口秀,带火一只股票"等事件背后所体现的财务问题。本专题提出的、有别于现行教科书的"猜想"较多,如现金不再是"润滑剂",而是"加速剂";固定资产是"硬件容器",不再是企业规模与生产能力的象征;负债于企业的风险,不仅仅是流动性问题,而是企业家"能力幻觉"所可能产生的负面效应;股票市场存在"盲盒现象",对于那些因为"脱口秀"等事件去购买股票的交易者而言,买卖股票是"消费"而不是"投资",等等。

——数智化与并购逻辑。这部分单列成专题,是因为在过去一个阶段,我们的研究表明,数智化时代并购的逻辑在改变。我们以美国工业经济时代的汽车企业通用汽车和数字经济时代的特斯拉汽车为例,对比它们各自在达成规模领先过程中所尝试提出并购的一些新"猜想",包括:并购的驱动因素,从"协同"效应转向"套利";并购,从产能、规模扩张到"购雇":通过并购初创性小企业,获取对方的关键人员及创新技术;陷入困境的新能源车企,为什么没有被并购? 它的意义是什么? 优酷合并土豆,土豆的经理人团队出局、土豆品牌消失,驱动因素是什么? 这些案例讨论指向:在数智化时代,并购的逻辑亟待被讨论与重新认识。本专题选出的案例是目前课题组成员正在整理的数十个案例中的一部分,期望通过案例来对数智化及其应用进行全景"扫描",以为当下数智化时代的财务、会计研究,提供来自我国经济运行实践的、真实的参考。

本书是课题组成员的集体成果,所有案例的作者,都在每个案例结尾标注;所有作者的简要身份介绍,设专页列示。屠雨泽负责最后的案例汇集、通读等工作。

1982年,年轻学者谢德曼(Shechtman)在美国霍普金斯大学做访问学者期间,在实验中发现了一种奇特的固体结构,其对称方式既不是教科书所定义的晶体对称结构,也不是非晶体的无定形结构,不符合当时主流理论,即固体结构仅分为晶体对称和非晶体无定形二种结构。如按照传统的研究逻辑,这一发现常常被认为或许只是一个偶然的实验"异象",那么删除即可,科学世界仍能和谐、自洽,但谢德曼在排除了可能的实验误差后,坚定了自己的发现,并进一步细致分析与描述了这种新结构,提出了"准晶体结构"的新概念。这种突破传统的创新发现极大地推动了科技的进步,促成了各种高性能新材料的开发。

理论来源于实践,如果实践改变了,理论需要进行相应变革。新理论的产生,尤其是作为社会科学的会计、财务等新理论的产生,只能源自不断更新、革命的实践。学者通过案例研究,认真、细致地理解当下实践的变化,发现与教科书不一致的"异象",把它提炼出来,形成新的理论。只有如此,才能推动人类认识的进步。

"苔花似米小,也学牡丹开"。虽然会计学科一直不被认为是"显学",但课题组成员仍然在努力,不仅希望能够促进会计的进步,而且希望能够通过有意义的会计理论研究,提升社会对会计的认知。

刘 峰
2025年6月

目录 Contents

1 数智化是什么 ··· 1
  1.1 数智化及其应用：以圆通速递为例 ································· 4
  1.2 数智化及其应用：以傲农生物为例 ································· 15
  1.3 数智化及其应用：以瑞幸咖啡为例 ································· 26
  1.4 企业数智化度量：综合数智化投入和赋能视角 ················ 36

2 数智化改变了什么 ··· 54
  2.1 数智化与企业的性质 ··· 56
  2.2 数智化与市场平权
    ——以游戏驿站和中远海控为例 ······························· 72
  2.3 数智化与企业发展逻辑：基于专有知识的视角 ················ 85
  2.4 数智化与商业模式：从功能价值到情绪价值
    ——以东方甄选"小作文"事件为例 ···························· 109
  2.5 数智化与企业经营模式的变革
    ——以圆通速递为例 ·· 120
  2.6 数智化与广告业模式转变 ··· 129
  2.7 数智化与商业模式的脆弱性
    ——基于每日优鲜的案例 ··· 139

3 数智化与财务、会计 ··· 152
  3.1 数智化与现金的角色转换
    ——多案例讨论 ··· 154
  3.2 数智化与固定资产的意义 ··· 164
  3.3 数智化与负债的意义 ·· 176
  3.4 谁在使用可转换可赎回优先股融资
    ——以极氪和蔚来为例 ·· 187
  3.5 数智化与IPO的演变：从谷歌IPO看保荐人角色 ············ 201

3.6 数智化与企业创立：从产业引领到资本驱动
———以共享单车案例为例 ·· 214
3.7 股票价格行为中的"盲盒现象"研究：以 ST 洲际为例 ················· 226

4 数智化与并购逻辑 ··· 239
4.1 数智化与并购角色的转变：并购与企业发展 ··························· 242
4.2 数智化与并购角色的转变：从"连横"到"合纵" ······················· 255
4.3 数智化与并购角色的转变：从产业引领到套利驱动 ·················· 279
4.4 数智化与并购角色的转变：产能为什么难寻买家？ ·················· 298
4.5 数智化与并购角色的转变：资源联合效应还是资本推动？ ·········· 312

1

数智化是什么

　　数智化是什么？这是数智化研究中先要回答的问题。

　　随着数智化的全面引入，学者们借助强大的算力、不断更新的算法，能够对数据进行量化处理。在目前的研究文献中，关于数智化，最常见、最流行的处理方式是：对公司的公告或年报等代表性文本中使用的、与数智化相关的词语进行抓取、统计、赋值，同时对公司数智化程度进行量化，将结果用于研究数智化程度的经济后果，或者将数智化作为左手变量，讨论数智化的决定性因素。

　　"数智化"一词是个新创词汇。与它同时被交替使用的术语有：信息化、数字化、数字时代、人工智能等。即便在各种大模型应用如 ChatGPT、DeepSeek、豆包等已经普及的今天，这些大模型也只能给出一些似是而非的建议。

　　从字面来解释，数智化是"大数据"与"智能化"的融合。它与"数字化"一词在字面上的差异是：后者侧重全社会一切，包括静态的资源和动态的过程，都可以用数字来表示；前者则在海量数据的基础上，加入了智能化概念。如果认真推敲，没有智能化系统支持的"数字化"，只是庞大且杂乱的数字，是没有意义的。因此，它们尽管名词表述不同，但实际含义是一致的。从这一意义上分析，争论究竟是"数字化"还是"数智化"，就像会计界 20 世纪 80 年代争论究竟是"会计准则"，还是"会计原则""会计规范"一样，容易陷入文字、口水之争，意义不大。因此，本书采用国家自然科学基金委员会设计课题时所选择的术语：数智化，用来指代一种时代趋势，就如同国务院 2021 年发布的"'十四五'数字经济发展规划"一文所定义的"农业经济、工业经济、数字经济"一样，我们将数智化用来指代一种时代特征，与它相对应的是工业化时代或更早之前的农业化时代。

　　数智化时代的标志有很多，核心点是信息记录、储存与传输方式的技术革命，技术革命推动人类社会进步。如电话、电报的发明、普及与使用，先是便于人类信息的沟通，在此基础上，跨国公司、资本市场、现代金融等才会陆续创新。本书不具体讨论数智化的技术性特征，如 4S（speedy、spacious、synchronous、striking）或 5V（velocity、volume、value、variety、veracity），而是强调以下观点：数智化是一种趋势或社会状态，处在数智化社会的微观企业，其数智化既有主动选择的成分，也有被趋势裹挟的因素，并且从社会发展趋势来看，数智化程度是在单向、逐步提升的，甚至会有若干节点出现快速提升。目前的学术文献按照公司管理层在年报或相关公告中提及数智化的频次来度量公司数智化程度,有以下可能性:上市公司今年的数智化赋值水平会低于上一年度,或者上市公司的数智化水平在各年间波动,且会出现部分年份大幅度下降的现象。但是,如果从实际操作来看,除非公司发生重大变化(如因为突发事故、停止公司信息化系统运行,或公司办公场所搬迁到一个通信条件不能满足要求的区域),否则,很难想象现实世界中公司的数智化水平会下降。

本专题案例以几家不同类型公司的数智化实践为对象,展示公司数智化实践的现状,希望能够为学术界更好地理解数智化、度量数智化提供启发。

本专题的第一个案例是圆通速递。圆通速递是本书重点分析的一个核心企业,它在多个专题中出现。追溯起来,圆通速递也是我们关注数智化对企业存在系统影响的触发点。十多年前,快递行业专家邵钟林先生提到当时处于风雨飘摇中的某个快递公司,媒体批评该公司因为加盟商失控导致公司陷入困境。邵先生认为,在互联网时代,因为信息系统的有效运行,加盟商能够被很好地管控,加盟制会成为快递业的一种有效发展方式。正是因为邵钟林先生的提醒,我们对快递业及其发展一直给予较高的关注度,并进一步在观察、思考:当一家快递企业日揽件量达到1 000万件甚至更高时,它的数万个网点如何有效运行?显然,没有数智化系统的加持,我国快递业无法做到年揽件量超过1 745亿件(2024年数据)、平均单日揽件量超过4.78亿件;2024年10月22日,我国快递业最高日处理量达到7.29亿件[1]。因此,我们课题组在研究过程中,经与业内人士沟通、交流,将圆通速递作为案例对象,仔细挖掘圆通速递发展中的数智化及其应用。在本部分案例中,我们通过研究圆通速递数智化的过程,展示数智化在企业中的应用程度及其不断迭代、升级情况,与其他案例一起,让读者对数智化能够形成一个具体的概念。

本专题的第二个案例是傲农生物。养猪企业是传统的农牧类产业。作为大型生物体,每只猪的特性并不相同,同时,猪的生物特性决定了猪可能会出现疾病等个性化现象,加上猪的生长周期相对较长,这些都对生猪养殖的规模、批量化等提出挑战,使得养猪不同于标准工业品的生产与制造。在传统的工业化时代,大规模、快速扩张,是包括养猪企业在内的传统农、林、牧、渔等产业所难以达成的。目前的养猪企业动辄年出栏生猪达千万头,牧原股份2024年出栏生猪7 160万头,且在2015—2022年,该数据每年都以超过60%的速度增长。这部分选取的案例是傲农生物。与养猪业很多头部企业如温氏股份、牧原股份、新希望等进入养猪行业时间久、前期知识积累丰富不同,傲农生物的主业原本是动物饲料,被动进入养猪行业,就这样一个没有经验的行业新进入者,从2018年年出栏生猪不足42万头,发展到2022年出栏生猪近520万头,居养猪行业第五位。傲农生物的数智化应用介绍为读者展示了传统行业的数智化应用实践。

本专题的第三个案例是瑞幸咖啡。咖啡是一个传统产业,且长期发展缓慢。瑞幸咖啡是这个行业的另类:它的创立就是源于互联网基础的。瑞幸咖啡于2017年创立,2019年

---

[1] 资料来源:人民日报,2024-10-25,https://www.gov.cn/lianbo/bumen/202410/content_6982718.htm。

5月在美国纳斯达克上市,创造了公司从创立到上市时间短的纪录。2020年7月,瑞幸咖啡因为不能及时提供经审计的年度财务报告而退市,到2022年第一季度实现全面盈利,且在缴付中国政府6 100万元人民币罚款、美国约1.875亿美元和解款后,公司不但存活下来,而且快速实现了盈利,这是在纳斯达克上市的外国公司中不多的例子。我们的案例研究只是集中在一个小问题上:2023年6月至2024年瑞幸咖啡的数智化系统是怎样的?它是如何帮助瑞幸咖啡实现快速发展的?

我们研究的这组案例还包括了制造业、传统商业、IT服务业等。但一方面,我们的案例分析对这些企业的挖掘不够深、缺乏第一手资料。另一方面,我们在讨论中也不认为它们能够增加关于数智化的新认识,就没有将这些案例收录进本书。相关资料可以通过网站获取。

我们提供了一个新的、比文本阅读与计数更加综合的度量方法。我们的初步测试表明,虽然该方法对数智化的度量,与纯文本计数相比要稳定些。但是,它的适用性程度有待进一步检验。

1.1 数智化及其应用:以圆通速递为例

一、问题的提出

自 20 世纪 90 年代初起,我国快递业发展迅速。2010 年,全国快递业务量 23.4 亿件,业务收入 574.6 亿元;至 2024 年年底,快递业务量发展到 1 745 亿件,全行业收入超过 1.4 万亿元,快递业已经成为我国经济发展的基础性产业。仅 2024 年 10 月 22 日当天,全国快递业务量达 7.29 亿件。在早年手工填单的时代,仅 7.29 亿件快件要在当天完成手工填单、收件、快递公司录入系统这一系列工作,至少需要 25 万人[1]。没有数智化的全面应用,快递业难以快速发展。快递业是数智化应用的一个经典场景:地处偏远地区的农户、商家,依靠电商平台触达用户,用快递将农产品销往全国各地,获得可持续的收入。在一定程度上,快递业是我国经济发展的基础产业[2]。

然而,数智化在快递业是如何应用的?它具有什么特征?在本案例中,我们通过圆通速递具体说明数智化在快递行业的应用场景,以及数智化全面应用后快递业整个业务流程的变化。

二、圆通速递的早期发展

圆通速递成立于 2000 年 5 月 28 日[3],创始人为喻渭蛟。公司以"直营+加盟"的商业模式迅速扩张,通过招募加盟商的方式扩大快递网络布局,形成了圆通速递早期发展的核心竞争力,随后诸多快递公司效仿圆通速递[4]。2003 年,圆通速递是行业内第一个提供全年无休服务的快递公司。当时,国内快递公司普遍采用双休日的作业时间,而圆通速

---

[1] https://www.gov.cn/lianbo/bumen/202410/content_6982718.htm。
[2] 以每件快递填单、收件、录入系统需要 30 秒计算,每天 24 小时工作,需要 25.31 万人当天才能完成收件到录入系统的工作。如果快递公司需要在收件后 3 个工作日内完成输入单据的工作,需要 8.44 万人同时处理,且工作人员不眠不休。如果按照每天 8 小时有效工作时间(不考虑吃饭、上厕所等休息时间),那就需要 25 万人同时工作。显然,在人工处理的场景下,每天揽件上限很低。EMS 于 1980 年投入运营,1990 年全国快递总量只有 343.3 万件。
[3] 我们检索互联网上的资料发现,圆通速递的成立日期有两个不同的说法:上海圆通速递(物流)有限公司成立于 2000 年 4 月 14 日;圆通速递成立于 2000 年 5 月 28 日。这里采用公司网站主页上的说法。
[4] 数智化的全面应用,突破了空间、地域等的限制,增强了规模化企业对经营过程的控制,也使得加盟制这一商业形式得以有效应用。

递喊出了"24小时不间断,一周七天不休息"的口号,推行周内无双休日的模式。这项新规实行的第一年,圆通速递的业务量猛增,单日出件量翻了好几倍。也是在2003年,淘宝网成立,电商企业在国内初步建立,快递业务发展迎来高峰。2005年,圆通速递以异地快递派送费用12元的价格(之前的异地派送费用18元,直降6元)入驻淘宝派送平台,是第一个与淘宝签约后成为其物流供应商的快递公司。当时邮政快递的异地派送费用是每单24元[1]。

2005年后,快递业务量猛增[2],原始的"单点对单点"的快递业模式逐步发展为"多点对多点"和"单点对多点"的网络结构模式。这种网络结构模式要求更强大的管理能力和运作效率,圆通速递原始加盟模式的弊端逐渐显现。在圆通速递公司将省级代理权出售并层级代理的加盟模式下,圆通速递总部对各个网点的管控力度不佳,随着加盟商等级[3]的逐渐提高,圆通速递总部对其的掌控力越来越弱。例如,总部能够知道省级加盟商的快件情况,但对省内之间的快件情况缺乏一定的了解。而加盟商以自身利益为中心,可能会因短期利益而牺牲质量和品牌。同时,这时期中国快递业实行派费互免机制[4],即揽件费归揽件网点,派送费互免。在这种情况下,加盟商出于自身利益,更倾向于提供快递揽收服务,懈怠快递派送服务,从而导致圆通速递网络服务质量参差不齐。

三、圆通速递业务的数智化过程

(一)信息化阶段

得益于淘宝网所带来的业务量的增长,2006年后,圆通速递的业务量大幅上升,这对快递业的数智化提出了现实要求[5]。到2009年,规模以上快递企业完成业务量总计18.6亿件(国家邮政局2009年业务运行情况公告)。2009年,也是"双十一"推出的第一个年份,快递业面临天量快递件冲击的可能性已经来临。

我们将2006—2009年称为圆通速递数智化历程的信息化阶段,或初期准备阶段。圆通速递主要结合当时市场上的相关系统应用辅助业务完成,如通过电子化系统进行信件、包裹单号的记录、核查(韩璐,2016),以此为基础进行全国快递服务网络之间的快递信息交换与记录,从而维持整个快递网络的经营发展。圆通速递在此阶段进行数智化,目标是满

---

[1] 圆通速递于2016年借壳上市。这之前的很多资料缺少系统、可验证的来源。我们在确证主要发展阶段及其特征变化时,尽可能多地查找来源,并通过访谈圆通速递和专业人士交叉验证。由于来源多,这里就不一一列举。
[2] 资料显示,2008年,圆通速递的业务量是60万件/天;2009年为80万件/天。
[3] 省级加盟商为一级加盟商,省级加盟商发展的加盟商为二级加盟商,以此类推。
[4] 以圆通速递为例,加盟商揽收到的快递仅需支付给圆通速递总部定额的费用,并将快件转交,即完成快件揽收工作。而加盟商完成快件的派送,圆通速递总部并没有支付派送费用。多项资料表明,2008年中通快递率先实行有偿派费制,随后被各大快递公司效仿。
[5] 随着快递业陆续与淘宝合作,淘宝和快递业都面临单量短期内快速增长、容易爆仓的困境;在加盟制下,各地加盟商力量壮大后,公司控制力降低,"藩王之乱"与"削藩",是加盟制企业发展到一定阶段所面临的难题。这也是当时各大快递公司先后采用数智化系统的内部驱动因素。

足快递服务的基本要求,即收件、派件的数字化管理,同时建立可凭单号直接网上查询的管理信息系统,实现货物运送过程的透明化,但相关查询系统仅仅停留在对批量货物的时间及地点等基本信息的显示(李鲤等,2010)。

(二) 数字化阶段

数字化的全面应用,与2007年苹果手机推出、移动互联网普及直接相关。具体表现如下:移动端的出现及大力推广,使快递客户变得多元化,由原有的商家为主,发展至商家与个人并存。快递业务件数量在快速增长。国家邮政局发布的年度情况信息显示,2008年中国快递业务量全年约15亿件,2009年为18.6亿件,2010年为23.4亿件,2011年进一步增至36.7亿件[1]。快速增长的快递业务量,对快递行业的数智化提出要求与挑战。

2008年9月,当时任职上海市邮政局的邵钟林先生组团带领各个公司赴美,参加中美商贸对话,并参观美国邮政、联邦快递、UPS等公司。这是我国快递业数智化的启蒙之旅[2]。自2009年开始,圆通速递以与IBM合作的方式开发拥有自主知识产权的快递服务信息化运营系统——"金刚系统",保证系统功能与公司业务发展要求高度匹配,极大地提高了企业内部管理效率和客户服务质量,为公司不断拓展境内外业务奠定了基础。2011年5月,中国快递协会官网发布一则新闻,"圆通速递'金刚'系统一期工程正式上线",这标志着圆通速递由信息化阶段向数字化阶段迈进。

圆通速递重组报告书显示,"金刚系统"为圆通速递服务网络的各重点业务环节提供信息技术支撑,包括主要数据[3]管理、路由规划、快件操作、汽运管理、企业运输管理、企业物料管理、快件周期结算管理、网点信息管理及快件全生命周期管控等业务环节,实现业务流程和内部管理流程数字化。圆通速递还开发了"罗汉系统",协助加盟商加强内部规范化管理运作;"行者系统",协助快递员提高工作效率。在上述系统的支持下,圆通速递实现物流、资金流和信息流合一,提高了快件揽收、分拣、运输和派送环节的工作效率,使得整个快递网络的运能提升,2014年圆通速递单日最高处理量突破2 500万件。

包括圆通速递在内,快递业数智化革命的一个重要事件是"电子面单"的引入。电子面单的引入,加上从2001年开始就陆续投入使用的三级编码与自动分拣系统,使得快递从揽收到分拣、派件过程实现了数字化,也使得揽件高峰期的单日数亿件快递件可以实时完成收件、转运、分拣等。圆通速递于2014年7月完成与"菜鸟版"电子面单系统的对接,并在全网使用。

---

[1] 2009年,淘宝推出双11购物节活动,当年淘宝的日销售额为5 000万元;2010年这一数字增长到9.36亿元(按单件平均价格90元计,约1 000万件包裹或快递件)。如果没有数字化手段,大量包裹或快递件会造成爆仓等后果,双11活动将难以为继。

[2] 2023年8月,我们在进行快递业调研中,专程赴上海邵钟林先生工作室进行访谈,他向我们提供了这一背景,并向我们提供了这次访问的一张合影照片。

[3] 主要数据包括基础数据、权限、价格、组织机构、产品等内容。

2016年，圆通速递研发推出隐形面单，通过技术手段实现对用户的手机号、姓名和地址等信息的加密处理，提高并加强快递单的信息保密和综合防伪功能。快递员可以通过公司自主研发的行者App，直接拨号至收件人，更好地保护个人信息。

2016年10月20日，圆通速递借壳"大杨创世"(600233)，在上海证券交易所举行A股上市仪式，成为国内快递企业上市的第一家公司。2017年11月，圆通速递战略并购香港上市公司先达国际，完成快递行业首例大规模跨境并购，布局国际货代业务。

由于圆通速递2016年借壳上市，我们可以取得的、经过验证的数据是2013年后圆通速递的数据。圆通速递2013—2023年的业务量见图1.1-1a，营业收入见图1.1-1b。2013年，圆通速递的业务量已经达到12.84亿件，当年全国快递业务量约为92亿件。

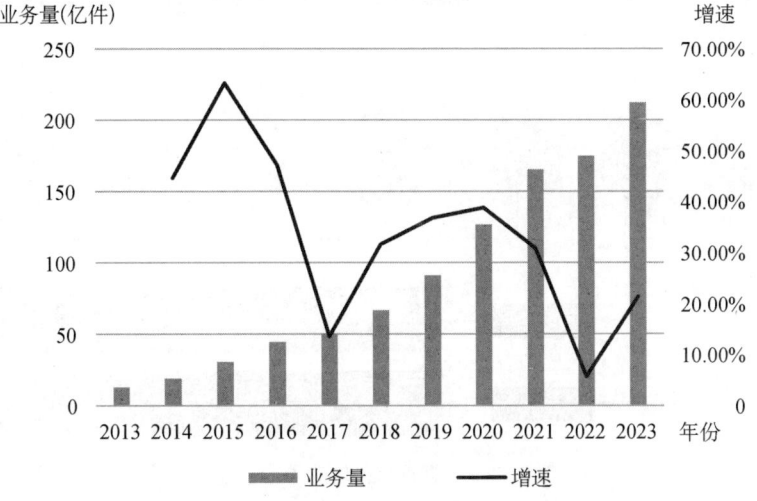

图1.1-1a　圆通速递2013—2023年年业务量

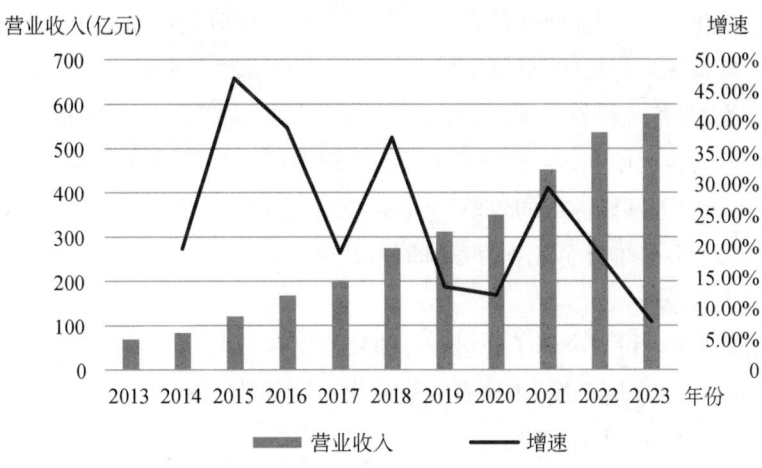

图1.1-1b　圆通速递2013—2023年营业收入

我们将这一时期划分为圆通速递数智化历程的数字化阶段(2009—2017年)，圆通速递主要是和IBM合作开发了圆通速递自有的信息化平台(图1.1-2),并基于此系统,对快递服务网络进行了管理模式改革、业务模式改革。圆通速递管理模式由"省级代理权出售、各市级加盟公司申请省内代理"的加盟模式(韩璐,2016),转变为"枢纽转运中心自营和末端加盟网络"的运营模式,并基于"金刚系统"的应用,实现每个快递从揽收至派送的跟踪。在业务模式上,圆通借助"金刚系统",将整个快递服务过程划分为揽收、中转、运输、派送四个模块并分别进行管理与协调。

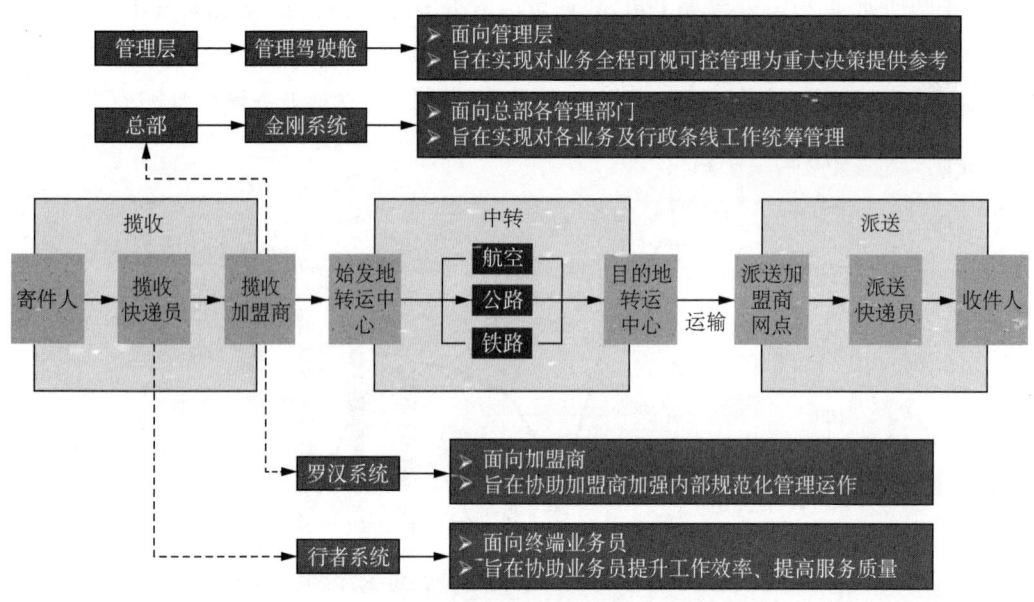

图 1.1-2　圆通速递信息平台示意图

资料来源:圆通速递重组报告书。

不同于信息化阶段,圆通速递的数字化阶段在信息化阶段的基础上,将圆通速递业务运行的各大信息系统进行集成,形成集成化的信息平台,即"金刚系统",并通过此信息系统实现业务规范化、业务流程数字化。自2012年起,圆通速递逐渐将省级枢纽转运中心收回形成自营核心枢纽转运中心,通过"金刚系统"实现对终端加盟商的直接管理,减少了中间层级,提高了快递服务网络内部的效率。同时,依托强大的信息处理系统,圆通速递快件的日处理能力由几十万票攀升至几千万票(杨芬,2016)。

(三)智能化阶段

2017年,圆通速递设立全资子公司——圆擎信息科技公司,持续对"金刚系统"进行迭代升级(图1.1-3)。"金刚系统"由原有的集成化平台架构向模块化平台架构转变,并实现各模块的数据互联互通、实时共享。

自2018年开始,圆通速递陆续在转运中心、城配中心投入自研的自动化分拣设备,提升计费精度、分拣操作效率和人均效能,逐渐降低操作环节对人工的依赖,从而降低中心操作成本。同时,圆通速递依托信息系统,持续梳理、规划干线路由,实现中转路由的动态优

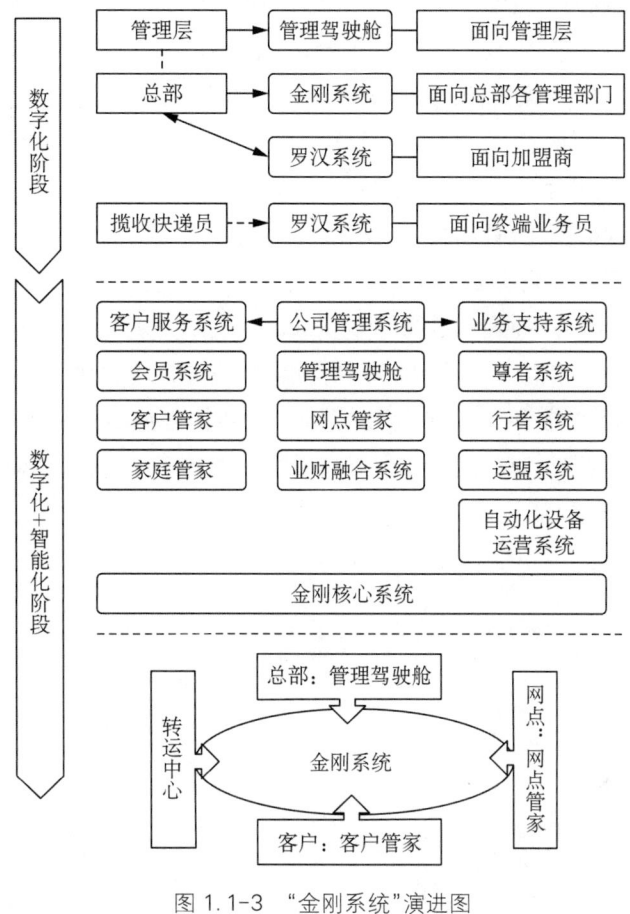

图 1.1-3 "金刚系统"演进图

资料来源:公司年报,作者自制。

化和调整;加大对转运中心与加盟商之间的运力统筹,实现无缝对接;提升自有车辆占比,并依托智能化的运力线上管理平台,实现对区域内的转运车型的统一调配,统筹转运中心与加盟商、加盟商与加盟商的运力资源调配,推动运能成本降低。

2020年,圆通速递逐步建立智能客服系统,完善智能客服应用场景,推进业务系统与智能客服融合,客服工单直达客服人员,并推广应用至电话客服、网点助手等辅助应用,为客户、客服专员及业务员等提供智能监控、智能申报、智能处理、智能催办及无忧赔付等综合服务,从而降低客户投诉率。

2021年,圆通速递促进数字化转型在业务运营、职能管理、市场拓展等方面的全方位渗透,业务全流程实现动态预测、精准画像和科学管理,同时通过信息化系统和数字化工具赋能加盟网络,实现全网数字化、一体化管理,公司依托全生态的信息化系统,逐步实现运营信息化、操作自动化、服务智能化、管理数据化、结算精确化。

2022年,圆通速递日常监控与考核单元逐步细化、精准,管控边界进一步延伸,实现业务运营实时监控、精细考核、智能决策。

在管理数字化、业务流程数字化的基础上,圆通速递结合大数据、物联网、人工智能等技术的应用,向智能化方向发展。圆通速递设立的圆擎信息科技公司,自主设计研发运输、仓储智能装备及自动化分拣设备,持续优化升级完善"金刚系统",打通、联通各信息化板块[1],致力于推动公司信息化、数字化、智能化发展。在数智化的赋能下,圆通速递先后实现全网、全过程信息化运作和智能化管控,快件时效、服务质量、运输装卸、中转分拣、快件配送等业务全流程数据化、移动化、可视化、实时化。

根据圆通速递相应的财务数据,2023年快件业务量达212.04亿件,日均业务量超5 800万件,而2013年圆通速递年业务量仅为12.84亿件,日均业务量不足400万件。数智化使得圆通速递进一步提升自己的业务处理能力,通过打通快递流转各个环节的数据并智能流转,提高了快递产能和业务处理能力上限,单票快递成本逐年下降。在产能快速提升的同时,数智化还促进圆通速递进一步提高工作处理效率,提高人均效能,通过数智化系统动态调整路由、实现智能化决策,从而实现快递全链路的降本增效,圆通速递2016—2023年营业收入及单票成本信息见表1.1-1。

表1.1-1　　　　　圆通速递2016—2023年营业收入及单票成本信息

项目	2016年	2017年	2018年	2019年	2020年	2021年	2022年	2023年
年营业收入(万元)	1 681 782.56	1 998 220.10	2 746 514.45	3 115 112.10	3 490 704.16	4 515 495.36	5 353 931.40	5 768 434.96
年业务量(亿件)	44.6	50.64	66.64	91.15	126.48	165.43	174.79	212.04
单票收入(元)	3.75	3.68	3.44	2.95	2.27	2.26	2.59	2.41
单票成本(元)	3.27	3.29	3.03	2.60	2.13	2.13	2.32	2.18
单票运输成本(元)	0.94	0.93	0.80	0.69	0.51	0.50	0.51	0.46
单票网点中转费(元)	0.56	0.51	0.40	0.21	0.12	0.15	0.15	0.13
单票中心操作成本(元)	0.45	0.47	0.44	0.36	0.31	0.30	0.31	0.29
单票面单成本(元)	0.03	0.01	0.03	0.03	0.02	0.02	0.02	0.02
单票派送服务支出(元)	1.30	1.37	1.37	1.31	1.17	1.16	1.33	1.28
单票毛利(元)	0.47	0.39	0.42	0.35	0.14	0.13	0.27	0.23

数据来源:圆通速递公司年报。

---

[1] 这里的信息化板块指的是圆通速递面向总部的管理驾驶舱、面向网点的网点管家、面向客户的客户管家及面向业务的全流程系统,主要根据圆通速递核心"金刚系统"的前后转化认定。

四、圆通速递的数智化应用

快递业具有"全程全网"属性,即一家快递公司能够完成从揽件到最终派送全过程,不受距离远近、区域偏远等因素的限制。只有当快递公司能够完成全程全网数智化,快递行业的全面发展才变得可行。

快递需要经过揽收、运输、分拣、派送四个环节,而异地快递至少需要经过2次分拣、3次运输[1]。对于圆通速递而言,快件流通需要经过多次快件转移,其中涉及寄件人、揽收快递员、揽收加盟商、始发地转运中心、目的地转运中心、派送加盟商网点、派送快递员、收件人等关键节点。快件从寄件人到收件人,快件服务离不开信息系统的支持。基于此,我们结合信息系统分析圆通速递在不同数智化阶段业务流程的变化,圆通速递不同数智化阶段的业务流程见表1.1-2。

表1.1-2 　　　　　圆通速递不同数智化阶段的业务流程

项目	信息化	数字化	智能化
加盟商	合作伙伴关系,各省级加盟商之间进行快递服务网络建设,并自行建设发展下级加盟商	各省级加盟商成为圆通速递子公司,形成上下级结构,权力相对集中,在快递运输跟踪及财务结算均处于圆通速递的控制下	加盟商扁平化,由圆通速递总部直接管理,人、财、物及快递运输作业均处于监控下
作业流程	加盟商揽收及配送区域内快递,区域外的快递转交上一级加盟商并支付快递中转费,省级加盟商之间互相支付快件中转费	加盟商区域外的快件直接运输至系统分配的转运中心,由圆通速递总部统一调配转运中心之间的快件运输	加盟商将区域外的快件送至转运中心或建包中心进行分拣中转,城配中心则可将快件直接分拣至终端门店或快递员
揽收	接单员电话接单,录入快件信息后短信通知相关区域快递员上门取件,并于规定时间将快件送至营业网点	接单员通过网站接单,并通过网站平台发送收件信息至快递员,快递员上门收件;电商件部分采用仓储一体化,由快递公司的仓库代为发件派送	快递员通过系统派单,前往收件地揽收快件
分拣	人工分拣作业	人机分拣作业	自动化分拣作业
派送	回收签收联,并在规定时间内交至营业网点上传系统	通过移动设备自动扫描快件签收信息,并在全部完成后上传系统	通过移动设备扫描快件签收信息并实时上传签收信息
运输	采用运输外包方式,相关物流通过系统跟踪	转运中心之间的快件中转由圆通速递集中运输,转运中心与加盟商由加盟商承担快件运输,快件物流跟踪细化至每一个快递	统筹区域内运力资源,拓宽与优化城配中心及建包中心等覆盖范围,推广无缝衔接,并提升自有车辆占比,快件运输实现实时跟踪及可视、可控

---

[1] 异地快递由揽收加盟商运输至始发地转运中心,始发地转运中心分拣后运输至目的地转运中心,目的地转运中心分拣后运输至派送加盟商。

圆通速递在早期的发展过程中,通过租赁信息和自建跟踪系统进行快递服务流程的辅助。2009年起圆通速递自建信息系统,即"金刚系统",在满足快递服务流程的基础上强化了对加盟商的管理。2016年3月圆通重组报告书显示,其信息系统服务于快递作业流程。"金刚系统"及其他辅助系统的应用规范了快递作业流程,实现了圆通速递总部对加盟商的直接管理,同时强化了总部对终端业务员的管控,完成了快递流程的终端管理。这一阶段圆通速递对快递的跟踪实现由派送网点到终端业务员的细化。

圆通速递自建信息系统——"金刚系统"自上线后,多次进行了迭代升级,其核心系统形式由集成化平台逐渐向模块化平台演进。根据"金刚系统"的升级迭代,圆通速递的快递业务逐渐分为三大模块,管理驾驶舱、网点管家、客户管家分别支持业务、客户服务、公司管理等运行,且各大模块数据互联互通。业务数据和网点加盟商、客户实时共享。

快递服务流程大致分为揽收、运输、分拣、派送四个环节,数智化系统的全面应用,改变了圆通速递快递服务各环节作业方式,具体如下:

揽收环节由原始的人工填写四联纸质面单,转变为由消费者通过系统填写信息,快递员通过信息联通的系统自动生成并打印电子面单。对于电商件的揽收,圆通速递提供仓储服务,为电商卖家提供货物仓库并可直接发货,节省从电商卖家处揽收快件的工作环节。

运输环节的快递在途信息由仅快递公司通过具有定位功能的系统知晓,转变为快递在途物资通过数智化系统与消费者实时共享,每一个快递的在途状态均实现了与客户实时共享。根据2020年年报,圆通速递通过客户管家、微信公众号等实现快件信息互通共享。而在此之前,客户需要通过联系快递公司人员查询快件在途信息。

分拣环节由原有的人工分拣作业逐渐转变为自动化分拣作业,在提高分拣效率的同时降低分拣出错率。圆通速递于2011年在全国网络56个转运中心投入人机结合的流水线分拣设备,改变了仅依靠人工进行分拣的作业方式。2018年至今,圆通速递通过在转运中心、城配中心投入自动化分拣设备,在分拣环节逐渐实现自动化作业。

派送环节由以送件上门为主转变为以快件自提为主,圆通速递逐渐完善多元化终端体系,通过鼓励加盟商与菜鸟驿站、第三方驿站及智能快递柜建立合作,逐渐提高快件自提比例。根据圆通速递公司年报,圆通速递快件入库、入柜比例在2020年超50%,2023年超71%。

五、讨论与暂行结论

我们以圆通速递为例,具体说明数智化在快递行业的应用情况。结合快递业天然的"全程全网"属性与信息流通的时效性要求后研究发现,数智化实现了全程、全网数据实时共享,使得快递业在短时间处理较高业务量成为可能。

圆通经过多轮的数智化升级,已经成为我国领先的快递企业之一。2023年,圆通速递的业务量超过212亿件,平均每天的业务量超过5 800万件。按照一个快递从揽收到交付平均时长为3天计算,圆通速递平均交运中的快递件数超过1.74亿件[1]。如果没有数智化系统的支持,1.74亿件的快递难以正常流转。数智化的全面、深度应用,让快递这一职业焕发新机,2023年邮政行业寄递量为1624.8亿件,不包含邮政包裹的1320.7亿件快递,全行业收入为15 293亿元[2]。可以说,没有数智化的全面应用,就不可能出现如此庞大的快递量,也不会出现一个1.5万亿元收入的行业,且这一数字还在持续、快速增长中。

数智化的全面应用,改变的不仅是效率,而且包括更快的处理速度、更多的业务量,数智化也在逐步地拓展并重新定义快递业的业态,乃至边界。例如,快递业能够有效地拉平空间、地域的差异,让西部、偏远地区的产品,尤其是农产品,能够快速送达全国的用户,有效地实现了市场平权(刘峰,2023),从而推动我国偏远地区居民能够快速、高效地接入并拥抱市场。

上述关于圆通速递数智化过程及数智化状态下企业运行特征的案例,还衍生出以下值得讨论与关注的现象:

——关于数智化的度量。快递业天然具有全程全网的特性,它对数智化的要求也是全程全网的。设想一下:一家快递公司全流程都数智化,只有最后的派送终端没有联网,大量快件需要人工识别、派送。每天数以千万计的快递需要人工识别、派送,最后这个环节一定成为整个公司运行的"盲肠"。因此,目前的主要快递公司都已实现全程全网数智化。对于数智化的量化,以涉及数智化的词频数量来衡量企业数智化程度,即便不是错误的,也在一定程度上是"答非所问"。数智化的程度及其量化,需要有更加确当的度量方法。

——关于数智化与企业经营模式。圆通速递采用的是加盟制,即全国超过30 000个网点是以加盟方式接入的。加盟制与直营制,一直是商业发展过程中的"两条路线",各有优缺点。但是,快递业在引入数智化、实现控制后,最大限度地弥补了加盟制的缺陷,因此,数智化时代快速发展与扩张的行业,都不同程度地应用了加盟制,包括快递业的中通、申通、韵达等,也包括咖啡、奶茶类企业。

——关于数智化与企业组织形式。企业组织形式会因为经济活动特征、环境、法律、社会等而变化。数智化的全面应用,使企业的管理边界扩大,企业规模(包括地域空间和员工数量、业务范围等)都在扩大,相应地,企业组织形式也在创新。

(陈立凤　刘　峰)

参考文献

[1] 韩璐,阿细.圆通速递的江湖[J].21世纪商业评论,2016(9):36-45.
[2] 李东红,曹珊珊.圆通速递:用人工智能代替传统客服[J].清华管理评论,2020(12):120-126.

---

[1] 根据国家邮政局发布的2023年快递服务满意度通告,72小时投妥率为80.97%。国家邮政局关于2023年快递服务满意度调查和时限妥投率测试结果的通告(spb.gov.cn)。
[2] 国家邮政局2023年邮政行业运行情况通报。

[3]李鲤,李晓霞.我国电子商务快递服务业问题初探[J].科技信息,2010(34):651+654.

[4]李曼.中通掌门人的"创"客之旅[J].科技创新与品牌,2021(11):42-45.

[5]刘峰.数智化与市场平权:以游戏驿站和中远海控为例[J].甘肃社会科学,2023(6):180-189.

[6]喜崇彬.从圆通速递的成长看快递行业技术变革与发展:访圆通速递副总裁相峰[J].物流技术与应用,2017,22(8):96-98.

[7]杨芬,CFP.喻渭蛟"圆通速递"天下[J].企业观察家,2016(12):30-33.

1.2 数智化及其应用：以傲农生物为例

一、引言

数智化的全面应用，不仅限于咖啡、奶茶等新零售或共享出行等新赛道，以及淘宝、京东、拼多多、抖音等平台类企业，而且也在逐步嵌入传统产业与传统行业，并在逐步改造传统行业与传统产业。本案例所关注的养猪业，就是典型的传统产业，主要产品是单体重量超过100公斤、生长周期约6个月的生物资产，即猪，加上每头猪都会存在一定的个体差异，传统的饲养过程对经验丰富的人力资源的依赖度高，因此，传统的养猪业难以大规模经营。我国目前养猪业的总体发展呈现超大规模、快速发展的特征。例如，牧原股份生猪出栏量2020年为1 811.5万头、2022年为6 120.1万头、2024年为7 160万头，其背后的支撑就是数智化。

养猪业全面进入数智化，既有企业主动选择、积极拥抱的因素，也有环境导致企业被迫选择数智化。我国2014年的环保新规、2018年的非洲猪瘟[1]等，推动了养猪业在过去数年里整个业态的改变，其中之一就是养猪企业陆续选择数智化及其应用。我们以傲农生物为例，具体展示数智化在传统企业如养猪业的应用情况，并讨论数智化的全面应用对传统行业可能的影响。

二、养猪业与傲农生物的简要介绍

我国是猪肉消耗大国，但生猪养殖长期处于农户分散养殖状态。1979年正大集团进入中国后引入现代化的猪饲料产业；之后，我国生猪养殖开始出现规模化扩张。总体而言，养猪模式仍然是以传统的农户分散养殖为主。而随着2013年《畜禽规模养殖污染防治条例》颁布和2014年修订后的《中华人民共和国环保法》发布，新的环保法规给养猪行业带来冲击，中小养猪企业因为环保投入加大而选择退出市场。2018年8月，我国首次发生非洲猪瘟疫情，影响持续扩散，对生猪产能以及猪肉价格提出新的要求，即要求生猪养殖企业能够高度隔离可能的传染，生猪养殖行业的数智化程度大幅提升，生猪养殖的批量化、规模化

---

[1] 2018年8月2日，沈阳市沈北新区沈北街道发生疑似非洲猪瘟疫情，当年8月3日确诊。疫点内913头生猪全部进行扑杀与无害化处理。

速度加快。根据国家统计局公布的数据，2010年，我国生猪出栏量为67 333万头，到2014年升为74 952万头；之后，持续下跌，2020年更是降至52 704万头。生猪出栏量下降导致猪肉价格上涨。在资本的推动下，我国生猪行业生产方式发生革命性转换。在这一阶段，养猪企业进行数智化转型，规模快速扩张。

2014年全国生猪出栏量达到近74 952万头，当年温氏食品集团股份有限公司（以下简称温氏股份）、牧原食品股份有限公司（以下简称牧原）、正邦科技股份有限公司（以下简称正邦）分别出栏1 594万头、186万头、158万头，合计占比不超过3%。通常，年出栏生猪5 000头以上的猪场被定义为规模猪场（《建设项目环境影响评价分类管理名录（2021年版）》）。根据农业农村部的数据，2014年我国生猪养殖规模化率为41.8%，2020年达到57.1%。2019年国务院办公厅印发的《关于稳定生猪生产促进转型升级的意见》中，明确要求提升生猪养殖规模化率。2023年全国生猪出栏量达到了72 662万头，同比增长3.8%，接近20年来的最高水平。17家上市养猪企业在2023年累计销售生猪超过1.46亿头，2023年前十大上市养猪企业的生猪销量超过1.3亿头，占全年生猪出栏数的17.89%。规模化养殖不断发展。

传统养殖业高度依赖专业人才，它的高速、超大规模发展，需要克服的因素有很多。生猪养殖行业如何克服传统产业发展和增长过程中的约束条件和限制，包括专有知识门槛、人力资源约束等。我们在对养猪业长期关注和实地研究后认为，数智化突破工业、社会、产业增长约束的限制或障碍，社会产能得以迅速提升。放眼生猪养殖行业，首先，因为环保新规等要求，养猪业为达到环保标准加大投入并扩大规模。其次，非洲猪瘟疫情提醒养猪业提升科技水平，杜绝生猪养殖过程中与外界的接触，包括大幅降低饲养人员与存栏生猪的接触，以规避可能的风险。

这种客观环境对养猪企业的技术水平提出了更高要求，养猪成本增大、风险提升，传统散户养猪方式逐步退出养猪市场；基于大数据和人工智能的数智化，逐步成为规模化养猪企业的标准配置，重构生猪养殖业的运行逻辑。

傲农生物，全称为福建傲农生物科技集团股份有限公司，2011年4月在福建省漳州市注册成立。公司成立之初的主要业务是猪饲料业务，后因为下游猪场经营困难，自2014年起被动生猪[1]。2017年，公司在上海证券交易所上市，代码603363。

由于生猪价格上涨，在资本的推动下，傲农生物的生猪养殖业发展迅速。2014年，傲农生物年出栏商品猪在1.5万头水平，与普通农户或小规模养猪场没有本质区别，2017年增至22万头。在这一阶段，傲农生物养猪更多带有实验性，为猪饲料的配方提供实验基地。2018年非洲猪瘟疫情导致猪价上涨，在资本的推动下，傲农生物养猪规模快速增长，2021年，傲农生物出栏生猪325万头，2022年这一数字升至518.93万头。自2020年起，

---

[1] 公司招股说明书表明，公司自2014年起养猪；笔者之一曾担任傲农生物的独立董事，并带队访谈傲农生物的部分高管，上述被动养猪的说法得到多位高管的确认。

傲农生物的生猪出栏量就位居国内养猪业上市公司前十名,2022年更是升至第5位。傲农生物2018—2023年各年生猪出栏量以及增长率见图1.2-1。

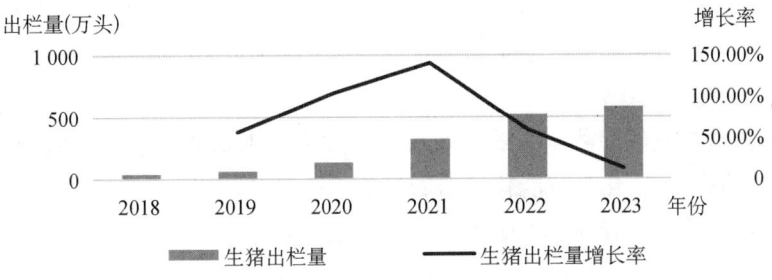

图1.2-1 2018—2023年傲农生物生猪出栏量及增长率

制造业产品高度标准化,容易形成规模化产能,在福特汽车流水线之后,制造业产能实现高速增长,已经有相对成熟且成型的模式与路径。生猪养殖业是传统的畜牧业,养猪的周期长,单体猪体重大,存在个体性差异,规模化生产存在难度,产能增长需要解决的问题较多。傲农生物于2014年进入养猪业,2020年养猪超过百万头,位列全国上市公司生猪出栏量第8位,2022年更是升至第5位。傲农生物是如何解决传统养猪业过程中的约束与限制、快速提升产能的?我们认为是因为数智化的全面应用。

三、傲农生物数智化:养猪过程智能化

如上所述,傲农生物早年的主要业务是猪饲料。由于猪饲料业务都是面向中小规模养猪场,为了更好地获客并留住客户、增加客户黏性,傲农生物开发了面向中小规模养猪场的生猪管理系统(猪OK系统),免费供购买傲农生物猪饲料的养殖场使用。这一系统能够帮助中小规模的养猪场进行猪场管理。2014年开始的新环保法规让部分中小规模养猪场在面对增加的环保要求下,它们要么选择升级,要么选择退出。在这一环境下,傲农生物因为货款无法收回,被动接手养猪企业,从而进入养猪业。

傲农生物在2018年前,并没有将养猪作为主要的发展方向,因此,2014—2017年,养猪都是小规模运行。2018年的非洲猪瘟事件,导致生猪出栏量下降、猪肉价格上涨,傲农生物才真正将养猪业作为发展方向。非洲猪瘟事件中,按照当时的防疫要求,任何一个地方一旦出现非洲猪瘟,3千米半径区域内的猪都必须做扑杀和无害化处理。任何一个养猪场,一旦发现疑似非洲猪瘟,那么,该养猪场内的全部生猪都必须要扑杀,企业蒙受损失。为此,2018年后开启的养猪场,通常都建立在相对偏远的山区,甚至养猪场就建立在无人居住的山头上。例如,我们在2024年8月曾经实地访谈过一家养猪场,该养猪场位于福建安溪县的山上。进入养猪场的过程非常严格,所有进入猪场的人员,都必须要首先接受非洲猪瘟检测,如果确认是阴性,则在距离猪场10千米之外的指定场所隔离3天以上,且不

能携带任何外来物品,即便是手机、电脑、香烟,都要经过多轮消杀处理。这使得工作人员无法随时自由进出猪场,导致养猪场通常都只保有最少的专业技术人员,且技术人员一旦进入猪场,没有特殊情况,一般都在猪场坚持工作3个月以上再轮换。我们在实地访谈时,遇到一位猪场负责人,已经连续在猪场工作超过半年,且没有下过山。他与家人的联系,就是每天晚上的视频通话。

这种饲养环境要求,推动了规模化养猪企业最大限度地减少养猪过程对人的依赖,实现养猪过程自动化、无人化与智能化。傲农生物的养猪全过程实行数智化,包括母猪繁殖、小猪养殖、育肥猪养殖与管理等。图1.2-2是傲农生物全部系统的示意图。

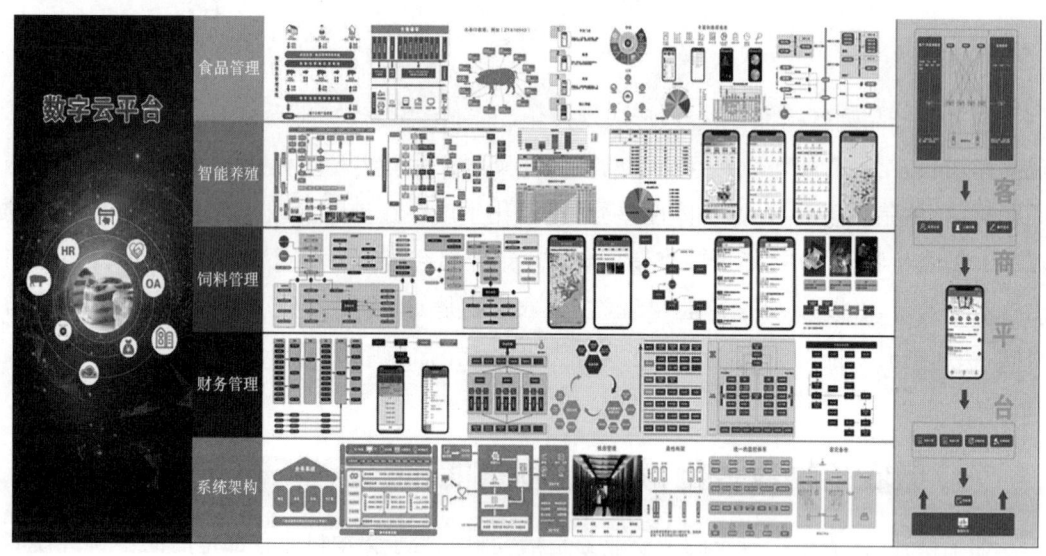

图 1.2-2　傲农生物数字云平台架构

资料来源:傲农生物提供。

如图1.2-2所示,傲农生物的数字云平台(猪友安)下辖智能养殖、食品管理、饲料管理、财务管理系统。如表1.2-1所示,傲农生物的数字云平台采用了各种数字技术,如物联网、大数据分析等,这些数智化技术的使用,减少了养猪过程对熟练的专门人才的依赖。

表 1.2-1　　　　　　　　傲农生物数智化养猪技术概述

应用场景	功能描述	数智化实现
个体识别	记录每头猪的品种、系谱、体重、运动量、体温、采食和异常行为等	物联网、视觉识别等
种猪管理	监测母猪的发情、配种和猪的膘情;仔猪的成长状况、断奶率等	传感器技术、视觉识别等
饲喂管理	得到每头猪每天的实际饲料和饮水数,实现精准饲喂以及饲料的转换率	RFID技术、视觉识别

(续表)

应用场景	功能描述	数智化实现
生长曲线	根据每头猪每天的采食、体重、健康状况绘制猪只的生长曲线,预测猪价、产量等	大数据分析
疾病防控	猪只疾病监测、免疫提醒等	传感器、大数据分析
环境控制	对猪舍内二氧化碳、氨气、硫化氢、空气温湿度等进行控制	传感器技术、物联网技术

上述数智化过程大致可以分为四个系统化模块,分别是:智能养殖系统、智能食品管控、智能饲养统筹、智能财务调配。

(一) 智能养殖系统

在生猪养殖业数智化系统中,最重要的就是智能养殖系统,它涵盖生猪养殖的全生产过程。

生猪养殖业的全流程始于种猪的筛选。选择高产能母猪,并及时淘汰低效母猪,是提升生猪养殖效率、降低成本的重要手段。传统挑选与淘汰母猪的方式完全依赖经验,根据大量畜牧业用书中的记载,挑选母猪可以按"倒 6 字"顺序来观察,依次从头、胸、背、臀、后肢、前肢、腹部、外阴来观察后备母猪是否符合挑选要求,并有一定的标准供参考,类似于"按图索骥",完全依赖"伯乐"的成熟经验,这种成熟经验属于"专有知识",相对稀缺,且短期内难以复制。

以育种优化为例,数智化技术改变了育种和淘汰母猪依赖成熟经验的路径:

(1) 育种和挑选母猪。养殖系统记录了母猪从断奶到分娩过程中的繁殖数据、发情数据、背膘数据等以及公猪的性状数据、系谱信息以及基因芯片数据等全部数据,并自动、实时同步到基因组选种平台,有效沉淀育种数据,提高育种效率。举个例子,在母猪分娩性状数智化选育上,初生重是重要的指标,但传统的称重方式会有误差,且称重记录需要手工录入,后续难以有效使用;而通过智能称仔器将数据实时上传到系统中,可以实现仔猪动态称重及体况智能分析,并能确保数据准确,再结合养殖系统,数智化管理种猪分娩性状,进行基因组育种应用。

(2) 高繁殖公猪的智能化选育。对于大群体高通量的公猪繁殖进行自动化采集,通过精液检测系统进入精液溯源管理系统,数据获得后进入遗传评估系统,通过几年的选育,高产能的母猪和公猪得到了保留,不再需要按照猪的外观来挑选优秀的母猪。而在淘汰方面,系统对即将进入或正在发生的种母猪生产事件进行预警提示,如待配母猪提示、待断奶母猪提示、母猪预产期、母猪上产床提示等,并对产能效率不高的母猪进行预警,降低非生产天数。如图 1.2-3 所示,通过系统以及各类数据关联,可快速定位问题猪只或舍栏,"预警提示"可发现已经存在的问题,"工作提醒"可帮助养猪场技术员工更好地安排好后期工作。最终利用相关的数据实现产能效率高母猪的保留以及低效母猪的淘汰,而不再依照经验。

图 1.2-3 傲网科技母猪预警淘汰界面
资料来源:傲农生物提供。

与村民零星散养仔猪不同,规模化养猪场的仔猪都是批量圈养,仔猪会相互咬对方的小尾巴,容易造成感染。对于出生的仔猪,养殖人员立刻要做的就是疫苗接种与断尾,以起到免疫保护和预防咬伤的作用。在过去,人工断尾技术具有极高的技术含量,预留过短则伤口大,仔猪恢复慢、易感染;预留过长则又失去了断尾的意义;断尾消毒不彻底引起的链球菌等细菌感染的危害要比断尾带来的好处更严重。目前,养殖人员只需要利用电热断尾钳,使用前将断尾钳连接到电源上,当断尾钳达到一定的温度时,就可以将小猪尾巴放在断尾钳刃上后剪断,预留的长度已经完成最优固化,最后烫一下伤处,防止流血和起到一定的消毒效果。而在疫苗注射上,傲农生物的巫湖猪场已经采用电子疫苗注射枪,简化了几乎所有烦琐的疫苗注射流程,将注射分解为两个步骤,即抱起小猪与扣动注射扳机,全过程不超过10秒。在更先进的猪场,疫苗注射已经实现全机器化,机器人利用先进的视觉识别技术,能够快速准确地识别猪只,并确保疫苗注射的精准度。机器人实现了从猪只识别、定位到疫苗注射的全自动化流程。这大大减轻了养殖人员的工作负担,提高了生产效率。与传统的疫苗注射方式相比,机器人避免了因人为接触而导致的交叉感染和疾病传播风险,以及对于熟练产业工人和专有知识的依赖。而正是由于数智化的帮助,在傲农生物巫湖猪场,从事这两项工作的是一位刚刚从职业高中毕业的、年仅18岁的青年工人。

日常投喂管理是猪场养殖的重要环节。在育肥过程中,安装在猪场内的摄像头实时采集猪场各区域影像并上传至云服务器,可实现猪场事件实时预警、远程智能监控。在育肥中比较重要的就是避免猪场疫情的发生,而体温监测是至关重要的,发病猪只发现越早,则疫病控制越容易。系统利用物联网设备实现体温监测,从而第一时间发现患病猪只,立即隔离相应的猪只和猪群,作出有效应对。而传统根据工人经验的做法,往往工人发现时猪瘟已经产生小范围的扩散,无法将风险扼杀在摇篮中。此外,舒适的环境能够对猪的生长发育起到促进作用。过去的猪圈环境较差,环境管理也相对疏漏,这就会经常诱发疾病、感染等问题。养殖场利用物联网传感器等在线采集二氧化碳、氨气、硫化氢、空气温湿度等数据,实时掌握环境信息,及时获取异常报警信息,能够实现猪场内部良好环境的维持。由于存在大量可比的数据和精准的数据监控,养猪工人不再需要依靠其丰富的经验来判断猪圈的生产条件等。在育肥之后,商品猪按批次出栏上市,系统提供上市批次在养殖过程中的保健、免疫、用药和尿检数据,实现养殖过程的追溯。对于种猪死淘管理,按个体登记,系统自动生成种猪淘汰记录和销售记录,实现了对死亡、淘汰、销售等离场猪群的溯源与管控。

(二)智能食品管控

傲农生物的数字云系统在食品管理方面主要包括对猪肉产品的全过程监管,其中包括食品安全监控、质量追溯体系的建立等。系统实现了从原料采购到成品配送的全程供应链管理,通过自动化的订单处理和库存管理,提高了供应链的效率和响应速度。傲农生物的食品系统支持品牌化经营和产品溯源,通过与养殖环节的数据对接,实现了产品从源头到终端的全程可追溯。系统整合了线下门店和线上商城,支持社区配送和线上下单,拓宽了销售渠道,提升了顾客购物体验。系统通过精细化的成本核算和损耗分析,帮助企业降低生产成本,提高资源利用率。傲农生物的食品系统提供了产成品成本、日成本、月成本等多种成本核算方式,帮助企业全面掌握成本结构。系统内置食品安全管理模块,通过标准化的流程和严格的质量控制,确保了产品的安全性和合规性。

(三)智能饲养统筹

传统的饲料配方设计采用的是人工计算法,其涉及的营养较为简单,准确性不高。计算机配方法是利用饲料配方设计软件,根据生猪营养需求,考虑成本、畜禽耐受性等多种因素,计算适合的营养需求的饲料配方;智能饲喂技术相较于传统饲喂方法,能够更好地满足动物的营养需求,减少饲料浪费,从而降低成本。该技术依据动态营养需求模型和饲料配方,利用先进的饲喂设备,对生猪进行智能化、精准化饲喂。

对于哺乳母猪,智能饲喂系统可以根据所采集到的信息模拟出饲喂曲线,少量多次出料,当母猪停止进食时就停止出料,全面地考虑了哺乳母猪的营养需要和其对水分的需求,从而控制了哺乳母猪的泌乳量,避免母猪体重下降。反馈式的出料方式也减少了饲料浪费,降低了饲料成本。对于妊娠母猪,采取精准饲喂的策略,系统可以在不影响繁殖性能的情况下降低赖氨酸摄入量、蛋白质摄入量和饲料成本,同时提高了饲料利用率,减少了氮和磷的排泄。

(四)智能财务调配

财务管理系统包含了成本核算、财务规划、预算控制、财务报告等功能,为企业提供全面的财务管理解决方案。系统通过这些功能大幅提高了工作效率,减少了人为错误,同时为管理层提供了即时的财务状况概览,包括现金流、利润和成本等关键指标。在风险管理方面,财务系统利用大数据技术预测和识别潜在的财务风险,并通过移动应用提高了工作的灵活性。系统还与金蝶、用友、SAP等主流财务软件实现了接口集成,方便了数据的导入导出和系统的扩展。

四、数智化与傲农生物的扩张

通过对上述多个数智化系统的研究,我们发现,傲农生物将生猪养殖的全流程进行分解,借助历史数据和同业经验数据等,对生猪养殖的全过程实施有效且实时的控制,最大限度地弱化了生猪养殖过程对传统经验与专有知识的依赖。这也使得数智化全程控制养猪过程的养猪企业,能够在最短的时期里扩张产能。傲农生物的产业主要分为饲料和养猪两大块,其中,饲料一直是傲农生物的主要部分,职工数量是傲农生物的全部员工。即便如此,也可以看出,傲农生物的人均产出在不断提高。

傲农生物虽然在短短几年内实现了养猪产出量的飞跃,但每年员工薪酬的现金支付并没有同比例的增长,固定资产的增长也不同步。另外,在这期间傲农生物的员工数量也没有跟随产量增加而增加,在人员知识结构没有巨大升级的前提下,年人均出栏量增加,企业的管理边界得到了迅速提升,2017—2022年傲农生物人均出栏量见表1.2-2。

表1.2-2　　　　　　2017—2022年傲农生物人均出栏量

年份	2017年	2018年	2019年	2020年	2021年	2022年
职工数量(人)	5 185	4 547	4 451	9 233	12 386	13 851
出栏量(万头)	22	42	66	135	325	519
当年人均出栏量	42.43	92.37	148.28	146.21	262.39	374.70

在数智化时代,数智化系统经过一到两轮的摸索后成型,企业只需要复制系统即可。傲农生物扩大产能、增大产量,需要的只是复制已有养猪场的系统到新建或新收购的养猪场,并招聘已接受基本培训的职业高中学生,他们经过简单培训后就能够满足生猪养殖的专业要求。这种现象不是傲农生物一家独有,整个养猪业,尤其是产能排名前10的上市养猪企业,过去几年生猪出栏量的增速都非常高。

五、暂行结论与讨论

傲农生物不是孤例,几乎所有头部养猪企业都已经实现了全流程的数智化,从母猪筛选到猪苗培育、育肥猪养殖，以及后续的生猪屠宰，都已经开发出相应的数智化工具。包括牧原股份、大北农等企业都是自行开发系统，且每年对养猪系统的研发投入较高。

养猪企业，尤其是规模化养猪企业都能够实现全流程数智化，养猪企业的发展摆脱了各种自然条件、经验熟练专业人员及其知识等的约束，不仅效率提升，且系统可复制，企业产能扩张变得容易，理论上不存在差错率或失败率。能够约束企业规模扩张的，是市场容量以及其他因素如资本投入等。例如，大北农公司金秀现代生态农业示范园通过大数据智能化管理，围绕环境智能监测与控制、自动精准饲喂、企业管理、数字营销等模式经营，每栋猪舍需要两个工人管理，两人共饲养6 000头肉猪，大约半年左右出栏一批，一栋猪舍一年出栏两批肉猪共12 000头，从而达到了平均一人一年养6 000头猪的目标。正是由于数智化系统的全面嵌入，养猪企业在规模扩张过程中最大限度地减少了对专有知识、专业人才的依赖。同时，系统化、标准化的数智化系统还使得养猪企业的规模扩张，与工业化、标准化的现代化大生产，在逻辑上无限接近。这样，不仅已有养猪企业规模化扩张的速度提升，傲农生物、牧原股份等养猪企业能够保持连续5年甚至更长时间里年均复合增长率超过50%，2020年傲农生物的生猪出栏量为135万头，2022年就超过500万头，达到519万头；牧原股份生猪出栏量为1 811.5万头，2022年出栏生猪6 120.1万头。特别是牧原股份每年的生猪出栏量以超过2 000万头生猪的速度增长，表明这个行业已经摆脱了对人工的依赖，自动化、无人化养猪成为现实。养猪业的行业门槛被拉平，行业新进入者多，且新进入者的学习成本低，都能够在最短的时间里达成与行业已有企业类似的发展速度与发展规模。例如，2019—2022年，养猪行业还存在多个新进入者，且新进入者的扩张速度很快，如金新农、京基智农以及巨星农牧等公司，它们的业务在非洲猪瘟疫情前几乎不涉及养猪行业，受到各种原因的驱使，它们在2019年前后进入养猪行业，短时间内迅速实现产能的飞跃，一跃成为较有影响力的养猪企业，具体见表1.2-3。

表1.2-3　部分养殖企业2018—2023年生猪出栏量及增速

年份	2018年	2019年	2020年	2021年	2022年	2023年
傲农生物出栏量(万头)	42.00	66.00	135.00	325.00	518.93	585.90
傲农生物出栏量增速		57.14%	104.55%	140.74%	59.67%	12.91%
牧原股份出栏量(万头)	1 101.00	1 025.00	1 812.00	4 026.40	6 120.10	6 381.60
牧原股份出栏量增速		-6.90%	76.78%	122.21%	52.00%	4.27%
温氏股份出栏量(万头)	2 230.00	1 851.00	955.00	1 322.00	1 790.86	2 626.22
温氏股份出栏量增速		-17.00%	-48.41%	38.43%	35.47%	46.65%
新希望出栏量(万头)	225.00	355.00	829.00	997.81	1 461.39	1 768.24
新希望出栏量增速		57.78%	133.52%	20.36%	46.46%	21.00%

（续表）

年份	2018年	2019年	2020年	2021年	2022年	2023年
大北农出栏量(万头)	113.00	163.00	185.00	430.78	443.12	604.87
大北农出栏量增速		44.25%	13.50%	132.85%	2.86%	36.50%

结合傲农生物数智化的案例，有这样几个问题值得讨论与关注：

——数智化与专有知识通用化。为什么养猪业这样一个发展过程高度依赖经验熟练的技术人员的传统产业，在数智化时代能够如此快速地发展产能？刘峰等（2024）提出了"数智化—专有知识通用化—企业快速发展"的模型，在该模型中，专有知识的存量及有效应用，是决定企业规模化扩张及其速度的主要因素。傲农生物的数智化系统的全面应用，将原先依赖经验熟练工人及其专有知识的生产过程完全数智化，使得养猪场的规模扩张就是简单的"复制＋粘贴"，这也能够有效解释牧原股份为什么一年能够新增3 000万头生猪出栏量。在传统的畜牧业模式下，养猪过程高度依赖经验熟练的技术工人。假定一家养猪场每年能够出栏30万头生猪，牧原股份一年需要新增100座养猪场；按照6个月的饲养周期，以及在栏生猪15万头计算，假设一个经验熟练的技术人员能够同时照料的猪为300头，一个养猪场就需要500名技术人员；如果新增出栏生猪3 000万头，则需要新增5万名专业人员。这也可以部分解释为什么传统工业化时代的养猪场规模增长缓慢。

——去产能。去产能是我国企业管理中一个长期被关注的话题，甚至它也进入了宏观政策领域。产能调控，一直是我国宏观经济政策的一个重要手段，甚至在2016年的政府工作报告中，去产能被视作供给侧改革的一个重要环节。与去产能同时被关注的还有固定资产投资规模等。但是，如果产能的扩张类似于计算机程序的"复制＋粘贴"，那么，去产能的意义或许值得重新讨论。同时，如果对产能影响更大的是数智化系统，而不是固定资产，那么，通过控制固定资产投资来调控产能的政策也值得审视。

——猪周期。猪周期被认为是养猪业面临的一个核心问题。在数智化全面应用之前，养猪模式总体呈现的是传统农业化特征，以小规模、农户散养为主，整体产能波动性较大，农户调节产能、适应市场价格波动的能力弱，市场难以形成有效的关于未来一段时期猪肉供应的预期。因此，此阶段生猪价格呈现明显周期性，价格的上涨和下跌趋势明显。

通常，在猪肉价格上涨的阶段，养猪企业扩大产能，同时，新的企业进入养猪业，形成产能；由于产能增长，猪肉价格下跌；当猪肉价格跌到行业内优秀企业的成本线后，部分效能相对低的企业退出竞争；供给降低，猪肉价格回涨。但是，由于数智化的"加持"，商业模式的可复制性变强，养猪产业产能可以快速扩张，这改变了以往关于猪周期的预期。当产能可以在短期内快速扩张，对猪周期存在什么样的冲击，这同样是一个值得研究的问题。实际上，在数智化时代，产能能够在短期内快速扩张的特征，以及对行业竞争、市场结构等的影响,是一个严谨的学术问题,这也是本课题组研究的核心问题之一。

(屠雨泽　刘　峰)

参考文献

[1] 刘峰. 会计·信任·文明[J]. 会计研究,2015(11):3-10+96.

1.3 数智化及其应用：以瑞幸咖啡为例

一、问题的提出

2024年6月30日，瑞幸咖啡在单季度营收上首次超过星巴克在中国的8.22亿美元营收，其季度总营收达到8.55亿美元。截至2024年6月30日，瑞幸咖啡在其第二季度的季报中公布了门店数量为19 961家，同比增长了84.33%（2023年二季度报中的门店数量为10 829家）。截至同时期，同为咖啡赛道上的星巴克在中国的门店数为7 306家，两者门店数量差距显著。

2024年7月18日，瑞幸咖啡第20 000家门店——中关村·在握旗舰店开业，而第10 000家门店——瑞幸咖啡·中山路旗舰店于2023年6月5日开业。也就是说，从10 000家门店到20 000家门店，即新增10 000家店，瑞幸咖啡只用了13个月零13天。尽管饮品赛道的扩张都很迅速，但不同饮品品牌的门店数量差距依然存在。瑞幸咖啡的门店扩张速度和经营业绩在同期赛道上十分显眼，瑞幸咖啡在这一赛道上的表现仍然超出同行。速度、绩效等多方面领先，一定是公司治理等多方面因素共同作用的结果，本案例关注的只是其中一个方面：瑞幸咖啡对数智化的应用情况。或者说，瑞幸咖啡是如何通过数智化来重新全面改造现制咖啡这一传统行业？这一案例也为我们全面理解数智化及其应用，提供了相应的启示与帮助。

二、现制咖啡业：从星巴克到瑞幸咖啡

咖啡店与现制咖啡是英美国家人们日常生活的一部分。街边咖啡店随处可见。即便连锁商业模式在20世纪五六十年代已经相对成型，咖啡连锁，特别是全美国范围连锁的咖啡品牌，还没有出现。目前仍在运营的连锁咖啡品牌如Tim Hortons、Peet's Coffee等，都是在20世纪60年代先后注册成立的，而意大利的Lavazza，虽然历史较久（1895年在意大利成立），但还没有真正登上国际舞台。星巴克的出现，推动了现制咖啡品牌连锁经营进入商业实践。

（一）星巴克与现制咖啡连锁经营

星巴克公司成立于1971年，总部位于美国西雅图，公司在西雅图派克市场开设第一家店，自此开始经营咖啡豆业务。创立初期，星巴克出售全豆咖啡、茶以及香料，门店数量也非常有限。

1982年，霍华德·舒尔茨(Howard Schultz)担任星巴克市场及零售运营总监，提出按照意大利咖啡馆的模式的发展建议，该提议被星巴克的创始人拒绝；1987年，舒尔茨以380万美元购入星巴克，并沿用星巴克的名称对外经营业务，星巴克从最初的西雅图一家咖啡豆门店，逐步发展成以西雅图为本部、全球最大的现制咖啡连锁店。

1987年，星巴克开出第一家以现制滴滤咖啡、意式浓缩咖啡为主的门店，并将门店开到芝加哥、温哥华等地，当年年底门店数量达到17家。1992年，星巴克在纽约纳斯达克(NASDAQ)成功上市，股票代码为(SBUX)，上市当年店铺总数为165家。门店的飞速扩张很快带来了规模效应，公司的成本率开始下降。在商业模式上，星巴克陆续推出免下车店面(drive-thru retail stores)，开发了Frappuccino混合饮料、星巴克超高级冰淇淋等新产品。此外，星巴克转变设立初期的不设座椅的快速服务模式，在门店内增设更多座椅，为顾客提供人际交流场所，形成了"高品质咖啡"+"第三空间"社交的新商业模式。1996年，星巴克与百事可乐(北美)合作，销售瓶装Frappuccino咖啡饮料。

自1996年起，星巴克开始了国际化扩张，先后在日本、新加坡开设门店，并快速扩张，这期间新增门店14 000家，平均每天新开3家门店，到2007年年末，门店总数超过15 011家。在经营模式方面，海外扩张采取了授权经营模式，根据各个国家不同市场情况，星巴克采取独资经营(股权比例100%)、合资公司(股权比例50%)、许可协议(股权比例5%)、授权经营(股权比例0%)4种模式。此后，星巴克陆续在菲律宾、马来西亚、新西兰、泰国和英国等地开设新店，扩展国际业务。同时，公司开始战略收购多家企业，丰富其业务版图，先后收购了Tazo(茶叶公司，1998)、Hear Music(音乐公司，1999)、Seattle Coffee Company(其中包括Seattle's Best Coffee和Torre Fazione，2003)、Ethos Water(矿泉水公司，2005)等，扩大经营业务范围。

快速扩张使星巴克的运营面对挑战。2008年，星巴克能够及时收到所有所需物品的门店比例仅为35%[1]。同时，快速扩张也带来多方面的危机，包括产品、市场等。因此，舒尔茨在2000年辞任CEO职务后于2008年回归，重新担任CEO，宣布采取一系列措施，包括：关闭经营不佳的600家门店；全美门店统一停业一天，所有咖啡师进行3小时的咖啡制作培训；推出新品；调整并简化组织架构；引入智能化设备、更新技术等。这些措施提升了星巴克的运行效率，星巴克重新恢复到了之前的快速发展状态。

2016年，星巴克推出数字飞轮(digital flywheel program)计划，其核心是基于人工智能技术，能够更加准确地了解消费者的需求，为消费者提供更多个性化服务的方案。据媒体报道，就功能而言，星巴克会通过一系列算法，在融合了历史订单、天气状况、日期等因素后，向客户提供更符合其即时需求的饮品或食物。据时任星巴克全球首席战略官Matthew Ryan表示：从理论上来说，如果我们的会员在收到推送信息时恰巧在星巴克附近，那么他们极有可能会直接通过推送内容下单。

---

[1] 舒尔茨.一路向前[M].北京：中信出版社，2015.

图 1.3-1 是星巴克 1987—2022 年门店数量增长情况,从图 1.3-1 中可以看出,星巴克的门店数量增长速度在 2000 年之后明显加快,可能的解释是:星巴克在解决了咖啡连锁经营中可能存在的问题后,门店数量能够快速增长。

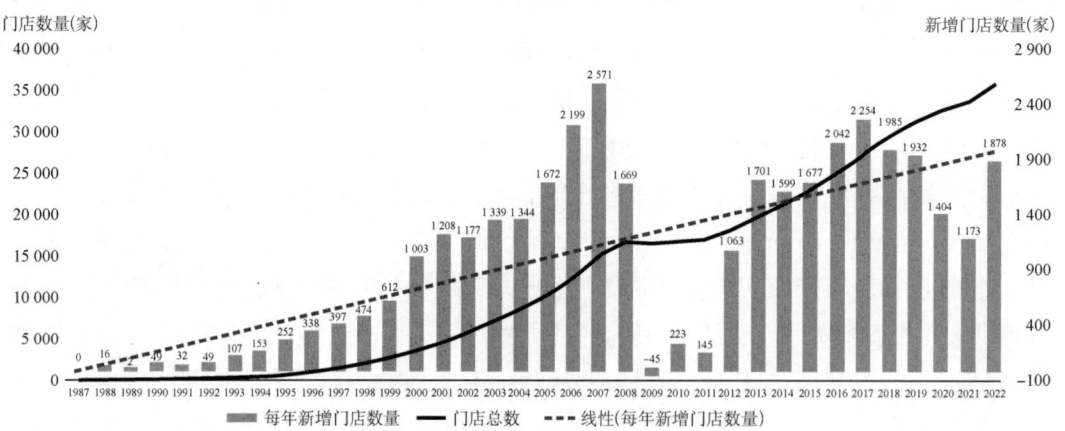

图 1.3-1　星巴克门店数量增长情况(1987—2022 年)

数据来源:星巴克官网。

图 1.3-2 是星巴克 2000—2023 年的净收入、净利润对照,从图 1.3-2 上可以看出,星巴克的整体销售收入呈现上升趋势,净利润呈现波动趋势。

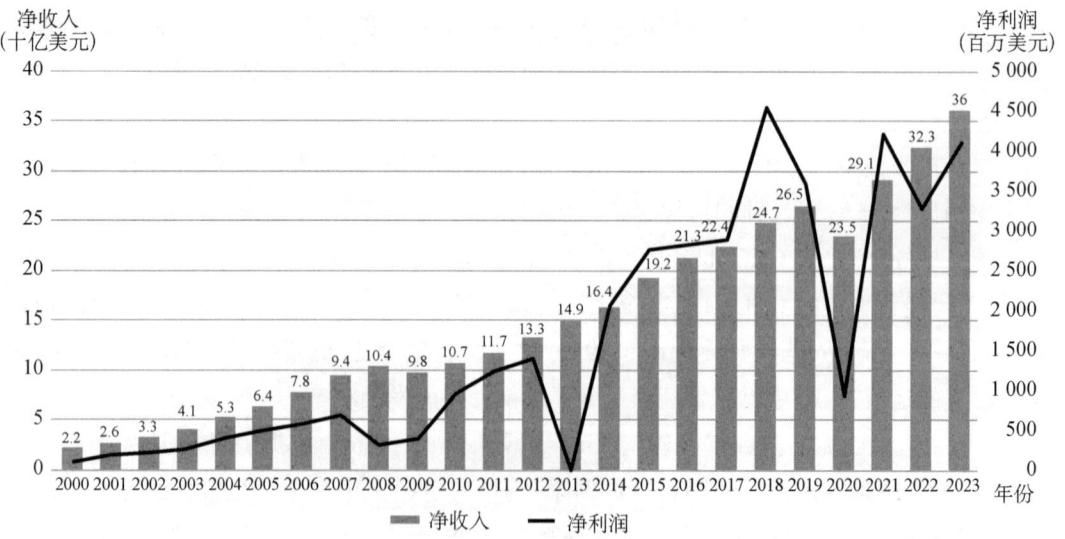

图 1.3-2　星巴克净收入、净利润对照(2000—2023 年)

数据来源:星巴克年报。

(二)瑞幸咖啡及其发展

按瑞幸官网以及相关媒体报道,瑞幸咖啡创立于 2017 年。2017 年 10 月,第一家瑞幸咖啡门店在北京银行 SOHO 试营业,2018 年 5 月 8 日,门店宣布正式营业,此时,瑞幸咖啡全国门店数量 525 家。

瑞幸咖啡在初期发展阶段,门店数量增长迅速。公司招股说明书显示,2017 年 12 月 31 日,瑞幸咖啡有 9 家门店,2018 年 12 月 31 日门店数量增至 2 073 家,2019 年 3 月 31 日,门店数量为 2 370 家;2019 年 5 月瑞幸咖啡 IPO,获得充足资本,同时,IPO 也给瑞幸咖啡带来更高的市场关注度,截至 2020 年 6 月 30 日,瑞幸咖啡的门店数量达到 5 091 家。对标并超过星巴克,是瑞幸咖啡的目标。2019 年 11 月,当时的瑞幸咖啡就宣布,门店数量达到 4 507 家,当时星巴克在中国有 4 292 家门店。

自 2020 年起,因为市场业绩爆雷,瑞幸咖啡全面调整规划,关停效益不佳门店,并新开门店。到 2021 年第三季度末,瑞幸咖啡门店达到 5 671 家,再次超过当时的星巴克门店总数(2021 年年底,星巴克中国门店总数 5 556 家)。这之后,瑞幸咖啡的门店数量就一直高于星巴克中国市场门店数。2023 年,瑞幸咖啡的销售收入为 248.6 亿元人民币(约 34.5 亿美元),同期星巴克中国市场的销售收入为 31.6 亿美元。瑞幸咖啡在中国市场上全面实现了对星巴克的超越,成为中国现制咖啡市场的领先企业。

图 1.3-3 是瑞幸咖啡 2019—2023 年的门店数量及其增长情况。瑞幸咖啡高速发展的原因是多方面的。这里侧重介绍瑞幸咖啡的数智化及其应用,即便星巴克在新店开张速度最快时,一年新增门店没有超过 3 000 家,而瑞幸咖啡在 2023 年 6 月到 2024 年 7 月的 13.5 个月时间里,门店增加 10 000 家,平均每个月超过 800 家,一天新开门店近 30 家。在如此高的新店增开速率面前,瑞幸咖啡的运营仍然正常有序,没有出现星巴克当初高速发展后物流供应脱节、管理跟不上等现象。2023 年 9 月 6 日,瑞幸咖啡联合贵州茅台推出酱香拿铁,当天卖出 542 万杯,也只是造成几天内酱香拿铁缺货,瑞幸咖啡的门店有序运行。保障瑞幸咖啡能够在如此快速增长面前有序、有效运行的,是瑞幸的数智化系统。

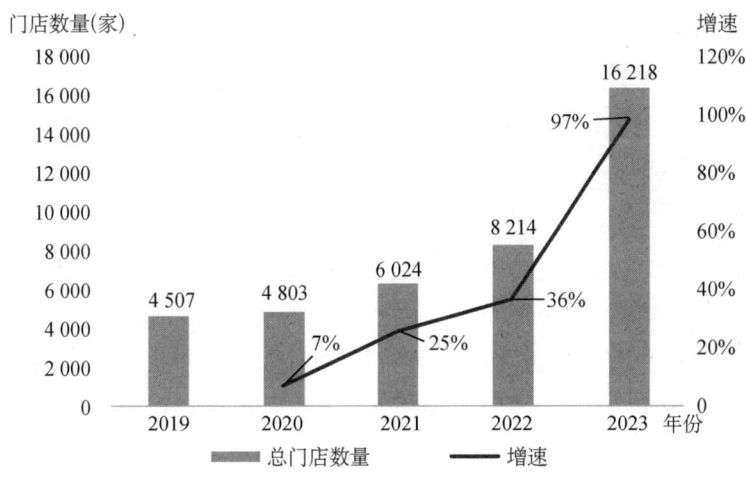

图 1.3-3　瑞幸咖啡门店数量及其增长情况(2019—2023 年)

数据来源:瑞幸咖啡官网。

三、瑞幸咖啡的数智化：业务流程视角[1]

与淘宝、滴滴等原生于数智化平台的企业类似，瑞幸咖啡也是一家数智化时代的原生企业，它从一开始就是建立在数智化之上的，包括改造了传统餐饮业设立的点餐模式与收银柜台、店面服务员等，让顾客自己通过 App 点单，顾客完成支付后，系统才下单，这不仅有效地提升了点单效率、店面场地使用平效等，也在一定程度上改变了星巴克之前所确立的咖啡店第三空间运营模式[2]。

作为原生于数智化之上的商业模式，瑞幸咖啡的数智化包括了从点单开始的小程序到最后的数据化应用。我们将瑞幸咖啡的数智化工作区分为 App 管理、运营系统两大部分，见图 1.3-4。

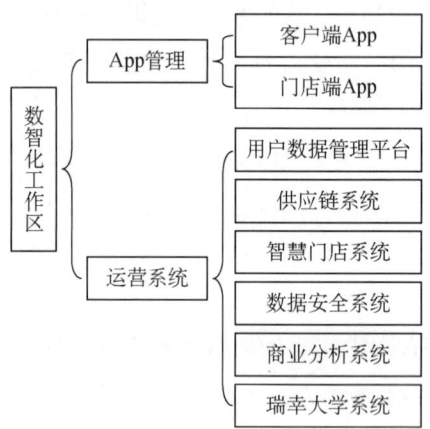

图 1.3-4　瑞幸咖啡全部数智化体系

（一）App 管理

如上所述，瑞幸咖啡从运行开始就是建立在数智化基础上的，或者说，瑞幸咖啡是数智化时代的"原住民"。因此，App 管理是瑞幸咖啡直接面向顾客、加盟商、员工与管理层的桥梁与接口。

1. 客户端 App

得益于 iPhone 的推出与智能手机的普及，App 成为 2010 年之后众多创新商业模式中的标配。瑞幸咖啡的客户端 App 以及之后因为微信普及所衍生使用的小程序，不仅能够提升用户体验，而且让用户自主且时间充裕地选择饮品，节省客户排队取餐的时间。同时，瑞幸咖啡也会因为客户端 App 的广泛应用而"直达客户"，取得并积累逐渐扩大的用户数据，

---

[1] 此处资料来源为网上公开信息和实地访谈数据，以及瑞幸咖啡董事长郭谨一的公开演讲等。
[2] 星巴克的"第三空间"模式，是指在工作场所、家庭之外的一个能够工作、社交空间，这需要咖啡店选址位置适合、空间够大，且配有相应的桌椅，以及服务员能够及时清理等。

以用户的消费习惯向其自动推荐对应的产品。

客户端App不仅仅是触达客户的桥梁,它还有助于加强企业与用户之间的连接。客户端App可以根据用户的消费习惯,有针对性、差异化地开发新品。同时,按照区域消费者习惯不同、过往门店销售品种比重的不同,瑞幸咖啡可以收集产品用户的一些消费数据,并根据这些消费数据制定定制化的产品营销策略。这也是瑞幸咖啡之所以可以快速、高频地推出新饮品的原因之一。目前,瑞幸咖啡的客制化门店正在试验阶段,旨在研究如何将配方在设备中进行流程化。这既可以进一步减少员工数量并降低失误率,也可以为瑞幸咖啡后续市场扩张提供支持,如海外市场的扩张。瑞幸咖啡的这种标准化作业程序是其技术驱动的重要体现。

2. 门店端App

瑞幸咖啡除了面向用户的App,也有针对门店管理的App,包括门店管理App、门店生产经营管理App、联营门店管理App等子模块。根据管理角色的不同,公司授予了不同的查看权限和管理权限。这套数字化的管理系统有以下几个特点。一是智能化。瑞幸咖啡的所有门店,从门店选址到门店新建再到门店关闭整个的流程都可以在门店端App执行。二是标准化。瑞幸咖啡从前台门店管理到后台设备、物料以及订单状态等都可以被实时监控并统一管理。以瑞幸咖啡的咖啡机为例,门店所有咖啡机的设备健康度、萃取时间等指标都能在系统中被看到。这可以使得每一杯咖啡制品制作能够标准化,最大限度地保证瑞幸咖啡现制饮品的质量。三是流程化,门店内部管理流程统一。这套管理系统既包含盘点、物料设备管理,也包含人员排班和联营门店的实时销售数据等。所有的管理都可以根据App流程化操作。

门店管理的核心实际上是围绕"人货场"打造了一个全链条的数字化管理系统。这里的"人"是指瑞幸咖啡的用户,"货"是瑞幸咖啡的产品供应链,"场"是指瑞幸咖啡的门店。

(二) 运营系统

围绕"人货场",瑞幸咖啡有六大系统。三个主要的系统分别是用户数据管理平台(customer data platform,CDP)、供应链系统和智慧门店系统。三个支撑性的系统分别是数据安全系统、商业分析系统和瑞幸大学系统。

1. 用户数据管理平台

CDP系统主要是用于构建用户模型,打造营销闭环,实现用户和收益的双效驱动。瑞幸咖啡通过其客户端App系统将所有的用户信息收集到CDP中。后台数据会由数据中台通过用户模型建立来支撑智能决策。例如,这个系统会自动根据用户的个人偏好,每天自动给用户发放优惠券和推荐产品信息。同时,智能决策包含效果监测,也就是对用户关于智能决策的反馈作出策略的迭代更新。这对于吸引用户下单和回购是直接有效的。

相比于传统运营所需的庞大人工量,瑞幸咖啡实现了低人工。从2020年瑞幸咖啡的5 000家门店、2 000多万个用户,到目前超过两万家门店、超过3亿个用户,后台运维人员没有增加。除去人工的降低,策略模型的自我迭代也比人工更有效,用户增长速度更快。

CDP也包含了多个子系统,包含紧抓热点业务、模型预测等。

2. 供应链系统

目前瑞幸咖啡的咖啡采购量已经占全国咖啡采购量的50%以上,相当于中国咖啡进口量中的一半以上是由瑞幸咖啡消耗的。牛奶和椰浆的采购量也在国内采购量中占据了大头。供应链的链条长度很长。从采购到仓库再到门店的这一完整流程是由瑞幸咖啡自研的供应链系统来完成的。供应链系统的特点表现为信息线上化、数字智能化。

其中,信息线上化体现在瑞幸咖啡与部分供应商做了系统对接,便于瑞幸咖啡实时了解供应商仓库的库存情况。对应的配送系统也做了信息打通。数字智能化体现在全国每个仓库、每个门店的货物情况是实时可视化的。货物的采购策略可以据此进行实时调整,以便提高周转的效率。瑞幸咖啡的库存周转相较于行业来说是很优秀的,目前的周转率大概在25天以内。传统的供应商结款大概需要45天左右。周转的高速得益于瑞幸咖啡跟上游公司的系统协同,实现高效同步的订货系统。这个订货系统将门店需求汇总至瑞幸咖啡的仓库,再由瑞幸仓库对接到供应商系统。相较于人工订货,它既提高了效率和精准度,也降低了人工成本,还避免了大量的人工培训所产生的成本以及人工处理低效的时滞成本。

相对于门店单店订货来说,这个订货系统更具有全局观,可以考虑到整个公司的材料配送。因为部分原材料的保质期有限,公司内部原材料的先分配可以避免浪费。这个供应链系统可以基于业务量预期,通过自动订单系统来完成备料。产品根据策略分为新品、稳定品和下架品,根据内部的用户预期,瑞幸咖啡会通过供应链系统向供应商下单。瑞幸咖啡产品上下架策略的落实依靠这个供应链系统来完成。

3. 智慧门店系统

智慧门店系统包括一系列子系统,如智慧选址系统、装修管理系统、门店智能化管理系统等。

(1)智慧选址系统。选址的数据来源既包含瑞幸咖啡内部的数据库,也包含第三方数据库。瑞幸咖啡内部的数据来源于微信、App的用户信息,第三方数据库包含腾讯数据中的商场客流量、人口画像,以及同类、行业的竞品数据。内外部数据综合起来,为智慧选址提供了较强的保证,如基于过往门店的销售数据、市场上多个商业流量数据等可以作出一个相对准确的预测。目前,瑞幸咖啡90%以上的门店都是基于这个门店智慧选址系统产生的。选址并不仅仅完全依靠系统的自动推荐,如未来可见预期中有某一大型公司将要入驻某一写字楼,那么这个会被考虑进定址。有一部分门店是在系统推荐的基础上,人为决定是否开张。

(2)装修管理系统。该系统主要包含门店的门店模型信息化、图纸数字化和施工管理智能化。目前一个门店的设计最快是在半天到一天时间完成。门店设计的标准化模型跟设计软件是直接打通的。只要能安装进去,那么门店的所有柜台是模块化的。每个门店设计是会有一些差异。系统会提供几个类似于菜单的装修选择,这个系统相比于对接外部设计公司来说,在成本上具备优势。门店的装修时长大概在 20～30 天。

(3) 门店智能化管理系统。该系统涉及摄像头安装,用于捕捉意外情况和流程规范,如夜间有人闯入或者人员服装不到位情况等,这部分应用了 AI 识别。对于门店中一些重要的设备,如咖啡机、冰箱、制冰机和专业杀菌灯等,瑞幸咖啡将物联网(IoT)对接到中台系统中。设备的健康状况在系统中可以实时检测到,在异常情况出现时,门店智能化管化系统会直接推送通知到设备维修工程师。异常情况的及时监测和处理得益于整个系统的打通,这对于品控是有很大的保障。

4. 数据安全系统

瑞幸咖啡重视数据安全问题。一方面,瑞幸咖啡的数据库系统中数据永久存储且不可人为修改。另一方面,鉴于微信等社交软件的快速发展,瑞幸咖啡把原来的机房存储改换到了云上存储。其目前使用的是双云,即腾讯云和华为云。这个双云系统保证了数据的备份切换,同时可以将可支持的订单量从原来的几百万提高到了目前的三千万,这对于瑞幸咖啡目前快速上升的订单量来说是必要的。因为瑞幸咖啡长期接触大量消费者,掌握了很多消费者信息,如银行卡等金融数据,而私有云平台可以实现对敏感数据的二层隔离保护。

5. 商业分析系统

这个系统的直观体现是手机 App 可以直接看到每一家门店的每分钟实时数据,包括销售数据、日均杯量等。这些数据可以辅助瑞幸咖啡进行一些数据分析。不同的管理人员会有不同的管理权限,有对应的可视化数据分析指标。

6. 瑞幸大学系统

瑞幸大学系统是一个员工培训系统。瑞幸咖啡对于人员管理有很高的要求。瑞幸咖啡的全部员工有十几万人,其中全职员工目前大概有 6 000 人。门店的人员流动性很高。凭借瑞幸大学系统,门店店长通过几天的电脑培训就可以快速上岗,门店店员学习满 6 个小时即可上岗。

四、数智化支持与瑞幸咖啡的扩张:财务数据视角

公司的快速扩张必须要建立在有序经营、管理的基础上,否则,就会出现短期快速扩张、经营管理混乱、公司陷入失败甚至破产困境的可能。市场上,短期内快速扩张、然后陷入困境的公司并不少见,尤其是在某一赛道快速发展时。例如,在 2000 年前后的互联网泡沫背景下,美国市场出现很多这种类型的公司;我国在共享经济被市场追捧后,共享单车、共享充电宝等公司在短期内快速扩张,之后经营陷入困境,最终停业或者变卖。

瑞幸咖啡在短时间里,从 10 000 家门店发展到 20 000 家门店。公司员工数量也在增长,截至 2022 年年底,瑞幸咖啡有 33 604 名员工。在一份访谈中,瑞幸咖啡的人力资源总监披露,2023 年 12 月 31 日,瑞幸咖啡旗下有超过 11 万名全职、兼职员工和联营伙伴员工。

与员工数量同步增长的,还有每天销售的杯量、服务的客户数、需要配送的物资等。借助瑞幸咖啡的数智化系统,公司能够实现稳步发展、销售收入上升、成本下降,瑞幸咖啡不仅实现了扭亏为盈,而且业绩持续增长,2020年至2024年9月30日,瑞幸咖啡业绩数据见表1.3-1。

表1.3-1　　　　　　　　　　瑞幸咖啡业绩数据

时间	2020年	2021年	2022年	2023年	2024年9月30日
门店数(家)	4 803	6 024	8 214	16 218	21 343
销售收入(千元)	4 033 418	7 965 323	13 292 982	24 903 166	24 861 537
销售杯数(亿杯)	3	4	9	19	16.5
每月平均交易客户(百万人)	9.7	16.2	24.6	62.4	79.8

数据来源:瑞幸咖啡年报。

从表1中可以看出,从2020—2023年,瑞幸咖啡的门店数量增加了11 415家,增幅达到了238%。在这一期间,瑞幸咖啡的销售收入从2020年的40.33亿元人民币上升到了2023年的249.03亿元人民币,增幅为517%。其销售杯数和每月平均交易客户数量则分别翻了5.3倍和5.4倍。2020—2023年,瑞幸咖啡的业绩表现整体呈现上升趋势,每年度业绩增幅整体保持在25%以上,尤其是2023年的增长幅度是最大的。截至2024年第三季度,瑞幸咖啡的月平均交易客户数量达到了79 846 000人次,相当于其每天大约有266.15万人购买其产品。

瑞幸咖啡公开披露了它的单杯平均售价、单杯平均成本、单杯平均利润等数据。图1.3-5是瑞幸咖啡2020—2023年的单杯平均利润。平均单杯利润转正,且随着杯量增加而提升,结合瑞幸咖啡销量增长数据,瑞幸咖啡自2022年起全面实现盈利,不难理解。

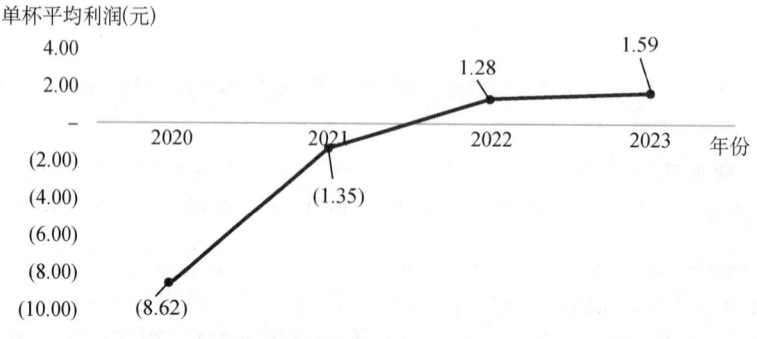

图1.3-5　瑞幸咖啡单杯平均利润(2020—2023年)

数据来源:瑞幸咖啡年报。

五、数智化实践对于万店的意义

瑞幸咖啡是基于现代互联网思维建立的,数智化使瑞幸咖啡快速发展。瑞幸咖啡不仅能够在短时间里从10 000家门店,扩张到20 000家,而且快速扩张还伴随有序发展,公司收入增长、盈利水平增加。

与瑞幸咖啡同步快速扩张的,还有我国庞大的茶饮料市场,包括古茗、喜茶、奈雪的茶、茶颜悦色、霸王茶姬等。它们能够快速扩张、规模扩大,背后的支撑就是数智化。

基于完整、完善的数智化系统,企业发展可以最大限度地降低、摆脱对专业人员、专门经验、专有知识的依赖,企业发展可以类似于计算机系统中的"复制+粘贴"。正是由于数智化系统的支撑,瑞幸咖啡在2023年6月至2024年7月,新增门店10 000家,平均每天新开门店超过27家。同样可以推测,数智化系统在每一家新式茶饮公司,都是不可或缺的一部分。

数智化帮助现制咖啡、果汁、茶行业发展迅速,连锁门店在扩张过程中,加盟店占比越来越高。加盟制一直是连锁商业模式中快速扩张的商业选择,但同样也是风险点。在数智化时代,快递业、茶饮业等都在借助连锁加盟模式快速扩张,其中不乏成功的范本。

在瑞幸咖啡等咖啡、茶饮企业中,数智化贯穿全流程,从消费者难以直接接触到的选址过程、加盟店合伙人选择、新品研发,到消费者从订单到消费全过程。因此,数智化重新定义了咖啡、茶饮行业,也重新定义了企业竞争的方式与强度。

从研究角度来看,如何定义并量化咖啡、茶饮企业数智化的程度,以及进一步讨论:为什么咖啡、茶饮赛道能够成功地连锁化,而餐饮业的连锁化、规模化经营不是十分成功?背后的决定性因素是什么?对管理学关于企业发展模式的理论以及经济学关于企业性质的理论讨论,有什么借鉴意义?这些问题的回答,将会有助于推动基于我国市场环境的管理学、会计学自主知识体系的形成。

(何康欣 苏雅拉巴特尔)

参考文献

[1] 沈巧雯.体验营销的最佳典范:星巴克咖啡[J].管理现代化,2005(4):33-35.

[2] 林源,刘舒佳.零售业数字化转型:进路与实证[J].新经济导刊,2018(5):44-49.

[3] 陈红儿,丁轩,丁栋虹,等.企业扩张方式战略选择研究[J].管理世界,2004(2):143-144.

[4] 郑文全.连锁经营的竞争力:经济学的分析[J].财经问题研究,2002(8):75-78.

1.4 企业数智化度量：综合数智化投入和赋能视角[1]

一、引言

企业数智化转型受到实务界和理论界高度关注。根据《数字中国发展报告(2023年)》，2023年我国数字经济核心产业增加值占国民生产总值比重达10%，其中，关键工序数字化、研发工具数字化普及率分别达62.2%和79.6%；上市公司财务报告中提及数智技术的平均总词频数，由2012年的1.90次上涨至2022年的6.69次。理论研究方面，截至2023年年末，有1 200余篇文献对企业数智化的前因后果展开实证讨论[2]。

企业数智化测度是实证研究的基础。然而，数智化文本词频、无形资产和人力资本投入等已有度量方式存在"言行不一"、未考虑赋能过程和主观性较强等问题，较难全面刻画企业数智化水平。例如，数智化文本词频对企业资本市场表现存在积极效应且披露成本较低，企业可能存在操纵数智化词频披露现象(吴非等，2021；曹雅楠等，2023)；在资产投入度量方面，这一度量较少考虑企业对数智化的整合过程，且相关会计披露规则有待完善，因此存在一定主观性(杨彦欣和高敏雪，2024)。

企业数智化源于且包含数字化，指企业利用对应技术赋能生产经营的转型过程，其兼具技术和过程属性。具体而言，大数据、云计算等数字技术为企业提供信息底座；企业数智化则基于上述数字信息赋能企业生产经营过程(陈剑和刘运辉，2021；张云和柏培文，2023)。企业数智化不仅是数智技术、资产投入，而且是对企业业务流程的赋能和重塑。因此，对应至指标测度，合适的数智化指标应在避免"言行不一"类测度偏差的同时，刻画企业数智资产投入结果和赋能过程特征。

结合以上观点，我们依据"数智化文献总体性描述—概念演进和界定—现有度量方式和讨论—数智化指标建立—指标验证"思路，综合粗糙集、DEA-Malmquist和熵权法等多种

---

[1] 基金项目：国家自然科学基金重点项目"数智时代的企业投融资与风险管理"(72232007)；中央高校基本科研业务费资助项目"股价与预期每股收益"(20720231013)。

[2] 上市公司数智技术词频和企业数智化实证文献数量数据为作者整理得到，整理依据和过程因篇幅所限，正文未予展示，留存备索。

方法,构建 2012—2023 年的上市公司数智化指标。具体而言,第一步,数智化文献总体性描述。通过手工检索和计量分析中英文企业数智化实证文献,为梳理已有度量方法和厘清企业数智化概念奠定文献支撑。第二步,概念演进和界定。该部分对企业数智化概念进行梳理界定以确定指标度量边界,发现企业数智化不仅为数智要素投入结果,也是将数智技术赋能经营的整合过程。第三步,现有度量方式和讨论。基于数智化概念,梳理已有度量方式和评估优缺点,为构建企业数智化新指标提供方向。我们认为,设计企业数智化指标应同时反映企业数智化要素投入结果和赋能产出这一过程。第四步,企业数智化指标建立。具体而言,投入方面应参考已有研究多视角测算数智化投入指标,再以粗糙集方法约减可能的冗余指标;赋能方面应使用 DEA-Malmquist 方法计算企业数智化产出指标;同时使用熵权法合成企业数智化指标。第五步,指标验证。结合数智化概念、已有文献和经济现实,本部分对企业数智化指标进行描述性统计和回归分析,以验证指标合理性。

可能的边际贡献有以下几点:第一,基于指标构建结果,我们提出综合各类数智要素投入、数智化赋能产出和宏观数智化环境的企业数智化测度指标,这有助于缓解文本词频度量方式下的"言行不一"缺陷,以及资产投入度量方式下忽视赋能过程缺陷(吴非等,2021;金星晔等,2024),为企业数智化相关实证研究提供数据支持。第二,基于指标构建过程,企业数智化概念梳理界定、已有度量评述等步骤不仅有助于构建合适的指标体系,而且为企业数智化发展提供了方向。第三,在实践意义上,我们对企业数智化的时变和区域特征进行了描述统计,以及区分了数智化投入和产出构建企业数智化指标,有助于推动企业在解构数智化基础上,进一步理解和深化数智化转型。

二、企业数智化文献总体性描述

我们首先对企业数智化相关实证研究进行了整体回顾与计量分析,以归纳和评述企业数智化已有度量方式。同时,分析也有助于为后文企业数智化概念界定奠定基础,以及为刻画企业数智化程度提供指引。

(一)文献检索和筛选

参考 Patton(1990),我们主要使用系统文献综述方法,梳理了 2023 年及以前年度企业数智化度量相关文献。具体而言,依据表 1.4-1 文献筛选原则,我们按照"初步检索和关键词增补检索—文献筛选和补齐—文献编码和分析"步骤,对相关文献进行搜索及筛选。

表 1.4-1　　　　　　　　企业数智化文献筛选步骤和原则

文献来源	检索词类别	具体检索词	检索条件
中国知网CSSCI数据库	数智化	数智化、数字化	限定为 CSSCI 数据库或 Web of Science 核心数据库；在文章标题、关键词或摘要中，至少应包括一个或以上检索词；提取对研究对象为企业的文献；增补检索和合并去重处理
	底层技术	人工智能、AI、区块链、云计算、大数据	
Web of Science 核心合集	数智化	Digital Transformation、Digitalzation、Digitalization and Intellectualization	
	底层技术	Artificial Intelligence、AI、Blockchain、Cloud Computing、Big Data	

（二）文献关键词和聚类分析

基于上述筛选得到的企业数智化度量文献，我们使用 CiteSpace 软件，以关键词为节点类型，绘制出国内外文献前十大关键词，见表 2。我们结合表 2 结果和追踪相关文献后发现，企业数智化度量相关研究大多关注：①企业数智化的底层技术特征。"Digital Technology""Artificial Intelligence"和"人工智能"等数智技术术语为企业数智化相关文献高频关键词，表明国内外文献大多关注企业数智化的底层技术。②企业数智化的经济后果和治理效应。"Green Innovation""企业创新"和"企业价值"，以及"Corporate Goverance""内部控制"和"代理成本"等关键词，表明企业数智化研究也关注数智化对企业的经济后果和内部治理效应。因此，在进行企业数智化概念界定和指标建立时，应关注企业数智化的技术特征和效率增进。

研究差异性层面：①国内研究相对聚焦。表 1.4-2 中中文文献关键词中心度指标大多大于外文文献，表明国内企业数智化研究主题可能相较集中。②国内研究较多关注企业数智化的资源整合效应。由表 2 可知，人力资本、替代效应等也为国内相关研究高频关键词，表明国内研究还注意到数智化对企业生产经营的影响。这表明企业数智化也是对企业生产经营的整合赋能过程，因此，在建构企业数智化指标时，应兼顾这一过程特征。

表 1.4-2　　　　　　　　国内外文献前十大关键词

中文关键词和频率	英文关键词和频率
数字化 91(0.67)、文本分析 23(0.14)、企业创新 75(0.45)、人力资本 15(0.09)、内部控制 38(0.17)、企业价值 15(0.05)、融资约束 35(0.1)、代理成本 14(0.01)、人工智能 32(0.12)、替代效应 13(0.08)	Digital Transformation 182(0.34)、Industrial Robot 23(0.05)、Digital Technology 29(0.12)、Financing Constraint 19(0.00)、Green Innovation 27(0.00)、Sustainable Development 17(0.03)、Firm Performance 26(0.05)、Corporate Governance 12(0.01)、Artificial Intelligence 26(0.07)、Textual Analysis 11(0.02)

注：关键词后为关键词词频，括号内为关键词中心度。

三、企业数智化概念演进及界定

在上述企业数智化度量文献检索和计量分析基础上,本部分梳理企业数智化概念演进过程和总结企业数智化概念,为下文综述企业数智化已有度量方式和划定企业数智化度量边界奠定概念基础。

(一) 企业数智化概念演进

企业数智化概念大致呈现抽象至具象、宏观至微观的演进特征,且大致可分为4个阶段。第一阶段,20世纪60年代,自然科学领域较早提及并引入"数字化"这一名词,并使用数字化技术辅助自然科学研究,然而并未对数字化这一概念进行具体界定(Cordell和Henderson,1968)。第二阶段,20世纪90年代,数字化的重要性在社会层面被认识。Negroponte(1995)提出"数字化"概念,认为"比特作为信息DNA,正取代原子成为人类社会的必需构件"。同时,具象至宏观经济领域,"数字经济"概念被提出,并指代互联网背景下,新兴生产关系及商业模式(Tapscott,1996)。第三阶段,宏观"数字经济"概念渗透至微观企业层面。企业是宏观经济运行的微观载体,Westerman等(2014)将数字化界定为企业以数字技术为基础,并提高企业业绩表现的结果变量。后续研究在上述时点特征基础上进一步赋予过程属性,即企业数字化还囊括企业对数字技术的整合过程(Tabrizi等,2019)。第四阶段,伴随着人工智能技术的引入,数字化概念与之结合并相应延展,以反映企业数字基础能力同人工智能技术,赋能企业经营活动的过程属性(陈剑和刘运辉,2021;朱秀梅和刘月,2021)。

综上所述,数智化源于且包含数字化,为数字化与智能化的有机整合,同时,这一概念强调赋能企业生产经营的过程属性。因此,我们也将企业数字化相关文献纳入讨论范畴。

(二) 企业数智化概念界定

总体而言,基于数智化对象视角,企业数智化概念可划分为生产要素数智化和生产经营数智化两大类别。其中,早期研究多突出生产要素数智化,偏重技术、时点属性,强调企业对数智技术的投入结果。新近研究突出生产经营数智化,偏重过程、时期属性,强调数智技术对企业的赋能过程。下文对两者内涵及边界分别厘定。

企业生产要素数智化这一概念强调数智化的技术特征,偏重时点特征下的状态描述,泛指企业对大数据、人工智能等数智信息技术的引入结果。Fitzgerald等在对美国1 559家企业高管进行数字化转型相关问卷调查时(Fitzgerald等,2014),将其定义为企业借助数字信息技术(包括移动、嵌入式设备等)对业务流程进行优化。类似的,Majchrzak等(2016)认为,企业因应用ICT(信息通信技术)等数智技术而引发的变化,即为数智化转型。然而,基于实证数据,"索洛悖论"提出,企业IT技术等数智化投入与企业生产率等业绩表现之间,缺乏明显因果关联(Solow,1987)。因此,仅从技术特征这一时点角度对企业数智化加以概念界定,似乎难以解释企业这一理性主体对数智化的持续投入。

为破解上述悖论,新近研究在数智化的技术特征基础上,融入赋能这一过程概念,从生产经营、组织架构等整合角度重新诠释企业数智化,即生产经营数智化。Matt等将数智化提升至战略范畴(Matt 等,2015),他们认为企业数智化是以企业数智化转型为核心并推动部署、协调和实施的过程。Gong 和 Ribiere(2021)基于层次分析等方法,对数智化定义加以梳理,提出企业数智化转型为囊括技术要素的战略更新和转型。例如,戚聿东和肖旭也从组织结构、营销模式、生产模式和研发模式等赋能生产经营视角(戚聿东和肖旭,2020),对企业数智化进行界定。基于实证方法,已有研究同样验证了组织结构调整、人力资本雇佣等管理要素同企业数智化之间的因果关系(Bloom 等,2012),并侧面印证了企业数智化概念所囊括的过程属性。

结合上述企业数智化概念发展过程以及不同界定方式,我们将企业数智化界定义为企业借助大数据、人工智能等数智技术,赋能自身生产经营的转型过程。相应的,企业数智化程度的刻画应兼顾企业经营战略数智化,具体而言,企业不仅应关注数智化技术、资产等要素投入,还应兼顾数智化对企业实际经营的赋能程度。

四、现有文献企业数智化度量方式和讨论

结合数智化文献检索和概念界定梳理,本部分对已有度量方式变化趋势、关键文献和优劣势进行梳理评述,进而为下文构建指标提供方向。

依据柯布道格拉斯生产函数,企业生产要素大致可划分为技术、资本和劳动等。结合前文数智化概念界定,企业数智化包括相关要素投入。因此,基于企业数智化度量对象,我们将度量方式划分为技术应用、资产投入、人力资本需求和文本词频度量层面。总体而言:(1)企业数智化度量呈现"技术应用—资产投入—人力资本—文本词频"的变化顺序。(2)企业数智化度量渐趋精细、样本规模不断扩大。变量类型呈现"虚拟变量—离散变量—连续变量"这一变化特征,样本规模则由特定行业扩大至所有上市企业。(3)文本词频度量方式使用率最高。

(一)数智技术应用

同企业数智化概念演进,早期文献同样从技术视角入手,基于问卷调查和财务报告等,根据企业对数智化技术的应用程度对数智化加以测度。度量特点方面,度量客体从单个国家地区逐渐扩展至跨国家行业,数据来源则以问卷调查为主,财务报告为辅。具体而言,基于数智化技术在快递行业的较早应用,Lai 等(2010)使用问卷调查方式,以企业对数智化技术的实际应用情况,对中国香港地区物流企业的数智化水平进行度量。考虑到依据特定地区和某项数智化技术,对于企业数智化度量而言可能存在样本选择问题,Chen 和 Kamal(2016)扩大问卷对象,分别针对多国企业数据开展度量。Elia 等(2021)以企业整体是否包含区块链和人工智能等数智化技术为区分依据。进一步地,何帆和刘红霞(2019)基于企业年报数据,以人工阅读方式判断企业在业务层面是否存在数字技术应用,进一步扩大样本范围。

企业数智技术应用为数智化度量提供了初步思路。然而,其可能存在主观性较强、样本受限和缺乏变异性等缺陷。①从数据来源看,其多依赖问卷调查和人工判断,可能存在

主观性偏差和样本受限等问题。②从度量结果看,基于问卷量表调查的度量结果一般为虚拟或离散型变量,缺乏一定变异性。

(二) 数智资产投入

伴随财务报告中资产相关披露细则的完善,数智资产投入的度量方式随后产生,其数据多源于财务报告,少部分源于问卷调查。具体而言,学者通过加总企业财务报告及附注部分数智无形资产价值测度企业数智化程度。例如,祁怀锦等(2021)、张永珅等(2021)使用无形资产项目附注下,"软件""管理系统"和"智能平台"等数智技术相关项目占无形资产总额的比重,对企业数智化进行度量。此外,部分文献基于数智资产投入问卷对数智化展开测度。例如,刘淑春等(2021)使用浙江省"两化"发展水平问卷,依据企业针对ERP等数智管理系统的投资情况对企业数智化程度加以测度。

相较于技术应用这一度量方式,基于资产投入的数智化度量优势是样本量和客观性。首先,这一数据主要源于财务报告,这在一定程度上避免了问卷调查可能面临的样本不足或样本选择问题。其次,这一度量方式主要根据数智资产加总,相较更具客观性。然而,依据前文概念界定,数智化并非微观企业单纯资产投入的结果,还包括要素分配、管理重塑等系统性赋能过程。因此,基于资产投入的数智化度量可能难以刻画企业数智化全貌。

(三) 数智人力资本需求

除了技术和资产要素投入,人力资本也是企业数智化的关键要素。已有研究基于招聘网站等独特数据,以企业人力资本需求代理企业数智化变量。Rock(2019)汇总职场社交平台中企业员工关于人工智能的技能记录,对企业人工智能程度加以量化。基于审计市场,Fedyk等(2022)将求职信息数据库中具有人工智能背景的员工加总至会计师事务所层面,进而代理会计师事务所数智化程度。

这一数智人力资本需求得到的企业数智化变量,为相关度量开辟了新的视角。然而,这一度量方式可能存在样本自选择偏差。原因在于,数智化程度较高企业或者拥有丰富数智化技能个人,披露数智化相关需求和技能概率可能更高。

(四) 数智文本词频

数智技术不仅推动企业数智化转型,而且给企业数智化研究本身带来新的技术方法。数智文本词频度量基于管理层讨论与分析等非标准化数据,结合无监督式机器学习和词频统计等方法,对企业数智化水平加以测度。延伸至具体文献,Chen和Srinivasan(2019)通过参考数智化战略咨询公司提供的词典,根据自动化、人工智能和大数据等7个主题,对年度财务报告的业务描述部分进行关键词提取和统计,以离散变量刻画企业数智化程度。国内研究从数智化词典和变量属性层面,对这一方法加以改进。例如,吴非等(2021)根据政策文件和研究报告建立数智化特征词典,对企业财务报告全文进行词频统计。相较企业财务报告全文,管理层讨论与分析信息在经营现状、发展战略等层面更具指向性,更能表现企业数智化意愿。因此,祁怀锦等(2022)以管理层讨论与分析文本为分析对象,统计企业数智化词频。这一度量方式具备组间变异性且为面板数据,成为新近研究主流度量方式。

不足方面：在技术细节上，上述文本词频方法可能存在统计主体偏差和时期偏差。第一，词频统计未考虑数智化转型的主体，可能将供应商、竞争对手等主体词汇误加至度量对象企业。第二，词频统计也未能考虑数智化转型的时期，可能将企业未来或过去数智化词频汇总至本期。金星晔等（2024）使用大语言模型方法，对词频度量进行重新设计，纠正了上述偏差。然而，这一度量方式仍然存在"言行不一"类度量误差。具体而言，企业数智化披露有助于提升股票流动性、融资成本等外部资本市场表现（吴非等，2021），而增加数智化文本词频成本相对较低。此时，企业可能出现数智化披露同实际数智化投入相悖的现象（曹雅楠等，2023）。

五、企业数智化指标建立

（一）企业数智化指标建构思路

我们通过归纳上述不同企业数智化度量方式，为企业数智化度量带来了可供借鉴的思路，然而，仅使用以上某种企业数智化度量方法，可能出现样本受限、主观性强和"言行不一"等问题。因此，企业数智化度量存在以下改进空间：第一，考虑数智化过程。综合关于企业数智化定义的讨论看，企业数智化并非仅为技术、资本等要素的瞬时投入时点变量，而是服务自身经营战略转型的时期变量，因此企业数智化度量应综合考虑数智化投入结果与数智化赋能产出过程。第二，考虑企业数智化"言过于行"。相较数智化技术或资产投入，企业在年度财务报告中增加数智化相关词汇的成本较低，因此应避免仅使用数智化文本词频度量企业数智化程度。第三，考虑推动企业数智化的外部因素。依据资源依赖理论和制度基础理论，基础设施、制度政策等宏观数智生态体系，是推动微观企业数智化进程的重要外部环境（Pfeffer 和 Salancik，1978；Peng 和 Health，1996；罗进辉等，2024）。因此，结合宏观外部环境支持，设计企业数智化转型指数是必要的。

（二）企业数智化指标建构过程

指标建立具体过程见图1.4-1，包括"多视角测算指标—筛选剔除冗余指标—测算产出效率—合成数智化指标"四部分。首先，多视角测算指标，即综合数智化已有文献，基于技术应用、资产投入等尽可能多的视角，分别测算微观企业层面和宏观层面数智化投入程度。其次，筛选剔除冗余指标。考虑到上述数智化指标可能存在信息冗余，这一步使用粗糙集方法，剔除存在重复信息的冗余指标。然后，测算产出效率。我们使用DEA-Malmquist效率分析方法，分行业计算企业数智化经营效率和创新效率。最后，合成数智化指标，这一步基于熵权法，进行企业数智化指标合成。测算过程中使用的软件包括MATLAB、DEAP和STATA等。测算样本为2012年至2023年中国A股上市公司[1]。此外，测算企业数智化

---

[1] 企业人力资本投入数据的最早年份为2011年，且DEA-Malmquist方法为后一年企业产出减去前一年企业产出。因此，样本期间从2012年开始。

的数据分别源于 CSMAR 数据库、Wind 数据库、EPS 数据库、中国统计年鉴和地级市政府工作报告等。

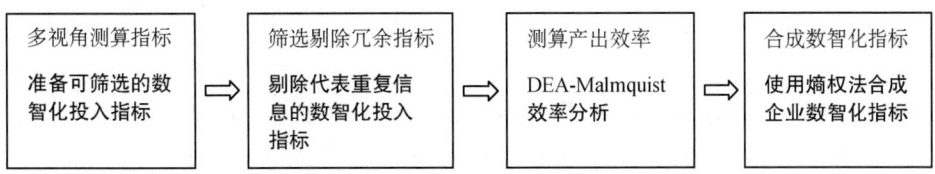

图 1.4-1　企业数智化指标建立具体过程

第一步：不同角度测算数智化投入指标。

我们尽可能从不同视角计算数智化投入指标。由上文企业数智化度量方法总结可知，企业数智化测度囊括多种视角。因此，参考前文分类和赵涛等（2020）关于数字经济的测度体系，我们分别就城市层面和企业层面，从技术应用、资产投入、人力资本和文本词频等视角，依次计算得到表 1.4-3 中的粗糙集筛选前微观企业和宏观环境层面数智化指标，总计 16 种不同度量方式。指标具体定义方式见表 1.4-3。

表 1.4-3　　　　　　　企业数智化投入指标（粗糙集筛选前和筛选后）

度量主体	度量分类	粗糙集筛选前指标	粗糙集筛选后指标
数智化微观企业指标	资产投入	数智无形资产占无形资产比重、研发投入占营业收入比重	研发投入占营业收入比重、非常规高技能劳动力占比、除 MDA 外年报提及技术应用词频、年报数智化词频的自然对数
	人力资本	非常规高技能劳动力占比、研究生及以上占比、技术人员占比	
	技术应用	除 MDA 外年报提及技术应用词频	
	文本词频	年报数智化词频的自然对数、MDA 数智化词频占比	
数智化宏观环境指标	资产投入	长途光缆线密度、人均互联网宽带接入端口	人均互联网宽带接入端口、计算机服务和软件从业人员占比、政府工作报告数字经济词频、每百人移动电话用户数
	人力资本	计算机服务和软件从业人员占比	
	政策词频	政府报告数字经济词频	
	用户基数	每百人移动电话用户数、人均电信业务总量、每百人互联网用户数	
	金融支持	数字普惠金融指数	

第二步：粗糙集约减数智化投入指标。

筛选剔除冗余指标。不同视角计算得到的微观企业和宏观环境层面数智化指标间，可能存在信息冗余。我们使用粗糙集方法，对数智化冗余指标进行筛选与剔除处理。粗糙集是一种在保持信息分类能力不变情况下，确定并删除信息冗余变量，以进行指标约简的数据处理方法（Pawlak，1982），其主要通过计算知识表达系统 $S = (U, C, D, V, f)$ 中，条

件属性 C 的任意子集 E 的重要性 μ_E，若其越小则表明为冗余属性并予以删减[1]。其中，μ_E 的计算方式为：

$$\mu_E = \gamma_C(D) - \gamma_{C-E}(D) = \frac{|POS_C(D)|}{|U|} - \frac{|POS_{C-E}(D)|}{|U|} \tag{1}$$

经过上述粗糙集指标筛选过程，原有表3中的16种数智化投入指标，经粗糙集方法约减为表3中的8种指标。此外，经相关系数检验，约减后的数智化微观企业子指标、数智化宏观环境子指标，以及微观企业和宏观环境子指标间相关系数较低，证明粗糙集方法在删减冗余指标的同时，提供了差异性增量信息[2]。

第三步：DEA-Malmquist方法测算数智化产出。

基于前文企业数智化概念演进和界定，企业数智化不仅是数智要素投入结果，而且是企业借助数智技术赋能自身经营的过程。因此，企业数智化测度体系还应体现数智化对企业生产模式和业务流程的重组变革过程（杨彦欣和高敏雪，2024；王核成等，2021）。

我们使用DEA-Malmquist方法测算企业数智化产出过程。因为DEA-Malmquist方法是一种结合DEA数据包络分析和Malmquist指数时间序列分析的方法，其优势是无需预设生产函数形式，可处理多投入和多产出数据，且适用面板数据跨期动态研究（Färe等，1994）。具体而言，在投入指标选取层面，我们选取第一步经粗糙集约减后的指标，将企业层面4大数智化投入指标作为投入变量。在产出指标选取层面，企业数智化转型的核心价值是价值和技术双重属性，即传统业态转型和产品服务创新（杨彦欣和高敏雪，2024），因此，参考王核成等（2021）的理念，我们将产出指标划分为经营产出和创新产出。其中，在经营产出方面，供应链管理和跨区经营为企业经营管理的关键内容和核心竞争优势（马为彪和吴玉鸣，2023），数智化通过降低信息不对称，极大地降低了企业纵向供应链上下游和横向异地子公司间沟通成本，因此纵向供应链管理和横向异地经营是衡量数智化赋能企业经营的重要指标（王核成等，2021）。参考巫强和姚雨秀（2023）的研究，我们依据供应链供需偏离水平，将企业跨省经营总公司数量的自然对数参考作为经营产出变量。在创新产出方面，我们将同数智化直接相关的数智化专利数量、数智化论文数量的自然对数作为创新产出变量。此外，考虑到企业数智化投入赋能经营和创新产出具有时滞性和行业差异性，我们计算DEA-Malmquist效率时，对数智化投入指标均滞后一期处理，且按证监会行业分类，分行业测算企业数智化经营和创新效率。

第四步：熵权法合成指标。

粗糙集约减数智化投入指标后，我们使用DEA-Malmquist方法计算企业数智化经营和创新产出，对应得到4种企业数智化投入指标、4种宏观数智化投入指标和2种企业数智

---

[1] 此处为粗糙集筛选的主要依据，具体步骤因篇幅所限，正文未予展示，留存备索。
[2] 此处为我们对粗糙集筛选后的指标进行相关系数检验，结果表明，系数相关性均较低。因篇幅所限，正文未予展示，留存备索。

化效率指标。相较于层次分析法、等权重法和主成分分析法,熵权法优势是客观性、变异性和避免信息损失。因此,我们使用熵权法进行指标合成[1],最终得到2012年至2023年中国A股上市公司数智化程度"年度—个体"观测值。其中,企业数智化指标构成、二级指标权重和三级指标权重分别见表1.4-4。此外,我们构建的企业数智化指标,同企业数智资产投入、企业数智人力资本和企业数智技术应用等已有指标间的相关系数大多为0.6左右,这表明本文构建的企业数智化指标在契合已有指标的同时,提供了一定增量信息[2]。

表1.4-4　　　　　　　　企业数智化指标和子指标权重

企业数智化指标	企业数智化二级指标	企业数智化三级指标
企业数智化程度＝(数智化微观企业投入×0.4836＋数智化效率指标×0.3347＋数智化宏观环境投入×0.1817)	数智化微观企业投入(0.4836)	企业资产投入(0.1080)、企业人力资本(0.0410)、企业技术应用(0.2180)、管理层关注(0.1166)
	数智化效率指标(0.3347)	企业数智化经营效率(0.1465)、企业数智化创新效率(0.1882)
	数智化宏观环境投入(0.1817)	数智设施资产投入(0.1302)、数智人力技术资本(0.0143)、数智政策文本(0.0240)、潜在用户基数(0.0132)

六、企业数智化指标验证

我们从不同角度计算企业和城市数智化指标、粗糙集约减指标,同时使用DEA-Malmquist方法测算数智化产出和熵权法合成,得到兼顾投入和产出的企业数智化指标。以下分别通过时间、行业和区域分布层面的描述性统计和实证回归,对企业数智化指数的有效性加以检验。

(一)数智化指标发展趋势与空间特征

1. 企业数智化时间趋势

为了区分不同年度,我们计算企业数智化历年观测值、平均值和中位数的结果见图1.4-2。如图1.4-2所示,企业数智化观测值数量逐年上升,同中国上市公司数量增长趋势基本一致,这说明企业数智化指标覆盖了大多数上市公司。从企业数智化平均值和中位数看,企业数智化水平呈稳步上升趋势。

在企业数智化不同变化阶段,我们结合企业数智化指数由数智化投入和产出指标构成,以及现实情况后发现:①2012年和2013年企业数智化水平基本持平。这可能和数智

---

[1] 我们也用变异系数法确定各指标权重和合成企业数智化指标进行了敏感性检验。结果表明,两种方法得到的企业数智化子指标权重差异较小,且两者相关系数较高。因篇幅所限,正文未予展示,留存备索。
[2] Pearson和Spearman相关系数检验均表明,我们构建的企业数智化指标同已有企业数智化指标的相关系数位于0.6左右。因篇幅所限,正文未予展示,留存备索。

化探索阶段、经济环境相关,具体而言,2013年前,4G等高速移动通信技术尚未产生并投入商用,大数据、人工智能和云计算等数智技术缺乏传输介质、移动终端等基础设施,此时企业数智化尚处探索阶段;同时受金融危机、欧债危机等环境叠加影响,经济不确定性增强,企业将资源优先布局于基本运营需要和成本控制,进而可能挤出企业增量数智化投资(祝树金等,2023)。②2013—021年,企业数智化水平持续上升。这可能与技术、基础设施和政策因素相关,在技术层面,4G、5G和宽带网络等信息技术的不断铺开,以及人工智能、区块链等数智技术的持续发展,为企业数智化构建了信息传播介质和技术基础(金星晔等,2024)。在基础设施和政策层面,智慧城市、宽带中国试点和高铁开通等基础设施建设(赖晓冰和岳书敬,2022;毛宁等,2022),以及《"互联网+"行动计划》《中国制造2025》等政策纲领,为企业数智化构建了环境支持。③2021—2023年,企业数智化水平呈现波动变化。这一现象可能和信息保护法规相关。2022年应急响应转入常态化,企业依托数智设备进行远程办公的需求可能相应降低,此外,面对初期原材料上涨、物流受阻等挑战,企业可能减少部分数智化投入。因此,在数智化效率和数智化投入下降双重因素叠加下,企业数智化水平可能有所波动。在信息保护法规层面,2021—2022年,中国相继出台《网络数据安全管理条例(征求意见稿)》和《中华人民共和国数据安全法》等信息保护法规,为规范企业数智化模式和积聚企业数智化潜力奠定了基础。企业数智化时间趋势见图1.4-2。

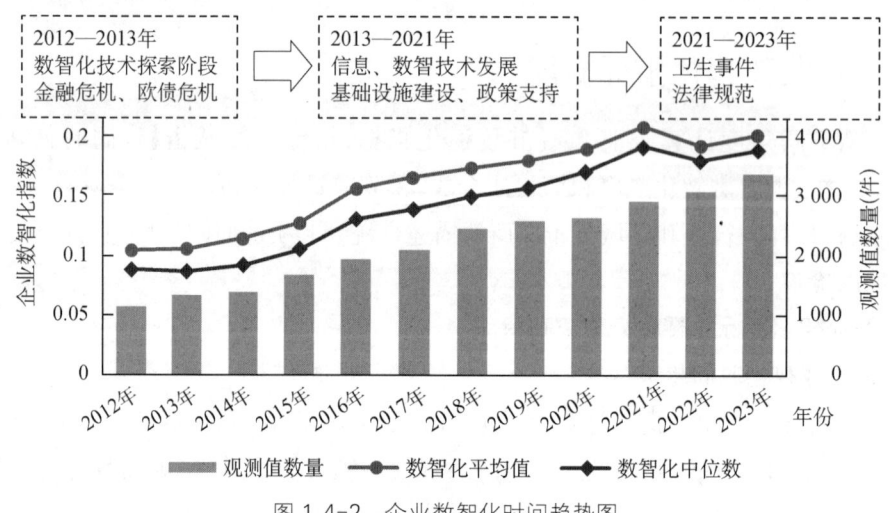

图1.4-2 企业数智化时间趋势图

2. 企业数智化行业分布

依据证监会行业分类,我们对企业数智化程度中位数较高和较低的5大行业,分别进行描述性统计。如表1.4-5所示,软件和信息技术服务,互联网和相关服务,电信、广播电视和卫星传输服务,商务服务和邮政行业上市公司的数智化程度相对较高,石油加工、炼焦和核燃料加工,有色金属矿采选,煤炭开采和洗选、化学纤维制造和黑色金属矿采选行业上市公司的数智化程度相对较低。依据产业分类,上市公司数智化中位数排序依次为第三产业(0.225)、第二产业(0.135)和第一产业(0.113)[1]。上述行业描述性统计结果同金星晔等(2024)测算得到的数智化程度(服务业、工业和农业数智化程度分别为35%、20%和9%),中国信息通信研究院测算结果(服务业、工业和农业数智化程度分别为40.7%、21%和8.9%),以及经济直觉类似,同时验证了数智化指标测算的合理性。

表 1.4-5　　　　　　　　　　企业数智程度行业分布

数智化程度较高行业	中位数	均值	数智化程度较低行业	中位数	均值
软件和信息技术服务业	0.321	0.320	石油加工、炼焦和核燃料加工业	0.083	0.090
互联网和相关服务	0.294	0.296	有色金属矿采选业	0.081	0.091
电信、广播电视和卫星传输服务	0.273	0.278	煤炭开采和洗选业	0.079	0.091
商务服务业	0.231	0.245	化学纤维制造业	0.075	0.100
邮政业	0.230	0.239	黑色金属矿采选业	0.074	0.080

3. 企业数智化区域分布

根据不同地域,我们分别就东部、中部、西部区域企业数智化程度进行描述性统计,统计结果见表1.4-6。结果显示,东部、中部和西部企业数智化中位数分别为0.152、0.119和0.111。细分至具体省份,北京市、上海市和福建省等地区的上市公司数智化水平较高,宁夏回族自治区、山西省、云南省和内蒙古自治区的上市公司数智化水平相对较低[2]。上述结果与金星晔等(2024)的研究结论基本类似。P25表示数据小于或等于该值的占比为25%,P75表示数据小于或等于该值的占比为75%。

表 1.4-6　　　　　　　　　　各区域企业数智化程度

地区	中位数	均值	最小值	P25	P75	最大值	标准差
东部	0.152	0.176	0.020	0.102	0.230	0.595	0.092
中部	0.119	0.145	0.031	0.079	0.190	0.523	0.085
西部	0.111	0.134	0.017	0.076	0.168	0.488	0.077

(二)数智化指标回归检验

合适的企业数智化指标对个体当期效率变化具有解释效力。依据前文数智化定义和相关文献分析,企业数智化不仅是数智化资本、技术等要素投入结果,更是基于数智化技术赋能企业经营的过程,其目标是实现企业效率的全方位提升(Matt,2015)。因此,区别于信息技术投入和全要素生产率关系较弱的"索洛悖论"(Solow,1987),企业数智化程度可能反应于个体当期效率变化之上。而资产投入、技术应用、人力资本和文本词频等数智化度量

---

[1] 因篇幅所限,正文未予展示,留存备索。
[2] 因篇幅所限,正文未予展示,留存备索。

方式未能刻画企业融入过程;文本词频度量则可能存在夸大企业数智化程度的现象,因此难以解释企业效率变化。基于上述思路,我们设计了以下实证检验,从回归视角论证企业数智化指数的有效性。

1. 实证模型和变量定义

根据 Chen 和 Srinivasan(2019)的研究,我们设定以下面板数据计量模型,通过检验何种数智化指标能够解释企业业绩增长,进而对企业数智化指标的有效性加以验证:

$$TFP_{i,t} = \alpha_0 + \alpha_1 DT_{i,t} + \alpha_3 Control_{i,t} + \sum id + \sum Year + \varepsilon_{i,t} \qquad (2)$$

其中,$TFP_{i,t}$ 代表 i 企业第 t 年全要素生产率,分别参考 Levinsohn 和 Petrin(2003)、Olley 和 Pakes(1996)计算得到的 TFP_LP 和 TFP_OP;$DT_{i,t}$ 代表 i 企业第 t 年数智化转型变量,为企业数智化指标 DT;$Control_{i,t}$ 为控制变量;$\varepsilon_{i,t}$ 为随机扰动项。考虑遗漏变量和自相关因素影响,我们控制个体 id 和年度 $Year$ 固定效应,并对标准误进行企业个体层面的聚类调整。

在数据来源层面。除了企业数智化指标,其他变量源自 CSMAR 和 WIND 数据库。我们选取 2012 年至 2019 年的中国 A 股上市公司为研究样本[1]。此外,借鉴已有研究,我们删除金融行业上市公司,并对连续型变量进行上下 1% 水平缩尾处理[2]。

2. 实证结果

表 1.4-7 为企业数智化 DT 同企业全要素生产率 TFP_LP 和 TFP_OP 的回归结果。其中,列(1)和列(2)为不加入控制变量的回归结果,列(3)和列(4)为加入控制变量的回归结果。由上述回归结果可知,企业数智化指标 DT 的系数均在 1% 水平上正显著。此外,考虑到反向因果问题,列(5)和列(6)为将被解释变量前置一期的系数估计结果,其同样正显著。以上结果表明,我们建构的企业数智化指标,通过考虑数智化赋能企业经营过程,进而对企业效率变化提供了解释,即从实证视角证明了这一指标的合理性。

表 1.4-7　　　　　　　　企业数智化与全要素生产率基准回归

项目	无控制变量		加入控制变量		前置被解释变量	
	(1) TFP_LP	(2) TFP_OP	(3) TFP_LP	(4) TFP_OP	(5) $F.TFP\_LP$	(6) $F.TFP\_OP$
DT	1.262***	0.973***	0.545***	0.482***	0.255**	0.210**
	(9.05)	(7.98)	(5.15)	(4.73)	(2.34)	(2.05)
CONTROL	NO	NO	YES	YES	YES	YES
$id\ FE$	YES	YES	YES	YES	YES	YES

[1] 对于稳健性检验部分,我们也使用 2012 年至 2023 年的全样本数据进行回归分析,结果不变。
[2] 因篇幅所限,变量定义和描述性统计未在正文中予以展现,留存备索。

(续表)

项目	无控制变量		加入控制变量		前置被解释变量	
	(1)TFP_LP	(2)TFP_OP	(3)TFP_LP	(4)TFP_OP	(5)$F.TFP\_LP$	(6)$F.TFP\_OP$
Year FE	YES	YES	YES	YES	YES	YES
N	14 396	14 396	14 396	14 396	13 884	13 884
R^2	0.908	0.893	0.939	0.916	0.925	0.905

注：***、**、*分别代表系数在1%、5%、10%水平上统计显著；括号内为企业个体层面Cluster调整的稳健标准误，下同。

3. 内生性处理与稳健性检验

除了反向因果这一内生性问题，还可能存在遗漏变量等内生性问题，导致上述系数估计产生偏差。我们分别使用工具变量、高阶固定效应、调整聚类层级、改变样本期间、删除特定行业和改变被解释变量度量等方法，进行内生性处理和稳健性检验[1]。在工具变量方法方面，一是参考Lewbel(2003)和杨金玉等(2022)的做法，我们将企业数智化水平同行业和省份分类的企业数智化水平平均值差额的三次方DT_DIFF，作为企业数智化DT的工具变量。二是在工具变量DT_DIFF基础上，参考张虎等(2023)的研究，我们将1984年各城市邮局数量同上一年度城市互联网用户数的乘积$POST\_NET$，以及DT_DIFF同时作为企业数智化DT的工具变量。在高阶固定效应和调整聚类层级方面，我们分别将固定效应调整为"个体×年度""行业—城市—年度"，以及将个体层面聚类调整为城市层面聚类，以分别控制遗漏变量因素和自相关问题的影响。在改变样本期间和删除特定行业方面，我们分别将样本期间替换为2012—2023年，并删除了高科技行业企业。在改变被解释变量度量方式方面，考虑到度量偏差带来的影响，参考鲁晓东和连玉君(2012)、Wooldridge(2009)的研究，分别使用基于最小二乘法、固定效应和广义矩估计方法得到全要素生产率TFP_OLS、TFP_FE和TFP_GMM，以替代基准回归部分被解释变量。

经上述系数校正估计后，基准结果依然成立，这在一定程度上缓解了潜在内生性等问题对系数估计产生的影响。

七、结论与启示

构建合适的企业数智化指标是相关实证研究的基础。针对既有企业数智化度量存在"言行不一"、主观性强和样本缺失等问题，我们尝试在对企业数智化概念界定和已有度量进行梳理总结的基础上，建构新的企业数智化指标。具体而言，首先，我们就企业数智化实证研究进行文献收集和计量分析，为梳理已有度量方法和厘清企业数智化概念奠定文献支撑。其次，对企业数智化概念梳理以界定企业数智化度量边界，我们发现企业数智化不仅

---

[1] 因篇幅所限，内生性处理和稳健性检验部分的表格未在正文中展示，留存备索。

是数智要素投入结果,也是数智技术赋能生产经营的整合过程。基于数智化概念总结已有企业数智化度量方式和优缺点,为构建新指标提供了方向。基于数智化概念界定和已有度量评析,通过构建不同企业数智化投入子指标、粗糙集筛选数智化投入指标、DEA-Malmquist分析计算企业数智化产出指标、熵权法合成等方法得到企业数智化指标。最后,结合数智化概念,我们通过对企业数智化指标进行描述性统计和回归分析,验证构建指标的合理性。

第一,继续推进企业数智化转型测度研究。目前,企业数智化度量仍缺乏公认标准,相关实证研究面临度量偏差挑战。因此,学术界需结合企业数智化实际和相关文献,持续深化对相关测度方式的研究,以构建更为准确、全面的度量体系。我们在检索相关文献、梳理概念界定和评析已有度量的基础上,利用粗糙集、DEA-Malmquist效率分析和熵权法等方法构建企业数智化新指标,为进一步研究提供了前期基础和可行方向。然而,这一新指标的有效性仍需结合现实和实证分析加以持续验证,确保其在不同行业和规模企业中的适用性和可靠性。

第二,企业应注重数智化转型的效益实现与价值创造。我们通过文献总结、指标构建和指标验证发现,企业数智化不仅是数智要素的投入结果,更是经营层面的持续整合过程。因此,企业应积极优化数智技术与业务流程、组织结构和企业文化等方面的融合方式,以促进组织效能提升和市场竞争力增强。企业在推进数智化转型时,需要从战略层面审视和规划,确保技术投入与业务目标的一致性,并通过持续效益评估来调整和优化转型路径,以实现效率增进和构建竞争优势。

(刘　峰　刘　充　翟伟欢)

参考文献

[1] 曹雅楠,赵子夜,孙文龙.数字化转型披露存在信息操纵吗:来自经营期望落差公司的证据[J].经济管理,2023,45(6):177-192.

[2] 陈剑,刘运辉.数智化使能运营管理变革:从供应链到供应链生态系统[J].管理世界,2021,37(11):227-240+14.

[3] 何帆,刘红霞.数字经济视角下实体企业数字化变革的业绩提升效应评估[J].改革,2019(4):137-148.

[4] 金星晔,左从江,方明月,等.企业数字化转型的测度难题:基于大语言模型的新方法与新发现[J].经济研究,2024,59(3):34-53.

[5] 赖晓冰,岳书敬.智慧城市试点促进了企业数字化转型吗?:基于准自然实验的实证研究[J].外国经济与管理,2022,44(10):117-133.

[6] 李海舰,李燕.对经济新形态的认识:微观经济的视角[J].中国工业经济,2020(12):159-177.

[7] 刘淑春,闫津臣,张思雪,等.企业管理数字化变革能提升投入产出效率吗[J].管理世界,2021,37(5):170-190+13.

[8] 罗进辉,刘海潮,巫奕龙.亲清政商关系与企业数字化转型[J].厦门大学学报(哲学社会科学版),2024,74(1):36-49.

[9] 马为彪,吴玉鸣.数字化转型重塑了企业地理格局吗?:基于上市公司异地投资的研究[J].经济评论,2023(6):87-105.

[10] 毛宁,孙伟增,杨运杰,等.交通基础设施建设与企业数字化转型:以中国高速铁路为例的实证研究[J].数量经济技术经济研究,2022,39(10):47-67.

[11] 戚聿东,肖旭.数字经济时代的企业管理变革[J].管理世界,2020,36(6):135-152+250.

[12] 祁怀锦,曹修琴,刘艳霞.数字经济对公司治理的影响:基于信息不对称和管理者非理性行为视角[J].改革,2020(4):50-64.

[13] 祁怀锦,魏禹嘉,刘艳霞.企业数字化转型与商业信用供给[J].经济管理,2022,44(12):158-184.

[14] 王核成,王思惟,刘人怀.企业数字化成熟度模型研究[J].管理评论,2021,33(12):152-162.

[15] 巫强,姚雨秀.企业数字化转型与供应链配置:集中化还是多元化[J].中国工业经济,2023(8):99-117.

[16] 吴非,胡慧芷,林慧妍,等.企业数字化转型与资本市场表现:来自股票流动性的经验证据[J].管理世界,2021,37(7):130-144+10.

[17] 杨金玉,彭秋萍,葛震霆.数字化转型的客户传染效应:供应商创新视角[J].中国工业经济,2022(8):156-174.

[18] 杨彦欣,高敏雪.企业数字化转型:概念内涵、统计测度技术路线和改进思路[J].统计研究,2024,41(3):62-73.

[19] 张虎,高子桁,韩爱华.企业数字化转型赋能产业链关联:理论与经验证据[J].数量经济技术经济研究,2023,40(5):46-67.

[20] 张永珅,李小波,邢铭强.企业数字化转型与审计定价[J].审计研究,2021(3):62-71.

[21] 张云,柏培文.数智化如何影响双循环参与度与收入差距:基于省级—行业层面数据[J].管理世界,2023,39(10):58-83.

[22] 赵涛,张智,梁上坤.数字经济、创业活跃度与高质量发展:来自中国城市的经验证据[J].管理世界,2020,36(10):65-76.

[23] 朱秀梅,刘月.企业数智转型能力形成机理:基于海尔集团"知行合一"的单案例研究[J].经济管理,2021,43(12):98-114.

[24] 祝树金,申志轩,文茜,等.经济政策不确定性与企业数字化战略:效应与机制[J].数量经济技术经济研究,2023,40(05):24-45.

[25] Bloom N, Sadun R, Reenen J V. Americans Do IT Better: US Multinationals and the Productivity Miracle[J]. American Economic Review, 2012, 102(1): 167-201.

[26] Chen W, Kamal F. The Impact of Information and Communication Technology Adoption on Multinational Firm Boundary Decisions[J]. Journal of International Business Studies, 2016(47): 563-576.

[27] Chen W, Srinivasan S. Going digital: Implications for Firm Value and Performance[J]. Review of Accounting Studies, 2024, 29(2): 1619-1665.

[28] Cordell L, Henderson R G. Iterative Three-Dimensional Solution of Gravity Anomaly Data Using a

Digital Computer[J]. Geophysics, 1968, 33(4): 596-601.

[29] Elia S, Giuffrida M, Mariani M M, et al. Resources and Digital Export: An RBV Perspective on the Role of Digital Technologies and Capabilities in Cross-Border E-commerce[J]. Journal of Business Research, 2021(132): 158-169.

[30] Färe R, Grosskopf S, Norris M, et al. Productivity Growth, Technical Progress, and Efficiency Change in Industrialized Countries[J]. The American Economic Review, 1994: 66-83.

[31] Fedyk A, Hodson J, Khimich N, et al. Is Artificial Intelligence Improving the Audit Process?[J]. Review of Accounting Studies, 2022, 27(3): 938-985.

[32] Fitzgerald M, Kruschwitz N, Bonnet D, et al. Embracing Digital Technology: A New Strategic Imperative[J]. MIT Sloan Management Review, 2014, 55(2): 1.

[33] Gong C, Ribiere V. Developing a Unified Definition of Digital Transformation[J]. Technovation, 2021, 102: 102217.

[34] Lai K, Wong C W Y, Cheng T C E. Bundling Digitized Logistics Activities and Its Performance Implications[J]. Industrial Marketing Management, 2010, 39(2): 273-286.

[35] Levinsohn J, Petrin A. Estimating production functions using inputs to control for unobservables[J]. The Review of Economic Studies, 2003, 70(2): 317-341.

[36] Lewbel A. Constructing Instruments for Regressions with Measurement Error When No Additional Data are Available, With An Application to Patents and R&D[J]. Econometrica: Journal of the Econometric Society, 1997: 1201-1213.

[37] Majchrzak A, Markus M L, Wareham J. Designing for Digital Transformation[J]. MIS quarterly, 2016, 40(2): 267-278.

[38] Matt C, Hess T, Benlian A. Digital Transformation Strategies[J]. Business & Information Systems Engineering, 2015(57): 339-343.

[39] Negroponte N. Being Digital[M]. New York: Knopf, 1995.

[40] Olley G S, Pakes A. The Dynamics of Productivity in the Telecommunications Equipment Industry[J]. Econometrica: Journal of the Econometric Society, 1996: 1263-1297.

[41] Patton M Q. Qualitative Evaluation and Research Methods[M]. Thousand Oaks: SAGE Publications, inc, 1990.

[42] Pawlak Z. Rough sets[J]. International Journal of Computer & Information Sciences, 1982, 11: 341-356.

[43] Peng M W, Heath P S. The Growth of the Firm in Planned Economies in Transition: Institutions, Organizations, and Strategic Choice[J]. Academy of Management Review, 1996, 21(2): 492-528.

[44] Pfeffer J, Salancik G R. The External Control of Organizations: A Resource Dependence Perspective [M]. New York: Harper & Row, 1978.

[45] Rock D. Engineering value: The Returns to Technological Talent and Investments in Artificial Intelligence[J]. Available at SSRN 3427412, 2019.

[46] Solow R. We'd Better Watch Out[J]. New York Times Book Review, 1987, 36.

[47] Tabrizi B, Lam E, Girard K, et al. Digital Transformation is Not about Technology[J]. Harvard

business review, 2019, 13(3): 1-6.

[48] Bowman J P. The Digital Economy: Promise and Peril in the Age of Networked Intelligence[J]. 1996.

[49] Westerman G, Bonnet D, McAfee A. The Nine Elements of Digital Transformation[J]. MIT Sloan Management Review, 2014, 55(3): 1-6.

[50] Wooldridge J M. On Estimating Firm-Level Production Functions Using Proxy Variables to Control for Unobservables[J]. Economics letters, 2009, 104(3): 112-114.

数智化改变了什么

数智化的全面应用,是我们都在经历的事情。从我们每天早晨醒来后,习惯性地拿起智能手机开始,数智化就在日常生活中陪伴我们。数智化在商业活动中,从局部、项目上的应用,到逐渐贯穿全系统、全领域,再到重构商业逻辑。可以说,数智化对商业活动的改变是广泛和全面的。

明确且细致地描述、分析数智化对商业活动的改变与影响,是我们完成"数智化时代企业投融资与风险管理"课题的基础之一。在具体分析过程中,我们发现,虽然全面地总结并讨论数智化对商业活动的影响,"非不为也,实不能也",但是透过具体案例来辨别、分析、明确数智化对商业活动的影响,进而推及其对企业经营、投资、融资等行为的影响,"可(为也)"。期望后续研究可以对数智化时代商业活动的特征及背后的逻辑,给出更加全面、完整的提炼。

基于本课题组前期的研究、近年的案例分析与讨论,我们根据多个案例的深度分析,详细讨论数智化对商业活动的改变。囿于我们这个团队个人的学识,加上本专题是从微观企业角度出发的,因此,这里对数智化改变的研究,是从微观企业角度切入的。

关于我们关注的第一组案例的工作论文较多,收集在本书中的,还是关于数智化与企业特征的讨论。我们根据资本市场所发生的一组事件,来讨论数智化时代企业的特征,例如,从实体存在走向虚拟化、从硬资产转向软资产、从员工依附到高流动性、依附感低的代表性案例的关注。这些企业特征的不同,为我们进一步研究数智化时代企业投融资行为特征的不同提供了基础;同时,我们在研究中的案例,也为企业边界、企业性质的认识,提供了新的素材。这些案例还在完善中,有兴趣的读者,可以联系我们获取最新进展。

数智化不仅改变了企业的特征与存在形态,也改变了市场信息的分布。第二个案例是"数智化与市场平权",我们以美国游戏驿站和我国中远海控事件为例,讨论数智化时代市场上的信息分布,提出"市场平权":数智化拉平了中小股东与机构投资者或控股股东之间的信息差(行文中也用"信息平权"概念),也降低了中小股东联合行动的协调成本,同时赋权中小股东。市场平权对数智化时代企业的投融资行为乃至公司治理等产生的结构性影响,也有待未来进一步的学术研究去发现。

我们在前期的案例分析过程中发现,数智化时代不仅出现了诸多新的商业模式,而且企业发展模式也出现不同的特征。为此,我们基于彭罗斯(Penrose,1985)的资源基础理论,借鉴 Jensen 和 Meckling(1990)的专有知识与通用知识二分法,提出一个基于专有知识的企业发展模式的新解释,并以傲农生物的例子来解释:传统养猪业在发展过程中,是如何将专有知识转化为通用知识,并重构养猪业的发展逻辑的。本案例采用的是管理学的质性分析范式,基于访谈等一手资料,同时辅以各种公开资料,层层提炼后总结出傲农生物发展的决定性因素与专有知识通用化的企业发展模式。这个模式可以用来解释数智化时代企业快速、超规模发展的现状。

第四到第七个案例,都是关于数智化时代商业模式及其特征的介绍。东方甄选"小作文"事件,曾经是互联网上的热点事件,它所展示的是数智化时代商业模式的内在驱动价值的转变,从商品物的属性(质优价廉)转向商品的情感属性(情绪价值)。这种转变,对数智化时代商业活动,包括竞争逻辑会产生结构性影响,当然,它也会改变数智化时代企业投融资行为。本篇对圆通速递的讨论,与第一篇讨论视角不同,这部分对圆通速递的讨论,是从数智化对企业经营组织方式的影响角度,数智化的全面应用消除了加盟制固有的缺陷,这也是数智化时代企业能够快速、超规模发展的基础。第六个案例是广告业的商业模式的变迁。它不是对单一案例的讨论,而是对数智化的全面嵌入后,广告业商业模式变迁的一种描述。关于商业模式的讨论的立足点是数智化时代商业模式的风险及其特征。以每日优鲜为例,我们认为每日优鲜的失败不是一种偶然,而是数智化时代的必然:数智化的全面嵌入,在产生新的商业机会的同时,也增加了商业模式被颠覆、被淘汰的风险,我们在案例中提出了商业模式"脆弱性"概念,来指代数智化时代商业模式的风险特征。

2.1 数智化与企业的性质[1]

一、引言

在 In Search of New Foundations(Zingales,2000)一文中,作者 Zingales 提出,公司财务(corporate finance)解决的是企业融资的问题,因此,企业的性质,在很大程度上决定了公司财务的特征。过去数年间,全球范围内发生了传统制造业转为基于互联网的后制造业模式的巨变,正如 Jeremy Rifkin(2012)在其《第三次工业革命:新经济模式如何改变世界》[2]书中所言,"纵观人类历史,新型的通讯革命与能源体系交汇之际,正是经济革命发生之时"。特别是互联网深度嵌入社会和经济生活后,社会经济活动的逻辑已经并将继续发生结构性改变(李海舰等,2014),在具体经济运行中,如企业的设立、运行、资本的筹措、配置、退出等,都已经发生了结构性改变,我们进入了以工业互联网为基础(余晓晖,2019),数字化、智能化相融合的数智化时代。

自20世纪60年代起,经济学界讨论企业理论时喜欢用"黑匣子"(black box)的比喻来形容企业,并尝试从多个视角来打开这个"黑匣子",如交易成本理论(Coase,1937)、代理理论(Jensen 和 Meckling,1976)、纵向一体化(Williamson,1975)等。经过多年的发展,前台的"黑匣子"还没有完全打开,后台又出现了新的"黑匣子",关于企业的研究,甚至出现诸如"忒修斯之船"[3]似的"困境":除了"企业"两个字或 Corporate、Company、Firm 等术语本身没有改变,20世纪90年代或之前的企业家如果到今天,面对诸多的平台类企业如淘宝、滴滴、Uber、Airbnb 等,或数字资产比重高的企业如大智慧(601519,SH)、同花顺(300033,SZ),或业务交叉、模块化程度高的企业如安得智联、美团等,大概率会说:这也是企业?我的设备、产能在哪儿?我的产品是什么?我的员工怎么不用来企业上班?正因为企业已经发生了"忒修斯之船"似的变化,企业的经营行为当然要改变,以适应新的企业特征要求,相应地,企业的会计、财务等也发生变化。企业特征定义了与之相适应的投融资等财务行为

---

[1] 本文曾发表在《当代会计评论》2022年第1期。这里根据时间线等做了部分调整。
[2] 杰里米·里夫金. 第三次工业革命:新经济模式如何改变世界[M]. 张体伟,孙豫宁,译. 北京:中信出版社,2012.
[3] "忒修斯之船"是哲学上的一个命题:一艘可以在海上持续航行、名叫忒修斯的船,在航行过程中不断地更换部件,直到所有部件全部更换过一遍。请问,这艘船还是原来的忒修斯船吗?或者,它是一艘完全不同的船?如果不是原来的船,那么,在什么时点它不再是原来的船?

(Zingales,2000),或者,投融资行为本身也在影响甚至重新定义企业。

重新认识企业的本质特征,刻画出新的企业性质的具体表征,是我们认识、界定企业投融资行为的基础。

二、企业的演化:以排行榜为例

1955年,《财富》(Fortune)杂志推出"财富500强"(简称"Fortune 500")榜单,杂志针对美国公司,将销售收入作为排名依据,排出美国规模最大的前500家公司。之后,榜单每年更新,并逐步加入美国之外的公司。表2.1-1列示的是自1955年起的排行榜,为了便于同口径对比,这里只选择美国500强的前10名;同时,我们从1955年起每10年取一组数据,以节省篇幅。具体排行榜单,有兴趣的读者可以在Fortune杂志网站上获取全部数据。

从表2.1-1可以看出,一直到2005年,在排行榜上占据前10位的美国公司,都是以传统制造业为主的公司,包括沃尔玛(Walmart Stores)(以下简称Walmart),它是传统意义上的百货零售业,以实体店为主;这个榜单到2010年之后开始逐步变化,苹果公司在2013年第一次进入前10名,之后,榜单前10名企业逐步去制造业。在2024年最新一期榜单上,虽然沃尔玛仍然高居榜首,但Amazon、Apple、Alphabet等互联网代表性企业都进入前10名;而制造业和百货零售业只剩下Walmart和ExxonMobil[1]。这表明,传统制造业在社会经济生活中的地位下降,它已经逐步退出主导地位。

"Fortune 500"以销售收入为标准排列企业规模大小。资本市场出现后,市值成为社会对一个公司或一个行业关注的标志。通常,受到社会高度关注与推崇、社会资本投入更多的企业,市值会更高。表2.1-2就是1965—2024年美国资本市场市值前10名的企业一览表。

从社会关注度和资源投放度来看,排行榜前10位的企业中,苹果、微软、谷歌、亚马逊、Meta都是标准的新经济企业的代表。英伟达、台积电、Lilly制药、特斯拉等在大类上是制造业,但除了Lilly制药,其他三家要么是服务于当下的数智化产业,要么是内嵌了数智化时代基因的、被改造了的制造业。

排行榜数据可以从一个侧面反映,构成社会经济活动主体的企业,其业态在发生改变。正如马克思在《哲学的贫困》一书中所提及的,"手推磨产生的是封建主为首的社会,蒸汽磨产生的是工业资本家为首的社会"(戚聿东和肖旭,2020)。农业社会的企业和工业社会的企业,在组织、运行等方面区别明显,它们的经营、财务等活动也应当不同。表2.1-1、表2.1-2的数据表明,进入21世纪后,构成经济活动基础单元的企业变化很大。传统制造业企业不再占据主导地位,对于新式企业无论是数量还是营业额、规模、影响力等,互联网都越来越重要。这类企业的特征如何?它们对公司财务有什么样的具体影响?在尝试回

---

[1] 值得关注的是,前10名企业名单中,有4家是医药零售连锁企业(United Health Group, CVS Health, Mecksson, Cencora)。美国医药零售、连锁企业规模增长如此之快,其背后的驱动因素值得我们关注。

答这一问题之前,我们以一个具体企业案例来看一下数智时代企业的特征。

表 2.1-1　　　　　1955—2024 年 Fortune 500 榜单前 10 名公司列表

1955	1965	1975	1985	1995	2005	2015	2024
GENERAL MOTORS	GENERAL MOTORS	EXXON MOBIL	EXXON MOBIL	GENERAL MOTORS	WALMART	WALMART	WALMART
EXXON MOBIL	EXXON MOBIL	GENERAL MOTORS	GENERAL MOTORS	FORD MOTOR	EXXON MOBIL	EXXON MOBIL	AMAZON
USSTEEL	FORD MOTOR	FORD MOTOR	MOBIL	EXXON MOBIL	GENERAL MOTORS	CHEVRON	AppLE
GENERAL ELECTRIC	GENERAL ELECTRIC	TEXACO	FORD MOTOR	WALMART	FORD MOTOR	BERKSHIRE HATHAWAY	UNTIEDHEATH GROUP
ESMARK	MOBIL	MOBIL	TEXACO	AT&T	GENERAL ELECTRIC	AppLE	BERKSHIRE HATHAWAY
CHRYSLER	CHRYSLER	CHEVRONTE XACO	IBM	GENERAL ELECTRIC	CHEVRONT EXACO	GENERAL MOTORS	CVS HEALTH
ARMOUR	USSTEEL	GULF OIL	DUPONT	IBM	CONOCOPH ILLIPS	PHILLIPS66	EXXON MOBIL
GULF OIL	TEXACO	GE	AT&T	MOBIL	CITIGROUP	GENERAL ELECTRIC	ALPHABET
MOBIL	IBM	IBM	GENERAL ELECTRIC	SEARS ROEBUC	AIG	FORD MOTOR	MCKESSON
DUPONT	GULF OIL	ITT INDUSTRIES	AMOCO	ALTRIA GROUP	IBM	CVS HEALTH	CENCORA

数据来源:Fortune 杂志的"Fortune 500"榜单数据。

三、滴滴集团:数智时代的企业

按照媒体的报道,2012 年初冬,北京的一场大雪使滴滴的创始人程维有了"减轻大家打车时的痛苦"的想法。2012 年 9 月,滴滴打车软件(以下简称"滴滴")上线。经过不断地宣传推广,截至 2012 年年底,每天已有超过 10 万名的用户通过滴滴叫到车。2013 年,滴滴与快的、大黄蜂等其他打车软件展开竞争,凭借背后资本的支持,滴滴与快的开始了轰轰烈烈的"补贴大战",2014 年 1 月,滴滴从腾讯、CPE 源峰等机构获得 1 亿美元的风险投资;2014 年 4 月 1 日,快的获得经纬中国 5 000 万美元的 B 轮融资。2014 年 12 月,腾讯联同淡马锡、GGV 纪源资本、DST 向滴滴输血 7 亿美元。2015 年 1 月,快的宣布获得来自软银、阿里等机构的 6 亿美元的 D 轮融资。据统计,滴滴打车补贴规模超 14 亿元,而快的打车补贴近 10 亿元。最终,在 2015 年 2 月 14 日当天,这场"烧钱大战"以滴滴合并快的而落下帷幕。随后,滴滴又迎来了一个国际劲敌——优步(Uber),为了应对来自 Uber 的挑战,程维

2.1 数智化与企业的性质

表 2.1-2　1965—2024 年美国资本市场市值前 10 名一览表

金额单位：万美元

1965		1975		1985		1995		2005		2015		2024.09.30	
公司名称	市值	公司名称	市值	公司名称	市值	公司名称	市值	公司名称	市值	公司名称	市值	公司名称	市值
AT&T	32 188	IBM	33 603	IBM	95 697	GE	119 989	GE	367 474	AppLE	583 613	AppLE	3 542 600
GM	29 557	AT&T	29 610	EXXONMOBIL	40 273	AT&T	103 341	EXXONMOBIL	344 491	ALPHABET	534 764	MICROSOFT	3 198 400
IBM	17 577	EXXONMOBIL	19 855	GE	33 172	EXXONMOBIL	99 981	MICROSOFT	271 542	MICROSOFT	439 679	NVIDIA	2 978 900
EXXONMOBIL	17 315	KODAK	17 123	AT&T	26 733	COCA-COLACO	92 983	CITIGROUP	241 690	BRK	325 490	ALPHABET	2 049 100
DUPONT	11 012	GM	16 520	GM	22 253	MERCK&CO	80 643	WALMART	219 916	EXXONMOBIL	323 960	AMAZON	1 955 600
TEXACO	10 860	GE	8 504	DUPONT	16 333	TOYOTA	75 013	BPPLC	190 374	AMAZON	318 344	META	1 448 200
GE	10 712	DUPONT	8 492	AMOCO	16 009	ALTRIAGROUP	56 940	ROYALDUTCHSHELL	184 586	FACEBOOK	297 758	BRK	992 300
SEARSROEBUCK	9 836	SEARSROEBUCK	7 636	TOYOTA	14 958	BANKTOKYO-MITSUBISHI	55 377	VODAFONE	178 766	GE	292 165	TAIWANSEMICONDUCTOR	900 700
KODAK	9 460	P&G	7 432	BELLSOUTH	14 200	PROCTER&GAMBLE	51 773	BANKOFAMERICA	177 169	JOHNSON&JOHNSON	283 010	ELI LILLY	84 200
FORD	6 045	3M	6 370	BPPLC	13 043	JOHNSON&JOHNSON	50 053	HSBC	171 659	WALMART	276 808	TESLA	834 400

数据来源：资本市场公开数据。

成立"狼图腾"项目组,一边不断地提升和完善自己在智能派单等方面的技术,一边展开新一轮的融资。据统计,在2016年当年,滴滴共获得超60亿美元的风险投资。此外,滴滴还推出了顺风车、代驾等业务,试图通过多元化战略遏制Uber的扩张势头。当然,竞争最关键的手段依旧是降价、补贴的烧钱策略。2016年8月,Uber宣布将其中国业务出售给滴滴。随着滴滴收购Uber,中国的网约车竞争告一段落,滴滴以绝对优势占据市场领先位置。2016年,滴滴宣布投资自动驾驶技术。2020年,滴滴推出了专为共享移动而设计的电动汽车D1。2021年6月30日,滴滴在美国纽交所挂牌上市,上市市值约700亿美元;2022年6月,滴滴从纽约证券交易所退市,市值约111亿美元。

根据公开整理资料,滴滴从风险投资机构共获得了208.55亿美元的风险投资,折合成人民币约1 460亿元,表2.1-3是滴滴具体的融资历程。

表2.1-3 滴滴融资历程

融资时间	融资轮次	融资金额	投资方
2012年7月1日	天使轮	500万元	王刚
2012年12月1日	A轮	300万美元	金沙江创投
2013年4月1日	B轮	1 500万美元	腾讯投资、经纬中国、华兴资本
2014年01月01日	C轮	1亿美元	CPE源峰、腾讯投资、H Capital、华兴新经济基金
2014年12月09日	D轮	7亿美元	DST Global、GGV纪源资本、腾讯投资、淡马锡资本
2015年1月1日	D+轮	具体投资金额未披露	正心谷创新资本、红杉资本中国、国新基金、高瓴资本
2015年5月27日	E轮	1.42亿美元	新浪微博基金
2015年07月08日	F轮	30亿美元	淡马锡资本、平安创新投资基金、中投公司、阿里巴巴、华兴资本、腾讯投资、Coatue Management
2016年2月25日	战略融资	10亿美元	中投公司、中金甲子、春华资本、中信资本、赛领资本、民航股权投资基金、鼎晖投资、北汽产业投资基金
2016年6月16日	G轮	45亿美元	软银中国资本、招商银行、蚂蚁金服、腾讯投资、阿里巴巴、中国人寿、Apple苹果、加华资本、华兴资本
2016年6月22日	战略融资	4亿美元	保利资本
2016年7月27日		2亿元	国机汽车
2016年8月16日		具体投资金额未披露	中邮资本
2016年9月9日		1.199亿美元	富士康
2016年12月13日		数千万美元	律格资本
2017年4月28日		55亿美元	软银中国资本、交通银行、招商银行、银湖资本、高达投资、中俄投资基金

(续表)

融资时间	融资轮次	融资金额	投资方
2017年12月21日	战略融资	40亿美元	Mubadala、Soft Bank Capital
2018年4月5日		2.648亿美元	Mirae Asset
2018年7月17日		5亿美元	Booking Holdings
2019年7月25日		6亿美元	TOYOTA
合计		约208.547亿美元,折合人民币为1 460亿元	

数据来源:wind数据库手工整理。

表2.1-4是滴滴在美国SEC所提交的财务报告数据。截至2021年3月,滴滴在包括中国在内的17个国家/地区约4 000多个城镇开展业务,提供网约车、出租车、顺风车、共享单车、共享电单车、代驾、车服、货运、金融和自动驾驶等服务。在12个月中,滴滴为3.77亿活跃用户提供服务,在滴滴平台上共有1 300万名活跃司机。就司机人数而言,滴滴打造了全球最大的灵活工作平台之一。滴滴为司机提供了按照自己的时间表工作的机会,同时最大化地开发了他们的收入潜力。根据滴滴的招股说明书,从2018年1月1日到2021年3月31日,滴滴为司机创造了超过6 000亿元人民币(920亿美元)的收入。

滴滴将上述业务概括为"三大业务"板块,分别是中国出行业务、国际业务和包括共享单车和电车等在内的其他业务。在营业收入构成中,2018—2020年,来自中国出行业务的收入占比均超过90%,平均达96.11%,换言之,滴滴的营业收入主要集中在国内的出行业务。2018—2020年,除了中国出行业务在2019年首次实现盈利,其他两大业务均处于亏损状态,且亏损额在逐步增大。从整体来看,滴滴集团一直处于持续亏损状态。2018年亏损超过149亿元,2019年亏损较2018年有所减少,但仍高达97.33亿元,2020年滴滴的亏损进一步扩大,为106.08亿元。截至2020年年底,滴滴累计亏损864亿元。

表2.1-4 滴滴在美国SEC提交的主要财务数据汇总表

年份	2018	2019	2020
营业收入总额(亿元)	1 352.88	1 547.86	1 417.36
其中:中国出行业务	1 332.07	1 479.40	1 336.45
国际业务	4.11	19.75	23.33
其他业务	16.71	48.72	57.58
净利润(亿元)	-149.79	-97.33	-106.08
调整的息税前利润(亿元):中国出行服务	-2.74	38.44	39.60
调整的息税前利润(亿元):国际业务	-24.28	-31.52	-35.34
调整的息税前利润(亿元):其他业务	-59.45	-34.56	-88.07
资产总额	1 428.12	1 447.21	1 472.65

(续表)

年份	2018	2019	2020
负债总额	140.02	175.63	301.16
资产负债率	9.80%	12.14%	20.45%

数据来源：滴滴招股说明书。

根据滴滴的招股说明书，滴滴的业务主要分为"中国出行业务""国际业务"和"其他业务"三大板块，其中，中国出行业务是滴滴的主要收入来源，中国出行业务又细分为网约车服务(Ride hailing)、出租车服务(Taxi hailing)、代驾(Chauffeur)以及顺风车服务(Hitch)，其中，网约车服务的收入占中国出行业务总收入的97%以上。对于上述四种出行服务，滴滴在确认收入时，根据不同的业务类型和提供服务过程中其承担的角色(委托人或代理人)，运用不同的收入确认方法(总额法或净额法)，见附件。网约车服务的收入主要由GTV减去通行费、手续费、税收等费用以及消费者激励后的余额构成，司机的收入和激励计入相应的成本中。而对于出租车服务(Taxi hailing)、代驾(Chauffeur)以及顺风车服务(Hitch)，滴滴充当代理人角色，滴滴的收入主要由GTV减去通行费、税收、司机收入和给予司机的激励后的余额构成，给予消费者的优惠折扣等计入销售费用。

滴滴的国际业务主要由约车服务和送餐服务构成。对于国际业务，滴滴在业务过程中扮演代理人的角色，在确认收入时运用净额法，收入主要源于佣金。滴滴的其他业务板块主要包括共享单车、共享电单车、汽车解决方案(主要包括充电、加油、维护和维修，以及租赁业务)、同城货运、社区团购、自动驾驶和金融服务等。在其他业务板块中，滴滴主要的收入源于共享单车和共享电单车项目。

表2.1-5是滴滴2018—2020年资产负债表的部分数据，滴滴的固定资产净值占总资产的比例一直处于较低的水平，最高只有6.67%，如此低的固定资产净额与传统制造业时代的企业形成了鲜明的对比，同时也反映了数智时代企业的普遍特征。滴滴的固定资产主要由自行车或电动自行车，汽车，电脑、设备和软件三类构成，没有传统制造业企业的大型机械、厂房、生产线等。滴滴的营业收入主要源于网约车服务，开展网约车业务所需的资源主要是司机和汽车，司机属于人力资源，而部分滴滴司机使用自有汽车进行服务，这进一步减少了滴滴的固定资产支出。此外，2018—2019年，滴滴的无形资产占总资产的比例高于固定资产占总资产的比例。2018—2020年，在所有资产中，商誉占总资产的比例最高，最高达35.19%，即超过1/3的比例。上述财务数据进一步说明了在滴滴的经营过程中，无形资产、商誉等"软资产"发挥的作用越来越大，而机器设备、厂房等固定资产的影响越来越小。

表2.1-5　　　　滴滴2018—2020年资产负债表数据　　　　金额单位：亿元

年份	2018	2019	2020
现金及现金等价物	144.63	127.91	193.72

（续表）

年份	2018	2019	2020
固定资产净值	57.78	69.12	98.19
固定资产净值占总资产比例	4.05%	4.78%	6.67%
固定资产原值	68.20	98.79	168.03
其中:自行车和电动自行车	17.36	38.16	97.74
其中:汽车	26.45	31.64	33.99
其中:电脑、设备和软件	19.74	21.89	26.79
无形资产净值	95.38	74.26	52.97
无形资产净值占总资产比例	6.68%	5.13%	3.60%
无形资产原值	144.07	144.05	142.00
其中:竞业禁止协议	71.84	71.84	71.84
其中:商标和专利	53.06	53.06	51.49
长期投资	153.46	83.40	71.05
经营租赁使用权资产	0.00	14.24	19.31
商誉	502.55	501.63	491.24
商誉占总资产比例	35.19%	34.66%	33.36%
非流动资产	829.11	819.67	785.84
总资产	1 428.12	1 447.21	1 472.65

数据来源:滴滴招股说明书。

四、数智时代企业的特征

计算机和互联网对社会的影响是逐步递进的。影响最初只是运算速度的提升和信息获取与传递的便捷性,就如同早期的会计电算化只是用计算机来模拟人工记账,逐步地,计算机和互联网重新定义会计电算化系统。经济社会的运行也是如此。亚马逊等企业的出现,标志着互联网改写传统商业。2007年,苹果手机发布后,移动互联网成为人们的日常,逐渐地,基于移动互联网的商业活动、新商业模式不断被"发明"或"创造",同时,传统的制造业和商业也在根据移动互联网时代的特点"与时俱进",构成这一新环境下的基层单元的企业也在发生改变,且这一改变过程还在持续中。

我们粗略地将20世纪80年代前后称为制造业或后工业化时代;之后是计算机普及与互联网应用时代;基于计算机速度提升、互联网无线化的各种应用如大数据、人工智能、云计算等,从多个维度影响、改变了21世纪人们的生活、工作,乃至思想,其中,移动互联网带来的冲击最全面,可以说,自2007年苹果手机发布后,移动互联网已经全面"嵌入"我们的生活，包括宏观范围内市场运行，也包括微观企业组织的设立、运行。与移动互联网同时存在的还包括大数据、云计算、区块链等技术。这里，称之为"数智时代"。与之相对应，20世纪90年代之前被称为"传统制造业时代"。这两个时代的企业的特征差异是多方面的。我们认为，以下几个方面对企业的特征及企业财务行为会产生系统性影响。

——从实体存在走向虚拟化。实体存在是传统企业的核心特征之一，具体表现如下：企业需要有固定场所、能够容纳机器设备和雇员的建筑物，且场所、建筑物、机器设备、雇员等都基于法律或契约，明确权利归属。实体存在性是传统制造业环境下企业最典型的特征。实际上，早期关于企业的定义也是从这种实体存在性出发的：企业是拥有独立财产、独立经营、自负盈亏的经济实体。对那个时代的人来说，厂房、设备、生产车间、员工大会等，都是与企业密不可分的"刻板印象"。公司投融资行为讨论中所针对的公司，总体而言都是"实体化"的公司。因为实体存在，所以企业边界相对比较清晰，企业与企业之间、企业与利益相关方之间的利益边界，可以清晰地被辨认。传统意义上的"百年老店"，也是针对企业的实体存在性而定义的。

在数智化时代，企业的实体存在性逐步消解。互联网不仅便利了信息的传递，也催生了"虚拟世界"或"元宇宙（Metaverse）"。在此之前的虚拟世界，只停留在人们的想象或文字描述中（如《西游记》中的孙悟空大闹"天宫"），在互联网的世界里，可以存在一个"平行"世界或"元宇宙"。这种现象也体现在经济生活中，企业"由实向虚"："在家办公""远程办公""云办公"，以及"共享办公空间"等概念的出现，就是企业虚拟化的直接体现。虚拟化让企业主体的边界模糊，企业与企业之间、企业与利益关联方之间的边界或界限感在弱化。以滴滴为例，在滴滴公司里，连接专车司机、第三方车辆和司机、乘客、公司内部员工、供应商等的，主要是由滴滴App所构造的一个网络。在这个网络中，不同主体之间发生连接，交易才能发生、达成，从而企业正常运行。企业的存在形态从"实体存在"转向越来越多地依赖网络、虚拟化而存在，这在一定意义上重新定义了企业的性质。这一改变对企业经营行为，包括投融资行为的影响，值得我们去关注。

——从硬资产转向软资产。在制造业环境下，实体产品的生产、销售需要厂房、机器设备、原材料等，这些都是实体资产或"硬资产"，因此，传统的财务管理开篇就要讨论"购买"还是"租赁"资产的问题。实体资产及其存在性，是我们对传统企业的"刻板印象"。即便是提供服务的企业如银行、保险公司等，也需要有相当数量的实体资产，同时，这些资产还是企业有实力的"信号"[1]。我们所熟悉的资产负债表左方资产，按照资产流动性顺序由高到低排列，其中，固定资产单独列示，且设折旧作为备抵账户，以保持固定资产账户原值不变，就是因为固定资产对企业正常运行具有重要价值。

与企业的存在性"脱实向虚"一致，企业实体资产的比重在大幅度降低。在企业经营过

---

[1] 银行盖大楼，对银行履行吸纳存款、发放贷款，没有意义。但是，银行位于城市中心地带的大楼通常都是一个城市的地标性建筑，这向潜在的储户传递"银行有实力"的信号，有助于银行吸纳存款、发放贷款。

程中,来自硬资产或实体资产的贡献度在降低,而来自如数字资产或"软资产"的影响在增加。我们仿照"软实力"提出"软资产",用来指代与硬资产或实体资产对应的、构成企业经营能力或竞争能力的部分,包括商誉、其他无形资产、数字资产等。

滴滴从2012年成立到2021年赴美上市,经过多轮融资,累计金额约1 460亿元人民币,这些融资最后形成的资产总额为1 472.65亿元,其中,现金、短期投资、长期投资等将近700亿元、固定资产总额为168.03亿元、净额为98.19亿元,而无形资产、商誉等为544.21亿元。实体资产在滴滴运行体系中的地位下降。滴滴运行体系的价值,更多地体现在平台、平台所积累的用户等资源属性上。这些资源无法用来作为企业融资过程中的风险保障物,如抵押、担保等。

对于移动互联网时代的企业,硬资产的地位在下降,软资产在企业运营中的地位在不断提升。相应地,资产负债表上所体现的资产,对企业经营业绩和市场表现的解释力在减弱。

在传统制造业经济环境下,社会经济运行节奏变化相对缓慢,可预期性强,企业通过制造并销售产品、提供服务取得收入,固定资产是企业能够实现收入的主要依赖,在一定程度上,企业规模与固定资产规模正相关;企业对固定资产的控制力也很明显,即拥有或控制。会计上对资产要素的定义,核心点就是"拥有或控制";企业财务的核心是效益和风险,"控制"资产,即在一定意义上要求企业能够锁定收益、控制风险。在传统的资本结构理论中,固定资产的一个重要作用就是抵押;固定资产比重高,则企业能够获得更多的债务资本。

在移动互联网时代,企业各要素通过互联网连接起来,这在提高各要素使用效率的同时,也大大弱化了主体对资产的控制。共享概念强调的是"使用",更不是传统意义上的"排他性"控制。以滴滴公司为例,滴滴2020年的销售收入为1 417.36亿元,主要来自网约车、出租车、代驾和顺风车。与传统企业不同的是,滴滴对为其赚取收入的车辆、驾驶员等的控制力要弱于传统经济环境下的企业,事实上,滴滴的资产负债表显示,2020年12月31日所报告的资产总额为1 472.65亿元,其中,固定资产净值为98.19亿元,占滴滴当年销售收入的比例仅为6.93%;它又分为自行车、汽车、计算机、租入资产改良支出(Leasehold Improvement)、在建工程等,总额168亿元,累计折旧和减值损失约70亿元。

——从员工依附到高流动性、依附感低。在传统制造业环境下,员工与企业的关系,存在一种事实上的依附关系:员工加入一家企业,按照企业的规章制度,朝九晚五(或者996)到固定的工作地点上下班,有固定的同事、上下级;人与企业之间的关系不仅仅是建立在一系列契约之上,因为大量的时间、社会交往都是以其所服务的企业展开的,人与企业之间仿佛存在着情感上的"认同",甚至是"依附"。20世纪80年代我国一些大型国企,附设幼儿园、小学、中学、职工医院等,一个常见的现象是:一个人从企业幼儿园开始,之后是附属小学与中学,外出求学后,回到企业来工作。甚至一家三代人都在同一个大型企业工作。员工与企业的人身依附关系紧密。

在移动互联网经济环境下,与企业对资产的控制力弱化相一致,企业对员工的控制力也在不断趋于弱化。这种弱化,不仅使员工入职、离职等手续更加自由,员工择业更加自由,而且还因为"远程办公"导致员工对公司的认同感、依附感都在降低。普通员工个人的社会关系与社会交往,也不再以同事为网络展开,出现由"公司+员工"转向"平台+员工"的模式,且这一趋势在近年得到了进一步强化。

与"远程办公"相伴的是"共享"。共享不仅限于自行车、出租车、充电宝等,共享也意味着员工会同时为不止一家企业服务,例如,那些拥有自己的车辆、注册成为滴滴专车的司机,他们通常也在其他平台上注册,平时会根据商业机会而随机切换平台。即便是那些平时在办公室坐班的雇员,也可以借助互联网平台,晚上为另外一家或多家企业服务。工作从"全职就业"模式转为"灵活雇佣"模式,雇佣关系也从传统的"归属"转为"合作"形式,进而员工流动性加大。美团2023年度的《社会责任报告》显示,2023年,在美团平台获得收入的骑手约745万人。他们与美团之间是"合作"关系,如果有新的平台出现,且给的报酬更高,骑手就会选择新的"合作"对象。这种现象不仅限于外卖骑手一种模式。

企业是人的利益联合体(刘峰,2009)。"散伙""人去楼空"将是评价一家企业是否失败的核心标志。在数智时代,企业由实向虚,加上人与企业的关系弱化,企业的性质也在发生改变,同时,企业整体风险加大。这一特征已经并将继续对企业的行为产生结构性影响。

概言之,在数智时代,企业的实体存在性在降低,固定资产在企业运行和收入赚取过程中的地位在下降,员工在企业价值创造中的作用在不断上升。同时,企业对员工的控制力减弱,员工的流动性增大,这意味着企业价值的波动性程度更高。

与上述特征相对应,在移动互联网或数字化环境下,企业的边界渐趋模糊。对Walmart来说,供应商与客户之间的界限很明确,在淘宝网上,那些金冠级店铺与淘宝公司之间的关系,就值得讨论;企业的主营业务波动性大、主营业务的变化速率快,盈余持续性降低,但并不意味公司基本面变差,而是企业性质发生了改变。这也反映了Schipper和Vincent(2003)指出的,持续性、可预测性和波动性都是反映盈余质量的重要指标,其中可预测性和波动性都是以持续性为前提的结论,在数智化环境下已不再适用。

五、数智化与企业投融资行为:若干讨论

作为社会科学的一分子,会计或财务都是依存于相应的社会环境的。社会环境改变了,理论上,会计、财务的特征会作出相应的改变。当人类社会的经济发展从制造业主导时代进入互联网和数字化驱动的数智时代,其核心经济构成单元的企业改变了,为企业运行提供资本的"财务",没有理由不改变;围绕企业所形成的各利益关系方不同,他们与企业利益的关系表现也发生变化,相应地,记录并报告该企业运行情况、以满足各方利益诉求的会计,自然也必然会改变;进一步,公司财务行为也会发生改变。这种改变,有些是局部、小范围修正,也有些是革命性、结构性的变革。这里,仅就本课题组前期研究所能够考虑到、并有所思考的部分,罗列如下:

——财务报告的目标与财务报告的呈报,这是数智化时代对会计的直接挑战。目前的主流观点将决策有用性作为财务报告的目标,且以单一报表为实现这一目标的手段。在数智化时代,一方面,信息多元、实时、去中心化,中心化、单一报表模式的适用性面临挑战。另一方面,单一计量、单一报表在信息、算力、ChatGPT 等新环境下,投资者可以实时获得足量的信息,财务报告的决策有用性目标需要再认识。同时,财务报告的呈报方式也面临新的挑战,中心化、成套提供报表的模式,在一个去中心化、交互式提供信息的环境下是否需要变化、如何变化,同样值得学术界关注。

——财务报表要素与财务报表结构。现有的财务报表是以资产负债表和利润表为核心,辅以现金流量表、所有者权益变动表等构成。其中,在资产负债表中,资产要素的定义是以工业化社会、实体资产为基础形成的,"拥有或控制"是决定企业资产存在性的前提;在数智化时代,实体资产对企业的重要性程度,逐步被数据、系统等所取代;共享思想的普及,使得"拥有或控制"、排他性使用不再成为企业资产的核心特征。因此,在数智化时代,财务报表的要素、要素分类、要素的定义与特征等,都需要、也应该要被重新讨论。与此相关,财务报告信息质量特征、会计确认与计量等问题,都需要重新被认识。

——收益与风险分布特征的改变。目前在市面上流行的公司财务(corporate finance)教科书中,公司财务包括了从资本的筹集到配置、企业发展、经营过程结束并退出企业的全过程,这一过程的每个环节都有多个代表性的理论。以融资为例,如权衡(Trading-Off)、融资优序(Pecking Order)、资产定价(Capital Pricing)、择时(Timing)、资本结构(Capital Structure)等,都是被高度关注的话题,也出现了很多相关的经典理论文献。正如 MM 理论(1958)所强调的,在给定若干前提假定后,资本结构就与企业价值无关。而无论是权衡理论,还是融资优序理论,风险是最基础性的假设。同样,关于资本结构理论,尤其是资本结构能够向市场传递信号的研究,也是基于对企业风险的认识、相关资本提供方能够识别风险并约束企业管理层的假设之上的。进一步而言,上述这些理论都是基于传统制造业之上的。从风险和风险分布来看,传统制造业具有以下特点:①不仅企业收入可以预测,且相对比较稳定。在制造业环境下,当企业运营进入相对平稳期后,通常企业的收入相对稳定,且企业以历史数据可以较可靠地预测未来;固定资产、存货等主要资产指标对未来期间收入的预测作用强,银行和其他债权人机构对企业价值和风险的评定相对较准确,且风险可控。②企业的实体资产,尤其是固定资产,不仅可以作为风险抵押物,有助于债权人降低风险,还可以用来预测企业未来期间的收入情况。③企业的实体存在性也有助于降低企业的风险。

正如滴滴等案例和其他系列事件所表明的,新环境下企业的收益和风险变化要快于制造业环境,甚至在极端情况下,一个上年运营顺利、盈利状况好的企业,当年就可能会陷入困境。例如,诺基亚手机曾经是手机市场绝对的霸主,因为苹果手机、谷歌安卓系统的推出而快速跌落;也存在一个苦苦挣扎的公司突然间就迎来"风口"的情况,例如,蔚来汽车(NIO)2018 年在美国纳斯达克(NASDAQ)上市,却一直陷入车辆销售不畅、资金短缺境地,2020年,市场突然好转,蔚来当年销售超过4.3万辆,2021年全年交付超过9万辆,公司股票价格上升。这种收益和风险的稳定性减弱,甚至丧失,会直接影响到企业所面对的资本提供方及其态度,包括市场对企业融资的基本逻辑发生改变。在制造业环境下,一个相对成熟的企业,稳定的商业环境和持续性强的商业模式,决定了资本提供方的风险可控。或者资本提供方会借助一些显性的信号,提前捕捉到企业风险和收益的变化,从而及时地作出应对。在移动互联网时代,当企业收益和风险分布不再稳定、而是多变且难以预测时,资本的提供者就需要关注新的问题,即如何有效控制风险且能够获得预期收益。企业不同的收益与风险分布,可能给其理财行为,特别是资本提供带来什么样的影响,值得进一步的研究。

——数智化与虚拟化及风险感知。对于公司理财,核心点的考虑就是收益和风险。在我国市场环境下,长期的资本市场管制、债务资本渠道锁定,导致股权资本严格管制、债权资本长期以银行资本为主,而银行为了控制风险,都选择担保和抵押物等方式发放贷款。在传统制造业环境下,有形资产,特别是固定资产,是企业可以用来作为银行贷款担保的重要元素。早期关于资本结构的研究中,行业(Almazan 和 Molina,2005)、企业规模(Rajan 和 Zingales,1995;Kurshev 和 Strebulaev,2015)、市价与账面值比率(Smith 和 Watts,1992)、产品的独特性(Titman 和 Wessels,1988)、盈利能力(Rajan 和 Zingales,1995)、固定资产比重(Marsh,1982;Rajan 和 Zingales,1995)、公司固定效应(Lemmon 等,2008)、现金流波动(Bradley 等,1984;Booth 等,2001)等都是影响公司资本结构的重要因素。当企业虚拟化、固定资产与企业营业收入关系不大且抵押功能逐渐丧失,早期决定企业资本结构的因素,很多都已不再有效。或者说,其有效性与否,有待具体验证。

在数智时代,企业从"实体存在"转向"虚拟化",企业能够实际控制的、可以用来作为抵押物等分担风险的实体资产,越来越少;企业运营过程中的大量投入最后都费用化,企业资产的价值波动性程度高。如滴滴公司,上市前的融资超过200亿美元,形成的固定资产净值不到百亿元人民币,且共享单车占了约1/3。股东直接投入超过200亿美元的企业,现在的市值为123亿美元[1]。并且,滴滴公司的竞争力和价值都是建立在App和用户群数量基础上,其优势很容易被竞争对手打破。在新能源汽车领域,这一特征表现得更为明显:即便是复杂的汽车制造流程,在数智化的帮助下,新兴的新能源汽车企业也可以快速成立、快速崛起,市场竞争强度远远高于传统制造业环境,这会从根本上改变企业风险的定义与量化。同时,数智化让社会对企业的认知存在多维信息来源,且信息传递速度加快,社会对企业风险的感知方式也在发生改变。人们对风险认知的方式不同,将会影响到人们的行为模式,包括企业的融资、投资决策和作为资本提供方的金融机构的决策与行为。

——数智化与投资方式。数智化不仅仅改变了信息传递的方式,而且还在逐步改变企业的运行特征与商业模式,相应地,企业的投资方式也在改变。在传统制造业环境下,企业

---

[1] 2021年3月17日,收盘价每股2.56美元,市值123.48亿美元。

扩张从初期直接投资、购买或建造更多的设备，转向并购，以期快速扩大产能，占领市场。数智化给企业经营活动与扩张方式带来冲击，一方面，数智化可以借助大数据等手段，将原先只属于管理层的个人经验和知识，通过结构化数据方式，将其标准化，让企业扩张变得更容易。另一方面，企业通过数智化，将复杂经营管理过程标准化，降低企业扩张对人力资本的依赖度，企业短期内的快速扩张才有可能实现。此外，通过App等数智化手段，企业最大限度地将管理全过程置于数智化控制之下，联盟、加盟等多样化的扩张方式，成为目前企业发展常用的手段。例如，在我国快递业发展过程中，因为数智化和App系统能够有效控制快递网点加盟的服务质量，所以使得我国快递业在短期内发展迅速，顺丰坚持直营，圆通速递、中通等采用加盟模式，都能够快速发展。

数智化环境下的企业投资模式的改变，还体现在并购上。传统的并购是从产业导向出发，由企业发起；由于企业扩张模式的改变，并购逐步成为各类基金，尤其是产业基金驱动的套利导向的并购。这种性质上的改变，会给并购行为带来影响，同样有待严谨的学术研究。

——多样化的资本退出。企业财务（Corporate Finance）不仅涉及企业，作为资本接受方，资本的来源、配置也涉及资本退出。制造业环境下的资本退出，主要采取的方式就是股利，即在制造业循环完成、企业获得利润后，以股利方式将资本逐步还给资本提供方，使资本提供方赚取财富。

在移动互联网环境下，资本的"耐心"有限，它们需要在更短的时间里变现，因此，上市或并购成为资本退出的主要方式。根据Wind的数据，截至2021年9月30日，滴滴的大部分机构投资者已经大量减持或抛售离场，其中包括摩根士丹利（Morgan Stanley）、淡马锡（Temasek Holdings Private Limited）、施罗德资管（Schroder Investment Management）、摩根大通（JPMorgan Chase & Co）等众多知名投资机构。表2.1-6展示了滴滴的机构投资者在滴滴上市后的持股变动情况。

资本退出方式的变化，同样会带来一系列问题的变化，包括融资方式、定价等，值得我们进一步研究。

表2.1-6　　　　滴滴机构投资者截至2021年9月30日持股变化

持股机构名称	持股数量变动（万股）	变动性质
Galileo (PTC) LTD.	-1 895.84	退出
Davis Selected Advisers	-1 086.24	退出
Morgan Stanley	-1 048.29	减持84.59%
Temasek Holdings Private Limited	-825.00	退出
Schroder Investment Management	-785.86	退出
JPMorgan Chase & Co.	-632.85	退出

(续表)

持股机构名称	持股数量变动(万股)	变动性质
Wellington Management Group LLP.	-280.44	退出
Capital World Investors	-252.49	退出
Price T Rowe Associates INC./MD.	-164.61	减持64.46%
FMR LLC.	-148.53	退出
Darsana Capital Partners LP.	-106.25	退出
Citadel Advisors LLC.	-100.87	退出
HHLR Advisors, Ltd.	-75.40	退出
Millennium Management LLC.	-73.25	退出

数据来源：wind 数据库手工整理。

企业财务，即企业+财务，受到企业性质、财务活动特征的影响；无论是企业，还是财务，都是在给定经济环境下发生、并受到具体制度约束的产物。制度和经济环境改变，当然会改变企业财务的逻辑和运行假设。

在数智化时代，不只是互联网、大数据进入人们的日常生活，整个社会的运行已经发生重构，商业逻辑也发生改变。数智化时代的企业性质和表现形式发生了根本性改变；法律、法规和制度环境、社会经济运行方式，也不同于传统制造业环境，因此，移动互联网环境下企业的会计与财务，需要、也应该要重新被认识。

（刘　峰　苏雅拉巴特尔　郭　婷）

参考文献

[1] 李海舰,田跃新,李文杰.互联网思维与传统企业再造[J].中国工业经济,2014(10):135-146.

[2] 戚聿东,肖旭.数字经济时代的企业管理变革[J].管理世界,2020,36(6):135-152+250.

[3] 余晓晖.工业互联网驱动的数字化智能化转型[J].中国经济周刊,2019(1):41-43+40.

[4] Almazan A, Molina C A. Intra-industry capital structure dispersion[J]. Journal of Economics & Management Strategy, 2005, 14(2): 263-297.

[5] Booth L, Aivazian V, Demirguc-Kunt A, et al. Capital structures in developing countries[J]. The Journal of Finance, 2001, 56(1): 87-130.

[6] Bradley M. Gregg, Jarrell and E. Han Kim. "On the Existence of an Optimal Capital Structure: Theory and Evidence"[J]. The Journal of Finance, 1984, 39: 857-878.

[7] Coase R H. The nature of the firm[J]. Economica, 1937, 4(16): 386-405.

[8] Dasgupta S, Titman S. Pricing strategy and financial policy[J]. The Review of Financial Studies, 1998, 11(4): 705-737.

[9] Jensen M C, Meckling W H. Theory of the firm: Managerial behavior, agency costs and ownership structure[J]. Journal of financial economics, 1976, 3(4): 305-360.

[10] Kurshev A, Strebulaev I A. Firm size and capital structure[J]. Quarterly Journal of Finance, 2015, 5(3): 1550008.

[11] Lemmon M L, Roberts M R, Zender J F. Back to the beginning: persistence and the cross-section of corporate capital structure[J]. The Journal of Finance, 2008, 63(4): 1575-1608.

[12] Markowitz H. Modern portfolio theory[J]. Journal of Finance, 1952, 7(11): 77-91.

[13] Marsh P. The choice between equity and debt: An empirical study[J]. The Journal of Finance, 1982, 37(1): 121-144.

[14] Modigliani F, Miller M H. The cost of capital, corporation finance and the theory of investment[J]. The American Economic Review, 1958, 48(3): 261-297.

[15] Rajan R G, Zingales L. What do we know about capital structure? Some evidence from international data[J]. The Journal of Finance, 1995, 50(5): 1421-1460.

[16] Schipper K, Vincent L. Earnings Quality[J]. Accounting Horizons, 2003, 17(s-1):97-110.

[17] Smith Jr C W, Watts R L. The investment opportunity set and corporate financing, dividend, and compensation policies[J]. Journal of Financial Economics, 1992, 32(3): 263-292.

[18] Titman S, Wessels R. The determinants of capital structure choice[J]. The Journal of Finance, 1988, 43(1): 1-19.

[19] Williamson O E. Markets and hierarchies: analysis and antitrust implications: a study in the economics of internal organization[J]. University of Illinois at Urbana-Champaign's Academy for Entrepreneurial Leadership Historical Research Reference in Entrepreneurship, 1975.

[20] Zingales L. In search of new foundations[J]. The Journal of Finance, 2000, 55(4): 1623-1653.

附件

滴滴出行业务收入确认模式

	Gross Basis	Net Basis
Transaction Price of RMB10.0	10.0	10.0
Add: Tolls, Fees and Taxes	1.0	1.0
Less: Consumer Incentives	(0.9)	(0.9)
Consumer Pays	10.1	10.1
Transaction Price of RMB10.0	10.0	10.0
Add: Tolls, Fees and Taxes	1.0	1.0
GTV	11.0	11.0
Less: Tolls, Fees and Taxes	(1.0)	(1.0)
Less: Driver Earnings		(7.5)
Less: Driver Incentives		(1.0)
Less: Consumer Incentives	(0.9)	
Revenues	9.1	1.5
Cost of Revenues		
Driver Earnings	(7.5)	
Driver Incentives	(1.0)	
Sales and Marketing		
Consumer Incentives		(0.9)

数据来源：滴滴招股说明书。

2.2 数智化与市场平权
——以游戏驿站和中远海控为例[1]

一、引言

2021年1月11日至2021年2月2日，美国游戏驿站公司（GME）的股票价格从19.95美元上涨到峰值每股483美元（1月28日），一天内触发17次熔断；当天，散户交易平台Robinhood限制包括GME在内的多只股票的交易；2021年2月2日，股价恢复到每股90美元。这一事件引发参与方的广泛讨论，数智化时代信息传播的广度和速度，不仅在很长时间里是美国各主要媒体和移动终端的热点话题，而且也传播到世界各地。已经有多种学术文献、研究报告等，对GME事件及其引发的卖空交易、机构投资、互联网与数智化信息传播等问题展开讨论。

无独有偶，我国市场上也发生了类似的事件。例如，2021年11月，中远海控的小股东公开征集股东投票权，对公司分红回报计划进行干预，这导致中远海控于2022年5月修改了股东分红计划、提高了分红比例。媒体将其称为"中小股东的胜利"，甚至有论文用"庶民的胜利"来定义这种中小股东联合起来后对抗大股东和管理层的行动（郑国坚等，2016）。

我们尝试从一个从更基础的理论层面来讨论、解释这种现象。我们通过对案例进行梳理后发现，数智化的普及与全面应用，重新定义了市场参与主体各自的行动能力、在市场中的地位与分布，这导致不同主体的市场权力趋于平等——传统市场环境下大股东的信息优势、资金优势、行动优势等都因数智化而减弱，中小股东的行动力和影响力因数智化而提升。例如，网络投票的出现降低了中小股东获取信息的成本，同时也缓解了其现场出席股东大会带来的成本问题，从而显著提高了中小股东的表决参与率（黎文靖等，2012；胡茜茜等，2018）；研究发现，中小股东越来越倾向通过"一致行动"来集中表决权，从而提升在股东大会和董事会的影响力，有效制衡大股东（郑志刚等，2022）。数智化产生"市场平权"，赋能中小股东，使其在资本市场上具备了与大股东和管理层谈判的"筹码"、与大股东或控股股东抗衡或制衡的能力。正如美国市场上的平权运动，其最初的英文是Affirmative Action，字面直译是"鼓励行动"，即通过刻意给黑人和其他弱势群体更多的机会，从而实现社会总

---

[1] 此文曾刊登于《甘肃社会科学》2023年第6期。此文公开发表时，因为刊物不建议研究生署名，所以我们将三位当时在读的研究生同学列在致谢名单中，特此说明。

体的公平;目前该运动被称为 Equality Act,强调真正的平等,对所有人都一视同仁,而不考虑年龄、肤色、种族、性别等,也不强调刻意保护"弱势群体"。前者被译为"平权法案",后者被译为"平等法案"。从"平权"到"平等",不仅是平权运动自身趋势特征的改变,而且是平权运动中各参与者自身能力变化的综合结果。后文的行文,仍然以"平权"术语为主。

资本市场对投资者保护的内在基础或逻辑也在变化中。在早年的资本市场环境下,被学术界所定义的第一类代理问题(管理层与股东之间的利益冲突)与第二类代理问题(大股东与中小股东之间的利益冲突)也是因为信息不对称、力量对比悬殊所致。因此,早期的投资者利益保护也带有"鼓励性"的(对股东等利益容易被侵害方)或"歧视性"(对管理层等能够较便利侵害他人利益的行动主体)特征,具体表现如下:通过内部控制和各种公司治理机制来约束管理层,减少他们可能对股东的利益损害;通过"关联股东回避""分类表决"等制度,最大限度地约束控股股东,以期保护中小股东利益。

Fama(1965)等发表了系列论文提出"有效市场假设"。尽管该理论有多种不同的表述,也存在争论,它的简洁表现形式如下:任何人不能通过资本市场公开信息获取超额利润。可以说,有效市场假设的前提基础就是"平权",即投资者在资本市场上是平等的。无论持股数量多寡,他们在获取信息、达成行动方案等方面是平等的,不存在单个股东借助信息等优势、获取超额回报。从市场政策层面来看,在相当长时期里,包括我国在内的多数资本市场,普遍采用的是"中小股东权益保护",政策向中小股东倾斜,实际上假定中小股东在大股东面前是弱势群体。这有点类似于美国平权运动初期的"正向歧视"。

数智化提升了市场的透明度、降低了信息在不同股东之间的分布差异,同时,中小股东之间达成联合行动的成本大大降低,这意味着在管理层和股东之间、控股股东和中小股东之间因为信息不对称所引发的代理问题将大幅减少。相应地,投资者保护的逻辑也应该作出改变:在互联网和大数据时代,数智化赋权中小股东,让中小股东与大股东在信息优势、行动能力等方面的差距缩小。市场从正向"歧视"的"平权"逐步转向基于"平等"基础的"平权"。这种因为数智化所带来的市场平权,需要我们重新去认识资本市场,包括投资者群体及其相应的权利、市场地位、信息发布与传递、投资者利益保护等基础性问题,也包括相应的政策、制度、法律法规的修订。甚至可以说,数智化的全面引入,使得"有效市场"从假说逐步走向现实。

二、知识、数智化与社会平权

平权与追求平权,古已有之。从社会规范角度看,美国 20 世纪针对少数族裔所提出"采取正向鼓励行动"(Affirmative Action)[1],以保证包括黑人在内的多个少数族裔在雇

---

[1] 从直觉上看,Affirmative Action 将政策向弱势群体倾斜,改变弱势群体的地位,促进社会整体的均衡发展。究竟是该政策带来社会的更加良性发展,还是因为同时期的其他因素如社会对教育资源投入增加、电视等媒体的普及和社会意识的觉醒等对社会发展贡献更大,是学术界需要严谨探索的问题。在当时特定的社会环境下,平权运动对争取民心、社会安定具有积极意义,这是人们所普遍认可的。

佣中被平等对待。大约从20世纪60年代中期起，"平权运动"（Affirmative Action）逐步成为一个广泛使用的术语（Mansky，2016）。

自20世纪90年代起，美国多个州通过立法或动议，对之前的正向歧视政策加以修正以强调平等。与之前用 Affirmative 来表明单向保护、政策倾斜不同，这次使用的术语是 Equality。这种术语上的变化，代表了潜在指导思想或原则的改变，旨在追求真正平等。

追求社会平等，包括公平、正义，是人类社会发展到一定阶段的必然产物。2021年，在中国共产党成立100周年之际，我国实现了全面脱贫，并全面建成小康社会。在下一发展阶段，更高程度、更大范围的公平、公正是我国社会发展的追求。如何实现社会发展过程中的不同参与主体的平等发展，或者说，社会发展过程中实现平等发展的路径存在差异。套用经济学的"外延式"和"内涵式"扩大再生产的二分法，追求社会平等的平权运动，也可以分为外在助力、提升相对弱势群体地位、达成各群体间平等的"外延式"平权，以及那些相对弱势群体通过自身的努力、提升能力，进而提升社会地位、实现社会各群体相对平等的"内涵式"平权。

人类社会发展按照其对资源和知识的依赖程度，大致经历了从资源依赖型向知识推动型的转变。传统农业社会的所有产出源自土地，土地成为社会发展的核心资源，"土地是财富之母"（配第，1662年《赋税论》），这是对当时农业社会的一种真实表述。当社会财富主要来自土地，社会各阶层地位的区分也将以是否拥有土地为标准，那些弱势群体就是不拥有土地的人。追求社会平等的主要举措就是通过市场、政府再分配方式，平分土地，实现"耕者有其田"，以此来消除社会差异、实现社会平等。

由于科学和技术的进步，保护私有财产和知识产权的法律制度等的引入，人类社会进入工业社会。工业社会降低对单一土地资源的依赖，引入多种资源，特别是多种人造"资源"如机器、厂房、资本等。在社会财富的创造过程中，社会对土地、石油等自然、不可再生的要素资源的依赖程度降低，而知识、能力等后天习得的要素的地位不断上升。培根的名言"知识就是力量"，一定意义上就是知识在社会运行中作用不断提升的体现。相应地，社会财富创造要素也从配第的"土地是财富之母、劳动是财富之父"，演变为"土地、劳动力、资本、技术"四要素。其中，劳动力、技术是后天习得的，与知识、能力等相关。劳动力、技术等在社会财富创造中的地位越高，土地、资本等给定约束条件资源的限定作用降低，则社会新增企业，特别是被定义为"new money"的企业会增多，知识在社会发展中的作用增加。就如同我国古代不区分家庭出身的科举制度、1977年恢复的高考制度，让很多原本不具备自然资源如土地、资本的人，通过学习、考试，获得了新的资源如更多的工作机会、财富等，社会平等程度提升。

互联网的兴起并产业化，包括移动互联网、各种互联网平台等的全面商业化，完全打破了土地、地域区位优势等对社会财富创造的限制，淘宝、直播带货等互联网销售平台和日益便利的快递业，让原本处于偏远地区、不为人知、难以获取的物品，成为市场上受欢迎的商品,这进一步提升了社会平等程度[1]。

回到外延式平权和内涵式平权的语境中。当社会财富创造依赖土地、资本等要素时,社会平权就要求平均"初始资源":通过土地、资本等的重新分配,希冀达成社会各利益群体更加平均的发展,从而达成平权,即一种外延式平权。当知识和技能在社会财富的创造中的作用增强时,通过教育资源的普及和推广,提高社会各群体的知识和技能共同提升,或缩小社会成员知识和技能的差距,让他们各自在社会财富创造中拥有相等或相近的话语权,从而达成社会平权,这是内涵式平权的意义。也正因为如此,发展教育被提升到全面脱贫、实现社会共同富裕的地位(佘宇和单大圣,2022)。

回到资本市场场景上来。通常意义上,大股东、管理层等都属于资源优势群体,他们拥有信息优势和行动优势,不仅可以自保,还可以借助其强势地位来侵占中小股东利益,形成了市场上所普遍关注的第一类代理问题(管理层有可能侵害股东利益)、第二类代理问题(大股东有可能侵害中小股东利益)等。股东,尤其是中小股东因为自身保护能力不足,一直成为社会和监管部门保护的对象。2002年中国证券监督管理委员会、中华人民共和国国家经济贸易委员会(现为中华人民共和国商务部)联合发布的《上市公司治理准则》开始在上市公司中强制推行独立董事等制度,以期保障中小股东利益,这就是一种"外延式平权"。虽然经过一段时期的实践,我国资本市场在中小投资者利益保护上无疑已经取得长足的进步。但是相关研究也表明,中小投资者对上市公司议案表决的参与意识不强,面对大股东侵占利益的行为,出于"搭便车"的心理,中小投资者往往并不会积极地履行监督权利,而是表现出"理智的冷漠"(孔东民等,2013),或者作出"用脚投票"卖出股票的被动选择(郑秀田和许永斌,2013)。以上种种都表明在中小投资者被保护的环境下,投资者利益保护的效果并不理想。

从中小投资者"被保护"到主动保护自己的利益,包括具有保护自己利益的意识和保护自己利益的能力,资本市场发展稳定、和谐,社会层面实现共同富裕。换言之,当中小股东能够有效保护自己的利益后,传统的、基于中小股东"弱势地位"的"平权",是否需要修正?如果修正,它的政策意义是什么?它对学术界将提出什么样的挑战?

正如培根"知识就是力量"所表达的,赋予中小股东关于他们各自权利以及如何保护自我权利的"知识"或"信息",是他们能够关注自身利益、并树立保护自我利益意识的基础。大股东和管理层拥有信息优势、对公司财产的处置优势,同时,中小股东"人多嘴杂",一致行动的成本太高。如阿罗在《社会选择与个人价值》就提出一个被广泛引用的"阿罗悖论"思想,即当每个个体能够按照各自的意愿自由选择时,他们往往不可能达成一个一致的选择。这种选择也可以用来说明为什么中小股东很难持有一致意见,以对抗大股东和管理

---

[1] 苹果在将音乐播放器 ipod 推向市场时,就在重新改组音乐发行方式,这一方式逐渐演变成后来 Apple Store 的模式:软件开发者直接将所开发的软件(如游戏软件)在 Apple Store 上发布,供用户下载;用户下载付费后,苹果收取 30%平台费(后被称为"苹果税"),软件开发者获取 70%。这一模式颠覆了传统的游戏开发、软件制作、分销的模式,让"素人"有机会被市场看见,并获得认可。

层,保护自身的利益。

互联网的普及,特别是基于移动互联网之上的大数据和人工智能的全面应用,以及不断创新的模型如 ChatGPT 的应用,重新定义了资本市场的信息,其中包括信息的生成、传递与使用。数智化在提高资本市场信息披露效率的同时,也在重新定义、重构资本市场的运行规则。以中小股东为例,数智化大大提升资本市场的信息透明度,降低中小股东协商、统一行动的成本,赋能中小股东,使其具备与大股东、管理层抗衡,并保护自身利益的能力,从而实现资本市场更广泛意义上的平权,实现资本市场"内涵式平权"。

科斯(1937)所提出的交易成本理论,可以用来解释市场上的多种现象,包括市场效率,即交易成本越低,达成交易的可能性越高。中小股东因为信息、利益等多样化,达成一致行动的成本太高,导致即便法律赋予中小股东权利,中小股东利益事实上难以保障。

基于交易成本和公共选择理论,中小股东联合行动的成本足够低、收益相对可预期时,中小股东达成一致行动的可能性会提升。经济学上所定义的"囚徒困境"难题也表明,中小股东人数众多,协调、形成一致的成本抬高,中小股东会因为各自利益、个体理性导致集体非理性,中小股东最后无法像单一大股东那样一致行动。造成"囚徒困境"中的困境的主要原因就是信息不对称,包括各"囚徒"的选择信息不对称。因为数智化所带来的信息平权,让中小股东在保护各自利益时,能达到远远有利于传统环境下的信息高度不对称的局面。各位"囚徒"如果在一个相对透明的信息环境,包括各位"囚徒"的选择方案,他们之间达成一致行动的概率会提升,"囚徒"就容易从"困境"中走出。相应的理论预期如下:在数智化时代,中小股东"觉醒"了自我权利意识,并具备协调各自的利益、达成一致行动方案并约束各自遵守一致行动方案的可能性。这就是数智化所带来的"市场平权"。

三、GameStop 事件:数智化与中小股东一致行动

游戏驿站(GameStop)可以追溯到 1984 年成立于美国得克萨斯州达拉斯的一家软件分销商 Babbage,1987 年销售该分销商任天堂游戏获利颇丰;之后,经过两轮并购,GameStop 游戏品牌于 1999 年面世,2000 年年底公司更名为 GameStop,并于 2002 年在纳斯达克上市。经过数年高速发展后,因为移动互联网对游戏业的冲击,加上苹果对游戏分销方式等的影响,线下、实体店销售游戏软件的方式面临挑战,GameStop 的业绩开始下滑。2016 年,其营业收入对比前一年下滑约 12%,利润也连续下降,2018 年更是遭受巨额亏损。GameStop 的实体门店数量开始缩减。2015 年高峰时门店数量为 6 227 家,到 2019 年减少到门店 5 509 家。

自 2018 年起,GameStop 的管理层持续更换。仅 2018 年一年,它就更换了三任 CEO[1]。

---

[1] 1 月,J. Paul Raines 因为个人身体原因辞职,董事长 Daniel DeMatteo 兼任临时 CEO;2 月,Michael Mauler 任 CEO,并担任董事会成员,但他于 5 月以个人原因辞任;很快,Shane Kim 被任命为 CEO,但他于 2019 年 3 月被 George Sherman 取代。

或许因为移动互联网、商业模式等对实体游戏店的冲击,也或许是动荡的管理层所致,如表 2.2-1 所示,自 2018 年起,GameStop 的业绩表现持续下滑。2020 年 3 月 9 日,GameStop 四位在任董事离任,前美国任天堂 COO 雷吉·菲尔斯·埃米在内的 3 位董事加入董事会。在资本市场上,两家基金发布公开信[1],要求公司任命一位股东董事。加上 2020 年初开始的新型冠状病毒感染,实体店的零售业务更加困难。GameStop 此后的经营陷入更加困难的局面。正是在这一背景下,机构投资者开始了对 GameStop 的做空策略。

表 2.2-1　　　　　　　　　GameStop 2015—2022 年经营情况　　　　　　　　单位:万美元

年份	2015 年	2016 年	2017 年	2018 年	2019 年	2020 年	2021 年	2022 年
净销售收入	9 363 800	8 607 900	8 547 100	8 285 300	6 466 000	5 089 800	6 010 700	5 927 200
经营净利润/亏损	402 800	353 200	34 700	-673 000	-470 900	-215 300	-381 300	-313 100
经营净现金流	656 800	537 100	434 900	325 300	-414 500	123 700	-434 300	108 200
资产总额	4 330 300	4 975 900	5 041 600	4 044 300	2 819 700	2 472 600	3 499 300	3 113 400
资产负债率	51.94%	54.70%	56.08%	66.96%	78.31%	82.34%	54.21%	57.53%

数据来源:SEC 官网披露的 GameStop 公司历年年报。

根据 SEC 在 2021 年 10 月披露的调查报告[2],2015 年、2016 年和 2018 年,GameStop 的空头股数占总流通股(GME)的比重都曾达到过 50%;2019 年至 2020 年,该比重呈现进一步上升的趋势;2020 年年底,该比重保持在 100% 左右,并于 2020 年 12 月 31 日达到 109.26% 的高点,如图 2.2-1 所示。

2021 年 1 月,机构投资者做空 GameStop 的行为达到顶峰。此时,GameStop 的空头股数占总流通股的比重一度达到 122.97%,远超其他的模因股票[3](如 Dillards 百货:77.3%;AMC 院线:11.4%)。根据 SEC 在 2021 年 10 月出具的调查报告,GameStop 是截至 2021 年 1 月唯一一只空头股数超过总流通股数的股票。

从股票交易机制来看,我国市场的股票交易以股票现货交易为主,投资者只有先买入,才能卖出;先卖出、后买入的交易(我国市场称为融券交易)量极小。在美国市场上,先卖出、后买入的卖空交易机制相对成熟,当卖空的股票数量达到标的公司可流通股票数量的一定比例后,只要流通股股东们不出售手中持有的股票,那些做空者在合约到期时无法购

---

[1] 这两家基金分别是 Hestial Capital Partners LP. 和 Permit Enterprise Fund LP.,他们联合其他股东发布了公开信。具体报道见:《华尔街日报》,2020 年 3 月 12 日,Corrie Driebusch, GameStop Under Renewed Pressure from Unhappy Investor Group.
[2] 报告题目为:《Staff Report on Equity and Options Market Structure Conditions in Early 2021》。
[3] 模因股票即 meme 股票,最早由 Raddit 的网友在讨论中提出,通常指因社交媒体炒作而流行的股票,目前这一概念广泛流行在股吧等互联网平台中。

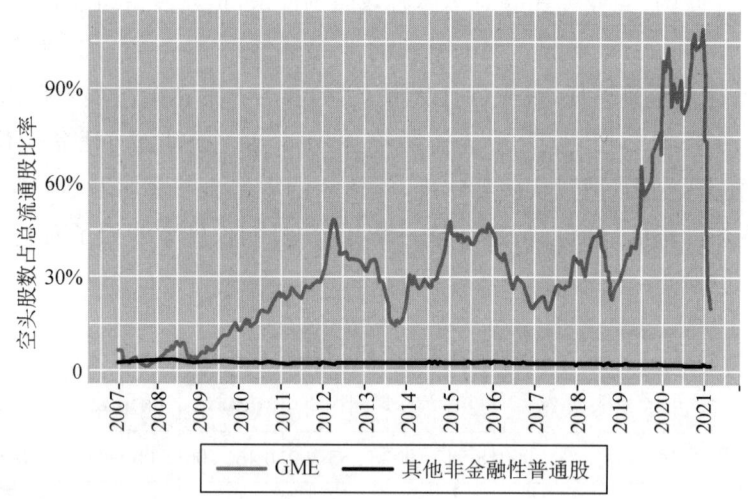

图 2.2-1　GameStop 与其他非金融性普通股的空头股数占总流通股数比率[1]

回股票交付、面临违约风险,这会造成做空者被"轧空"(short squeeze)[2]。

在数智化之前的时代,通常做空的是机构投资者,他们拥有信息优势,即对标的公司更加了解、对市场头寸更加清楚。包括移动互联网、去中心化在内的各种网上平台,大大降低了资本市场信息不对称程度,让中小投资者拥有了与机构类似的信息。例如,在 GameStop 公司事件中,不同投资者对 GameStop 公司未来发展的判断会有各自不同的判断,他们会根据各自的判断作出相应的决策;做空头寸信息的公开能让中小投资者实时知道市场情况,加上相应金融知识的普及,中小投资者知道,只要他们集体不出售股票,机构投资者就会被"轧空",中小股东不仅可以获得财务上的收益,而且能够在交易中战胜机构投资者、曾经藐视中小投资者的机构,中小投资者[3]能够获得多重成就感。

如图 2.2-1 所示,进入 2020 年后,GameStop 的做空头寸就已经达到 100% 的水平。这时,面向普通投资者的股票论坛(Reddit 网站的子板块 WallStreetBets[4])上出现两种声音,呼吁普通投资者购入并持有股票。一种声音是 GameStop 估值过低的讨论,其中包括了后续被媒体称为"带头大哥"的 Keith Gill,他自 2019 年起就开始发帖表示看好 GameStop,并陆续晒出买入 GameStop 的看涨期权和股票持仓截图;而另一种声音是投资者认为 GameStop 被裸卖空,这就有可能出现协调一致的"轧空"现象,因此他们呼吁投资

---

[1] 图 2.2-1 源自 SEC 报告 *Staff Report on Equity and Options Market Structure Conditions in Early 2021* 第 27 页 Figure 5。其中,空头数据由 SEC 根据交易所两周一次的报告和北美财务数据库(Compustat North America)中的补充性文件估计所得,流通股数据来自证券价格研究中心(CRSP)披露的每日股票数据。
[2] 轧空即 short squeeze,当一个事件触发卖空者集体购买股票以弥补其空头头寸时,可能会出现轧空。由于市场上多头惜售,空头急于购入股票平仓,股票价格快速上涨,空头损失巨大。
[3] Citron 的创始人就称个人投资者是"扑克游戏中的输家"。
[4] WallStreetBets 板块是 Reddit 网站上一个专门讨论高风险股票的子版块,其用户奉行 YOLO 主义(You Only Live Once)。

者购入并持有 GameStop 的股票。

2021 年 1 月 19 日,美国空头机构香橼(Citron Research)在社交媒体上声称 GameStop 当时 40 美元的股价虚高,远超其合理价值,并很快将回落至 20 美元。根据我们所观察到的 GameStop 卖空头寸数据,这应该是香橼等做空机构打压股价、结清卖空头寸的一种策略。2021 年 1 月 22 日至 27 日,GameStop 的股价进一步上升,但 GameStop 空头股数占总流通股的比重开始下降(见表 2.2-2),这表明部分做空机构开始平仓。实际上,在 2021 年 1 月初,当时股票交易平台上就有关于 GameStop 被超额做空以及做空头寸的实时信息,这种信息通过互联网发布,让所有中小投资者都能够实时获取,让他们知道做空机构的"底牌",从而有了与做空机构"掰手腕"的可能性。

也就是说,当中小投资者与机构投资者之间信息不对称程度降低后,中小投资者的利益被侵害的可能性大大降低,同时,中小投资者保护自身利益的能力也在提高。

表 2.2-2　　　　　　　　　GameStop 空头股数占总流通股比例

日期	空头股数占总流通股比例
2020.12.31	109.26%
2021.1.15	88.58%
2021.1.29	30.70%
2021.2.12	23.61%
2021.2.26	20.30%

数据来源:富途牛牛 App。

GameStop 的股票此后逐步回归到常规交易状态,但其影响并未结束。2021 年 2 月 18 日,美国众议院金融服务委员会就 GameStop 股价波动事件以及 Robinhood 限制买入行为召开了听证会;2021 年 10 月 18 日,SEC 发布的 GameStop 事件调查报告指出,年初 GameStop 股价的剧烈波动是由诸多原因造成的,其中主要原因是个人投资者的乐观情绪和巨大购买力,另外,空头机构回补头寸也是原因之一。SEC 表示,未来将重点关注券商经纪平台限制交易行为,且可能需要增加空头机构对做空行为的信息披露。

GameStop 事件也成为学术研究所关注的对象。黄世忠、李诗、于骁然(2021)以行为金融理论来解释游戏驿站事件中的现象;Umr 等(2021)、Malz(2022)、Betzer 和 Harries(2021)等都在尝试为 GameStop 股价波动找到合理且有效的解释。GameStop 事件中所传递了一个至强信号:因为互联网和数智化赋能,大大降低了机构投资者与中小股东之间的信息差距,中小股东具有了与大股东对抗的可能。当中小股东知道机构投资者卖空的头寸及其变化时,中小投资者可以联合起来、惜售股票,逼迫卖空机构高价平仓,出现"轧空"。实际上,无论最后 GameStop 的获利者是谁,但通过类似股吧一样的力量、中小股东联合起来对抗机构投资者,特别是对抗拥有信息优势的卖空者,这一事件本身就标志着数智化所带来的市场平权,已经改变了市场上投资者信息和力量的分布,也会潜在地改变市场上投资者的行为模式。例如,类似于 Citron Research 这样的机构做空者的行为也会改变(Citron Research 的创始人于 2021 年 1 月 29 日宣布,停止做空研究,专注于做多的机会)。这也是 GameStop 事件给学术界带来的冲击和影响。

四、中远海控:中小股东可以联合行动

正如阿罗在《社会选择与个人价值》一书中所提出的,当个体人数众多、需求偏好差异不一,达成一致行动的成本高昂。在资本市场上,中小股东人数众多,各自诉求和利益不一致,且各自对信息的理解存在差异,他们也很难达成一致行动。

尝试多种治理机制后,大股东侵占中小股东利益的事件仍屡禁不止,因此,中小投资者利益保护过程中,核心环节之一是中小股东"自我保护"的能力(何慧华,2022)。如果中小股东不具备自我保护能力,资本市场"平权"的逻辑基础就应该是"差别化歧视":赋予中小股东高于大股东的权利,如股权分置改革中的分类表决等;因为数智化赋权,信息更加透明,且数智化手段让中小股东联合行动的成本降低,达成一致行动的可能性提升。中小股东在与大股东或控股股东的"对决"中的"对抗能力"逐步提升,相应地,投资者保护的逻辑要逐步向"平权"方向过渡,即为中小股东诉权提供机会与可能。中远海控 2021 年底的案例就呈现这样一个特征。

中远海控全称中远海运控股股份有限公司,是一家主营集装箱航运业务和码头业务的企业,公司于 2005 年 6 月、2007 年 6 月分别在港股与 A 股上市,其码头遍布中国沿海五大港口群,以及欧洲、南美洲、中东及地中海等主要海外枢纽港湾,据 Alphaliner 统计,截至 2023 年 5 月,中远航运拥有 465 艘船,运力折算为 289 万 TEU[1],规模稳居世界第四。中远海控前三大股东股权占比分别为 37%、20.89% 和 8.71%,其余股东股权比例均为 3% 以下,除了前三大股东,股权十分分散。

中远海控中小股东联合提案的背景是公司 2019—2021 年每年营业利润超百亿元,2019 年公司仍增发新股募资 77 亿元,却超过 10 年未分发股利。该提案实质是中小投资者对大股东侵占小股东利益、"只吸血不反哺"的行为的联合抗议。中远海控 2013—2021 年经营情况见表 2.2-3。

表 2.2-3　　　　　中远海控 2013—2021 年经营情况　　　　　金额单位:亿元

项目	2013 年	2014 年	2015 年	2016 年	2017 年	2018 年	2019 年	2020 年	2021 年
营业收入	619	644	650	712	905	1 208	1 511	1 713	3 337

---

[1] TEU 是 Twenty-Foot Equivalent Unit(20 英尺标准集装箱)的简称。

（续表）

项目	2013年	2014年	2015年	2016年	2017年	2018年	2019年	2020年	2021年
营业利润	44	0	-16	-79	50	30	121	139	1 282
归母净利润	2	4	5	-99	27	12	68	99	893
经营活动产生的现金流量净额	-23	59	71	15	71	81	212	450	1 709
资产负债率	73.99%	71.13%	66.87%	68.62%	67.18%	75.3%	73.64%	71.06%	56.76%

2021年11月21日14时37分，雪球（股票论坛）上网名"红领巾传奇"的投资者发帖："关于中远海控中小股东联合3%股权向董事会提案的倡议"。提案要求："一、公司修改未来三年的股东分红计划，不低于当年归属于母公司净利润的50%；二、公司对A股及H股进行回购"。他在发帖时声称，已登记联合意向228位股东，合计并持有2.905 2亿股，距离3%股权的4.8亿股还差1.9亿股。当天23时53分，已登记联合意向股东636位，合并持有4.775 4亿股，距离4.8亿股的要求仅仅差一点；11月22日19点31分，该提案联合意向股数突破5亿股，组织方宣布停止统计。"红领巾传奇"表示"将作为本次提案权的征集人，开始正式授权"。2021年11月30日，中远海控董秘回应"公司今年将会进行现金分红"。2021年12月6日，中远海控发布第六届董事会第十一次会议决议公告，关于提请股东大会给予董事会回购公司A股及/或H股股份一般性授权的议案通过；2022年5月，股东大会批准2021年度分红政策，每10股派8.7元；2022年11月24日，股东大会通过2022年中期分红政策，每10股派20.1元；2023年5月26日通过的分红方案是每10股派13.9元。

航运业的发展存在周期性，这是事实。在中远海控的案例中，公司在高营业利润、公司稳健发展的情况下仍然坚持长期不分红。管理层和控股股东从稳健经营等角度出发考虑不分红，这是他们的选择。尤其是国有企业特别关注资产负债率、稳健经营等因素，他们自然选择更加保守的股利政策，包括将现金留在公司内部、不分红。中远海控于2007年上市，2008年年中、年末两次分红（每10股4.7元）、2010年象征性分红（每10股0.9元），之后，2011年至2019年没有现金分红，2020年一次转增。但是，当中小股东联合起来，通过征集投票权、向股东大会提交议案等方式要求公司改变分红政策、回报股东后，2022年6月至2023年6月，公司实施三次分红（两次年度分红、一次中期分红），每10股累计分红42.7元。分红政策发生了方向性的改变。

中小股东要影响到上市公司的决策，除了通过媒体、互联网等"隔空"喊话，根据《公司法》所赋予的权利，征集到3%的投票权，就可以直接向股东大会提交议案，以此来给管理层和大股东施加压力。2021年9月30日，中远海控的全部股本为160.14亿股，3%就是4.804 2亿股。而前10大股东中，持有1亿股以上的，都是大股东或与大股东保持一致的行动人（香港H股除外），因此，征集4.8亿股投票权，需要广大中小股东广泛参与。在传统的、依靠电话甚至书面通信的环境下，即便在媒体上发布广告，也很难达成征集4.8亿股的目标,甚至这种目标是无法实现的,这也是传统工业化时代中小股东不具备与大股东抗衡能力的制度性原因。在数智化社会,征集投票权的信息能够及时、迅速地传递给所有股东,同时,中小股东的授权也变得非常简便、快捷。因此,当"红领巾传奇"在互联网上发帖后,他到当天晚上就几乎实现4.8亿股的目标。

数智化通过降低信息传递、收集、交换等的成本,赋予中小股东以行动权利,让他们能够在大股东、管理层面前争取自己的权利。在本案例中,数智化降低了群体联合行动成本、短时间内聚集并形成利益共同体,让《中华人民共和国公司法》第一百零二条第二项不只停留于纸面:单独或者合计持有公司3%以上股份的股东可以在股东大会召开前十日提出临时提案,并书面提交董事会。中小股东的行动力和影响力因为数智化而提升,中小股东也能接收到来自各方的信息,减少了群体行动的盲目性和用脚投票的行为,实现资本市场"内涵式平权"。这是数智化与信息平权的另外一层含义。

五、讨论与结论

数智化改变的不仅仅是信息传递的速度和数量,而且当它的应用普及后,社会的运行和权力分配会逐步重新定义。正如培根的名言"知识就是力量",人类社会的知识及其分布,定义了社会的运行与权力(力量)的分布。历史上,欧洲中世纪的"黑死病"动摇了教会对知识的绝对垄断,科学逐渐被认可,欧洲也从黑暗的中世纪进入市民化社会,为之后的工业革命提供了准备;而工业革命也是科学知识与法律思想相互作用的结果。相应地,数智化的普及,就不仅仅使社会信息的发布与获取更加便捷,社会可获取信息的渠道更多、数量更多,数智化也会改变这个社会的运行体制,进而重新定义社会基层的权力分布。

我们关注的是资本市场上信息流动、信息配置以及由此引发的投资者权力的重新分布;资本市场因信息流动更加充分而让中小投资者与机构投资者之间的信息差缩小,相应地,他们之间权力的不对等程度降低,中小投资者拥有与机构投资者类似的信息,他们也就具备了与机构投资者"叫板"的力量。我们将这种数智化环境下中小投资者因为信息而赋权的状态,称之为"信息平权"。

资本市场的信息平权,将会逐步重新定义资本市场的运行逻辑、重新建构资本市场的运行机制,它带给我们的挑战和冲击也是多方面的:

——关于有效市场假设。有效市场假设的一个简洁表述如下:没有人能够利用市场公开信息获取超额收益。如果说,在前数智化时代,这还只是一个假设的话,那么,数智化时代因为去中心化的信息发布,保证了任何信息都能够在第一时间、不受筛选地实时发布,且移动互联网使得信息发布与送达受众都是实时,而各种信息平台的存在与运行,让信息的集聚效应显现信息聚合:根据用户的复杂信息需求,对来源分散的多类型信息资源进行采集、筛选、组织、整合和呈现的信息组织(曹树金、马翠嫦,2016)。所有这些,都在一定程度上为有效市场的成立、或更加逼近理想的有效市场,提供了基础。这为学术研究提供了一个可以讨论的大问题。

——关于股权结构。股权结构具有丰富的信息含量,特别是大股东的存在,向市场传递了非常丰富的信息,包括公司治理信息,也包括对公司未来前景的信息。当市场信息结构改变,投资者不需要通过持有高比例股权,也可以获得关于公司层面的各种信息,并可以通过公开征集投票权方式,以较低成本向管理层和大股东传递声音,公司股权结构的信息基础改变了,不仅赋予股权结构以不同的信息含量,而且也会改变投资者的行为特征。

——关于投资者保护。目前的法律法规对投资者的保护,是基于中小股东的弱势地位而存在。当中小股东因为数智化而消除了信息差,数智化手段让中小股东联合行动成本降低到趋近于0,他们就不再明显弱于大股东。这时,如果再赋予中小股东以差异化的权力,是否会造成对大股东的"不公"? 进一步来说,当各类股东的权力相对平等、持股比例进一步分散后,如何定义大股东和小股东? 他们各自的赋权情况又应当如何展开? 这些也对政策制定提出新的挑战。

"理论是灰色的,生命之树常青"。在数智化重构社会,社会整体的结构性改变了,基于传统社会架构之上的理论,能否适应新的社会环境,是否需要作出调整和修正,以及如何修正和调整,是学术界需要回答的问题,这也对政策制定提出了挑战。我们尝试从资本市场平权视角提出一点看法,也只是"抛砖引玉",以期学术界更多地回归到市场和制度层面、关注现实问题。

(刘桑田 刘 茂 刘 峰 张 敏)

参考文献

[1] 郭葆春,徐露.中小投资者保护:现状与对策[J].当代会计评论,2012,5(2):52-66.

[2] 胡茜茜,朱永祥,杜勇.网络环境下中小股东的治理效应研究:基于代理成本视角[J].财经研究,2018,44(5):109-120.

[3] 黎文靖,孔东民,刘莎莎,等.中小股东仅能"搭便车"么?:来自深交所社会公众股东网络投票的经验证据[J].金融研究,2012,381(3):152-165.

[4] 佘宇,单大圣.论教育发展与共同富裕[J].行政管理改革,2022(8):14-22.

[5] 郑国坚,蔡贵龙,卢昕."深康佳"中小股东维权:"庶民的胜利"抑或"百日维新"?:一个中小股东参与治理的分析框架[J].管理世界,2016(12):145-158,188.

[6] 郑志刚,李邈,雍红艳,等.中小股东一致行动改善了公司治理水平吗?[J].金融研究,2022(5):152-169.

[7] 孔东民,刘莎莎,黎文靖,等.冷漠是理性的吗? 中小股东参与、公司治理与投资者保护[J].经济学(季刊),2013,12(1):1-28.

[8] 孟庆玺,李增泉.社交媒体在资本市场中的作用研究:文献述评[J].当代会计评论,2020,13(3):1-14.

[9] 何慧华,陈婧,方军雄.如何让中小股东有力量?:中国实践与文献梳理[J].当代会计评论,2022,15(2):1-31.

[10] 黄世忠,李诗,于骁然.游戏驿站股票现象的解析与启示:基于行为金融的视角[J].财会月刊,2021,897(5):3-9.

[11] 郑秀田,许永斌.控股股东攫取私利下中小股东的行为选择:"理性冷漠"还是"积极监督"?[J].经济评论,2013(6):11-16.

[12] 宋建丽.承认政治与后权利时代的正义:查尔斯·泰勒承认政治述评[J].厦门大学学报(哲学社会科学版),2013(2):12-18.

[13] Allan Malz. The GameStop Episode:What happened and what does it mean? [J]. Journal of Applied Corporate Finance,2022(3314):87-97.

[14] Betzer,André,Jan Philipp Harries. How Online Discussion Board Activity Affects Stock Trading:The Case of GameStop [J]. Financial Markets & Portfolio Management,2022,36(4):443-472.

[15] Coase,R. The nature of the firm [J]. Economica,1937,4(6):386-405.

[16] Coase,R. The problem of social cost [J]. Journal of Law & Economics,1960(3):1-44.

[17] Fama, E.. Efficient capital markets:A review of theory and empirical work [J]. Journal of Finance,1970,25(2):382-417.

[18] Fama, E.. The behavior of stock market prices [J]. Journal of Business,1965,38(1):34-105.

[19] Umar,Zaghum,Mariya Gubareva,Imran Yousaf,Shoaib Ali. A tale of company fundamentals vs sentiment driven pricing:The case of GameStop [J]. Journal of Behavioral and Experimental Finance,2021(30):57-89.

2.3 数智化与企业发展逻辑：基于专有知识的视角

一、引言

数智化的全面应用提升了企业运营效率，这已经被文献所反复证实。已有许多学者研究探讨了数字化对企业产能利用率提升（黄卓等，2024）、运营流程优化（陈剑等，2020）、企业边界扩张（曹鑫等，2022）和出口增长等（蔡宏波和韩金镕，2024）等。此外，刘莎莎等（2024）和赵宸宇等（2021）发现数智化提升了企业产能利用率、全要素生产率等业绩表现。上述学者对数智化影响企业绩效等的研究，主要采用可观察的、关于企业业绩的指标，在数智化与可观察业绩指标之间建立联系。尚未结合企业数智化赋能生产过程，触及数智化影响企业发展的内在传导机制。

进入数智化时代后，类似于新能源汽车业、咖啡与茶饮业、光伏产业等很多行业在短期内实现了全行业产能的快速扩张。然而以往文献以案例、实证大样本研究为主，仅仅考虑数智化对个体企业组织结构、经营表现等影响，没有回答以下问题：为什么数智化时代的很多行业与企业能够在短期内实现产能的快速扩张？这一问题是否具有普遍性？它的可能经济后果是什么？

以 Penrose(1959)为代表的传统企业发展理论认为，企业是一个管理组织，同时也是人力、物力资源的集合，企业内部的资源是企业成长的动力。Penrose 通过建构"企业资源—企业能力—企业成长"的分析框架，揭示了企业成长的内在动力。显而易见的是，数智化时代的企业扩张往往也伴随着全行业产能的飞速提升，传统的企业内源性增长理论解释力度明显不足。而我们对这一问题的回答是引入专有知识要素，构建一个"数智化—专有知识通用化—企业规模扩张"的理论框架，用来拆解数智化影响到企业发展的"黑箱"。

借鉴 Jensen 和 Meckling(1995)关于专有知识和通用知识的讨论，我们提出用专有知识来解释公司规模扩张与竞争。根据 Jensen 和 Meckling(1995)对于知识的划分，专有知识是指在不同主体间转移与传递成本高的知识。在数智化环境下，专有知识是指特定行业情境下难以编码、传递成本高、损耗大的知识（Chin 等，2021），如企业家的能力、经验丰富的技术工人、企业核心技术等。通用知识是指可复制、可传递、传递过程中损耗程度低的知识。在传统组织模式下，专有知识转移和传播效能较低，且一般通过组织协同、兼并方式获取（Ferreira 等，2022；唐露和刘伟，2024）。工业化时代，专有知识扩散速度限制企业扩张速度。包括钢铁、汽车等制造业和养猪业在内的大量行业，难以通过复制成熟的经验和模式，实现企业规模的快速扩张。进入数智化时代后，数智技术的广泛应用正在重塑企业的经营与发展模式。一方面，数智化通过大数据等技术手段，将原本仅属于管理层的个人经验和知识，转化为可结构化的标准化数据，或者说，将专有知识通用化，降低知识传播的成本。另一方面，数智化将企业复杂的经营管理流程标准化，实现了管理过程的数智化控制，从而降低了企业扩张对专有知识如人力资本的依赖，为企业的快速增长提供了可能。伴随着专有知识门槛降低、扩散速度提升，企业可以通过复制成熟的模式，实现规模的快速扩张。相应地，数智化时代的任何一个行业或产业，只要市场认为有潜在的获利空间，都会在短期内出现产能快速扩张的态势。

我们以传统的生猪养殖业为例，讨论数智化如何将专有知识通用化，并实现企业产能/规模快速扩张。在深入讨论的基础上，尝试打开数智化如何影响企业产出的传导机制的"黑箱"，提出"数智化—专有知识通用化—企业规模扩张"的解释框架。我们以生猪养殖业为例是因为：对比基于大规模标准化生产的制造业情境，生猪养殖业生产周期长、产品对象差异性大、个性化程度高、受环境影响大，对包括经验等在内的专有知识的依赖度高。同时，农业企业的规模化经营，是党的二十届三中全会所予以关注的一项国策[1]。以生猪行业为例，在我国，猪肉是仅次于粮食的重要农产品，担当重任，猪价作为"百价之窗"一直被各方所关注。研究数智化时代生猪养殖行业发展的规律性特征，不仅具有学术代表性，而且具有较强的现实应用意义和政策意义。

可能的理论贡献如下：首次提出从专有知识视角来解释企业规模扩张，并构建了"数智化—专有知识通用化—企业规模扩张"的解释框架；我们结合养猪业，并以傲农生物的数智化应用为例，论证了数智化如何帮助企业通过专有知识通用化完成企业扩张。这一解释框架可以用来解释数智化时代的企业普遍能够快速扩张的规律性特征；我们的研究发现也具有相应的现实和政策意义，即重新认识数智化背景下企业产能扩张的内在规律性特征与相应的产业政策、数智化时代企业的风险特征与风险管理等。

二、从工业化到数智化：企业扩张与专有知识

（一）企业规模化扩张的要素

数智化转型推动企业扩张的关键要素产生更迭。企业扩张的关键要素由工业时代下资源要素（Cobb 和 Douglas，1928；Schumpeter，1934；Penrose，1959），过渡至数智时代下平台和知识要素（Grant，1996；李玥等，2023）。具体而言，基于有形资源要素，资源基础观和

---

[1] 中共二十届三中全会通过的进一步全面深化改革 推进中国式现代化的决定第21段明确提出：发展农业适度规模经营。

资产专用性理论认为,稀缺性、差异性资源是企业获取超额收益并规模化扩张的基础(Penrose,1959;Barney,1991;Zimmerman 和 Zeitz,2002),专用性资产所有者应具有企业所有权。在数智化时代,数据与传统生产要素相互结合,以及数据边际收益递增和可复用特性(黄阳华,2023),推动与数据相关的平台和知识等无形要素成为企业规模化扩张的关键要素。基于此,网络效应理论认为,特定平台方式积累的数据资源有助于企业维持先发优势,推动企业持续扩张(Chu 和 Manchanda,2016;Gregory 等,2021)。知识基础观将知识作为企业成长的关键要素,认为企业是知识吸收、应用和创新的集合体(Kogut 和 Zander,1992;周翔等,2023),企业通过知识的组合、实践和迭代创造价值,因此知识是限制企业规模化扩张的关键因素。

综上所述,针对数智化时代的企业规模化扩张,资源基础观、资产专用性和网络效应等相关理论存在。然而,结合企业规模化扩张具体情景,上述理论适用性存在一定不足。例如,数据要素的可复用属性和边际收益递增属性(Jone 和 Tonett,2020;黄阳华,2023),一定程度上打破了资产专用性理论界定的企业扩张模式和边界,提升了企业扩张速度,进而重塑阿里巴巴、滴滴等平台类企业扩张逻辑(刘峰等,2022)。此外,基于平台先发优势的网络效应,同样无法充分解释共享单车品牌的迅速崛起与衰退现象。知识整合传递正成为塑重塑企业边界、提升企业动态能力的重要因素(Mikalef 等,2021;Acharya 等,2022;李玥等,2023)。因此,从知识基础观切入,基于知识要素视角剖析企业规模化扩张的机制路径,对理清数智化时代企业发展逻辑具有重要意义。

(二)专有知识与企业规模化扩张

专有知识是影响企业规模扩张的重要因素。基于 Hayek(1945)对知识在社会经济运行中特殊作用的讨论,并根据知识的传递成本、使用范围,Jensen 和 Meckling(1995)将企业经营中所需知识划分为专有知识和通用知识,其中,专有知识是指传递成本高、传递过程损耗大的知识,包括那些经过长期学习与实践才能获得的知识(如科学家、医生等的专业知识)、与个人资源禀赋有关的各类知识(如运动员的才能)、某些时效性特别强的知识(如2018年5月14日,3U8633航班在9 800米高度时驾驶舱玻璃碎裂事件发生时,机长刘传健瞬时形成对现场判断所需要的知识)等。企业家的能力就是一种专有知识,这些知识难以复制、传递;同样,经验丰富的专业技术工人、企业的核心技术等也是一种专有知识。通用知识是指可复制、可传递、传递过程中损耗程度低的知识。在数智化情境下,通用知识指能通过结构化、系统化方式,以较低成本和损耗进行明确传播的知识(Abubakar 等,2019);专有知识指特定行业情境下难以编码,传递成本高、损耗大的知识(Chin 等,2021)。在特征方面,第一,专有知识占组织和特定行业知识总量高,且关系企业发展创新(Forman 和 Van Zeebroeck,2019;Zahra 等,2020)。第二,在传统模式下,专有知识传播效能较低,且一般通过组织协同、兼并方式传播(Ferreira 等,2022;唐露和刘伟,2024)。

Jensen 和 Meckling(1995)提出,公司应该将决策权配置给拥有专有知识的人。决策权与管理能力直接相关,借用这一思路,我们认为,企业规模扩张的速度与质量,取决于企业对专有知识积累和有效配置的能力。企业不能快速规模化扩张，专有知识不足是其中的核心因素之一。甚至，专有知识也成为行业壁垒、企业扩张等的前置条件。一个直接的例子是高端中餐厅的规模化扩张问题。为什么高端中餐厅没有全国统一品牌、统一运营的大规模企业？关键点是经验熟练、发挥稳定的高等级中餐厨师缺乏[1]。

数智化的普及，特别是基于大数据和智能化的控制系统的全面应用，能够将工业化时代对企业规模化扩张存在约束、限制作用的专有知识，通过编码方式结构化、系统化，转化为通用知识。企业的规模化扩张就不再受专有知识难以批量复制的限制。因此，我们可以观察到，在数智化时代，能够有效地将专有知识转化成通用知识的行业，就能够快速、规模化扩张，如共享出行服务公司、快递公司、咖啡和茶饮料连锁品牌公司等。包括高级中餐厅在内的一些行业，由于仍然未能有效解决专有知识通用化约束，它们的扩张速度有限，仍然处在工业化时代的水平。同样，当汽车制造业推行"用机器制造机器"[2]后，汽车制造业的扩张速度大大提升。

专有知识与通用知识的二分法，不同于隐性知识和显性知识的区分。管理学的隐性知识是指"存在于员工个体与企业内各级组织中难以规范化、难以表述与模仿、不易交流与共享"的知识（波兰尼，1968）。从不易编码、难以传递角度来看，它与专有知识有相似性。专有知识也可以是专利技术、专业经验等，这部分知识可以通过授权、学习、培训等方式转移，只是转移成本相对要高、转移过程中的损耗会更大。此外，区别于依附个人的隐性知识，我们讨论的专有知识同组织相关，即除了具有传递成本高这一特性，专有知识通常与组织及特定行业相关，是在竞争优势和行业门槛情境下，特定组织或行业所具有的独特信息。

（三）数智化与专有知识传递

对于数智化的准确概念界定尚无公认、权威定义，目前，学术界交替使用数字化、数智化、AI等术语，用以指代基于高速、微型计算机和互联网上的大数据与人工智能相结合的综合应用（Warner 和 Wäger，2019；Wessel 等，2021；陈剑和刘运辉，2021）。我们采用这种宽泛的界定，用数智化来指代自计算机和互联网应用，尤其是移动互联网全面应用后趋势特征。数智化的广泛应用推动物理世界映射至虚拟世界（祝继高等，2024），改变了知识采集加工形式、知识传播成本和知识搜寻成本，进而有助于推动专有知识传递。

数智化改变了知识采集加工形式。首先，在数智化背景下，数据总量呈几何级数式增长。移动终端、互联网应用的普及以及数据、算力中心等数智基础设施，均有助于企业在生产过程中产生海量数据（黄阳华，2023）。然而，数据并不等同于知识，海量数据并不

---

[1] 一个可以补充的例证：在过去一个阶段，中餐连锁经营比较成功的是火锅店，因为火锅店对厨师的依赖度低。在连锁火锅店扩张过程中，物流供应链是其核心要素。
[2] "用机器制造机器"是特斯拉在汽车制造过程中所提出的，代表着制造业智能化与自动化程度。也有企业将高度智能化、自动化的制造工厂称为"黑灯工厂"。

必然能够形成系统化、规律化的知识。在传统模式下,从专有知识产生视角看,受制于数智工具,数据难以总结为专有知识;工业化时代专有知识的输出,通常限定于特定行业,难以以结构化、系统化方式识别并输出对应专有知识(Rothaermel 和 Hess,2007;唐露和刘伟,2024)。建立在大数据、人工智能等基础上的数智化技术能够判断各类知识体系差异,甄别专有知识,并将非结构化、复杂形式的专有知识转换为结构化、数字化的知识形式。此时,专有知识独立于组织总体知识体系,进而有助于行业内特定专有知识的识别。

数智化降低了知识传播成本。在知识特性方面,区别于通用知识,专有知识传播易折损信息含量、传播速度较慢,因此,组织通常使用协同、兼并等"面对面"方式降低传播损耗(Ferreira 等,2022;唐露和刘伟,2024)。数智化技术的产生与推广改变了上述专有知识传播形式。一方面,数智化技术的低边际成本特性,有助于打破地理空间限制,推动数智技术普惠(黄阳华,2023)。另一方面,数智技术有助于协助企业跨越产品和组织边界进行知识交流共享(Cheng 和 Wang,2022)。因此,在叠加数智技术的普惠效应下,专有知识传播损耗相应下降,跨组织、行业传播专有知识得以实现。

数智化降低了知识搜寻成本。企业借助数智化技术,不但有助于剥离凸显专有知识和降低专有知识传播成本,还有助于在此基础上推动组织搜寻对应专有知识。具体而言,在工业化时代,专有知识依托于纸质媒介等物理载体,因此,组织难以及时获取对应知识。数智化技术以云存储等形式剥离专有知识的物理载体,以互联网、大语言模型等形式,将知识的零碎检索推广为全网的系统性检索(Akter 等,2016),这极大地提升了组织专有知识检索的效率(马倩等,2024),降低了专有知识搜寻成本。

结合以上观点可知,在数智化时代,数智化手段的全面应用,企业有效、有序规模扩张中所需要的大量专有知识,因为数智化而变得易于传递、扩散,且传递过程成本低、时效性强,或者说,数智化的内嵌实现了专有知识通用化,其中原先发展所需的大量的专有知识已经转换为通用知识。这也是数智化时代企业规模扩张速度大大加快的重要因素。我们以养猪行业中的傲农生物为例,结合其发展历程,刻画数智化将专有知识通用化、推动企业规模化扩张、最终改变行业竞争逻辑的过程。

我们选择养猪业以验证数智化应用与专有知识通用化问题。第一,与制造业和服务业等产出品标准化、全流程控制难度较低不同,养猪业产出品为体重平均达120千克的生猪,且饲养周期为6个月以上,每只猪的生物特性不同,传统生猪饲养过程难以标准化,专有知识占比较大。第二,与工业品标准化大生产不同,生猪养殖业不可控、受外界疾病影响大、人力资本密集、规模扩张曲线平缓。养猪业的发展,尤其是非洲猪瘟事件后养猪业的发展,为行业发展数智化提供了可能。因此,我们以养猪行业中的傲农生物为例,结合其发展历程对养猪业的讨论,适用所有数智化应用程度高的行业与企业。

三、养猪业与傲农生物:案例研究

(一)案例背景:养猪业与数智化发展

我国是猪肉消费大国,生猪养殖长期处于农户、分散状态。1979年正大集团进入中国,引入现代化的猪饲料产业;之后,我国生猪养殖开始出现规模化扩张,总体而言,养猪模式仍然以传统的农户、分散养殖为主。而随着2013年颁布的《畜禽规模养殖污染防治条例》和2014年发布修订后的《中华人民共和国环保法》,新的环保法规给养猪行业带来冲击,中小养猪企业因为环保投入加大而选择退出市场。2018年8月,我国首次发生非洲猪瘟疫情[1],影响持续扩散,对生猪产能以及猪肉价格提出新的要求,即要求生猪养殖企业能够高度隔离可能的传染,生猪养殖行业的数智化程度大幅提升,生猪养殖的批量化、规模化速度加快。根据中华人民共和国农业农村部公布的数据,2010年,我国生猪出栏量为66 686.4万头,2014年升为73 510.4万头;之后,持续下跌,2020年更是降至52 704万头。生猪出栏量下降,引起一波猪肉价格上涨。在资本的推动下,我国生猪行业生产方式发生转变,即养猪企业进行数智化转型,规模快速扩张。

2014年全国生猪出栏量达到近73 510.4万头,当年温氏股份、牧原、正邦、新希望六和股份有限公司(以下简称新希望)分别出栏1 218万头、186万头、158万头、57万头,合计占比不超过3%;2022年全国生猪出栏量达到了69 995万头,前5名的上市公司:牧原股份、温氏股份、正邦、新希望、傲农生物的出栏生猪量为6 120.1万头、1 790.86万头、1 461.39万头、844.65万头、518.93万头,合计占比15.3%。养猪企业规模增长迅速。

(二)案例选择:傲农生物

我们按照理论抽样的要求和典型性原则,将傲农生物作为案例研究对象,主要理由如下:

第一,傲农生物的企业扩张过程具有示范性和典型性。傲农生物于2011年成立,主营猪饲料业务;2017年在上海证券交易所挂牌上市时,还是以饲料业为主要业务;在环保新规的影响下,部分小规模养猪企业持续亏损,以猪场抵债,傲农生物被迫进入生猪养殖行业。傲农生物在没有成熟经验的支持下,从2018年的年生猪出栏量41万头,到2022年年出栏量上升至518.93万头,生猪出栏量增长12倍,行业排名升至第5位。与包括汽车制造在内的标准化产品制造过程可以标准化、比较容易量化扩张不同,生猪养殖业的产品是相对较大型的生物产品,每只猪的生物特性并不尽然完全相同,需要差异化处理;这一过程对人力资源,尤其是经验充足的专业人力资源的依赖程度高。因此,在相当长时期里,生猪养殖业都是小规模、区域性,很难做到短期内快速扩张产能。傲农生物如何实现从0开始的产能持续快速提升,其发展历程具有典型性和代表性。

---

[1] 2018年8月2日,沈阳市沈北新区沈北街道发生疑似非洲猪瘟疫情,2018年8月3日确诊。疫点内913头生猪全部进行扑杀与无害化处理。

第二,傲农生物有自己的数智化研发团队,由于存在单独的团队,相关的财务数据、运营数据等材料更清晰且噪声含量更低。这一内部软件开发团队后成为傲网信息科技(厦门)有限公司,傲网科技现有软件著作权 59 件、授权专利 12 件,其中包含 4 件发明专利,8 件新型专利。傲网科技已陆续开发上线了 ERP 系统、猪 ok 系统[1]等。

第三,笔者之一在傲农生物担任独立董事,拥有大量的资源能够支撑深度访谈、实地调研以及接触到傲农生物养猪全流程数据等,且于养殖业有较多的专业知识储备。

(三) 数据来源

我们在案例资料的收集上主要采取人员访谈、档案资料搜集、参与式观察以及其他公开资料检索等方式,形成数据的"三角验证",提高案例研究的信度和效度(Yin,2014)。具体的数据收集渠道如下。

1. 人员访谈

对傲农生物的人员访谈分为三个阶段。

第一阶段(2023 年 12 月—2024 年 1 月)。我们采取半结构化访谈方式,受访者包括傲农生物董事会、证券部等高管,目的在于了解傲农科技 ERP 平台的建设;数智化对于傲农猪场生产管理流程、猪只销售流程、猪业育肥系统流程等的改进;数智化对于猪周期的变革等情况。

第二阶段访谈(2024 年 4 月—2024 年 5 月)。在第一阶段基础上,与傲网科技总经理等高管就以下方面进行谈话:生猪养殖的系统建设过程中具体运用的数智化手段;这些基础数据是如何形成以及如何采集;相应数据给企业带来的收益以及管理效率的提升;数据对外销售情况以及当前数智化平台开发人工、存储和维护成本等。

第三个阶段访谈(2024 年 7 月)。在前两次的基础上,我们前往傲农生物泉州巫湖农场,经过多次非洲猪瘟检测与消杀后进入母猪场进行实地调研与访谈。进入猪场后我们除了进行实地调研、了解母猪养殖全过程,还与傲农生物证券事务部总经理、证券事务代表、巫湖猪场副厂长、巫湖猪场线长、巫湖猪场技术员、巫湖猪场人事专员、巫湖猪场养殖员等一线工人进行深度访谈。为保证访谈数据的真实性和有效性,团队在每次访谈前都会将访谈提纲发给受访对象,并在访谈过程中依据具体访谈内容进行开放式提问以及拓展,提升访谈的质量。每次访谈均至少有 2 位研究人员参与,并对访谈内容及相关资料进行详细记录,累计整理访谈文字记录 20 余万字。相关资料见表 2.3-1。

表 2.3-1　　　　　　　　　案例企业的相关资料及编码

访谈阶段	访谈对象	主要访谈内容	人数	访谈时长
第一阶段	傲农生物董事(F1) 傲农生物证券事务代表、证券部经理(F2)	了解傲农生物 ERP 平台的建设;数智化对于傲农猪场生产管理流程、猪只销售流程、猪业育肥系统流程等的改进;数智化对于猪周期的变革等情况	6	360 分钟

---

[1] 我们对傲农生物最终系统的描述均为猪 ok 系统。

(续表)

访谈阶段	访谈对象	主要访谈内容	人数	访谈时长
第二阶段	傲网科技总经理(F3) 高级技术人员(F4)	生猪养殖的系统建设过程中具体运用到的数智化手段;这些基础数据是如何形成以及如何采集;相应数据给企业带来的收益以及管理效率的提升;数据对外销售情况以及当前数智化平台开发人工、存储和维护成本	3	360分钟
第三阶段	傲农生物证券事务代表、证券部经理(F2) 巫湖猪场厂长(F5) 巫湖猪场副厂长(F6) 巫湖猪场线长(F7、F8) 巫湖猪场技术员(F9) 巫湖猪场人事专员(F10) 巫湖猪场养殖员(F11)	通过现场考察,研究数智化如何改变养猪行业;以泉州巫湖为样本,研究猪场流程工厂化/养猪经验数智化如何支持傲农过去的快速发展;与公司各层级管理者沟通,探讨猪周期、行业竞争、猪场核心资产,总结傲农产能快速扩张的经验教训,分析数智化带来的风险及其管理策略;了解猪场借助自研ERP系统对生物资产的数据管理、关键生产流程的数据采集与分析,探讨借助AI技术对母猪查情、复配、疫病管控、盘点估重的潜在可能,通过数智化手段固化一线关键生产人员的经验知识,提高人均效率;到猪场一线/二线的配怀、产房区域现场观察,验证相关探讨的可行性	15	1 920分钟

2. 其他数据资料

我们还通过其他渠道收集了相关的数据资料,以对访谈内容进行三角验证:(1)档案资料(N1),包括部门宣传资料(N2)、研究报告材料(N3)。(2)参与式观察,包括现场参观傲农数智化系统,实地走访巫湖猪场等基层单位。(3)公开资料,包括农业农村部等官方网站动态(W1)、新闻报道(W2)、行业研究报告(W3)、公司年报(W4)以及公开发表的论文和专著(W5)等。

3. 数据分析

我们基于Gioia等(2013)的方法对案例进行编码,通过开放式编码给原始数据贴标签,形成一阶编码。在原始数据中直接归纳与提炼,形成"数智化基础设施建设"等14个基础的一阶概念;将一阶概念根据研究主题进行归类并抽象化总结为二阶主题,形成"知识获取与汇总"等六个二阶主题;将核心概念聚合成维度,在数据资料、范畴和文献之间不断穿梭直至形成稳健的关联逻辑。

四、傲农生物的生产过程:数智化嵌入与专有知识可转移

如图2.3-1所示,我们结合傲农生物发展历程,将数智化嵌入与专有知识传递分为专有知识可编码、专有知识模块化以及专有知识可转移三个过程与维度,并且得到了受访者确认。

2.3 数智化与企业发展逻辑：基于专有知识的视角

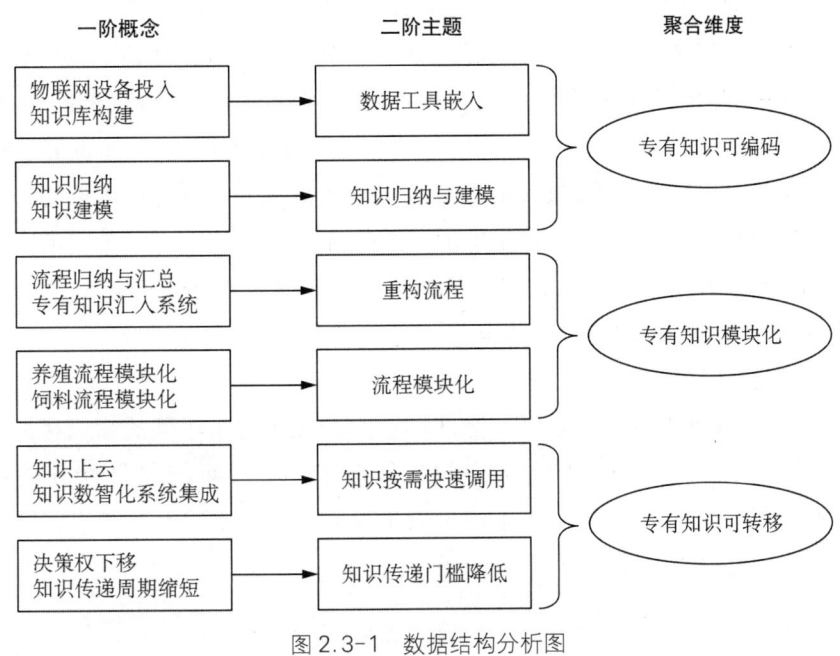

图 2.3-1　数据结构分析图

（一）专有知识可编码

专有知识可编码是指零散、碎片化的知识围绕某个主题结构化后，可以被计算机系统理解和处理的形式，如表 2.3-2 所示。这种转化通常涉及将猪场的实时数据、相关先进案例等专有知识，通过一定的方法和工具，编码为规则、算法、模型或其他可计算的结构。

表 2.3-2　　　　　　　专有知识可编码核心编码及典型证据

聚合维度	二阶主题	一阶概念	引证
专有知识可编码	数据工具嵌入	物联网设备投入	"通过使用智能秤砣等大量物联网设备，获得大量的对应数据。"（F3、F4）
		知识库构建	"创建一个集中的养猪行业知识库，包括政府数据、相关案例和行业趋势，并使用数字工具对整个养殖生产流程进行映射"（F3、F4）
	知识归纳与建模	知识归纳	"选择最有价值的数据与方法，并进行归纳。"（F3、F4）
		知识建模	"整合来自不同来源的数据，如生产数据、销售数据、市场数据等，并完成猪周期影响因素的建模。"（F3、F4）

1. 数据工具嵌入

数字工具嵌入是为已有资源开发、加装相适配的数字化连接、展示和分析工具，使得各类资源的数据可以被实时高效地采集和应用（王节祥等，2024）。为了有效地获取更多知识，需要借助数据采集与知识库构建等工作，在傲农生物的案例中，数据工具嵌入包括通过智能秤砣等物联网传感器等节点记录下来的、源自不同业务、不同维度的数据,具体包括:在育肥过程中,通过安装在猪场内的摄像头实时采集猪场各区域影像,并上传至云服务器,可实现猪场事件实时预警、远程智能监控的功能;利用物联网设备实现体温监测;利用物联网传感器等在线采集二氧化碳、氨气、硫化氢、空气温湿度等数据,实时掌握养殖场环境信息;收集大量来自互联网的知识、过去优秀的养殖案例、农业农村部等政府部门提供的相关数据。收集到的数据经过处理后进行集中汇总并存储。在数智化时代,数据的有效程度通常依赖数据的数量与范围,样本量越多、维度越广,就越有可能实现知识的全面结构与编码,同时更好地总结其中关键的专有知识。

2. 知识归纳与建模

知识归纳是指在前期通过物联网设备、相关互联网渠道等采集到的知识和大数据的基础上,归纳与筛选出价值高、专有性强的知识类型来为之后系统化做准备的过程。如表 2.3-3 所示,结合受访者的确认,我们将傲农生物养猪所需要的专有知识归纳为个体识别、种猪管理、疾病防控、饲喂管理、生长曲线。

表 2.3-3　　　　　　　　　　傲农生物养猪专有知识概述

专有知识应用场景	专有知识描述
个体识别	记录、辨识每头猪的品种、系谱、体重和体温等
种猪管理	监测母猪的发情、配种;仔猪的成长状况、断奶率等
疾病防控	猪只疾病监测以及救助
饲喂管理	实现精准饲喂以及高效率的饲料转换率
生长曲线	根据每头猪每天的采食、体重、健康状况绘制猪只的生长曲线

知识建模是指创建一个模型来表示整合已有的知识和数据等。在傲农生物的案例中,没有引入数字技术之前,傲农生物虽然有数据,但是并没有基于数据分析进行改进,分析大多是基于工人的专有知识和经验来进行。借助数智化的内嵌,傲农生物利用知识和数据对猪价的走势进行建模,以更好地指导生产。模型的输入包括自有的门店消费量、单价、生猪出栏量;收集政府提供的关键指标。根据相关的知识与经验,分析这些数据与猪价之间的关系;然后,利用统计模型来预测猪价走势;最终调节自身的生产状况。

(二) 专有知识模块化

如表 2.3-4 所示,专有知识模块化是指从知识大数据中提炼出特定的应用场景后凝练成需要的场景,并基于简化的流程需求将相关的能力转化为智能知识模块的过程。在傲农生物的案例中,养殖知识模块化和饲养知识模块化都是专有知识模块化的典型实践。

表 2.3-4　　　　　　　专有知识模块化核心编码及典型证据

聚合维度	二阶主题	一阶概念	引证
专有知识模块化	重构流程	流程归纳与汇总	"在生产中,我们根据多年的实践,将生产分为两个板块——养殖板块以及饲料板块,并分别将其分解后输入系统中。"(F3、F4)
专有知识模块化	重构流程	专有知识汇入系统	"在数智系统中输入,不同品种的猪的生活习惯等特性。"(F3、F4)
专有知识模块化	流程模块化	养殖流程模块化	"数智技术改变了育种和淘汰母猪依赖成熟经验的路径,在育种和挑选母猪方面,养殖系统记录了母猪从断奶到分娩过程中的繁殖数据、发情数据、背膘数据等。"(F6、F7、F8、F9);通过系统以及各类数据关联,可快速定位问题猪只或舍栏,"预警提示"可发现已经存在的问题,"工作提醒"可帮助养猪场技术员工更好地安排好后期工作计划。(F3、F4)"通过安装在猪场内的摄像头实时采集猪场各区域影像,并上传至云服务器。"(F3、F4);"利用物联网传感器等在线采集二氧化碳、氨气、硫化氢、空气温湿度等数据。"(F6)
专有知识模块化	流程模块化	饲料流程模块化	"傲农有自己的饲料中心,通过大数据等技术根据生猪营养需求,计算出适合生猪营养需求的饲料配方。"(F2);"智能饲喂技术……利用先进的饲喂设备,对猪进行智能化、精准化饲喂。"(F6、F7、F8、F9);"对于哺乳母猪,智能饲喂系统可以根据所采集到的信息模拟出饲喂曲线,实现成本和效益最优配置。"(F2)

1. 重构流程

流程归纳与汇总是指梳理流程,减去冗余的程序后梳理出最完整、清晰的流程。傲农生物依靠富有经验的员工共同梳理的经验,以及行业内相关优秀的案例整理出完整的两条生产流程的流程:养殖流程以及饲料管理流程。傲农生物继续将养殖流程和饲养管理流程拆分为种猪筛选与淘汰、猪场管理,以及饲料配方优化、智能饲喂技术,从而实现了对生猪养殖全环节的梳理与归纳。

专有知识汇入系统是指在流程中输入大规模的专有知识。傲网科技的技术人员和傲农生物的老员工合作,把大规模生产流程中经验知识融入系统,如不同品种母猪的特性、母猪预产期的估计以及仔猪病情诊断与治疗等。技术人员将老员工经验转化为数据语言,明确猪场合适的温度范围、设备自动警报的阈值、产线健康运行的相关指标等。

2. 流程模块化

流程模块化是指聚类知识和知识连接方式,形成可在流程中多次调用的模块,为知识的灵活多次使用奠定基础。傲农生物在生产过程中,基于养殖流程和饲养管理流程将其分别分解并模块化,使得流程可被标准化地设置、保存在系统中,且能够执行。非标准化的生产流程无法被复制,也就难以根据不同需求作出快速调整。

养殖知识模块化是指利用系统将流程分为种猪筛选与淘汰以及日常猪场管理。生猪养殖业的全流程始于种猪的筛选。选择高产能母猪,并及时淘汰低效母猪,是提升生猪养殖效率、降低成本的重要手段。传统方式挑选与淘汰母猪的方式完全依赖员工经验,大量畜牧业用书中记载,挑选母猪可以按"倒6字"顺序来观察,依次从头、胸、背、臀、后肢、前肢、腹部、外阴来观察后备母猪是否符合挑选要求,并有一定的标准供参考,类似于"按图索骥",完全依赖"伯乐"的成熟经验,这种成熟经验属于"专有知识",相对稀缺,且短期内难以被复制。数智技术改变了育种和淘汰母猪依赖成熟经验的路径,在育种和挑选母猪方面,养殖系统记录了母猪从断奶到分娩过程中的繁殖数据、发情数据、背膘数据,以及公猪的性状数据、系谱信息和基因芯片数据等全部数据,数据自动、实时同步到基因组选种平台,企业能有效沉淀育种数据、提高育种效率。在高繁殖公猪的智能化选育上也是如此,大群体、高通量的公猪繁殖自动化采集,通过精液检测系统进入精液溯源管理系统,数据获得后进入遗传评估系统,通过几年的选育,高产能的母猪和公猪得到了保留,不再需要按照猪的外观来挑选优秀的母猪。而在淘汰方面。通过系统以及各类数据关联,可快速定位问题猪只或舍栏,"预警提示"可发现已经存在的问题,"工作提醒"可帮助养猪场技术员工更好地安排好后期工作计划。最终利用相关的数据实现产能效率高母猪的保留以及低效母猪的淘汰,而不再依照经验的"按图索骥"。

在日常管理中,安装在猪场内的摄像头实时采集猪场各区域影像后上传至云服务器,可实现猪场事件实时预警、远程智能监控的功能。在育肥中比较重要的就是避免猪场疫情的发生,而体温监测对于猪群疫情监测是至关重要的,发病猪只发现越早,疫病控制越容易。系统利用物联网设备实现体温监测,第一时间发现患病猪只,就能立即隔离相应的猪只和猪群,作出有效应对。传统根据工人经验的做法,往往发现时猪瘟已经产生小范围的扩散,无法将风险扼杀在摇篮中。此外,舒适的环境能够对猪的生长发育起到促进作用。过去的猪圈较脏,环境管理也相对疏漏,这就会经常诱发疾病、感染等问题。企业利用物联网传感器等在线采集二氧化碳、氨气、硫化氢、空气温湿度等数据,实时掌握养殖场环境信息,及时获取异常报警信息,实现猪场内部良好环境的维持。由于存在大量可比的数据和精准的数据监控,养猪工人不再需要依靠其丰富的经验来判断猪圈的生产条件等,恰恰相反,借助这个系统,经验变得不再重要,任何人只要稍加培训就能熟练使用该设备。

饲料管理流程模块化是指利用系统将流程分为饲料配方优化与智能饲喂技术。传统的饲料配方设计采用的是人工计算法,其涉及的营养较为简单,准确性不高。计算机配方法是指利用饲料配方设计软件,根据生猪营养需求,考虑成本、畜禽耐受性等多种因素,计算适合的营养需求的饲料配方;智能饲喂技术相较于传统饲喂方法,能够更好地满足动物的营养需求,减少饲料浪费,从而降低成本。该技术依据动态营养需求模型和饲料配方,利用先进的饲喂设备,对猪进行智能化、精准化饲喂。

对于哺乳母猪,智能饲喂系统可以根据所采集到的信息模拟出饲喂曲线,少量多次出料,当母猪停止进食时就停止出料,全面地考虑了哺乳母猪的营养需要和对水分的需求,控制了哺乳母猪的泌乳量,避免母猪体重下降。反馈式的出料方式也减少了饲料浪费,降低了饲料成本。对于妊娠母猪,企业采取精准饲喂的策略,可以在不影响繁殖性能的情况下降低赖氨酸摄入量、蛋白质摄入量和饲料成本,同时提高了饲料利用率,减少了氮和磷的排泄。

(三) 专有知识可转移

如表2.3-5所示,在非数智化时代,传统的资产所有者不同,专有知识的拥有者往往相对独立,拥有很高的自主性(Hayek,1945)。管理者过去需要使用合适的机制对其进行激励,才能实现对企业有利的知识转移。伴随着数智化系统的内嵌和专有知识的分解,专有知识最终能够实现快速转移。在傲农生物的案例中,当被问及养猪业的门槛与专有知识时,在养猪业工作超过20年的第一生产线负责人的回答如下:养猪业只要有足够的资本,都能进入。目前,大量关于养猪的专业知识都已经纳入系统,年轻人只需要按照系统提示就可以胜任养猪的工作,同时,员工可以"互联网养猪",即关于养猪的大量知识,都可以从互联网上获取。因此,我们将数智化下专有知识通用化归纳为两个路径,知识能够快速调用,即基于互联网等数智化技术,大量传统的经验已经在互联网上固化,任何人只需要在搜索引擎中进行搜索就能够迅速得到相应的知识,大量的养殖知识现在可以通过互联网搜索获得。知识传递门槛缩短,具体表现在决策权的下移以及员工的专有知识的培训时间大大缩短、门槛大大降低。

表2.3-5　　　　　　　　专有知识可转移核心编码及典型证据

聚合维度	二阶主题	一阶概念	引证
专有知识可转移	知识按需快速调用	知识上云	"通过将传统的专有知识转化为数字化的形式,使得知识更容易被存储、检索和传播";"现在能够在互联网上查询到大量的养猪知识"(F6、F7、F8、F9)
		知识数智化系统集成	"利用数智化技术,将分散的专有知识集成到傲农统一的平台上,任何员工基于手持机便可以进入养殖系统进行管理和学习。"(F3、F4)
	知识传递门槛降低	决策权下移	"在傲农生物巫湖猪场,从事过去比较有技术含量的断尾工作是一位刚刚从职业高中毕业的、18岁的青年工人。"(F11)
		知识传递周期缩短	"员工的培训时间也大大缩短,从新入行的员工(如职业高中毕业生)成为熟练的技术员,培养周期已经由十年前的一年半缩短到了现在的半年"(F8)

1. 知识按需快速调用

知识按需快速调用是指产业工人可以根据需求的迅速选择自己所需要的知识。在数智化时代,一方面,可以在互联网上检索到与生猪养殖相关的大量知识。另一方面,从母猪繁殖到肉猪出栏、屠宰在内的全部环节,都已经实现全程数智化,工人的大部分工作可以依赖于系统的指示进行。例如,系统对即将进入或正在发生的种母猪生产事件进行预警提示,如待配母猪提示、待断奶母猪提示、母猪预产期、母猪上产床提示等,并对产能效率不高的母猪进行预警,降低非生产天数。

2. 知识传递门槛降低

在数智化时代,数智化系统经过一到两轮的摸索后成型,企业只需要复制系统即可,任何人在数智系统的帮助下,也能作出决策,决策权实现了下移。傲农生物扩大产能、增大产量,需要的只是复制已有养猪场的系统到新建或新收购的养猪场,并招聘具备基本技能的职业高中毕业生,经过简单培训,他们就能够满足生猪养殖的要求。其中关键的一步就是知识传递的门槛降低。举例来说,正是由于数智化的帮助,在傲农生物巫湖猪场,从事过去完全依赖经验的仔猪断尾和疫苗接种工作的是一位刚刚从职业高中毕业的、年仅18岁的青年工人。

傲农生物等的数智化平台使得复杂的养猪知识得以简化和标准化,便于员工快速掌握和应用。这种知识的高效传播减少了员工对专业培训的依赖,新员工的培训周期缩短、整体工作效率提高。员工的培训时间也大大缩短,从新入行的员工(如职业高中毕业生)到熟练的技术员,培养周期已经由一年半缩短到了半年。

通过上述一系列的专有知识转移,傲农生物将生猪养殖的全流程分解,借助历史数据和同业经验数据等,对生猪养殖的全过程实施有效且实时的控制,最大限度地弱化了生猪养殖过程对专有知识的依赖。这也使得数智化全程控制养猪过程的养猪企业,能够在最短的时期内扩张产能。养猪业的产能快速扩张,没有了专有知识的约束。同时,生猪养殖业的门槛也降低,只要有资本支持,互联网企业、房地产企业都可以进入养猪业。这一观点在访谈过程中,得到不同层级,尤其是高层级访谈对象的认同。

例如,傲农生物在短短几年里实现了产量15倍的飞跃,其每年员工薪酬的现金支付并没有同比例的增长,仅仅增长不到4倍。人均生猪的管理能力得到了远超两倍的飞跃,10年前极其优秀的人才能管理300头猪,当前依赖数智化等技术,单人管理500头猪已经是很轻松的事情,并且这些工人都没有经过复杂的培训(F8)[1]。这种对生产和企业发展的拓展,使得企业能够更有效地配置资源,优化生产流程,提高产品质量,同时降低运营成本。衡量一个经济体在一定时期内生产效率变化的重要指标之一便是全要素生产率(total factor productivity,TFP)。傲农生物最终依赖数智化转型,有效降低了专有知识的传播成本,实现了企业飞速扩张。在剔除人力和资本的影响下,傲农生物的全要素生产率得到显著提升,见表2.3-6。

表2.3-6　　　　　　　　2018—2022年傲农生物全要素生产率

年份	TFP	年份	TFP
2018	7.16	2021	7.54
2019	7.11	2022	7.65
2020	7.30		

---

[1] 傲农生物目前的营业收入中,养猪业只占其中一部分。以2023年为例,在全部营业收入194.58亿元中,饲养分部为61.32亿元,占比31.51%。

五、数智化与养猪企业的发展:若干特征

数智化深度嵌入与全面应用后,系统将养猪业全过程进行分解,并将传统养猪业所依赖的专有知识通用化,使得养猪业效率提升、成本降低,同时,企业产能扩张不受专有知识等的限制与约束。只要不存在政策层面的限定,养猪业产能扩张的上限,是各养猪企业对养猪业市场容量的预期与估计。包括傲农生物在内的养猪企业,全行业都经历了快速发展的过程,并呈现若干特征。

(一)产能快速增长

早期养猪业的规模为什么难以扩大?这一问题的答案是多维的。我们选择从专有知识的视角来解释。养猪业涉及的专有知识包括:种猪选择、能繁母猪培育、母猪繁殖、仔猪与肉猪饲料及其配方调整、肉猪的生长环境与饲料配方动态调整、生猪健康等。同时,专有知识/经验丰富的专业技术工人在整个养猪产业链中承担着重要的责任,他们利用饲养管理、疾病预防控制、繁殖技术等方面的专有知识与经验,来确保养猪过程中各个环节顺利进行。熟练的养猪工人可以根据不同季节、气候和养殖规模,灵活调整饲养管理策略。并且他们能够迅速识别和应对猪群中的疫情,减少传染与传播。在猪群的育种方面,他们凭借大量的经验提升育种成功率。可以说,在传统环境下,养猪企业大规模扩张是建立在熟练的养殖人员同比例扩张的基础上的,没有熟练的技术工人,则很难实现生猪行业的规模化。事实也确实如此,在大规模数智化应用之前,我国的生猪养殖业以农户自养为主,鲜见大规模的生猪养殖业企业。温氏股份早在2013年就达到千万头生猪养殖水平,它就是采用"公司+农户"模式,由温氏股份提供仔猪、饲料、医保以及技术指导,农户采取合作模式代养。2015年年报显示,温氏股份的养鸡、养猪合作农户达5.52万户,2016年和2017年,温氏生猪出栏头数分别为1 712万头、1 904万头,生猪养殖合作农户分别是2.22万户和2.1万户,即使不考虑温氏股份自己的规模化养猪场,户年均出栏量也不超过1 000头,尽管近年户均出栏量在提高,单体规模仍然相对较小。

如表2.3-7所示,数智化的全面应用,直接带来养猪业上市公司产能的快速增长。随着数智化的深度融入,几乎所有规模化养猪企业均建有自己的数智化系统,养猪业摆脱了对专有知识以及专有技术人才的依赖,拥有大数据和智能化系统的养猪场,不仅效率提升,且系统可复制,企业产能扩张变得容易且理论上不存在差错率或失败率。例如,大北农公司的金秀现代生态农业示范园通过大数据智能化管理,围绕环境智能监测与控制、自动精准饲喂、企业管理、数字营销等模式经营,因而每栋猪舍需要两个工人管理,两人饲养6 000头肉猪,半年左右出栏一批,一栋猪舍一年出栏两批肉猪共12 000头,从而达到了平均一人一年养6 000头猪的目标[1]。正是由于数智化系统的全面嵌入,养猪企业在规模

---

[1] https://www.thepaper.cn/newsDetail_forward_17804642。

扩张中最大限度地减少了对专有知识、拥有专有知识的专业人才的依赖。同时,系统化、标准化的数智化系统还使得养猪企业的规模扩张与工业化、标准化的现代化大生产,在逻辑上无限接近。不仅已有养猪企业规模化扩张的速度提升,傲农生物、牧原股份等养猪企业能够保持连续5年甚至更长时间里年均复合增长率超过50%。养猪业的行业门槛降低,行业新进入者多,且新进入者的学习成本低,都能够在最短的时间里达成与行业已有企业类似的发展速度与发展规模。例如,2019—2022年,养猪行业还存在多个新进入者,且新进入者的扩张速度很快,包括:傲农生物、京基智农[1]等公司,它们在非洲猪瘟前几乎不参与养猪养殖,受到各种原因的驱使,在2019年先后进入养猪行业,短时间内迅速实现产能的飞跃,一跃成为较有影响力的养猪企业。

表2.3-7　　　　部分养殖企业2018—2023年生猪出栏量及增速

项目	2018	2019	2020	2021	2022	2023
傲农生物出栏量(万头)	42.00	66.00	135.00	325.00	518.93	585.90
傲农生物出栏量增速		57.14%	104.55%	140.74%	59.67%	12.91%
牧原股份出栏量(万头)	1 101.00	1 025.00	1 812.00	4 026.40	6 120.10	6 381.60
牧原股份出栏量增速		-6.90%	76.78%	122.21%	52.00%	4.27%
温氏股份出栏量(万头)	2 230.00	1 851.00	955.00	1 322.00	1 790.86	2 626.22
温氏股份出栏量增速		-17.00%	-48.41%	38.43%	35.47%	46.65%
新希望出栏量(万头)	225.00	355.00	829.00	997.81	1 461.39	1 768.24
新希望出栏量增速		57.78%	133.52%	20.36%	46.46%	21.00%
大北农出栏量(万头)	113.00	163.00	185.00	430.78	443.12	604.87
大北农出栏量增速		44.25%	13.50%	132.85%	2.86%	36.50%

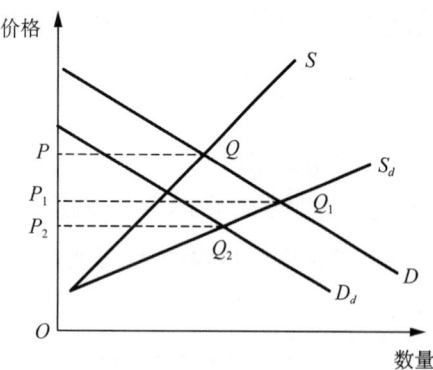

图2.3-2　生产者剩余与消费者剩余变化图

(二)行业利润率降低

数智化导致企业产能可以在短期内快速增加,由于数智化大幅度提高生产效率,行业竞争更加激烈。如图2.3-2所示,从厂商角度与商品供应角度看,整个社会能够在短期内大幅增加供给,且成本降低,供给曲线从 S 到 S_d;同一时期,假定社会需求不变,达成均衡的供应量从 Q 点向右下迁移至 Q_1,价格从 P 降至 P_1,相应地,消费者剩余在社会总福利/剩余中的比重增加,生产者享有的剩余份额降低;进一步,由于社会总体生产效率提

---

[1]　根据京基智农年报显示,公司2019年进入养猪行业,2021年出栏量13.22万头,2022年出栏量126.44万头。

升,社会总供给增加,且更加丰富,消费者有更多的替代选择,需求曲线 D 向下迁移至 D_d,均衡的供应量降至 Q_2,社会总剩余降低,消费者剩余进一步提升。给定社会总福利份额不变,消费者剩余增加,生产者剩余的份额进一步压缩。

宏观范围内生产者剩余降低、消费者剩余增加,体现在具体微观企业和具体产品上,即同类产品价格逐步降低(质量保持不变),因此,企业的毛利率呈逐步降低的趋势。在任何一个行业,数智化程度应用越全面,整个行业的生产效率提升明显,相应的,该行业的平均利润率呈下降趋势。我国汽车制造业就是如此:随着汽车产能的提升,主流车型汽车平均售价逐年下降,主要汽车厂商的毛利率水平在降低。养猪企业也是如此:养猪企业全行业毛利率都在逐渐降低,且低毛利率竞争将会成为常态。

从表 2.3-8 中可以明显看到,2019 年前的生猪企业毛利率处于一个基本稳定的状态。2019 年后,受到非洲猪瘟的影响,生猪价格上涨幅度较大,平均毛利率上升至 28.37%。2020 年,生猪价格继续上涨,平均毛利率进一步上升至 40.89%,这也吸引了大量的资本进入养猪业。养猪业的产能快速增加,2021 年,牧原股份的全年生猪出栏突破 4 000 万头,对比 2020 年的 1 025 万头,增长 122%。2020 年,全国生猪出栏 5.27 亿头,2021 年增至 6.71 亿头。受这一增长趋势的影响,猪肉价格下跌,猪周期进入下行期,全行业亏损,行业平均毛利率为 -13.14%。2022 年的猪价超预期上涨,2022 年的毛利率为 7.29%;2023 年养猪业再次出现全行业亏损,行业平均毛利率为 -13.07%。

表 2.3-8　　　　　　养猪企业生猪板块 2018—2023 年毛利率

项目	2018 年	2019 年	2020 年	2021 年	2022 年	2023 年
傲农生物	-3.90%	25.41%	47.75%	-13.05%	5.23%	-27.17%
牧原股份	9.83%	37.05%	62.09%	17.48%	18.42%	2.92%
温氏股份	11.32%	28.84%	30.58%	-30.39%	17.45%	-3.74%
新希望	16.23%	38.53%	23.13%	-21.20%	13.60%	-7.25%
正虹科技	-0.71%	36.56%	24.62%	-8.14%	-9.55%	-9.17%
天康生物	9.26%	29.37%	54.28%	-22.93%	9.71%	-13.82%
正邦科技	7.93%	20.65%	27.42%	-45.88%	-48.08%	-25.43%
天邦食品	6.57%	11.89%	53.08%	-33.60%	20.26%	-10.97%
金新农	8.02%	29.48%	37.92%	8.99%	10.01%	-9.75%
罗牛山	6.63%	32.80%	50.48%	-9.03%	25.03%	-25.80%
唐人神	2.87%	36.45%	51.23%	-2.50%	15.28%	-12.74%
新五丰	3.61%	13.42%	28.05%	2.55%	10.09%	-13.96%
平均数	6.47%	28.37%	40.89%	-13.14%	7.29%	-13.07%

(续表)

项目	2018 年	2019 年	2020 年	2021 年	2022 年	2023 年
标准差	0.054 2	0.090 3	0.137 0	0.185 3	0.195 1	0.091 6
中位数	7.28%	29.43%	42.84%	−11.04%	11.85%	−11.86%

从标准差来看，2018 年至 2020 年的数值较高，毛利率的波动性较大。而 2021 年至 2023 年，这些数值有所下降，说明毛利率的波动性减小，企业间的差异和波动性都在缩小。最终，不断加剧的竞争反而使得过去利用债务杠杆扩产能的养殖主体亏损期面临更大的跨周期现金流管理压力。无论是按照中位数还是均值，养猪业上市公司的毛利率除了在 2019—2020 年猪肉高价位期间畸高，其他年份相对处于低水平，且因为全社会生猪养殖产能快速提升，猪肉价格会出现与主流汽车价格平稳向下类似的走势，因此，养猪业的全行业毛利率预计还会继续降低。

（三）流动性风险加大

2023 年，养猪业全行业亏损，不断加剧的产能扩张和竞争反而使得过去利用债务杠杆扩产能的养殖主体亏损期面临更大的现金流管理压力。2024 年 5 月 10 日，傲农生物、天邦食品股份有限公司（以下简称天邦食品）同日被实施退市风险警示。

如表 2.3-9 所示，上市养猪企业的融资扩张主要集中在 2019—2023 年，样本内 4 家生猪养殖企业平均资产负债率为 53.8%、80.3%、91.0%、76.6%。另外在 2022 年猪企资产负债率超过 80% 的养猪企业为正邦、天邦食品、傲农生物，70%～80% 的为新希望等；行业平均有息负债率迅速攀升。负债规模与有息负债占比的提升造成了较大的偿债压力，且下行周期中猪企再融资能力受企业自身盈利能力与财务结构的影响更加显著，企业寄希望于通过不断定增等方式补充现金流、改善自身资产负债结构。伴随着融资环境的收紧，定增难以通过向银行抽贷的方式实现，高负债的养猪企业为了回流现金流，最终将被迫走上卖母猪、卖非猪资产、卖猪场的道路，如天邦食品被迫出售史记食品、傲农生物被迫出售大量自有猪场和傲芯种业等优质资产。

表 2.3-9　　部分养猪企业 2019—2023 年资产负债率

企业	2019 年	2020 年	2021 年	2022 年	2023 年
傲农生物	73.92%	67.52%	87.18%	81.61%	103.69%
天邦食品	61.53%	43.25%	79.93%	79.61%	86.73%
正邦科技	67.65%	58.56%	92.60%	148.41%	53.97%
牧原股份	40.04%	46.09%	61.30%	54.36%	62.11%

2024 年，养猪企业面对行业调整和竞争压力，虽然部分企业面临财务困境，将破产重组作为自救手段，但这依然难以阻挡产业资本的进入热情，如双胞胎集团成为正邦的重组

投资人,傲农生物、天邦食品存在大量意向重组投资人,生产者之间的博弈反而变得更加残酷与难以估计。

这种现象不限于养猪业一个行业。最近几年市场上的"热门赛道"都有类似的特征:在较短时期里,行业成为市场和资本所共同关注的重点;行业新进入者多;进入者都希望、也能够在短期内铺产能,"跑马圈地";市场竞争激烈导致大量市场进入者负债率高、流动性风险加大。共享单车、光伏、新能源汽车、生鲜配送等都有类似特征。

为什么数智化时代企业流动性风险加大?因为商业逻辑改变。专有知识通用化,一方面,让已经进入的企业能够在短期内快速发展。另一方面,没有专有知识门槛的限定,潜在进入者增多,使得在位者都企图能够通过规模扩张,取得相对垄断的优势地位。行业里几乎所有企业快速扩张的结果都是全行业流动性风险加大。

(四) 行业周期新变化

在数智化全面应用之前,养猪模式总体呈现的是传统农业化特征,以小规模、农户散养为主,整体产能波动性较大,农户调节产能、适应市场价格波动的能力弱,市场难以形成有效的、关于未来一段时期猪肉供应的预期。因此,此阶段生猪价格呈现明显周期性,价格的上涨和下跌趋势明显。

随着数智化应用程度提升,猪周期的特征也在改变。自2006年以来,我国共经历了4轮比较完整的猪周期,每次周期持续时间一般为3年[1],上行期与下行期的长度不确定。自2019年非洲猪瘟事件以来的猪周期,截至2025年仍然没有走出低谷的迹象,时间跨度已经远远超过之前的周期性特征。以往每次周期的出清阶段都是以散户的产能淘汰为标志,此次周期则可能有所不同。由于数智化的"加持",商业模式的可复制性变强,养猪产业产能可以快速扩张,这改变了以往关于猪周期的预期,导致猪周期的时间变长,目前来看本轮猪周期已经历时6年,远超之前各轮猪周期的平均水平。

由于受到产能可控以及新增产能能够实现快速搭建的影响,猪肉价格一旦出现小幅上涨,就会快速响应,产能快速恢复,使得产能无法真正实现出清。行业内部人士也认为,猪周期会逐渐走弱,如天邦食品董事长张邦辉在2024年接受访问时曾表示:以后猪价大起大落的可能性没有了……以后猪周期就没有了,剩下的就是谁有成本竞争力,谁就能活下去。

六、总结与启示:对数智化时代的重新认识

(一) 结论

数智化改变的不仅仅是信息传递的速度和数量,它的应用普及会逐步重新定义企业的运行和发展逻辑。正如培根的名言"知识就是力量",欧洲中世纪的"黑死病"使科学逐渐被认可,欧洲也从中世纪进入市民化社会,为之后的工业革命奠定了基础;而工业革命也正是科

---

[1] 农业农村部关于印发《生猪产能调控实施方案(暂行)》的通知(农牧发〔2021〕27号)。

学知识与法律思想相互作用的结果。相应的,数智化的普及实现了专有知识的通用化,企业可获取信息的渠道更广、数量更多、速度更快、成本更低,甚至低到可以忽略不计。专有知识通用化,会改变这个社会的运行体制,进而重新定义企业发展的逻辑。

因此,数智化时代企业扩张的逻辑正在重塑。我们引入专有知识概念,提出"专有知识—企业发展"的理论解释,即专有知识扩散速度决定了企业规模扩张的速度与节奏。在数智化时代,由于大量数据工具的嵌入,专有知识门槛降低、扩散速度提升,企业扩张速度加快。上述的理论解释进一步扩展为"数智化—专有知识通用化—规模扩张"的理论框架。我们以传统养殖业中的傲农生物为例,探讨了企业的数智化转型如何实现专有知识转移,最终实现企业产能的快速扩张。研究发现,数智化技术的应用不仅提升了养猪业的生产效率,而且改变了传统的商业逻辑,企业能够突破专有知识的限制,实现规模的快速扩张,内在机理见图2.3-3。

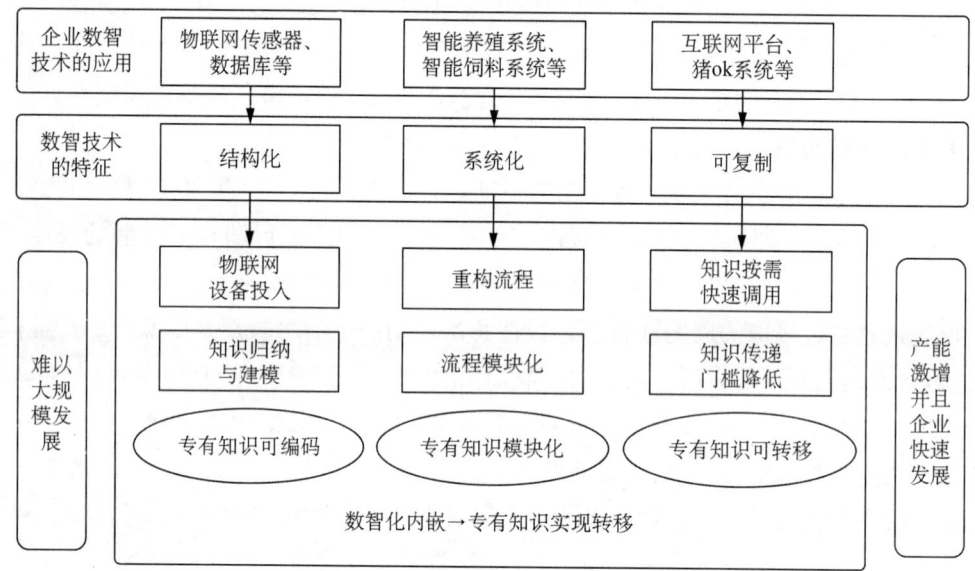

图2.3-3 数智化与企业扩张内在机理图

该现象不仅仅只发生在养殖行业,几乎所有全面嵌入数智化的行业,不同程度地都存在类似现象。然而,这一过程也伴随着生猪养殖市场竞争的加剧和经营风险的增加,集中表现在行业毛利率的降低、行业流动性变差与行业周期的拉长。

(二) 贡献

在理论层面,相较于过去的研究,我们打开了数智化与企业规模扩张之间的逻辑黑箱,首次引入专有知识与通用知识的二分法,提出一个基于专有知识的企业扩张的理论解释,即专有知识扩散速度决定了企业扩张的速度与节奏。在工业化时代,由于专有知识的限制,企业扩张速度相对缓慢;在数智化时代,专有知识通用化,专有知识门槛降低、扩散速度提升,企业扩张速度加快。基于"专有知识—企业发展"的理论,从数智化嵌入与专有知识通用化视角,我们提出"数智化—专有知识通用化—企业规模扩张"的解释框架,从而打开数智化时代企业能够快速扩张的逻辑黑箱。

在实践层面,数智化能够带来企业快速扩张;行业快速扩张带来行业竞争与发展的新特征及其变化,对理解当下大量产业的产能过剩现状有较大的现实意义。对产能过剩成因的机理考察,有助于中国式产能过剩特征的理解,并为新发展阶段构建产能过剩治理长效机制提供参考。

(三)未来展望

数智化在提升企业的产能同时,也给企业带来了巨大竞争风险。数智化并非全然是企业发展的助推器,它同样带来了风险和不确定性。数智化时代的来临,对企业而言既是机遇又是挑战。一方面,它极大地加速了企业的扩张速度,提高了生产效率。另一方面,它也导致激烈的市场竞争和内卷化现象出现。产业内卷不只是发生在养殖业,几乎已经发生在各个行业。产生内卷的主要原因就是数智化所带来的产能飞跃与需求不足,数智化带来的生产能力大幅提升与市场需求的相对不足产生矛盾。过度的增长和扩张如果不加以控制,最终可能造成灾难性的后果。如何缓解内卷以及减少不必要的社会资源浪费是时代所赋予的重大命题,这也要求我们需要对数智化有重新的认识,我们既要认识到其优点,又要意识到企业、行业经过数智化改造后的改变与风险。

社会是不断发展的,依附于社会环境而运行的企业,其运营模式会相应改变。具体、特定企业的财务行为,自然会发生依存性改变。相应地,财务理论、经济理论应该、也必须作出相应的改变。重新认识数智化对企业、社会的影响与作用,任重道远。

(刘　峰　屠雨泽　刘　充　郭艳婷)

参考文献

[1] 曹鑫,欧阳桃花,黄江明.智能互联产品重塑企业边界研究:小米案例[J].管理世界,2022(04):125-142.

[2] 蔡宏波,韩金镕.数字技术应用与企业出口表现:以中关村国家自主创新示范区企业为例[J].管理世界,2024(05):58-75.

[3] 陈剑,黄朔,刘运辉.从赋能到使能:数字化环境下的企业运营管理[J].管理世界,2020,36(02):117-128+222.

[4] 陈剑,刘运辉.数智化使能运营管理变革:从供应链到供应链生态系统[J].管理世界,2021(11):227-240+14.

[5] 董祺.中国企业信息化创新之路有多远?:基于电子信息企业面板数据的实证研究[J].管理世界,2013(07):123-129+171.

[6] 迈克尔·波兰尼.个人知识:朝向后批判哲学[M].徐陶译.上海人民出版社,2017.

[7] 黄阳华.基于多场景的数字经济微观理论及其应用[J].中国社会科学,2023(02):4-24+204.

[8] 黄卓,陶云清,刘兆达,等.智能制造如何提升企业产能利用率:基于产消合一的视角[J].管理世界,

2024(05):40-59.

[9] 贾旭东,谭新辉.经典扎根理论及其精神对中国管理研究的现实价值[J].管理学报,2010(05):656-665.

[10] 江小涓,靳景.数字技术提升经济效率:服务分工、产业协同和数实孪生[J].管理世界,2022(12):9-26.

[11] 李琦,刘力钢,邵剑兵.数字化转型、供应链集成与企业绩效:企业家精神的调节效应[J].经济管理,2021(10):5-23.

[12] 李玥,邓倩玉,赵天一,等.创新服务组织赋能视角下企业边界管理能力提升路径研究[J].南开管理评论,2024(11):1-19.

[13] 刘峰.会计·信任·文明[J].会计研究,2015(11):3-10+96.

[14] 刘峰.数智化与市场平权:以游戏驿站和中远海控为例[J].甘肃社会科学,2023(06):180-189.

[15] 刘峰,郭婷,苏雅拉巴特尔.数智时代的财务与会计(Ⅰ):企业的性质[J].当代会计评论,2022(01):154-172.

[16] 刘峰,刘桑田,孟庆玺.数智化与商业模式:从功能价值到情绪价值:以东方甄选"小作文"事件为例[J].财会月刊,2024(05):18-23.

[17] 刘峰,袁红,苏雅拉巴特尔,等.再论财务报告的目标:兼评《企业数据资源相关会计处理暂行规定》[J].会计研究,2023(04):3-15.

[18] 刘莎莎,金一帆,孔东民.企业数字化转型与产能过剩[J].经济学报,2024,11(02):292-321.

[19] 马倩,杨德林,邹济,等.虚拟孵化对创业企业数字化的使能机理:组织学习视角的案例研究[J].管理世界,2024(04):158-176.

[20] 马连福,宋婧楠,王博.企业数字化转型与控制权相机配置[J].经济管理,2022(11):46-66.

[21] 沈占波,代亮.失范与重构:数字化时代平台型企业开放式创新风险与治理研究[J].河北学刊,2022(01):161-171.

[22] 唐露,刘伟.企业全球研发网络的治理新机制:总部技术外派促进隐性知识跨界整合的案例研究[J].管理世界,2024(01):135-155.

[23] 田秀娟,李睿.数字技术赋能实体经济转型发展:基于熊彼特内生增长理论的分析框架[J].管理世界,2022(05):56-73.

[24] 肖静华.企业跨体系数字化转型与管理适应性变革[J].改革,2020(04):37-49.

[25] 肖土盛,孙瑞琦,袁淳,等.企业数字化转型、人力资本结构调整与劳动收入份额[J].管理世界,2022(12):220-237.

[26] 肖土盛,吴雨珊,亓文韬.数字化的翅膀能否助力企业高质量发展:来自企业创新的经验证据[J].经济管理,2022(05):41-62.

[27] 袁淳,肖土盛,耿春晓,等.数字化转型与企业分工:专业化还是纵向一体化[J].中国工业经济,2021(09):137-155.

[28] 詹晓宁,欧阳永福.数字经济下全球投资的新趋势与中国利用外资的新战略[J].管理世界,2018(03):78-86.

[29] 张新民,陈德球.移动互联网时代企业商业模式、价值共创与治理风险:基于瑞幸咖啡财务造假的案例分析[J].管理世界,2020(05):74-86+11.

[30] 赵宸宇,王文春,李雪松.数字化转型如何影响企业全要素生产率[J].财贸经济,2021(07):114-129.

[31] 赵宸宇.数字化发展与服务化转型:来自制造业上市公司的经验证据[J].南开管理评论,2021(02):149-163.

[32] 周翔,叶文平,李新春.数智化知识编排与组织动态能力演化:基于小米科技的案例研究[J].管理世界,2023(01):138-157.

[33] 祝继高,曲馨怡,韩慧博,等.数字化转型与财务管控创新研究:基于国家电网的探索性案例分析[J].管理世界,2024(02):172-192.

[34] Abubakar A M, Elrehail H, Alatailat M A, et al. Knowledge Management, Decision-Making Style and Organizational Performance[J]. Journal of Innovation & Knowledge, 2019, 4(2): 104-114.

[35] Acharya C, Ojha D, Gokhale R, et al. Managing Information for Innovation Using Knowledge Integration Capability: The Role of Boundary Spanning Objects[J]. International Journal of Information Management, 2022(62): 102438.

[36] Akter S, Wamba S F, Gunasekaran A, et al. How to Improve Firm Performance Using Big Data Analytics Capability and Business Strategy Alignment?[J]. International Journal of Production Economics, 2016(182): 113-131.

[37] Barney J. Firm Resources and Sustained Competitive Advantage[J]. Journal of Management, 1991, 17(1): 99-120.

[38] Cheng C, Wang L. How Companies Configure Digital Innovation Attributes for Business Model Innovation? A Configurational View[J]. Technovation, 2022(112): 102398.

[39] Chin T, Wang S, Rowley C. Polychronic Knowledge Creation in Cross-Border Business Models: A Sea-Like Heuristic Metaphor[J]. Journal of Knowledge Management, 2021, 25(1): 1-22.

[40] Chu J, Manchanda P. Quantifying Cross and Direct Network Effects in Online Consumer-to-Consumer Platforms[J]. Marketing Science, 2016, 35(6): 870-893.

[41] Cobb C W, Douglas P H. A Theory of Production[J]. American Economic Review, 1928, 18(1): 139-165.

[42] Ferreira J J, Fernandes C I, Guo Y, et al. Knowledge Worker Mobility and Knowledge Management in MNEs: A Bibliometric Analysis and Research Agenda[J]. Journal of Business Research, 2022(142): 464-475.

[43] Forman C, Van Zeebroeck N. Digital Technology Adoption and Knowledge Flows Within Firms: Can the Internet Overcome Geographic and Technological Distance?[J]. Research Policy, 2019, 48(8): 103697.

[44] Gioia D A, Corley K G, Hamilton A L. Seeking Qualitative Rigor in Inductive Research: Notes on the Gioia Methodology[J]. Organizational Research Methods, 2013, 16(1): 15-31.

[45] Grant R M. Toward a Knowledge-Based Theory of the Firm[J]. Strategic Management Journal, 1996, 17(S2): 109-122.

[46] Gregory R W, Henfridsson O, Kaganer E, et al. The Role of Artificial Intelligence and Data Network Effects for Creating User Value[J]. Academy of Management Review, 2021, 46(3): 534-551.

[47] Hayek F A. The Use of Knowledge in Society[J]. American Economic Review, 1945, 35(4):

519-530.

[48] Huang T H. A Study on the Productivities of IT Capital and Computer Labor: Firm-Level Evidence from Taiwan's Banking Industry[J]. Journal of Productivity Analysis, 2005(24): 241-257.

[49] Jensen M C, Meckling W H. Specific and General Knowledge, and Organizational Structure[J]. Journal of Applied Corporate Finance, 1995, 8(2): 1-18.

[50] Jones C I, Tonetti C. Nonrivalry and the Economics of Data[J]. American Economic Review, 2020, 110(9): 2819-2858.

[51] Kogut B, Zander U. Knowledge of the Firm, Combinative Capabilities, and the Replication of Technology[J]. Organization Science, 1992, 3(3): 383-397.

[52] Mikalef P, Conboy K, Krogstie J. Artificial Intelligence as an Enabler of B2B Marketing: A Dynamic Capabilities Micro-Foundations Approach[J]. Industrial Marketing Management, 2021(98): 80-92.

[53] Rothaermel F T, Hess A M. Building Dynamic Capabilities: Innovation Driven by Individual-, Firm-, and Network-Level Effects[J]. Organization Science, 2007, 18(6): 898-921.

[54] Schumpeter J A. The Theory of Economic Development[M]. Harvard University Press, 1934.

[55] Warner K S, Wäger M. Building Dynamic Capabilities for Digital Transformation: An Ongoing Process of Strategic Renewal[J]. Long Range Planning, 2019, 52(3): 326-349.

[56] Wessel L, Baiyere A, Ologeanu-Taddei R, Cha J, Blegind-Jensen T. Unpacking the Difference Between Digital Transformation and IT-Enabled Organizational Transformation[J]. Journal of the Association for Information Systems, 2021, 22(1): 102-129.

[57] Yin K. Case Study Research: Design and Methods (Fifth Edition)[M]. Thousand Oaks: Sage, 2014.

[58] Penrose E T. The Theory of the Growth of the Firm[M]. New York: Wiley, 1959/1995.

[59] Zahra S A, Neubaum D O, Hayton J. What Do We Know About Knowledge Integration: Fusing Micro- and Macro-Organizational Perspectives[J]. Academy of Management Annals, 2020, 14(1): 160-194.

[60] Zimmerman M A, Zeitz G J. Beyond Survival: Achieving New Venture Growth by Building Legitimacy[J]. Academy of Management Review, 2002, 27(3): 414-431.

附件　　部分养猪企业 2012—2019 年毛利率

年份	2012	2013	2014	2015	2016	2017	2018	2019
正邦科技	5.80%	5.36%	5.79%	9.28%	13.79%	11.63%	10.23%	15.74%
天邦食品	12.59%	14.02%	12.71%	20.09%	31.90%	24.43%	11.69%	13.67%
牧原股份	28.07%	19.82%	7.73%	24.62%	45.69%	29.81%	9.82%	35.95%
温氏股份	13.25%	7.03%	12.62%	19.57%	28.22%	20.06%	16.85%	27.66%

2.4 数智化与商业模式：从功能价值到情绪价值[1]
——以东方甄选"小作文"事件为例

一、问题的提出

2023年12月10日，在东方甄选"吉林行"活动中，因为一则宣传文案（俗称"小作文"）的争论，主播董宇辉停播[2]，之后，媒体、抖音平台、东方甄选股价等都作出激烈反应；12月14日，东方甄选创始人、董事长俞敏洪出面道歉；在各方持续施压下，12月16日，东方甄选发布公告，免去孙东旭CEO职位，董宇辉回到直播间；2024年1月9日，东方甄选为董宇辉单独打造的"与辉同行"直播间开播。当晚四小时的直播，销售额1.65亿元[3]。此处以"小作文"指代这一事件。

东方甄选"小作文"事件不仅仅是一起媒体、舆情事件，它所引发的学术研究问题较多，包括管理学、传播学等领域都将会对其展开研究。我们结合这个事件，尝试讨论并回答两个问题：第一，我们有理由相信，作为一家上市公司，"小作文"事件不是个人恩怨，而是一种商业选择。那么，主播带货与电商平台销售两者之间的争议焦点是什么？背后的底层逻辑又是什么？第二，为什么东方甄选罢免一个主播的行为，会引起如此广泛的争议？第三，东方甄选顺从包括抖音平台、抖音粉丝等在内的多个平台，重新召回董宇辉，这一行为背后的逻辑是什么？

我们对上述两个问题的回答是从数智化时代对商业模式的影响展开的。在对东方甄选"小作文"事件详细梳理的基础上，结合包括数智化、商业模式演化等思想，我们认为"小作文"事件隐含的是数智化时代商业模式的冲突。电商平台销售是产品模式，强调商品的物质价值或功能价值，物美价廉是这一模式的终极目标；主播带货模式更偏重产品所能够带来的情绪价值或情感功能。消费者对于单位价值不高的日用品的选择，注重情绪价值优于功能价值。数智化时代让消费者从传统意义上商品售后的购买角色，前移至类似于商品"定制"，他们借助数智化所提供的各种手段，包括但不限于社交媒体"粉丝"和股价双重压力，将其"订制"需求表达出来，迫使东方甄选管理层最后放弃管理团队产品路线，选择主播路线。

我们从商业模式选择的视角来研究主播带货问题，提出数智化和全面进入小康社会提

---

[1] 此文曾刊发于《财会月刊》2024年第5期，此处有删改。
[2] 事件完整过程见下文。
[3] 此处对"与辉同行""东方甄选"的相关数据来自蝉妈妈、飞瓜等多个数据提供平台，我们进行了多重验证。下文就不一一注明出处。

升了情绪价值的边际意义这一论点,并分析了消费者、投资者影响企业商业模式选择进而满足情绪价值的机制。我们的研究发现也具有相应的政策意义,我们认为,对电商平台企业和主播带货等的管理,应该从该行为的商业特征出发予以引导。

二、东方甄选"小作文"事件始末

东方甄选是新东方[1]旗下一家主营业务为直播电商的公司,它的前身为新东方在线,成立于2005年,主要从事线上教育服务业务,并于2019年在香港联交所主板上市。2021年7月24日,"双减政策"[2]正式颁布,受其影响,新东方在线的股价持续下跌,2021年7月27日,其股价最低跌至3.71港元,月跌幅超过50%。2021年10月,新东方在线宣布停止学科类培训服务,当年业绩也因此出现明显下滑,营业收入同比下降约36%。

为了扭转这一局面,新东方在线开始尝试发展直播电商业务,并于2021年12月推出了东方甄选直播电商平台,但直播间观看人数不多,销量平平。2022年6月9日,东方甄选平台迎来转机,其主播董宇辉凭借一场中英双语带货直播走红网络,当日的直播观看总人数达到224.7万人,是上一日的1.4倍。随后,直播间观看总人数逐日上升,并于6月18日达到峰值超过6 000万人;直播间账号的"粉丝"[3]数量快速增长,截至7月10日,粉丝数已有2 190万人,相较于一个月前上涨约2 000万人;2022年6月的直播销售额达到6.81亿元,位居抖音直播带货销售额榜首;同时,新东方在线的股价也开始持续大幅上涨,2022年6月的月涨幅约为409%[4]。

之后,为了专注于直播电商业务,2023年3月,新东方在线宣布将公司名称从"新东方在线科技控股有限公司"更改为"东方甄选控股有限公司"。2023年11月,东方甄选发布公告,声明将以15亿元人民币的价格向母公司新东方出售所拥有的全部教育业务。截至2023年年末,依靠直播电商业务的飞速发展,东方甄选的经营状况得到全面改善,营业收入同比上涨约402%,同时实现了扭亏为盈。东方甄选2018—2023年经营情况见表2.4-1。

表2.4-1　　　　　东方甄选2018—2023年经营情况　　　　金额单位:人民币千元

年份	2018年	2019年	2020年	2021年	2022年	2023年
营业收入	650 457	918 911	1 080 587	1 418 655	898 535	4 509 849

---

[1] 新东方是一家以教育服务为主营业务的企业,成立于2001年,2006年在美国纽约证券交易所上市,并于2020年在香港联交所二次上市。

[2] "双减政策"是指中共中央办公厅和国务院发布的《关于进一步减轻义务教育阶段学生作业负担和校外培训负担的意见》,具体内容包括:减轻义务教育阶段学生的过重作业负担和校外培训负担。

[3] "粉丝"是英文Fans的音译,这里代表关注、喜欢东方甄选的普通消费者或短视频浏览者。在互联网上,一个"网民"如果将自己设为某平台或某带货主播的粉丝,互联网会及时向粉丝推送给该平台、带货主播的动态信息,从而形成具有黏性的关注力。粉丝数量的多少,直接可以转换为影响力或销货能力。

[4] 直播相关数据源于蝉妈妈网站,股价数据源于百度股市通。

（续表）

年份	2018年	2019年	2020年	2021年	2022年	2023年
净利润/净亏损	82 026	-64 109	-758 239	-1 658 392	-533 964	971 286
经营净现金流	149 449	-24 711	-521 434	-913 675	-918 068	1 264 430
资产负债率	38.18%	21.37%	38.88%	38.85%	20.32%	27.23%

数据来源：公司各年年报。

东方甄选是目前抖音等多个互联网平台上影响力最大的直播带货平台之一。例如，在销售东北五常大米时，主播董宇辉不是强调大米产地、质量等物的属性（稀缺性和专有性），而是以"小作文"形式宣传大米所赋予生活的意义，以及大米所传递的"三餐四季、人间烟火"的浪漫[1]，这是东方甄选赋予商品情绪价值的一个代表性事例。在互联网的推动下，多段来自东方甄选和董宇辉带货的"小作文"成为各种现代自媒体所转发的"网红"文案。东方甄选平台陆续在全国各地开展了数十场外景直播活动，并在活动前发布一些宣传预热视频。每次预热视频所包含的文案或"小作文"，也会在互联网上得到高频度转发，当天多条视频发布后都登上了"热搜"榜。正是在董宇辉的带动下，"小作文"成为东方甄选直播带货的标志性动作，它也是互联网直播中的一种重要的手段或元素。

2023年12月5日，东方甄选抖音账号发布了一段"吉林行"活动的宣传视频，其中包含了当地风景画面以及约700字的宣传文案，文案由主播董宇辉朗读。次日，东方甄选团队编辑在上述视频的评论区置顶了一条解答"宣传文案创作者"的评论，声称历次宣传文案都是由主播和团队共同完成，并非主播董宇辉独创。这一评论引发了董宇辉粉丝的强烈不满，他们纷纷在评论区留言，认为东方甄选否定了董宇辉的贡献[2]。2023年12月9日，董宇辉在直播中针对编辑的评论作出回应，称其是"胡回复"，而编辑则再次表示自己并没有"胡回复"，并指出"吉林行"宣传文案的主创者是文案团队，董宇辉对该文案的贡献仅是"改动了五个字"[3]。

编辑的言论加剧了董宇辉粉丝的不满情绪，加上2023年12月10日当天，董宇辉并未出现在直播间[4]，东方甄选的粉丝开始大量涌入东方甄选的竞争对手——高途佳品的直播间以示抗议；2023年12月12日晚，东方甄选时任CEO孙东旭（网名"东方小孙"）在直播时提及"小作文"、董宇辉带情绪停播、薪酬远不止千万元等，并将粉丝支持董宇辉、抵制东方甄选的行为定义为"饭圈文化"，呼吁批评饭圈文化。

---

[1] 有兴趣的读者，可以在互联网上检索董宇辉与四袋大米，体会一下"小作文"对商品的意义。

[2] 互联网术语"背刺"。

[3] 这一条的回复，情绪化程度高，如："本来就憋屈，这次评论区乌烟瘴气，不能忍……小编没有'胡回复'……"

[4] 对于董宇辉没有出现在直播间，是董宇辉主动停播，还是被东方甄选停播，公开报道不存在权威说法。按照东方甄选时任CEO孙东旭在镜头前的解释是董宇辉带情绪停播、公司同意；按照部分媒体网文的说法，是东方甄选没有让董宇辉上播。我们讨论的是商业模式的选择，采纳的说法是：东方甄选为了走渠道和产品路线、舍弃主播带货模式，主动放弃标志性主播董宇辉。当然，无论是主动还是被动，它都不影响我们讨论问题的观点。

对于东方甄选的举动,粉丝以各种方式抗议,包括:在东方甄选直播间弹幕、抖音视频评论中表达对董宇辉的支持;去东方甄选的竞品平台高途佳品购物、留言;不再关注东方甄选直播间(俗语称"脱粉");卖出东方甄选股票等。其中,2023 年 12 月 9 日,东方甄选抖音粉丝数为 3 116 万人,到 2023 年 12 月 16 日最低时为 2 838.5 万人,掉粉 270 多万人;而同一时期,董宇辉的抖音粉丝数一直都维持在 1 200 万人左右,没有增量,2023 年 12 月 11 日起迅速增加,2023 年 12 月 16 日超过 2 300 万人;东方甄选"吉林行"直播间在 2023 年 12 月 10 日后销售额下降;东方甄选的股价也持续下跌,从 2023 年 12 月 8 日的每股 33.65 港币,降至 2023 年 12 月 15 日的每股 26.25 港币,股价累计下跌约 22%,市值损失超过 75 亿港币。

2023 年 12 月 16 日,东方甄选公告免去孙东旭执行董事、CEO 职务,转任非执行董事,即日生效;董事长俞敏洪兼任 CEO;2023 年 12 月 17 日,俞敏洪在他的视频号上宣布,董宇辉重回直播间,并担任高级合伙人、东方文旅副总裁等;2023 年 12 月 18 日晚,俞敏洪与董宇辉在直播间双播,董宇辉公开声明不会离开东方甄选,当晚,东方甄选的粉丝数重回 3 000 万人,当天东方甄选港股股价涨幅超 21.9%;2023 年 12 月 22 日,"与辉同行"直播间成立;同一天东方甄选发布公告称,孙东旭主动辞任非执行董事;2024 年 1 月 9 日,"与辉同行"于当天晚上 7 点至 11 点首播,各项指标都位列抖音带货榜第一名,GMV 为 1.65 亿,而同一天东方甄选直播间的 GMV 不足 2 500 万[1]。

在"小作文"事件中,东方甄选之前尝试淡化主播作用的做法,未能取得成功[2]。

三、"小作文"事件的底层逻辑与情绪价值的商业模式

"小作文"事件虽然表面上是东方甄选在处理带货主播董宇辉的角色定位,不希望把公司的价值与主播绑定,但实际上却是商业模式的争论。东方甄选作为一家面向消费者的电商平台,其商业模式总体上存在"两条路线"的竞争:产品路线商业模式(以下简称产品模式)与主播路线商业模式(以下简称主播模式)。

产品路线的商业模式,强调的是品质优良的产品、极具竞争力的价格、有效的供应链管理,其核心点或竞争优势是质优价廉的商品。市场竞争和演化的逻辑就是市场效率不断提升,从卖方市场进化到买方市场,从供给不足状态发展到供给充足、大于需求的状态,质优价廉成为市场竞争的唯一解释。目前,无论是美国的沃尔玛超市、山姆会员店、开市客超市等线下平台,还是亚马逊、淘宝、京东等线上销售平台,质优价廉是它们的核心商业模式。

与产品路线的商业模式强调商品的物的属性不同,主播路线的商业模式强调主播赋予

---

[1] 上述数据依据互联网公开资料整理,包括蝉妈妈数据、达多多数据等。
[2] 与辉同行直播间于 2024 年 7 月正式脱离东方甄选,独立运营。第三方平台数据显示,2024 年度,与辉同行直播间带货总额近百亿元,共计销售 1.5 亿单产品,其中,单位价值低的农产品、食品超过 1 亿单。

商品的情绪价值。在主播模式下,消费者购买商品时关注的不仅仅是商品是否质优价廉,他们更偏重商品所能够带来的、让消费者可以从中获得共鸣的情绪寄托。正如艾瑞里在《怪诞行为学》"工作的意义"中讨论的,人们工作中成就感的激励效应高于奖金,就如同消费者并不总是追求价廉物美一样。追求个性化、差异化,是人类社会商业活动的核心点之一。奢侈品的商业模式,就是指在质优价廉的基础上,赋予商品以情绪价值;通过高价格,区分用户群体,达成身份认同。这也是凡伯伦的"有闲阶级"和"炫耀性消费"(Conspicuous Consumption)的基本思想。主播带货商业模式的核心是在质优价廉商品的基础上,赋予商品以情感价值,从而让消费者在众多竞品中选择能够让其产生情绪共鸣的商品。它实际上与奢侈品商业模式在底层逻辑上是相通的,即在商品的物的属性之上,寻求价值或情感等非物元素。所不同的是,奢侈品的情感属性是通过这种稀缺、高端、难以获得的商品,向社会传递一种"我与众不同"的信号;而主播在直播间通过确立人设、赋予商品以具体情感,让消费者从中找到认同,即"原来你也在这里"[1]。

进一步来说,商品价值可以根据其物的属性与情感属性,粗略地分为"功能价值"(Functional Value)和"情绪价值"(Emotional Value)[2]。功能价值强调的是商品的物的属性,或者它能够满足消费者某项具体且物化的需求,有点类似于早年马克思所定义的商品的"使用价值",具体商品的功能价值如大米能够充饥、衣服能够保暖等,具体服务的功能价值如宾馆服务为消费者提供舒适的宿食服务、注册会计师审计服务提升报告企业的财务报表可信度等。功能价值相对比较容易衡量,同等价格则比较功能、质量;同等功能、质量则比较价格。最后的结果就是趋向于价格便宜、品质优良。以居民家庭用的小汽车为例,当下我国的汽车市场充分竞争,2023年我国家用车汽车规模产能近5 600万辆,2023年家用汽车销量约3 009万辆;凯美瑞、雅阁及同级别轿车在1996年前后的市场平均售价约为40万元[3],2023年的市场平均价格不足20万元[4]。价格大幅下降的同时,性能显著提升。

情绪价值源于心理学,它指的是物品所能够给人以精神愉悦的价值(《现代汉语新词语词典》)。相比"功能价值"以"质优价廉"为导向,情绪价值则是在货品的物的属性基础上,强调它所能够带给人的具体情感上的满足感(Lee和Min,2012)。早年的产品广告请明星代言,就能让该商品附着一定程度的情感价值;在商品竞争中,企业通过塑造品牌,让品牌来传递超越质优价廉的功能价值基础上的附加价值,从而获得市场竞争的优势。这种品牌

---

[1] 这是一句互联网上的流行语。DeepSeek的解释是:2003年刘若英的同名歌曲《原来你也在这里》,歌词灵感来源于张爱玲的短篇小说《爱》中的一句:"哦,你也在这里吗?"经由互联网传播后,其情感共鸣的因素被放大、叠加,用来表达现代人对缘分与命运的感慨。

[2] Lee和Min 2012在Examining the Role of Multimentional Value in Convention Attendee Behavior中提出多维价值(multidimentional value, MDV)一词,并定义了商品的functional value、emotional value和social value。我们只集中讨论funtional value和emotional value。

[3] 资料参见"看到1996年的汽车售价表,你此刻的心情什么样"(https://zhuanlan.zhihu.com/p/47831961)。

[4] 在太平洋汽车网上,雅阁2023款260 TURBO三款的报价平均数为19.65万元(分别是16.98、19.08、22.88)。

所带来的情感价值与我们所定义的情绪价值不完全一致。通常,品牌与商品生产商关联,它附着在某一类产品(如耐克品牌与耐克旗下的全部体育类产品、特斯拉与特斯拉公司生产的汽车和周边产品)上;我们所定义的情绪价值是指零售或销售渠道角度所附加给商品的,它的价值附着面宽。例如,在20世纪美国盛行的电视购物商业模式中,最为知名的当数美国电视节目主持人转身的Martha Stewart,她通过刊物(《Martha Stewart Living》)、电视节目等形式推广家居类产品,为美国中产阶级乃至上流社会提供品质服务(Luthar等,2013),其公司(Martha Stewart Living Omnimedia Inc.)于1999年在美国证券交易所上市。对于当下的主播带货模式,知名的主播都会有一定的性格特征或"人设标签",普通消费者认可或认同主播的"人设",成为主播的粉丝("路转粉"),从而变成长期、稳定的买家。粉丝因为认同、共情而购买主播所带的商品,"质优价廉"的性价比不是他们的关注点,主播的个人人设、对主播个人的情感认同等所带来的情绪价值,才是他们所关注的重点。例如,董宇辉在直播间里将大米与"三餐四季、人间烟火"连接起来,让消费者通过购买大米而感受到"米饭香"所带来的日常生活的浪漫,将玉米与童年生活的无忧无虑联系起来,这些都是主播模式所增加的商品的情绪价值。

商品的情绪价值是附着在质优价廉的商品基础上的。离开质优价廉的商品,情绪价值难以持久[1];商品如果只是质优价廉,没有情绪价值,在充分竞争的卖方市场环境下,企业难以在市场竞争中胜出。因为,在充分竞争的卖方市场环境下,质优价廉是市场竞争趋于均衡的必然结果。还是以汽车业为例,汽车制造业充分竞争使得汽车质量提升、功能增加、价格降低。质优价廉的产品风险源于企业产品不再质优、不再价廉或者新的替代产品的出现,例如,诺基亚手机被智能机打败,就是源于功能上的竞争与胜出。主播带货模式强调主播赋予商品的"情感",加上商品本身的"质优价廉",它的市场风险除了质优价廉本身,还有主播人设"塌房"的风险。一旦主播人设"塌房",情绪价值难以成立。例如,2021年12月,浙江省杭州市税务局经税收大数据分析发现,网络主播黄薇(网名:薇娅,被称为"淘宝第一女主播")在2019年至2020年,通过隐匿个人收入、虚构业务转换收入性质虚假申报等方式偷逃税款6.43亿元,其他少缴税款0.6亿元,相关部门依法对其作出税务行政处理处罚决定,追缴税款、加收滞纳金并处罚款共计13.41亿元。此后一段时间,其在淘宝、抖音、微博等多个平台的账号被封。与她合作的企业产品销售业绩随之受到冲击。可见,相比强调电商和平台企业,主播带货模式多一层风险,且基于历史数据和人们的认知,主播人设"塌房"、带货能力下降的概率高。因此,MCN企业的市场溢价倍数要低于电商平台企业。

回到东方甄选"小作文"事件中来。东方甄选自2021年12月28日首播起成为当时互联网电商、众多带货平台中的一个。2022年6月9日因为董宇辉"小作文"出圈之前,它在抖音平台上的平均日观看总人数约为一百万人,平均日销售额低于百万元;2022财年年报

---

[1] 例如,东方甄选当初的玉米风波中,当市场质疑东方甄选玉米价格高、不符合质优价廉的标准时,东方甄选选择下架该商品。

显示,累计实现网络销售收入 2 458 万元人民币(公司年报没有报告 GMV 数据),这实际上就是 2022 年 1 月至 5 月的销售收入,平均月销售收入 491 万元[1]。2022 年 6 月 9 日董宇辉被关注之后,东方甄选网络走红,2023 会计年度(2022.6.1—2023.5.31)的 GMV 为 100 亿元人民币,每天平均超过 2 700 万元,按照市场平均 20%左右的收入转化率[2],每天能够产生的销售收入为 540 万元左右,超过之前每个月的销售收入。

东方甄选的管理层面临的两难选择如下:应该选择围绕主播带货、提供情绪价值的商业模式,还是选择质优价廉的产品、实现商品的功能价值的模式?"小作文"事件的核心就是东方甄选试图放弃"主播模式"而选择"产品模式",只是东方甄选采用的手段比较直接,不是通过公司主动选择(如罗永浩淡出"交个朋友"直播间),而是先弱化董宇辉的作用(强调东方甄选小编也能够写"小作文"),然后让董宇辉停播(弱化董宇辉的主播形象)。

但是,那些因为董宇辉而关注东方甄选的"粉丝"们,他们也是东方甄选直播间的消费者,同时,还有不少是东方甄选的股东。他们不认可东方甄选商业模式的选择,特别是在商业模式选择中对待董宇辉的方式。在数智化时代,因为各种类型的互联网平台的存在,以及各种自媒体的盛行,个体也可以将他们的意见表达出来。在东方甄选抖音粉丝"脱粉"、各种评论意见(如直播间弹幕、抖音消息的评论意见等)、股票价格下跌等多重因素的压力下,俞敏洪宣布免去孙东旭 CEO 职务,俞敏洪兼任 CEO,董宇辉回归,东方甄选回归采用"主播模式"。

数据表明,东方甄选选择主播模式的市场效果要好于产品模式[3]。

四、主播模式是数智化时代的选择

数智化时代并不仅仅只限于大数据与智能化的深度应用,还泛指从 20 世纪 90 年代中期起互联网深度嵌入商业运行所代表的整个时代。数智化时代之前是长达数百年的工业化时代。为什么东方甄选当下需要选择主播模式,而非产品模式,一定程度上与数智化时代的特征紧密相关。

数智化时代与工业化时代在诸多方面都存在根本性、结构性差异。从对商业模式和市场环境潜在影响的视角来看,相互关联、又有所区别的差异对商业模式的选择产生了直接影响。

(一)生产效率因为数智化而倍速提升,社会从卖方市场进入买方市场

数智化与社会生产效率提升是相伴而生的。以对生产效率高度依赖的汽车制造业为例,20 世纪 80 年代,汽车市场的缺陷是产能,产能限制导致市场供给不足;而 2023 年我国

---

[1] 如果按照市场平均收入转化率 20%左右推算,491 万元的销售收入对应将近 2 500 万元的 GMV,平均每天带货 GMV 低于 100 万元。

[2] 由于东方甄选的自营品占比比较高,100 亿元的 GMV,产生的销售收入为 38.81 亿元。东方甄选的 2023 年年报没有公布自营品占全部 GMV 的比重,很难推断东方甄选网络销售的提成率。这里以 20%提成率来举例说明,不考虑自营品的影响。

[3] 在东方甄选剥离"与辉同行"后,虽然东方甄选直播间仍然采用主播卖货,但是以重物流、重选品、强调性价比的自营品为主。

汽车总产能接近 5 500 万辆,近 5 年我国平均每年生产大约 2 300 万辆,整体产能利用率不足 50%。仅比亚迪一家在 2023 年的产能就新增约 100 万辆,特斯拉上海超级工厂不到 3 年的时间形成超过 100 万辆规模的产能。汽车市场从卖方市场进入买方市场,竞争激烈、信息高度透明的汽车市场,迫使各大品牌汽车厂商在不断降价的同时,性能持续改进,消费者剩余逐步提升。优质低价是竞争激烈的买方市场的必然结果。

因为数智化的助力,企业规模化经营更加简便,无论是行业产能扩张还是企业规模扩张,它们的速度都在提升。例如,我国生活习惯曾经被认为以喝茶为主,咖啡是外来品,在瑞幸咖啡等品牌的推动下,我国咖啡连锁品牌发展迅速,仅 2023 年全年就新增门店约 9.5 万家,这也使得现制咖啡(以标准美式为例)从之前平均超过 30 元一杯,降至目前 10 元左右。这种充分竞争状态几乎存在于所有市场,尤其是那些单位价值不高的日用品和生活用品市场。

(二)社会富裕度提升,商品的价值从功能属性转向情感属性

据我国政府公布的统计数据,2021 年我国人均 GDP 已经达 80 976 元,人均可支配收入 35 128 元,全国粮食总产量 6 783.5 亿千克。

我国整体进入小康社会后,人们的消费诉求面临马斯洛需求层次所定义的消费升级问题。在马斯洛需求层次理论中,基础需求是吃饱、穿暖、安全(生理需求和安全需求);加上这一阶段社会处于卖方市场,商品供给总体处于短缺状态。同时,社会财富总量不足,价格便宜、功能实用是这一阶段人们对商品的主要诉求。市场上流通、销售的商品,都是以功能属性为主。当社会全面进入小康社会后,社会中绝大部分人不再仅仅为温饱而购买、消费,他们还有一定的购买力为了马斯洛需求层次阶段中的高层次需求而"买单",这与凡伯伦所讨论的"有闲阶级"与新的价值主张情况类似[1],人们对商品情感属性的强调和重视程度,超越功能属性。

实际上,只要经济发展、社会相对富裕,人们就会产生对商品情感属性的追求。例如,奢侈品、艺术收藏品等在内的弱功能性商品,就是富裕阶层追求的。我们所强调的商品的情绪价值,专指普通商品或大众化商品的情感属性。普通消费者在面对多种质优价廉日用品时,自然会倾向于选择能够与其共情或产生情感连接的商品,这也是情绪价值的经济意义。实际上,提供个性化、能够共情的情绪价值模式,已经被很多商家所采用。例如,星巴克所推出的咖啡豆溯源计划,让每个消费咖啡的人,能够追溯到他手中这杯咖啡的具体农庄、具体农户的信息,让他能够直接了解这杯咖啡的成长环境,知道他手中的这杯咖啡具体帮助了谁,为咖啡赋予了具体的情感价值[2]。早期奢侈品销售,因为数量少,商家可以精确到每件货品的具体工匠、具体买家,对于单位价值低、海量件数的日用品,只有借助数智

---

[1] 凡伯伦于 1899 年出版《有闲阶级论》,其社会背景如下:1865 年美国南北战争结束,美国经济进入飞速发展时期,1890 年,美国的名义 GDP 总额为 150.77 亿美元,同期英国只有 66.74 亿美元。我国经济经过发展,目前 GDP 总量位于世界第二位,社会经济总量、人均拥有的资源量都远超过 20 世纪 80 年代,社会实现高速发展和稳定增长。

[2] 2020 年 8 月,星巴克借助微软 Azure 区块链服务,推出数字追溯工具。这一努力开始于 2013 年的 Coffee and Farmer Equity 计划。

化方式,才能达成类似于星巴克的咖啡豆溯源计划。数智化为商品情感价值的实现确立了基础。2024年1月9日晚7点,东方甄选为董宇辉专门设立的直播平台"与辉同行"正式开播。当天晚上的数据包括:截至当晚,直播累计在线观看人数为5 431万人,观看人数峰值超170万人,涨粉超近300万人(从416.8万人至708.9万人),GMV产品销售超1.65亿元,登上抖音带货榜总榜第一名。同一时段,东方甄选直播间无论是观看人数,还是带货件数、GMV等,都远低于与辉同行直播间的数据。而东方甄选一直坚持自建供应链、源头生产厂家,走质优价廉的产品模式。董宇辉带来的商品的情绪价值,超过了东方甄选所主张的质优价廉的产品模式。

易言之,在我国全面进入小康社会后,商品的功能性已经被视为一种标准和前提条件了。情绪价值成为普通商品在满足功能价值之上的核心竞争力。

(三)数智化与情绪价值的凸显

商品的功能价值可以量化显现,甚至可以标准化。例如,一辆汽车的使用寿命、效能等;一瓶牛奶的蛋白质含量等;一杯美式咖啡的咖啡因浓度等,都可以量化。情绪价值会因为受众个体感受不同而各异,甚至因同一个受众个体不同阶段的感受不同而不同。每个人的需求偏好存在差异,且需求差异波动性大。理论上,只要社会相对富裕,消费者个体免于寒冷、饥饿等的困扰,消费者就会寻求精神上的满足,人们对商品情感价值的关注就会高于功能价值。在工业化时代,社会信息传递渠道不畅,中心化的信息发布方式使普通消费者个体的偏好难以通过表达出来。情绪价值的信息难以形成有效的市场信号。

在数智化时代,一方面,社会进入买方市场阶段,生产技术、能力、规模等的转移成本低,市场竞争激烈,质优价廉的功能价值容易达成。另一方面,因为数智化深度嵌入社会运行各个环节,信息采集、发送成本低,且2007年苹果手机发布后,基于智能手机的移动互联网和自媒体重构了社会信息生成、传递、使用的逻辑,消费者个体的意见和诉求可以借助数智化平台表达出来,进而比较容易形成被共同关注的、共情能力的情绪价值。同时,情绪价值的集中体现,反过来引导,甚至决定了商家的行为。数智化对情绪价值和商业模式的影响见图2.4-1。

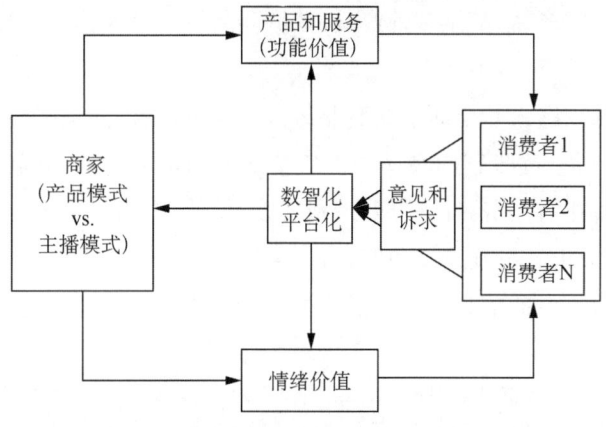

图2.4-1 数智化对情绪价值和商业模式的影响

在东方甄选事件中,董宇辉通过直播反复强调的是"共情"。他让屏幕前的观众可能发现了另一个"平行时空的自己":虽然出身贫寒、卑微,但努力、勤奋、不放弃,终于有一天被关注、被关爱。这实际上也是绝大部分人希望自己或自己的孩子能够成为的模样。因此,这些人以"粉丝"形式关注、支持董宇辉和东方甄选,推高东方甄选的销售额和股价。而当董宇辉离开东方甄选后,广大"粉丝"们难以接受,其中既包括对董宇辉才华的爱惜,又因为有很多粉丝在职场上遭到上司的排挤打压,存在情感共鸣。他们的意见通过包括自媒体、互联网平台等方式集聚后,形成社会性意见表达,加上罗永浩等其他社交媒体大V加入论战[1],迫使东方甄选在选择董宇辉还是放弃东方甄选之间作出商业化选择。俞敏洪在直播间里也公开表态,称互联网压力迫使东方甄选最后选择董宇辉是一场"集体纠错"。可以说,没有数智化时代的各种信息表达渠道,企业管理层的错误决策不会被市场实时纠正。或者会像可口可乐在1985年4月推出新口味可乐,尽管事前也听到市场的批评意见,管理当局还是强行将新口味可乐推出,在市场销售不佳以及媒体舆论的压力下,新口味可乐于1985年7月停止。

在数智化时代,消费者不仅仅通过市场购买行为来表达他们的意见或偏好,他们还可以通过"粉丝"[2]、互动平台上的弹幕和留言、撰写自媒体文章以及评论大V、股票价格等方式对公司的行为表示支持或反对的声音。这种声音及时地汇集,就可以影响、左右商家的行为,降低商家"试错"的成本。

五、讨论与结论

东方甄选"小作文"事件这一互联网事件,背后所反映的是商业模式的选择问题。亚马逊、淘宝、京东等互联网电商平台是将实体店的传统商品销售搬到互联网上,降低消费者的信息搜寻成本,让商家的商品可以面对更多的买家,提高交易达成率,同时降低达成交易的成本。而互联网平台上出现的主播带货模式,是对传统商品明星代言模式的一种进化,即从代言一种产品到一类产品,甚至多种产品,并将商品赋予个人标签或标志性情感,突出商品的情绪价值。

因为数智化的深入嵌入并全面定义商业运行的逻辑,人们的消费诉求从工业化时代追求价廉物美的功能价值,逐步转向在功能价值基础上的情绪价值:商品能够满足消费者的情感诉求。借助数智化对消费者的赋能,消费者以"粉丝"的力量来影响企业决策。

第一,我们从商业模式及其变迁角度,讨论主播带货作为一种商业模式存在的核心点,为目前各大电商平台下主播带货形式及其存在的合理性,找到有效的理论依据。第二,我

---

[1] 12月15日,隐身许久的罗永浩现身,对董宇辉隔空"喊话",直言:"如果董宇辉老师本人想创业,我很愿意跟一些做投资和做企业的朋友们攒一个局,支持他顺利创业。"他还爆料,"有投资者愿意帮董宇辉出5亿元违约金"。
[2] "粉丝"通常都是某个平台或企业未来一段时期里持续的买家,这也是"粉丝经济"的含义之所在。

们将主播带货商业模式与数智化社会、买方市场、全面进入小康社会等社会进步的特征关联起来,提出对情绪价值的关注是社会发展的一种必然趋势,这为关于商业模式与企业价值等的讨论,提供了一个新的视角。第三,因为数智化改变了信息的分布特征,让广大消费者从通过事后的购买决策来影响生产者或商家转向实时将诉求传递给商家,并在社交媒体平台的连接下共同行动,增强了消费者话语权,我们为市场平权话题提供了一个新的讨论维度。

我们建议政策制定部门需要更新互联网、主播等行业的管理逻辑,从商业模式及其风险性程度来管理,而不应按照传统商业模式及其相应的风险特征来管理。

基于资本市场大量发生的市场数据的严谨、严密有待我们进一步地研究。数智化时代的商业模式正在发生革命性改变,这一事实是毋庸置疑的。

(刘　峰　刘桑田　孟庆玺)

参考文献

[1] 丹·艾瑞里.怪诞行为学:非理性的积极力量[M].赵德亮,译.北京:中信出版社,2010.

[2] 凡勃伦.有闲阶级论[M].蔡受百,译.北京:商务印书馆,1964.

[3] 李潇晓,刘林平.阶层偏好、文化资本与情感机器:东方甄选直播现象的数字民族志研究[J].探索与争鸣,2023(1):103-112+179.

[4] 王首杰.粉丝经济的法律规制[J].华东政法大学学报,2021,24(3):93-105.

[5] 张嫱.粉丝力量大[M].北京:中国人民大学出版社,2010.

[6] Jin-Soo Lee, Chung-ki Min. Examining the role of multidimensional value in convention attendee behavior[J]. Journal of Hospitality & Tourism Research, 2013(37):402-425.

[7] Luthar S, Samuel Barkin, Elizabeth Crossman. "I can, therefore I must": Fragility in the upper-middle classes[J]. Dev Psychopathol, 2013(25):1529-1549.

2.5 数智化与企业经营模式的变革
——以圆通速递为例

一、问题的提出

加盟或直营是网络型企业发展过程中所面临的选择难题，也是企业经营模式研究中所需要回答的基础性问题。直营与加盟，各有优缺点，也都存在成功和失败的代表性案例。例如，1955年麦当劳开始加盟制扩张，盈利单元不断复制，其逐渐成为快餐业巨头的典型范例。加盟制在帮助一些企业获得成功的同时，也存在很多的失败案例，如2005年因扩张过快导致倒闭的零售企业普马[1]。

自20世纪90年代初起，我国快递业发展迅速。2010年，全国快递业务量为23.4亿件，业务收入为574.6亿元；截至2023年年底，增长到1 320亿件，全行业收入超过1.2万亿元[2]，快递业已经成为我国经济发展的基础性产业。在快递业的快速发展过程中，加盟制助推各大快递公司快速发展。2023年年末，排名前5的快递公司中的前4家都采用加盟模式，即便是长期坚持直营模式的顺丰，也在快递配送末端采用合作网点模式，即一种有限的加盟模式。

为什么快递业能够有效地利用加盟制？加盟制的固有缺陷，快递业是如何有效克服的？我们认为，快递业的发展建立在数智化全面应用的基础上。而数智化的全面应用，最大限度地消除了加盟制所固有的潜在风险，使得快递业能够借助加盟制飞速发展。实际上，加盟制的应用并不限于快递业，咖啡和茶饮料、连锁餐饮业、共享充电宝等多个行业/赛道发展迅速，都程度不同地采用了加盟制。数智化是如何有效消除加盟制的固有缺陷、成为数智化时代诸多行业发展的重要推动力量？或者说，在数智化时代，加盟制是如何成为企业扩张的主要方式？

我们以圆通速递的案例为切入点对上述问题展开分析。对圆通速递数智化发展历程、

---

[1] 普马的中国企业，采取类似特许经营的方式，向美国公司租用普马的牌子和经营模式，1997年在北京开了第一家会员店，至2005年3月，遍布全国的48家门店全面倒闭。资料来源："普马事件"9高管涉嫌诈骗抽逃资金1.2亿多元—普马，普尔斯马特—北方网—时代财经（enorth.com.cn）。

[2] 2024年1月，国家邮政局公布2023年邮政业务运行情况，邮政行业寄递业务量累计完成1 624.8亿件，其中，快递业务量（不包含邮政集团包裹业务）累计完成1 320.7亿件；邮政行业业务收入累计完成15 293.0亿元，其中，快递业务收入累计完成12 074.0亿元。

数智化之后运营过程的详细分析表明:从揽收到派递的全过程都处于数智化系统全程监控之下,加盟商也因此被高度管制,从而根本上消除了加盟制的固有缺陷。这也使得加盟制成为过去一段时期里商业连锁扩张的重要手段。

在圆通速递案例讨论的基础上,我们采用快递业企业的数据说明,加盟制的经营模式在数智化的助力下,能在较短时间内完成规模化扩张的同时将快递运输状况、加盟商、运输车辆及快递员工等情况通过数智化系统进行高度管控,且企业日常运营呈现可视化、实时化。在此基础上我们分析讨论数智化对经营模式的影响,发现企业进行数字化转型后会将内部数字化应用到外部合作过程中,因而企业在经营模式决策中更倾向于选择加盟模式。

二、加盟制与直营制:经营模式之争

对包括餐饮、百货、快递等在内的需要落地运营的商业活动来说,异地经营总体分为直营和加盟两大类。在直营模式下,总部负责所有事务,包括选址、建设、投资、运营、管理等;在加盟制下,总部统一进行标识、质量管理等,将具体的活动,尤其是需要资本来推动的活动,交由加盟商负责。两种模式各有优缺点。在直营制下,虽然总部对各地分部的控制力强,但是总部投入较大,且决策反应和对各地差异的响应速度较慢;在加盟制下,总部需要投入的资源有限,各地可以根据当地情况和特征灵活决策,总部对各地的控制力弱。例如,美特斯邦威于 2008 年在深圳交易所上市,2012 年全国门店共 5 220 家,其中,加盟店为 3 914 家。之后,因为经营出现问题,美特斯邦威业绩持续下滑,其中,加盟体系导致美特斯邦威缺乏订货主动权、价格混乱,是美特斯邦威陷入困境的一个重要原因[1]。

快递业一直也面临直营与加盟"两条路线"的争论。由于快递业天然具有"全程全网"的属性,搭建一个能够全程、全网揽收和派件的体系是一家快递企业进入市场、展开竞争的前提。在搭建这一体系过程中,各大快递公司会采用多种不同的方式,总体可以用加盟制与直营制来区分。加盟模式通常是指加盟商与加盟公司直接签订"特许经营合同",从而得到公司商标等无形资产的使用权利,并在约定的区域范围内从事揽件与派送业务,而总部只对加盟商的服务质量、品牌及定价作出规定。加盟模式具有"横向性"和"全网性"的特点(郑佳宁,2016)。与加盟模式相对应的直营模式,是指以单一资本直接经营快递服务网络,所有权属于同一公司或同一老板,由总公司直接经营业务。直营模式具有规范化的经营制度、商品管理系统和总部的职能作用等特点。加盟制的全面引入,是 20 世纪 90 年代我国

---

[1] 早在 2012 年,美特斯邦威就陷入困境。当时各类财经专业报刊上的分析文章很多。例如《理财周报》2012 年 10 月的文章:加盟商是美特斯邦威的困境致因之一(https://finance.sina.com.cn/stock/s/20121015/052813365139.shtml)。

快递业高速发展的基础。加盟制的固有缺陷，使得很多快递公司在规模达到某一个数量级后，就形成难以跨越的鸿沟，从而陷入混乱，并快速退出市场。例如，宅急送创始人陈平在退出宅急送后，创立星晨急便，尽管获得了阿里巴巴7 000万元的注资，陈平于2008年创立公司，但2012年上半年公司就歇业；DDS快递公司于1997年创立，2008年时DDS是一家在华南地区影响较大、与当时的顺丰角力的快递公司，2010年1月DDS陷入债务危机而倒闭。上述两家公司倒闭的诱因有多种，加盟制是媒体分析中共同的归因[1]。

我国快递业在高速发展过程中，除了邮政快递具有资金、技术上的优势，从一开始就是全程、全网全域直营，民营快递企业早期都是通过加盟方式发展的，包括顺丰快递。

企业在面临规模扩张时，存在以下三种情况，一是继续原本的经营模式，如加盟模式或直营模式。二是将原本直营模式转变为加盟模式。三是将原本的加盟模式转变为直营模式。我们重点讨论后两种情况。

企业在开设一定数量的直营店后采用特许经营的方式发展加盟店的目的是短时间内企业能实现规模扩张。最初发展直营店的目的如下：一是通过发展直营店掌握经营经验，有利于特许经营体系的稳定，降低连锁企业总公司与加盟者的经营风险。二是直营店可成为加盟店的样板店、培训店。直营店转变为加盟模式是因为直营店的扩张需要大量的自有资金，而特许经营的优势恰好是总部无需增加自有资金投入，这对于有着成熟的经营经验和品牌却苦于没有足够资金的连锁企业总部来讲是至关重要的。传统的零售业中小型商店大多采用此种发展模式（刘荔，1999）。

企业将加盟模式转变为直营模式的目的是统一管理、规范化运营。对于具有一定数量加盟商的总部来讲，加盟商的稳定性、规范程度、服务质量至关重要，而数量较多的加盟商难以做到从上到下的一致性管理。因此出于企业持续经营及优质服务的目的，企业会将原有的加盟模式通过购买、补偿的方式转变为直营模式。如成立于1997年的顺丰快递，早期依赖加盟制发展，2002年通过组织架构改革后收编加盟，公司转为直营模式，因为加盟制本身具有局限性。

表2.5-1是5家主要的快递公司2020—2023年发展情况一览表。除了顺丰控股，其余4家快递公司都是脱胎于早期"桐庐系"，他们总体上都采用加盟制，且连续多年都实现快速、稳定增长。这从侧面表明，加盟制是快递业能够持续、快速发展所能够依赖的经营模式。快递企业是如何解决之前所广泛讨论的加盟制的固有缺陷的？包括统一服务标准、服务产品、服务价格、服务承诺，以及规模发展后的"尾大不掉"与统一管控问题，或者说，其决定因素是加盟企业的生存与总部的"管控力"（吴文鹏，2011）。下文通过圆通快递的数智化过程来具体回答以上问题。

---

[1] 以加盟制、星晨急便、DDS、倒闭等关键词进行检索后会出现多篇报道，加盟制是它们倒闭的主要原因；学术文献检索找到的文献数量有限。其中，曹光柱（2011）"从DDS快递倒闭看中国民营快递业的发展"，提出"松散的加盟方式"是DDS问题的主要原因之一。

表 2.5-1　　　　　　　2020—2023 年快递公司发展情况一览表　　　　　单位：亿件

公司名称	经营模式	2020 年	2021 年	2022 年	2023 年
中通快递	加盟	170	223	244	302
圆通速递	加盟	126.48	165	175	212
韵达股份	加盟	141	184	177	189
申通快递	加盟	88	111	130	175
顺丰控股	直营	93	106	111	119

三、圆通速递的发展与加盟制

正如本书第一篇案例一"数智化及其应用：以圆通速递为例"所讨论的，圆通速递的数智化历程大致分为 3 个阶段：2000—2008 年的信息化阶段；2009—2017 年的数字化阶段；2018 年至今的数智化阶段。

圆通速递的发展离不开加盟制。圆通速递成立初期，采用的加盟模式是省级代理制度，通过与各加盟商的链接及利益联结，建立全国快递服务网络。圆通速递可以借助加盟商的资源，实现快速发展，在快递揽收、投递等方面，圆通速递具有了与顺丰等竞争的能力。根据《中国现代物流发展报告（2010）》，当时使用 GPS、GIS 和移动通信技术对区域配送进行调度和跟踪的民营物流有顺丰、圆通速递等物流公司。

然而，国内电子商务迅速发展提高快递需求的同时，也提高了快递服务水平的要求。以加盟制发展的圆通速递，也面临服务质量与规模扩张之间平衡的难题。加盟制存在的利益不一致、服务质量不佳、难以进行统一管理等弊端逐渐显现，成为圆通速递乃至全快递业的发展难题。实际上，2016 年圆通速递借壳上市成功后，面临利益争议问题，2017 年 2 月，圆通速递北京网点的危机[1]被放大，这一事件让快递从业人员再次重视单一快递加盟商给快递网络带来的经营风险。

实际上，类似的加盟商"尾大不掉"危机，在快递业一直存在。早在 2008 年快递头部企业集体引入中枢系统之前，曾任职于上海邮政局的邵钟林先生就对韵达快递的聂腾云先生提出建议，"分拨中心是你的心脏，长途运输是你的血管。控制住分拨中心和长途运输，就算网络出了问题，也都是局部的"。这一思想在圆通速递也逐步得以体现。根据公开资料，圆通速递对枢纽转运中心与干线运输提高自有、自建、自营模式的投入，自 2012 年起，圆通速递通过设立子公司逐渐收回全部省级转运中心（吕泓霖和吴育琛，2016）[2]，2015 年自

---

[1] 这一事件在 2017 年 2 月份是当时财经类媒体的热点话题。例如，《21 世纪经济报道》2 月 18 日的报道"圆通速递被倒闭闹剧复盘：总部分利机制被指不当"就对这一事件进行调查。

[2] 2011 年圆通速递拥有 56 个转运中心，但未明确其归属权。我们将省级加盟商直营化视为核心枢纽转运中心自营，而省级加盟商直营化的时间不统一。

营枢纽转运中心达60个（圆通速递重组报告书），2023年自营枢纽转运中心达70个；自有干线运输车辆由2018年的1 199辆逐年增加至2023年的5 354辆，占全网运输车辆的比重由2018年的23%提升至2023年的76%[1]。

在枢纽中心与干线运输自营的基础上，圆通速递开放加盟的是快递服务终端，而终端加盟商对圆通速递而言是合作伙伴（吕泓霖和吴育琛，2016）。根据圆通速递重组报告书，截至2016年3月，圆通速递具有加盟商2 593家，终端网点37 713个。2008年之后加盟快递企业实行有偿派费制，每个快件加盟商揽收后需支付给圆通速递总部中转费用和派送费，派送费则由圆通速递总部支付给派送地加盟商。数千家的加盟商，日均业务量超5 000万件，圆通速递如何做到准确无误地计算各个加盟商应缴纳的中转费和应结算的派件费？

圆通速递对此的解决方案是建立企业信息化平台——金刚系统，通过此系统，配合自营枢纽转运中心、自营干线运输体系，开放末端网络加盟，也就是邵钟林先生所设计的方案：保持"心脏"和"血管"可控。由于金刚系统的接入，所有终端揽件和派送，都在系统实时、动态监控中，圆通速递总部与加盟商之间，不再有过往那种信息不对称的情况。所有加盟商都可以直接对接公司总部，同时，总部也可以对所有加盟商进行直接管理，加盟制呈现去中心化、扁平化特征。在企业信息化系统的加持下，系统能够有效跟踪每一个快递的状态、地点等信息，使得快件运输服务更稳固可靠。扁平化的加盟制度也使得包括圆通速递在内的多个快递公司能够在短时间内快速扩张。以圆通速递为例，圆通速递从2011年的3 800个揽收点扩张至2016年的近40 000个终端网点[2]。在国内头部快递企业集中上市的2016年，圆通速递实行信息化系统及扁平化加盟制经营模式，在国内快递规模方面，圆通速递具有相对优势。国内头部快递企业上市当年情况见表2.5-2。

表2.5-2　　　　　　　　　　国内头部快递企业上市当年情况一览表

企业	顺丰	圆通	申通	中通	韵达
上市时间	2017.01.23	2016.10.20	2016.12.29	2016.10.27（港）	2016.12
当年快递业务量（亿件）	25.80（2016年）	44.6	32.58	44.98	32.14
当年资产总额（亿元）	441.3	111.7	79.6	117.13	67.1
当年主营业务收入（亿元）	574.1	163.54	98.8	97.9	73.5

[1] 数据粗略估算得出，原始数据源于公司年报。2018年年报内含有全网运输车辆超5 100辆，其中自有运输干线车辆1 199辆；2023年仅显示自有运输车辆5 354辆，其全网运输车辆以2022年的数值（超7 000辆）进行计算。
[2] 快递企业的末端服务以揽收派送为主，因此可将揽收点与终端网点进行对比。在快递业发展早期，快递企业的服务末端为揽收点，具备揽收与派送功能，存在揽收点的快递员将派送的快递交付超市、保安室并通知收件人领取，具备菜鸟驿站、终端门店等服务的早期特征，在此不作具体区分。

(续表)

企业	顺丰	圆通	申通	中通	韵达
当年规模	覆盖全国331个地级市,2 620个县区级城市,近13 000个自营网点(2016年)	全国范围内自营枢纽转运中心62个,加盟商2 593家,终端网点37 713个	全网共有转运中心86个,加盟商1 846家,服务网点及门店24 000家	全网75个分拣中心,其中69个分拣中心直营,拥有26 000多个网点	全国设立55个自营枢纽转运中心,拥有3 000多家加盟商,20 000余家配送网点
收入来源	快递单票销售收入	向加盟商收取的面单费、中转费、派送费	向加盟商收取的面单收入、中转收入、派送收入	向加盟商收取的包裹分拣与线路运输的中转服务费	向加盟商收取的中转费收入及面单销售收入

注:资料源于各公司年报;中通快递将不区分加盟商和终端网点。

圆通速递通过数智化进一步加强对加盟商的管控,通过信息化平台实时监控加盟商的订单状态、操作过程、硬件及人员状态等信息,并设置了可量化的考核指标体系对加盟商进行日常监控与考核。同时,圆通速递通过对原有的信息系统模块化升级,将业务分为网点、客户、管理驾驶舱三大模块,将管控的边界延伸至加盟商的运营状况、快递员的管理,对加盟商进行全方位的管理与控制,进一步缩小加盟商运营空间。一方面,圆通速递总部拆小单一网点的经营范围,降低单一加盟商的博弈能力,增强总部对一线的感知力,从而快速指导,降低单一加盟商对整个快递网络的运营风险。另一方面,通过信息化平台进行快递揽收端拦截,降低某个加盟商出问题对整个快递网络的影响。这实际上也是几家头部快递企业的共同战略。

四、数智化与加盟制的快速发展

那些需要在地域上设点、接近并抵达消费者的商业活动,如在网购出现以前的百货业、餐饮业等,也包括快递业都需要在各地设立网点,对资金、人员等的需求较高。采用直营模式后,总部对分支机构的控制力强,对资金、人员的投入要求高,企业扩张的速度慢,且往往会因为资金链断裂而造成公司陷入困境。与直营制相比,加盟制是"借鸡下蛋",利用加盟商的资本、人力资源,可以实现短期内快速扩张、占领市场,加盟制容易导致集团控制力降低、品牌形象受损、加盟商"拥兵自重"等问题产生。也正因为如此,加盟制与直营制之间的均衡成为连锁企业发展的关键问题(刘玉芽,2007)。数智化为解决这一问题提供了可能。通过分析圆通速递案例,我们发现企业不再采用纯粹的直营制或加盟制,而是两者兼具。圆通速递通过自营核心枢纽转运中心和自有干线运输车辆,掌握了快递运输网络的核心资源。而对于末端快递网络的加盟制,圆通速递通过数智化系统来规范服务流程和提高服务质量,从而解决加盟制的固有弊端。

——用信息系统来加强控制力。对于快递业来说,圆通速递通过信息系统跟踪每一个快件的物流信息,这意味着总部对于每一个快件都能有效溯源和跟踪,能够确定揽收地加盟商与派送地加盟商的业务完成量,同时可通过"行者"系统确定快递由派送网点到收件人的过程,从而确定快件的末端服务状态。在快递服务过程中,圆通速递有效控制了其合作伙伴的服务质量,提供了标准化的快递服务。圆通速递将数智化系统有效应用于外部合作过程,实现了众多加盟商提供一致服务的目标。而对于其他连锁企业,如瑞幸咖啡实行所有门店线上点单,并依赖内部信息系统收取各连锁门店的营业收入,从而掌握每一个门店的经营相关数据,从某种程度上反映了信息系统强化了总部对加盟商的控制。

——用系统来消除与加盟商之间的信息屏障。圆通速递总部与加盟商属于合作伙伴关系,天然存在信息屏障。在快递业务发展早期,加盟商出于自身利益考量,本地流转快递的数据不上传至圆通速递的物流跟踪系统,以此减少支付给圆通速递总部的快件中转费用,而总部无法及时获取准确信息。如圆通速递总部缺乏省级加盟商的省内快件信息,而省内快件及其服务对圆通速递整体的快递网络服务质量具有一定的影响。金刚系统上线后,本来积压在加盟商或转运中心的本地包括数据得以上传(韩璐,2016),圆通速递通过系统掌握加盟商的运营情况,从而消除了与加盟商之间的信息屏障。

——通过系统直接管理加盟商,减少管理层级,提高工作效率的同时降低经营风险。圆通速递早期通过省级加盟商发展下级加盟商,因此与最终执行快件揽收与派送的加盟商具有较多的中间环节,不能较好地上传下达。金刚系统上线后,圆通速递采取对每一个加盟商在金刚系统开具独立账户并预付保证金的结算模式[1],实现对末端加盟商的直接管理。对于整个快递网络而言,单一加盟商的稳定性影响到整个快递服务网络的稳定性,加盟商的区域越大,影响整个快递服务网络的风险就越大。直接管理末端加盟商缩小了单一加盟商的业务开展区域,从而降低了快递服务网络的经营风险。

数智化系统的应用,有效解决了加盟制的"控制损失"。Tracy Lewis(1983)提出:如果大企业能像小企业一样恰当地利用生产要素,可以把自己复制成市场上有效经营的小企业完全相同的小企业集合,此为加盟制最初设想。而随着企业规模增加,纵向和横向关系更加复杂、内部信息传递扭曲程度更大、个人机会主义行为动机等造成内部管理控制的低效率,企业存在"控制损失",因此,Oliver Wiliamson(1985)认为,将大企业"复制"成一群小企业必然要辅之以选择性干预,即对加盟商必然要进行选择性干预。李陈华等(2004)认为,对于通过扩大市场交易扩张规模的流通企业,能够通过"复制"的方式进行规模扩张,即通过加盟制扩张。流通企业借助品牌和统一经营模式进行分店扩张,同时信息技术开阔了流通企业扩大规模的产业空间,降低了流通企业规模扩张中的"控制损失",使流通企业对其

---

[1] 根据圆通速递重组报告书,圆通速递的加盟商需在其金刚系统的独立账户中预存一定额度的资金,加盟商揽收前向圆通速递申购面单需求,圆通速递在独立账户中扣除相应的面单费和派送费,快件揽收时终端客户支付的快递总价由揽收方收取,揽收完成后揽收加盟商将快件运输至始发地转运中心,交由圆通速递的快递网络进行转运,并在快递服务完成时支付快件中转费用。

分店进行选择性干预成为可能(图2.5-1)。一方面,信息技术改进降低了市场交易成本,提高了交易效率,促使整个市场交易规模和交易范围扩大。另一方面,信息技术改进提高企业内部管理和控制效率,为流通企业的分店扩张提供有力工具。

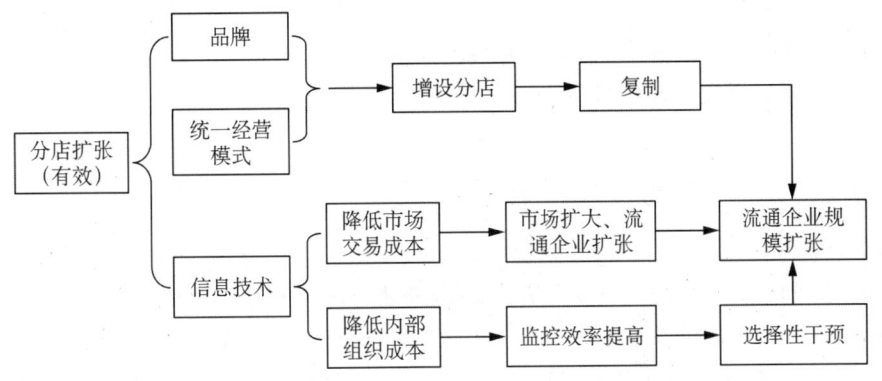

图2.5-1 流通企业规模扩张

对于快递业而言,单个加盟商的"复制"也是整个快递服务网络提供的中转协调。圆通速递在信息化阶段,实现了单个加盟商逐一的"复制",数字化阶段相当于实现了所有加盟商完成相同的"复制",而数智化阶段则真正实现了将所有"复制"的加盟商形成一个所有企业的集合,将圆通速递的核心枢纽转运中心和外部的加盟商视为一个整体,做到即时响应实时共享数据。企业通过数智化转型建立内部信息系统,除了将内部数字化、流程化,还可有效联结外部合作者,并规范外部合作伙伴。因此,加盟制逐渐在多个行业得到强势发展。如浙江森马服饰股份有限公司采取特许经营的方式引入加盟商,截至2024年6月30日,加盟商数量为1 892家;创立于2022年的库迪咖啡,于2024年年底已拥有10 000多家门店。

五、结论与讨论

加盟制能够最大限度地引入外部资源,包括资本和人力资源等,有助于企业跨区域扩张。加盟制自身的缺陷,是总部对加盟商的掌控力度不够,即企业存在"控制损失"。因此,在发展过程中,经营模式的选择是管理层所高度关注的话题。而数智化的发展使得加盟制自身的缺陷得以克服。在数智化的赋能下,企业采取加盟制,可以充分利用其低成本扩张的优势,能够最大限度地保证各加盟商能够按照公司数智化系统所确立的标准提供服务,同时,也在信息、客户资源、财务、人员、业务开展等多方面实施"端到端"的紧密控制,最大限度地降低了加盟制所可能具有的内在弊端。

高雨辰等(2021)认为,企业数字化转型有助于提高信息透明度,缓解信息不对称,减少委托代理问题,提高企业内部管理和控制效率。张虎等(2023)认为,企业数字化转型能够节约交易成本、简化业务流程、优化资源配置、提高生产效率,同时降低其内部生产成本和外部交易成本。在面对企业规模扩张时,企业数智化转型有效解决了加盟制扩张带来的"控制损失"问题,结合加盟制低成本扩张优势,越来越多的企业选择将加盟制作为经营模式,以较低成本追求规模效应。因此,在数智化时代,由于数智化增强了企业管理能力的同时也扩大了企业的管理边界,强化了企业对加盟商的选择性干预,减少了企业存在的"控制损失"问题,加盟制正成为多个行业普遍采用的经营模式。

(陈立凤)

参考文献

[1] 曹光柱.从DDS快递倒闭看中国民营快递业的发展[J].科技管理研究,2011,31(18):132-134.

[2] 高雨辰,万滢霖,张思.企业数字化、政府补贴与企业对外负债融资:基于中国上市企业的实证研究[J].管理评论,2021,33(11):106-120.

[3] 韩璐,阿细.圆通速递的江湖[J].二十一世纪商业评论,2016(9):36-45.

[4] 李陈华,文启湘.流通企业的(规模)边界[J].财贸经济,2004(2):43-48+96.

[5] 刘荔.综合运用直营连锁与特许加盟连锁两种模式[J].中国物资流通,1999(11):22-23.

[6] 刘玉芽.直营与特许连锁双重分布现象探析[J].广东财经职业学院学报,2007(4):72-75.

[7] 吕泓霖,吴育琛.快递第一股圆通速递上市后谜题[J].中国企业家,2016(20):48-54+9.

[8] 张虎,高子桓,韩爱华.企业数字化转型赋能产业链关联:理论与经验证据[J].数量经济技术经济研究,2023,40(5):46-67.

[9] 郑佳宁.我国快递行业发展的"潘多拉之盒":快递加盟连锁经营模式之法律问题探讨[J].河南社会科学,2016,24(3):56-61.

[10] Williamson O E. The theory of the firm as governance structure:from choice to contract[J]. Journal of Economic Perspectives,2002,16(3):171-195.

2.6 数智化与广告业模式转变

一、引言

数智化的深度应用，不仅创新了商业模式，它也在改变、重构已有的商业活动。我们以广告业为例，研究数智化是如何重构广告业的商业模式的。

随着互联网的普及，以互联网为传播媒介的互联网广告越来越广泛，与此同时，从事广告交易活动的主体发生了变化。由于大众媒体日渐式微，另外，生产广告创意不再是人类特有的能力，人工智能技术也能通过自动生产、组合各种元素来获取广告创意内容（段淳林和任静，2020）。因此，以大众媒体为传播媒介、以创意设计见长的传统广告公司正逐渐走向衰落，曾经以"脉动倾斜广告"闻名的扬罗必凯广告公司于2022年工商登记注销[1]；也有部分传统广告公司尝试通过重组并购等方式进行数字化转型、重构业务模式，例如，曾推出"钻石恒久远，一颗永留传"等经典广告的老牌广告公司智威汤逊（J. Walter Thompson）在2018年宣告与数字营销公司伟门（Wunderman）合并。

那么，是谁占据了传统广告公司丢失的广告市场份额？根据国家市场监督管理总局公布的统计数据[2]，从收入实现来看[3]，我国互联网广告于2023年实现发布收入7 190.6亿元，相较于上年增长了33.4%，占总广告业务收入的54.80%；从业务量来看，互联网广告业务量在各类媒体发布的广告业务总量中占比近八成。迄今为止，我国互联网广告仍保持着迅猛的发展速度，2024年一季度的互联网广告收入同比增长135.4%，而以广播电视台、报社为代表的传统广告事业单位业务收入仅同比增长3.1%[4]。

至于互联网从事广告交易活动的主体，一部分是专门经营互联网广告业务的数字营销公司，如蓝色光标公司；另一部分则是互联网平台企业，由于拥有天然的技术优势，许多互联网平台企业都自建了广告服务平台。如表2.6-1所示，广告收入在我国主要互联网企业

---

[1] 扬罗必凯广告公司（Young & Rubicam）于1923年成立于美国费城，1960年推出第一条电视彩色广告；1998年上市；2000年被WPP Group收购。这里的2022年工商登记注销，是指其中国区总公司注销。
[2] 数据源于国家市场监督管理总局广告监督管理司网站：https://www.samr.gov.cn/ggjgs/sjdt/gzdt/art/2024/art_69dadedf05c3496a82dc69f07ae01c23.html。
[3] 数据源于《2023年度中国广告业发展指数新闻发布会实录》：https://www.samr.gov.cn/xw/xwfbt/art/2024/art_72870266d29c4d7d864f073719a03b10.html。
[4] 数据源于央视新闻：https://www.samr.gov.cn/xw/mtjj/art/2024/art_fb0c990aa621469ba14df32a62a186c3.html。

的收入结构中占据不小的份额。据央视新闻报道,2023年度从事广告业务的857家头部企事业单位以平台企业为主,且上述头部平台企业在广告业务收入占其营业收入的比重超过50%。

表2.6-1　　　　　　2022年我国主要互联网企业广告营收及占比[1]

公司名称	广告营业收入(百万元)	占总营收比重	备注
阿里巴巴	290 378	33.43%	客户管理收入
拼多多	153 541	62.00%	在线营销收入及其他收入
腾讯	101 482	16.67%	网络广告收入
京东	84 726	7.80%	平台及广告服务收入
百度	81 203	60.33%	在线营销服务收入
快手	60 304	53.10%	线上营销服务收入
美团	40 513	14.64%	在线营销服务收入
小米	20 500	7.57%	互联网服务
平均值	103 319	33.48%	—

数据来源:各企业2023财年年报。

我们基于目前较为常见的互联网广告形式(搜索引擎广告、社交媒体广告、在线视频广告、电商广告),追溯到其所依托的互联网媒体,并选取这些媒体所在的代表性企业,分析以上企业从事互联网广告交易活动的过程以及相应的盈利模式。

我们认为,在数智化时代,信息生产和传播环境产生巨大改变——互联网媒介的盛行使"随时、随地"的信息传播成为现实,传统媒介的生存空间被进一步压缩;信息生产和传播模式开始呈现"去中心化",个体的地位显著提高。上述信息生产和传播环境的种种变化都促使广告交易活动逻辑和广告业务盈利模式发生转变。第一,传统广告交易过程是广告公司为客户寻找媒体资源,手动撮合广告交易,而数智化时代的广告交易为客户(尤其是中小客户)提供了更多选择,即在线广告交易平台可以智能匹配客户和媒体资源,自动撮合广告交易。第二,传统广告业务模式通常是按广告位收费的"合约广告"模式,盈利质量与广告位质量密切相关,而数智化时代广告业务的盈利模式更加多元化,包括:按效果收费(当特定效果指标达成时收费,如销售额)、按展示时间和展示次数收费、按点击次数收费等。数智化的普及已经改变了广告业的运营模式与规律性特征。

二、信息生产和传播环境的变迁:从工业社会到数智化社会

生产力进步和技术变革不断驱动人类社会形态向更高阶段发展。人类社会从农业社

---

[1] 我们选取了2022年中国互联网行业市值排名前列的8家企业。

会开始,经过工业社会,走向数智化社会。在不同的社会形态下,信息生产和传播的模式不同(戴长征和鲍静,2017)。在农业社会中,由于较低的社会生产力和闭塞的交通状况,人们的生活范围较为固定,信息交换也局限于较小范围,系统的信息生产和传播尚未形成;进入工业社会后,工业革命带来了电话、电报等现代通信工具,催生了广播、电视等大众传媒,为信息传播提供了更为快速、便捷的渠道,此时的信息生产与传播,"中心化"特征明显,大型传媒往往拥有了信息发布的优势地位,个体缺乏话语权;迈入数智化社会后,互联网的普及进一步解放了信息传播的时空限制,使"随时、随地"的信息传播成为现实。同时,移动互联网赋予了个体前所未有的信息生产和传播能力,信息的生产、传播呈现去中心化。从信息生产和传播的角度来看,信息生产和传播模式的升级为广告交易模式演进提供了物质基础和技术依据,我们从以下几方面进行具体的阐述。

(一) 从"大众传播"到"数字传播"

广告由媒体承载(舒咏平,2007)。媒体和传播模式的变迁对广告形态、个体在广告活动中的作用产生了巨大的影响。20世纪70年代末期至20世纪90年代末期,大众传播是我国信息传播的主要模式(郭桂萍和赵彤,2010),在这一时期,报纸、广播电视等大众媒体的出现催生了报纸广告、广播电视广告等传统广告形式。虽然此时的广告活动首次突破了地理位置的限制,但是大众媒体的传播范围是有限的(陈刚和潘洪亮,2016),广告活动仍然无法完全脱离时空的制约。另外,由于广告传播以"大众媒体"为媒介,因此对不同个体来说,所接收到的广告是单向的、无差别的。

1994年12月,Netscape浏览器正式推出,次年8月,Netscape在美国纳斯达克上市;1994年4月,Yahoo网站推出运行,1996年4月,Yahoo在纳斯达克上市,标志着互联网进入应用。20世纪末期,互联网开始普及,以其为媒介的互联网广告随之诞生。Yahoo的商业模式就是内容免费、广告收费,这也确立了早期互联网企业商业化的路径。

早期的互联网广告形式包括展示广告、搜索引擎广告等,而后又发展出电商广告、社交媒体广告等形式,并开始跳出互联网媒体的范畴,出现于网络电视、数字标牌等新型数字媒体,如数字户外广告。区别于大众传播时期的广告,数字传播时期的广告具有交互性、精准性和实时性等特征(高腾飞和曲韵,2023),广告在真正意义上突破了时空限制。同时,由于传播媒介从大众媒体转向数字媒体,传播范式也从自上而下、集中控制的"大教堂模式"转变为自下而上、开放分布式的"大集市模式"(方兴东等,2020),个体拥有了与客户对话的话语权,此时的广告活动开始强调个体的重要性。

(二) 从"难以观测用户行为"到"用户行为数据化"

大数据技术的诞生为广告精准投放提供了基础条件。在大数据出现之前,个体行为往往难以观测和统计,而大数据技术使"一切皆可量化",人的语言文字、声音影像、生活消费、地理位置等都能以数据的形式被记录和收集,甚至连人的沟通和关系、经历和情感,也可以数据化(倪宁和金韶,2014)。大数据技术为分析用户身份、喜好、消费倾向等提供了工具,使广告可精准投送至目标人群。

虽然有学者提出,广告精准触达目标人群并不意味着一定会产生良好的广告效果(何辉,2018),即不一定能更有效地促成消费者购买行为;也有学者根据法国学者阿莱克斯·穆奇艾利在《传通影响力:操控、说服机制研究》中提出的"身份操纵理论"进行辩驳,即广告、宣传、销售、说服性的演讲、日常关系等,都会用到传播手段,且这种传播手段会干预情景当事者的身份,使其认同所处阶级并按相应的标准行为处事,因此依据身份差异推送广告,这在一定程度上有利于提高广告效果。

(三) 从"规模生产"到"按需生产"

在工业社会,商品生产模式为"规模生产"。而工业时代的信息传播具有与工业生产相同的规模经济特征(罗静,2020),因此,工业时代的广告投放是成规模的、无差别的。具体而言,客户在具有影响力的大众媒体上刊登广告,大众媒体并不区分受众范围,导致部分广告信息并不能被有效传递给目标人群,最终造成预算浪费。

进入数智化社会后,广告定向投放技术可以实现基于个体需求的定制化广告服务,即广告只被投放给符合广告主事先规定特征的人群,这在一定程度上能够提高营销效率,降低营销成本。

三、广告交易模式的演进

(一) 广告的定义

通常认为,"广告"一词最早发源于拉丁文中的"Adverture",含义为引起注意和进行诱导,并在公元 1300—1475 年演变为"Advertise"(罗雁飞,2013)。

数百年来,广告[1]的定义随着传播环境变化(陈刚和潘洪亮,2016),以及承载广告媒介变化(黄合水和方菲,2016)而不断演进。在印刷媒介盛行的时期,Albert Lasker 和 Kennedy 于 1904 年提出广告是一种"印刷品推销术"[2](Gunther,1960)。随着报纸、广播电视等大众传播媒介开始流行,广告定义也发生改变,有学者通过一项德尔菲研究将广告的定义总结为:广告是一种付费的、通过媒介的交流,出自一个可识别的来源,旨在说服接收者现在或将来采取某种行动(Richards,2002);进入互联网媒介时代后,互联网广告诞生,广告的定义也进一步演化,虽然当前研究尚无统一的结论,但普遍强调了用户在广告中的作用。例如,陈刚和潘洪亮(2016)基于人际传播的特征引入"生活者"概念,认为广告是借助内容与生活者进行互动并使其发生认知、情感和行为改变的传播活动;顾明毅等(2018)从用户角度出发,将广告定义为品牌主动介入到用户媒介行为,或品牌相关的用户媒介行为,意图产生联结与互动的过程。

---

[1] 此处讨论的广告特指商业广告,而非政治、军事广告。
[2] salesmanship on print,译为印刷品推销术。

(二) 从传统广告交易到数智化时代的广告交易

"传统广告"被定义为在电视、报纸、期刊和广播四种传统媒体上刊登的广告作品(郭泽德,2015);从信息传播视角出发,传统广告是基于大众媒体进行的一种信息传播活动(马二伟,2021)。在数智化时代,虽然仍有电视广告等部分传统广告存在,但互联网广告逐渐占据了领先地位。

在传统广告交易中,广告公司为客户寻找媒体资源,手动撮合广告交易;而在数智化时代,虽然仍存在手动撮合的广告交易,但客户拥有了更多的选择,即在线广告交易平台可以智能匹配客户和媒体资源,自动撮合广告交易。根据相关新闻报道,早在2012年,腾讯、阿里巴巴和百度等知名互联网企业就先后开始筹备、搭建自己的在线广告交易平台。以腾讯为例,目前腾讯的程序化广告交易平台可以为客户提供"一站式"智能广告服务,包括自动广告竞价、智能广告投放、自动监测广告效果等功能,根据客户事先设定的需求,可以实现客户和各类媒体资源(网站、视频、移动App等)的自动对接。时至今日,程序化广告交易层出不穷,越来越多的互联网企业开始自建程序化广告交易平台。

从盈利模式来看,传统广告交易通常是按广告位收费,盈利质量与广告位质量密切相关;而数智化时代广告业务的盈利模式更加多元化,包括:按效果收费(当特定效果指标达成时收费,如销售额)、按次收费(按曝光/展示次数收费)等。

四、数智化时代广告交易的实例分析

(一) 基于搜索引擎的广告交易

搜索引擎的竞价排名广告,是指搜索引擎服务商向客户提供的一种收费推广服务(李明伟,2009),若多个客户购买同一关键词,则以关键词付费高低为标准,在搜索结果中进行先后排序。例如,在搜索页面输入"笔记本电脑",排序靠前的几个链接,通常都是付费广告链接。国家市场监督管理总局在2023年5月生效的《互联网广告管理办法》中将"付费搜索结果"描述为一种互联网广告形式。

搜索引擎的竞价排名广告诞生于互联网普及的初期,通常认为,较早以搜索引擎的竞价排名广告闻名的是美国的Yahoo公司和Alphabet公司(前身为谷歌);而在中国,百度是较早开展搜索引擎的竞价排名广告业务且规模较大的公司。百度成立于2000年,2005年在美国纳斯达克上市,并于2021年在我国香港联交所上市。百度现有的核心业务如下:搜索及信息流的在线营销服务、展示型广告及基于每次点击费以外指标的在线营销服务、云服务、智能驾驶等。其中,在线营销服务约占百度营业收入的60%(2023年)。

在基于搜索的在线营销服务中,客户可以通过百度的P4P平台[1]对基于某一关键词

---

[1] P4P是Pay for Performance的缩写,字面翻译是"按效果付费",是指在网络平台上,不是按照广告展示的时间,而是基于用户点击情况来向广告主收取费用。

的付费推广链接的优先位置进行竞价,以此触达搜索与其产品或服务相关信息的用户。若多个客户同时对一个关键词进行竞价,则搜索结果按竞价高低确定展示位置的先后。在竞价过程中,客户可以设置自动竞价的条件,如每日预算上限等。当用户点击客户提供的付费推广链接时,视为满足收入确认条件,则可以确认收入,即按广告点击次数收费(cost per click,CPC)。

$$CPC = 广告费用/点击次数$$

在以上基于搜索引擎的广告交易中,第一,客户往往事先并不能完全确定广告出现的位置,只能凭借竞价作出大概的估计,与传统广告交易中事先确定固定广告位的模式具有巨大差异。第二,广告在用户搜索与其关联的关键词后,一定程度上能够起到定向目标人群的效果,广告与用户之间产生互动、双向选择,这也与传统广告交易中的单向、无差别投放存在明显差异。分析基于搜索引擎的广告交易盈利模式后可以看出,收入主要源于两部分:客户对"关键词"的竞价收入、根据用户点击客户推广链接次数产生的收入,这也与传统广告交易中按广告位获得收入不同。

(二)基于在线视频平台的广告交易

与基于搜索引擎的广告交易不同,基于在线视频平台的广告交易一般以展示广告为主。广告通常是以图像或者视频的形式展示在网站提供的广告位上,当用户浏览网页或打开 App 时,广告将被自动加载或播放(刘梦娟等,2020)。

由于爱奇艺在线视频平台拥有丰富的展示广告,我们将爱奇艺在线视频平台的展示广告作为研究对象。爱奇艺创立于 2010 年,2013 年被百度收购,并于 2018 年在美国纳斯达克挂牌上市,其收入主要源于在线广告服务和付费会员服务。2023 年爱奇艺在线广告收入达到 62 亿元,占据总营业收入的 20%。

爱奇艺的广告类型包括视频播放前的贴片广告、弹窗式广告,以及将广告产品融入视频内容的原生广告,前两者属于展示广告。在展示广告的盈利模式中,通常按合同事先约定的广告展示时长(cost per day,CPD)或展示次数(cost per mille,CPM)收费。近年来,除了合同事先约定的模式,还发展出实时竞价模式(Real Time Bidding,简称 RTB),即将展示广告纳入实时竞价系统,客户可以通过实时竞价获得优先展示机会。在实时竞价模式中,广告收入同样可分为竞价收入和展示收入。

$$CPM = 广告费用/展示次数$$
$$CPD = 广告费用/展示天数$$

展示广告与传统广告的相似之处如下:若以广告展示时长结算,展示广告会在约定时间内展示于特定广告位,且面向全部人群,这与传统广告交易的逻辑类似。若以广告展示次数结算,则按广告主事先设定的规则向目标人群投放,通常不具有固定的广告位,这与传统广告有较大区别。

(三) 基于社交媒体平台的广告交易

基于社交媒体平台的广告被广泛使用的时间相对较晚,它是在社交媒体流行之后衍生出的一种全新的互联网广告形式。目前,社交媒体广告并没有明确的定义,有的学者将出现在社交媒体平台上的广告定义为"信息流广告",意思为嵌入用户每日接触的大量信息流之中的广告,这些广告通常根据收集到的用户信息、历史记录、社交关系和地理位置计算用户"画像",进行针对性地投放(牛耀红,2017);也有学者用"原生广告"一词形容出现在社交媒体平台上的广告,原生广告是没有单纯地展示商品或品牌信息,而是将广告内容和媒体内容相融合的广告(陈力丹等,2016),社交媒体内容为原生广告提供了很好的背景材料。

国内常见的社交媒体平台有腾讯朋友圈和视频号、新浪微博等,我们将腾讯朋友圈提供的社交媒体广告作为研究对象。腾讯朋友圈是腾讯微信上的一个社交功能,于 2012 年上线。2015 年 1 月,微信朋友圈首次官方推送了三则广告,分别源自宝马、vivo 和可口可乐这三个品牌。这三则广告嵌入了信息流,并且根据用户身份进行选择性投送,不同用户收到的广告可能不同。腾讯朋友圈广告的交易模式与前文所描述的爱奇艺展示广告类似,客户通过腾讯的在线广告交易平台签订合约或实时竞价,获取推送广告的机会,具体的广告收费方式包括按展示次数收费(CPM)和按展示时长收费(CPD)等。

(四) 基于电商平台的广告交易

随着数字技术的进步,广告效果实现可测量、可视化,按实际效果收费的交易模式应运而生,包括按用户实际行动收费(Cost Per Action,简称 CPA)、按实际销售收费(Cost Per Sales,简称 CPS)等模式。

具体而言,当客户希望在短期内大范围推广 App 或更注重广告转化商品销量的即时效果时,可能会使用按实际效果收费的广告。例如,2018 年至 2020 年,腾讯为美团提供了一项基于效果的广告营销服务,即腾讯向用户提供通往美团平台的链接(下载通道),并按实际下载量收取广告费用,此处采用的就是 CPA 模式。除了 App 推广,效果广告的另外一个应用场所是电商平台,包括淘宝、京东和拼多多。若用户在推广者提供的链接中购买了商品,客户需要支付推广者基于实际销售额、按一定比例计算的广告费用(佣金),此处的广告交易模式便是 CPS 模式。

$$CPA = 广告费用/用户行动指标$$

$$CPS = 广告费用/实际销售指标$$

我们将电商平台拼多多作为分析对象。拼多多创立于 2015 年 4 月,其以农产品零售平台起家,而后逐步发展为综合性的移动电商平台,并于 2018 年在美国纳斯达克上市。拼多多的核心盈利来源为在线营销服务收入(Online marketing services and others)和交易服务收入(Transaction services),其中,2023 年的在线营销服务收入达到 1 535 亿元,约占总营收的 62%,而交易服务收入为 940.99 亿元,约占总营收的 38%。

拼多多广告商业模式可以分为以下几类:第一类是在用户搜索结果中显示商品广告,

并按展示次数或用户点击次数向商家收费(CPM & CPC);第二类是在首页、小编推荐等特定页面和位置展示广告,并按展示时长收费(CPD)。除此之外,拼多多还提供了一种按销售额收费的广告服务(CPS);商家可以通过多多进宝[1]平台发布商品推广链接,通过设置以一定比例销售额计算的佣金招揽推广者(比例可高达50%),而后,由推广者自主选择在媒体平台(小程序、网站等自有平台,以及社交媒体、内容媒体等他方平台)上发布商品推广链接并负责吸引用户购买。在用户成功购买之后,商家需向推广者支付事先约定的、按一定比例销售额计算的佣金,另外,商家还需要向拼多多支付一笔基于销售额和佣金、按一定比率计算的平台软件服务费[2],该服务费收入在拼多多年报中体现为交易服务收入。如表2.6-2所示,2021年至2023年,拼多多的交易服务收入快速增长,占营收比重保持上升趋势。

表2.6-2　　　　　　　　　拼多多交易服务收入及占比

项目	2021年	2022年	2023年
交易服务收入(千元)	14 140 449	27 626 494	94 098 652
交易服务收入占比	15.10%	21.20%	38%

拼多多CPS推广模式的发展有很大一部分得益于个体信息生产和传播能力的提升。在传统广告的时代,鉴于大众媒体在信息发布方面的垄断优势,客户只能通过广播电视、报纸等大众媒体发布广告、推广商品;而在数智化时代,个体也能在信息生产和传播过程中具有一定影响力,这为个体成为商品推广者提供了基础条件。

总体来看,按效果收费的广告交易与按展示时间或展示次数收费、按点击次数收费的广告交易的主要区别如下:达到收费条件的难易程度不同。在按展示时间或展示次数的广告交易中,只需要按照相关约定通过互联网媒体向用户展示广告,即可获得广告收入,这种收费条件最易满足,实现收入的逻辑也与传统广告最为相似;在按点击次数收费的广告交易中,除了向用户展示广告,还需用户主动点击广告,才能达到收费条件;而在按效果收费的广告交易中,要想实现广告收入,不仅需要完成向用户展示广告、用户主动点击广告这两个前置步骤,还需要用户付出一定的实际行动,如购买、注册、下载等。

在数智化时代,广告渠道和投放方式趋于多样化,如何选择广告渠道对广告平台和客户双方来说都是值得关注的话题。对互联网广告平台而言,经营管理多种广告渠道有助于实现"一站式"的广告营销服务,拓宽收入来源,增加商业模式的稳定性。对客户而言,一方面,跨媒体的广告投放能提高用户购买意愿(Lim等,2015)。另一方面,根据不同的商业目标(短期内提高用户转化、长期内提升品牌认同)选取针对性的广告渠道,有利于提升广告

---

[1] 拼多多自运营的电商推广平台。
[2] 根据拼多多年报,此处的比率并不固定,通常取决于提供的服务类型、所售商品的类别、卖方的交易表现,以及消费场景的归属等多种因素。

效果(徐倩,2022)。因此,如何根据商品性质、商业目标,合理制定广告投放策略,从而在有限预算内实现广告效果最大化,成为广告主需要抉择的问题。

五、数智化时代广告交易的财务数据分析

上述各企业广告业务所依赖的渠道不同,主要的交易模式有所区别,因此盈利模式也存在差异。从收入角度来看,百度的广告业务起步最早,其以搜索引擎竞价排名服务为主的在线营销业务收入于 2014 年达到 485 亿元,并在 2018 年之前持续上升,2018 年至 2023 年逐渐趋于稳定;自爱奇艺上市以来,以展示广告为主的广告业务收入呈现下滑趋势,2018 年约为 93 亿元,至 2023 年仅为 62 亿元,减少了约 33.3%,其广告业务收入在主营业务收入中的占比也在持续下降;腾讯的网络广告收入自 2014 年起呈现快速增长的趋势,这主要得益于微信朋友圈、视频号等社交媒体广告业务的提升,以及腾讯"一站式"广告投放平台的发展;基于电商平台进行广告交易的拼多多在 2018 年上市后,在线营销收入飞速上升,上市初期为 115 亿元,仅略高于爱奇艺,而截至 2023 年达到 1 535 亿元,为上市首年的 13 倍,远超其余三家企业。拼多多在广告业务收入方面的突出表现有一部分可以归功于其丰富多元的广告商业模式。广告业务营收见图 2.6-1。

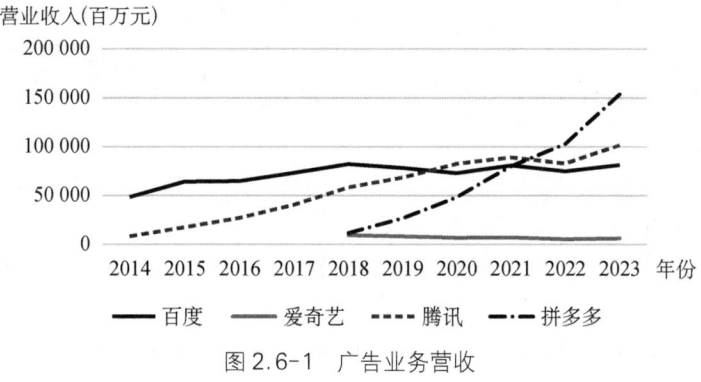

图 2.6-1　广告业务营收

从相关成本和费用的角度来看,百度的流量获取成本(traffic acquisition costs)用于向百度联盟的合作伙伴支付一部分在线营销收入,这些收入来自该合作伙伴网站的用户的有效点击量;对爱奇艺来说,其成本主要用于内容制作,以此吸引更多用户,从而提高广告服务的吸引力;对拼多多来说,它的销售和市场费用(sales and marketing expenses)主要用于线上及线下的广告活动,其在 2021—2023 年的年均值约为 604 亿元,占总费用的 80% 左右。

六、结语

进入数智化时代后,信息生产和传播环境产生巨大变化,广告交易活动逻辑和广告业

务盈利模式发生转变。广告交易活动过程从广告公司手动撮合到互联网广告平台自动撮合;广告盈利模式由传统的、按广告位收费的"合约广告"模式,发展出更为多元化的盈利模式,如按效果收费、按展示时间和展示次数收费、按点击次数收费等。

目前主流的互联网广告形式包括:搜索引擎竞价排名广告、在线视频广告、社交媒体广告、电商广告等,虽然一部分实现了在广告创意、交易方式、投放过程等方面的智能化,但仍有一部分沿袭了传统广告的思想。基于大数据和人工智能技术的发展现状,有学者提出了广告形式的进一步演进方向,即智能广告,具体表现如下:依托于智能互联网,运用大数据和人工智能等技术,针对特定用户及其所处的环境,在广告的创意、制作、投放、传播和互动诸环节实现计算化、自动化、精准化和智能化(郑新刚,2019)。

广告商业模式正朝着更智能、更精准高效的方向发展。通过人工智能与机器学习技术优化算法后,广告投放的精准度和效率提高;通过大数据分析进行数据挖掘后可以提高广告投放效果;区块链技术可以提高广告交易的透明度,从而保障广告交易的安全性等。数智化技术的发展已经重塑了广告产业,相信其能够在未来进一步激发广告行业的潜力。

(刘桑田)

参考文献

[1] 陈力丹,李唯嘉,万紫千.原生广告及对传统广告的挑战[J].新闻记者,2016(12):77-83.

[2] 戴长征,鲍静.数字政府治理:基于社会形态演变进程的考察[J].中国行政管理,2017(09):21-27.

[3] 段淳林,任静.智能广告的程序化创意及其 RECM 模式研究[J].新闻大学,2020(02):17-31+119-120.

[4] 方兴东,严峰,钟祥铭.大众传播的终结与数字传播的崛起:从大教堂到大集市的传播范式转变历程考察[J].现代传播(中国传媒大学学报),2020,42(07):132-146.

[5] 郭泽德.传统广告将死 社交广告崛起:社交媒体时代广告发展趋势及传播策略研究[J].编辑之友,2015(07):9-13.

[6] 李明伟.论搜索引擎竞价排名的广告属性及其法律规范[J].新闻与传播研究,2009,16(06):95-100+108-109.

[7] 马二伟.大数据时代传统广告公司业务战略转型研究[J].新闻与传播评论,2021,74(02):62-71.

[8] 牛耀红.操控、赋权、话语空间:理解社交媒体广告的三个维度:以微信信息流广告为例[J].编辑之友,2017(10):47-52.

[9] 徐倩.基于聚类算法的广告投放渠道效果分析[D].天津:南开大学,2022.

[10] 郑新刚.超越与重塑:智能广告的运作机制及行业影响[J].编辑之友,2019(05):74-80.

[11] Lim J S, Ri S Y, Egan B D. The cross-platform synergies of digital video advertising: Implications for cross-media campaigns in television, Internet and mobile TV[J]. Computers in Human Behavior, 2015(48): 463-472.

2.7 数智化与商业模式的脆弱性
——基于每日优鲜的案例

一、引言

在数智化时代,各种商业创新层出不穷,包括基于移动互联网的各类共享商业模式、基于 AI 的各类创新、各类互联网平台企业等,我们也看到大量新创公司、新兴行业在兴起一段时间后,快速退潮,如共享单车行业,2014 年出现共享单车,2018 年 ofo 小黄车、摩拜单车等纷纷退场;我们所关注的生鲜配送行业也是如此,自 2013 年起,陆续有企业成立,到 2020 年,发展进入高潮,之后就陆续出现企业退场现象。这种现象,在多个行业都先后出现。

我们这里所讨论的问题如下:数智化的全面应用,不仅创新商业模式、带来企业运营效率的大幅提升,而且改变了商业运行的逻辑,其中之一就是增加了商业模式迭代、更新节奏加快,从而商业模式脆弱性增加。脆弱性是与稳定性、韧性等相对而言的;商业模式脆弱性,是指该模式稳定性不足,能够持续产生现金流的能力弱,且抗风险的"容错性"差,商业模式失败的概率高。我们以生鲜电商行业的每日优鲜为例,讨论商业模式及其脆弱性概念。基于每日优鲜的案例以及相关讨论与分析,我们提出关于数智化时代商业模式脆弱性的基本特征:商业模式可复制性强,竞争加剧;用户黏性降低,收入稳定性下降;商业运营环节增多,成本升高。

我们为数智化全面应用的经济后果,提供了一个相对不同的切入视角,丰富了数智化及其后果的研究,同时,它也能够有效地解释当前企业发展中的创立、倒闭等现象。当然,这是基于个案的分析,存在案例研究结论一般化的问题。

二、数智化与新零售:生鲜电商行业

源于我国的饮食习惯,生鲜食品是我国居民日常生活中所不可以或缺的物品。即便冰箱、罐头等已经全面进入我国居民的日常生活,并在一定程度上改变我国居民的生活习惯,生鲜食品仍然是居民消费的主要项目。根据国家统计局的数据,与生鲜电商联系更多的国内城镇居民人均食品烟酒支出从 2014 年的 6 000 元增长到 2023 年的 9 495 元,复合增长率为 5.23%,占城镇居民人均消费支出的比例维持在 30% 左右,说明城镇居民对生鲜食品的消费水平在不断提升,且生鲜食品消费是居民消费的重要构成。虽然农贸市场仍然是我国生鲜农产品零售的主渠道,但随着城镇化率的不断提升,一二线城市上班族空闲时间短缺,消费者网购观念不断深化,催生了城镇居民对"送菜上门"的需求,生鲜电商行业也就此萌芽。

生鲜电商行业起步于2005年,当时易趣、淘宝电商平台售卖的产品尚未涉及生鲜食品。同时期国内相继发生了"孔雀石绿""苏丹红""三聚氰胺"等食品安全事件,导致消费者愈加重视生鲜食品的质量和安全性。于是,为消费者提供健康安全的食品成为商机,结合互联网技术的推动,市场中陆续出现了一些平台公司,专注于为市场提供高品质生鲜食品。例如,2005年最早成立的易果网,以"安全、美味"为产品原则;2008年先后成立、专做有机菜的和乐康、沱沱工社等。由于当时冷链物流运输设施不完善,无法保证生鲜配送的及时性,这种完全复制普通电商的模式,只能覆盖小范围内居民的生鲜购买需求,生鲜品类少,用户群体有限,也使得这一业态的商业模式在当时难以落地。

由于生鲜电商行业与农村经济息息相关,农、林、牧、副、渔领域都可以与其挂钩,因此政府陆续出台相关文件支持生鲜电商的发展,并鼓励建设完善的冷链物流设施,《2014年中央一号文件》强调要大力发展农产品网上交易,完善鲜活农产品冷链物流体系。此外,随着智能手机的普及,移动互联网技术不断发展,推动了生鲜市场线上消费场景的多元化,App、微信小程序、抖音等成为电商搭建营销平台的媒介。同时,社交媒体的发展让营销宣传手段变得多样化,"本来生活网"凭借"褚橙进京",让其从云南收购的褚橙变成消费者眼中的"励志橙",从而褚橙获得大卖[1]。政策、技术、社会等层面的种种因素促进了生鲜电商市场的形成。于是,社会资本和政府机构开始广泛投资生鲜电商行业。

2013—2017年是生鲜电商行业发展的"黄金五年",天猫生鲜、京东生鲜、每日优鲜、叮咚买菜等多个生鲜电商平台相继诞生,行业规模迅速扩大。2017年后,生鲜电商行业发展进入成熟阶段,头部平台占据大部分的市场份额,一大批初创企业被淘汰出局,行业格局逐渐稳定,形成了以"京东生鲜""天猫生鲜"为代表的传统电商模式、以"每日优鲜""叮咚买菜"为代表的前置仓模式、以"盒马鲜生""京东7FRESH"为代表的仓店一体模式,以及以"美团优选""多多买菜"为代表的社区团购模式等多种模式并存的行业格局。2020—2022年,生鲜电商更全面地进入居民的日常生活,主要生鲜电商市场行情出现大幅上涨。

2023年后,生鲜电商踏上折扣化路程,叮咚买菜开折扣店,盒马鲜生放弃会员制,谊品生鲜转型批发。与此同时,每日优鲜的摘牌退市也为生鲜电商行业敲响了警钟。此外,社区团购模式"烧钱"扩张的消息不再传出,取而代之的是撤城与转型。根据企查查数据,2023年,国内市场共有超25 000家生鲜电商,实际盈利的不足1%。生鲜电商行业具体情

---

[1] 褚橙进京事件,是指本来生活网从云南采购的由"烟草大王"褚时健种植的甜橙在北京获得大卖,由于褚时健在决定种植时,已经74岁高龄,且经历了两年的牢狱生活,本身患有严重的糖尿病,其创业经历充满励志色彩,所以褚时健种植的甜橙被本来生活网在互联网宣传为"励志橙",在当时受到市场消费者的热捧。——《中国青年报》(2012年11月15日,11版)

况见表 2.7-1、图 2.7-1、图 2.7-2、图 2.7-3。

表 2.7-1　　　　　　　　　　生鲜电商发展阶段

时期	发展情况	代表企业
2005—2010 年	互联网时代开启,少量生鲜垂直电商诞生,2005 年,第一家生鲜电商(易果生鲜)成立	易果生鲜、和乐康、沱沱工社等
2010—2012 年	中粮我买网崛起,营销模式成熟	中粮我买网
2013—2015 年	本来生活网凭借"褚橙进京"事件获得营销大卖,吸引投资机构进入,出现了前置仓业务模式	本来生活网、许鲜、每日优鲜
2016—2018 年	阿里、京东等电商巨头进入生鲜行业,凭借品牌流量、物流基础等优势逐渐成为生鲜电商第一梯队,同时推出店仓一体等业务模式	天猫生鲜、京东 7Fresh、盒马鲜生、超级物种、叮咚买菜、朴朴超市
2019—2022 年	生鲜电商社区零售行情上涨,社区团购模式出现	美团优选
2023 年至今	生鲜电商企业普遍面临盈利困难局面,行业进入整合和调整期,并进一步下沉市场	多多买菜、小象超市

数据来源:网易新闻,网经社《2023 年度中国生鲜电商 & 社区团购市场数据报告》。

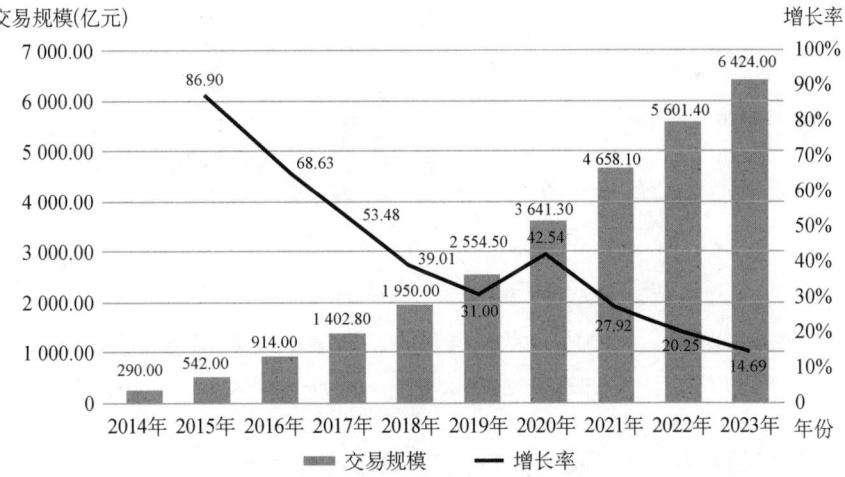

图 2.7-1　2014—2023 年生鲜电商行业交易规模及增长率情况

数据来源:网易新闻,网经社《2023 年度中国生鲜电商 & 社区团购市场数据报告》。

每日优鲜(Missfresh,简称 MF)于 2014 年在北京成立,创始人为徐正和曾斌,两人曾在联想集团共事多年。每日优鲜主营线上生鲜、快消品零售,设立初期的企业愿景是成为中国最大的社区零售数字化平台。每日优鲜创新性地提出了在国内中心城市建立产品分选中心,并在一二线城市布局覆盖社区周边 3 000 米以内的前置仓,用户通过 App 或微信小程序下单后,交易信息将被同步传递至前置仓,由前置仓内的业务人员进行配货,并由外包的配送团队进行配送,如此一来,每日优鲜的配送时长可控制在 30 分钟左右。每日优鲜提

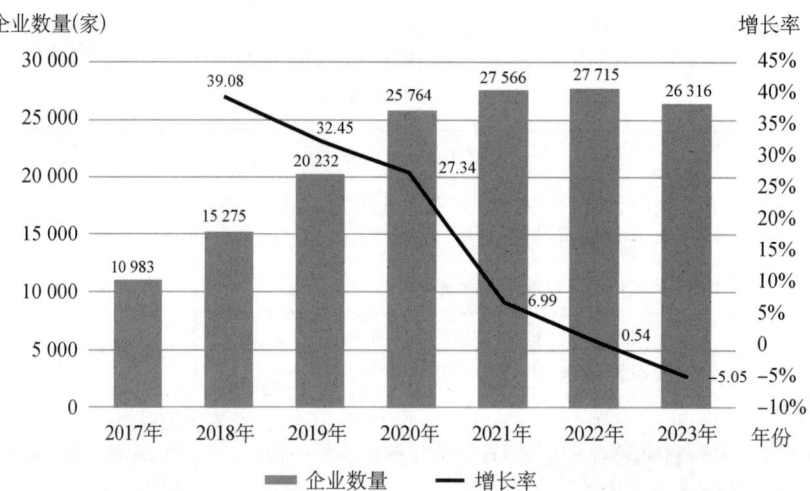

图2.7-2　2017—2023年生鲜电商行业企业数量及增长率情况

数据来源：网易新闻，网经社《2023年度中国生鲜电商＆社区团购市场数据报告》。

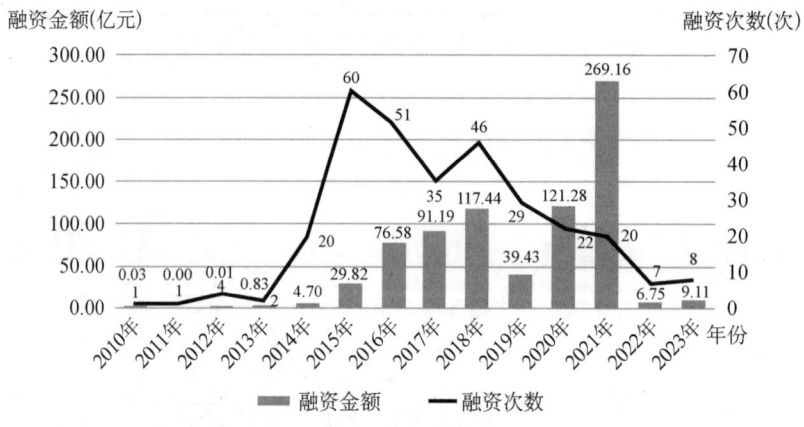

图2.7-3　2010—2023年生鲜电商行业融资规模及次数情况

数据来源：企查查，2011年融资金额未披露。

出"前置仓"模式的初衷是满足顾客对于生鲜产品及时配送到家的需求。

每日优鲜的发展历程可分为赴美上市前后两个阶段。

第一阶段，2014—2021年：赴美上市前。每日优鲜在光信、元璟、腾讯等资本的支持下，运营良好，发展迅速。2015年4月，每日优鲜微信商城正式上线。2015年5月，每日优鲜全面引入"前置仓"模式，上线"2小时极速达业务"。2016年3月，每日优鲜App正式上线。随后，每日优鲜又获得了B+轮融资，配送效率进一步升级，"极速达业务"配送时间缩短至30分钟以内。2018年上半年，每日优鲜的用户规模占生鲜电商行业总规模的50%以上，连续4个季度领跑所有生鲜平台[1]。2018年9月，每日优鲜完成4.5亿美元融资，启

---

[1] 根据每日优鲜招股说明书数据整理。

动生鲜全品类战略。2020年，每日优鲜陆续获得中金资本、青岛国信、青岛市政府引导基金等多轮融资，逐步布局了"便利购"无人零售业务、智慧菜场业务及零售云业务。

每日优鲜自2014年成立至上市前，共完成11次融资，累计融资规模超过150亿元，融资时间主要集中在2018年前和2020年，投资方包括腾讯、华创、中金等著名投资机构。具体如表2.7-2所示。

表2.7-2 每日优鲜上市前融资历程

时间	融资轮次	融资金额	投资方
2014年12月	天使轮	500万美元	元璟资本、光信资本
2015年5月	A轮	1 000万美元	腾讯投资、光信资本
2015年11月	B轮	2亿元人民币	浙商创投、腾讯投资
2016年4月	B+轮	2.3亿元人民币	华创资本、远翼投资
2017年1月	C轮	1亿美元	联想创投、浙商创投、KTB投资集团、华创资本、腾讯投资
2017年3月	C+轮	2.3亿美元	时代资本、Tiger Global Management、元生资本
2017年12月	D轮	5亿美元	具体投资方未透露
2018年9月	E轮	4.5亿美元	保利资本、Glade Brook Capital Partners、华兴新经济基金、时代资本、Tiger Global Management、腾讯投资、高盛集团、Sofina、Davis Selected Advisers
2020年5月	战略融资	估值30亿美元（具体投资金额未透露）	中金资本
2020年7月	战略融资	4.95亿美元	工银国际、中金资本、Tiger Global Management、腾讯投资、高盛集团、ADIA阿布扎比投资局（阿布扎比主权基金）、苏州常熟政府产业基金
2020年12月	战略融资	20亿元人民币	青岛国信、阳光创投、青岛市政府引导基金

数据来源：企查查。

第二阶段，2021—2024年：从上市到退市。2021年6月22日，每日优鲜更新招股申请书，IPO定价区间设定在每股[1]13美元至16美元，最后每日优鲜以区间最低端的13美元完成了招股；2021年6月25日，每日优鲜于纳斯达克上市，成为生鲜电商行业赴美上市第一股。每日优鲜上市首日，开盘遭遇破发，股价为10.65美元，最低点为8.12美元，最高点也只有11美元，当日收盘价为9.66美元，较发行价为13美元，下跌超过25%。股价的这种走势，表明市场担忧每日优鲜的前景。

---

[1] 在美国上市的外国股票，都采用"美国存托凭证"（American Deposit Shares）方式交易，简称ADS。每日优鲜上市时，每ADS等于3股B类股票；因为股价下跌，2022年10月7日，每日优鲜将每ADS变更为等于90股B类股票。此处为行文方便，对在美股上市的股票，都以"每股"来表述。

上市不到一年,每日优鲜相继曝出资金链紧张、拖欠供应商货款等消息,本应于2022年5月披露的年报也未及时公布,公司股价累计下跌超过90%,收到了美国证券交易委员会的退市警示函。2022年7月,因山西东辉集团2亿元人民币的战略投资资金未及时到账,每日优鲜资金链断裂,公司发布紧急公告,关闭前置仓"极速达"业务并裁掉大部分员工。同年,公司以出售或关闭的形式结束了无人零售业务、智慧菜场业务和零售云业务。2022年10月,公司进行30∶1的缩股,缩股后的每ADS股价超过3美元,满足了每股股价不低于1美元的挂牌要求,但这种下跌趋势持续。2023年5月,每日优鲜股价再次跌到1美元以下。2024年2月15日,每日优鲜摘牌退市。

表2.7-3为每日优鲜2018—2022年的经营数据。每日优鲜的主要收入为平台生鲜和快消品的销售收入,无人零售业务、智慧菜场以及零售云业务不成规模,收入占比很小。2018年至2022年,每日优鲜均未实现盈利,即使在2020年至2022年,每日优鲜依然没能扭亏为盈。同时,每日优鲜经营现金流长期为负,无法继续打动投资者为其注资,2019年,每日优鲜在融资市场一无所获,只能依靠银行贷款维持经营,资产负债率从2019年开始就高于100%,负债比例较高。

表2.7-3　　　　　每日优鲜2018—2022年经营情况　　　　　金额单位:亿元

年份	2018年	2019年	2020年	2021年	2022年
净销售收入	35.47	60.01	61.30	69.51	27.61
其中:在线平台销售收入	32.03	57.77	60.00	67.86	26.46
其他收入	3.44	2.24	1.30	1.65	1.16
经营净利润	-22.32	-29.90	-16.49	-38.50	-15.24
经营净现金流	-17.24	-19.67	-16.12	-25.89	-6.83
资产总额	37.54	21.02	21.63	34.53	1.81
资产负债率	49.57%	130.45%	141.89%	104.66%	944.75%

数据来源:每日优鲜招股说明书、年报。

三、每日优鲜的商业模式

每日优鲜的企业愿景是"成为推动中国社区零售业数字化转型的最大平台",为此,每日优鲜提出了"(前置仓即时零售+智慧菜场)×零售云"的经营战略。每日优鲜认为提供高频消费品的社区零售服务是市场刚需,随着国内城市化进程加快,越来越多的社区居民会为此买单。为保障"前置仓即时零售"业务持续经营,每日优鲜携手腾讯"智慧零售"开展战略合作,打磨涵盖"智慧供应链""智慧物流""智慧销售"在内的数字化运营核心能力。同时,结合生鲜产品易腐烂的特性,每日优鲜利用物联网技术建立了全链路、可追溯的控制系统,通过给每个产品分配代码来控制产品全生命周期,以此降低生鲜货物运输和存储端的损耗率。此外,每日优鲜通过开发配送管理系统来协调前置仓之间的货物流和配送订单,并为骑手规划配送路线。在营销端,每日优鲜建立了一个关于消费者偏好分析、产品销量分析、前置仓选址分析的数据库,以此来完成产品推荐、广告投放和业务扩张等工作。在采购端方面,每日优鲜成立采购团队对接上游供应商,80%以上的生鲜产品采用产地直采的方式。在订单履约方面,每日优鲜为每个前置仓配备了 1 名经理,5 名到 10 名分拣和库存管理员工,以及 10 名到 20 名配送人员,保障前置仓履行"最后一千米"的订单义务。每日优鲜的产品主要通过移动端 App、微信小程序等平台进行销售。由于"智慧菜场"和"零售云"业务规模很小,且在 2022 年开展不到一年就先后关闭,不将其作为每日优鲜主要商业模式分析。图 2.7-4 简要概括了每日优鲜的"前置仓"商业模式。

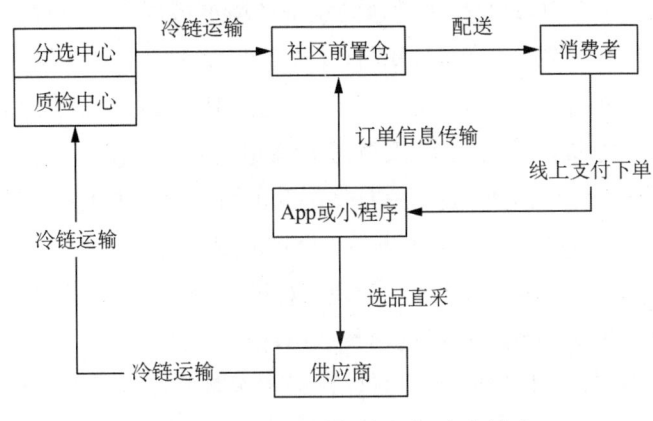

图 2.7-4　每日优鲜"前置仓"商业模式

数据来源:根据每日优鲜招股说明书整理。

每日优鲜的前置仓业务离不开数智化的支持,作为一家总部设立在北京且仅有几百名员工的公司,每日优鲜能够在 2020 年 1 月 23 日至 2 月 22 日,为武汉等地居民累计提供两亿件商品和 30 735 吨蔬菜,并在全国范围内 18 356 个小区建立"无接触货架"[1]。这样的跨区域联动经营,在数智化时代之前是不能实现的。每日优鲜虽因数智化而诞生发展,却也因数智化而失败。下文分析每日优鲜经营失败与数智化之间的内在关联性。

四、数智化与每日优鲜商业模式脆弱性

数智化的应用,不仅限于大数据和人工智能,而且其全面、深度地"嵌入"社会,重新定义了商业模式与商业运行规律性特征。数智化带来的不仅仅是信息传输速度的提升、信息传播面的扩大,而且它还与市场竞争加剧、更新节奏加快、公司风险与市场风险放大等"结

---

[1]　根据每日优鲜发布的《宅家战"疫",一日三餐——每日优鲜网购生鲜大数据》报告整理。

伴而行"。对于每日优鲜公司而言,就是商业模式脆弱性提升。

(一)企业可复制性强,竞争环境恶劣

因为数智化,每日优鲜等生鲜电商企业得以快速发展。从生鲜电商行业中企业的数量变化来看,数智技术的进步让生鲜电商的创建成本变低,行业内商家数量不断增加,市场变得拥挤。商家只要开发一个 App 或者微信小程序,同时对接供应商,聘任一批专职或兼职的配送员,就能成为生鲜电商。对于许多农产品厂商来说,完全可以自己将产品挂到网上进行售卖,这样的方式相较于被经销商集中采购,反而能让农产品销售获得更高毛利。对于同城范围内的消费者,线下实体商家可以选择亲自配送或者雇佣小团队配送,以控制成本。生鲜电商行业的企业数量越来越多,尤其在中小城市,商家数量多且产品更接地气,因此受到当地居民的偏爱,这为每日优鲜向中小城市开展下沉市场业务制造了极大困难[1]。在一二线大城市中,每日优鲜遭遇的竞争环境更激烈。每日优鲜虽为较早成立的社区零售商,但由于其经营模式容易被复制,导致京东、天猫、美团、叮咚买菜等一大众电商加入该行业。虽然生鲜电商的具体业务模式稍有差异,但售卖的产品几乎同质,所以消费者对购买平台的选择就变多了,况且京东、天猫、美团等电商巨头依据自身积累的流量和品牌优势,在吸纳消费者方面有天然优势,这给每日优鲜的市场份额带来不小的冲击。面对市场被严重瓜分的局面,每日优鲜只有依靠不断地加大营销力度,才能留住用户。如表 2.7-4 所示,2018 年至 2021 年,每日优鲜通过线上补贴返现、邀新奖励等支出的销售费用,除了在 2020 年降低,其余年间每日优鲜均支出了高额的销售费用,销售费用占销售收入的比重在 2018 年、2019 年及 2021 年都超过了其毛利率水平,这给每日优鲜实现盈利增加了不小难度。

表 2.7-4　　　　　每日优鲜 2018—2022 年销售费用数据　　　　金额单位:亿元

年份	2018 年	2019 年	2020 年	2021 年	2022 年
销售费用	7.95	7.40	5.89	10.61	1.39
营业收入	35.47	60.01	61.30	69.51	27.61
销售费用占销售收入比重	22.41%	12.33%	9.61%	15.26%	5.03%
毛利率	8.57%	8.68%	19.41%	11.81%	8.57%

数据来源:每日优鲜招股说明书、年报。

(二)用户黏性下降,收入来源不稳定

生鲜产品线下卖场因地址贴近社区,消费者会因为交通便利性等产生"黏性",且地址具有排他性,因此,一个生鲜卖场在成功运营、成为周边居民生活的一部分后,会逐渐形成用户群体"黏性"。与线下客户群体更换成本高不同,线上购物的客户群体在不同购物平台

---

[1] 以厦门为例。2011 年元初食品创立,之后,专注于厦门的发展,至 2023 年年底,元初食品在厦门开设 91 家门店,并在泉州开设 12 家门店、大连开设 19 家门店、深圳开设 11 家门店。正因为厦门店铺密度较大,2018 年 7 月,元初食品推出元初到家小程序,推出生鲜零售的业务。仅仅在厦门,相对成规模、有一定用户数的生鲜电商还有天虹到家 App、多点 App、山姆会员店 App 等。

之间转换的成本极低,因此客户黏性不高。如每日优鲜的大力度营销并没有给它带来稳定的用户群体,每日优鲜的有效用户[1]数量在2020年达到了870万人,到2021年,用户数量不升反降,减少至790万人,同时,每日优鲜的有效用户年均下单数也未明显提高,一直维持在7~8单,这相较于国内居民每周前往农贸市场等线下市场采购两次以上[2]的频率,落后明显。此外,每日优鲜有效用户的每单均价长期维持在90元左右,无法突破百元,这让每日优鲜期望发展和维系高质量用户,利用高质量用户的高消费水平来提高收入、实现盈利的战略难以达成,具体如表2.7-5所示。

表2.7-5　　　　每日优鲜2018—2021年有效用户数据

年份	2018年	2019年	2020年	2021年
有效用户数量(万户)	508	717	868	789
有效用户年均下单数(单)	6.37	8.21	7.48	7.87
有效用户每单均价(元)	87.62	84.11	95.32	89.69

数据来源:每日优鲜招股说明书、年报。

数智化实现了每日优鲜零售场景的线上化,完全线上化的消费体验相较于线下卖场,还是存在缺陷。以图片呈现的商品无法让消费者近距离接触产品,对于生鲜产品这类对鲜度、品质要求较高的商品,消费者仅以图片或者视频的方式很难信任其质量。此外,线下卖场普遍存在的"讨价还价"环节在平台无法实现,取而代之的是满减券,平台发放的满减券在每周或每月都有数量限制,一旦用完,"价格敏感型"用户就会切换平台,货比三家。因此,平台要想留住用户,就需要不断给予用户优惠,如授予用户会员资格,让用户支付小额的会员费来享受会员的权益,每日优鲜会员的权益包括了满99元免配送费、每月免费领取一次鲜果、领取更大优惠力度的满减券等,如表2.7-6所示,月会员9.9元、年会员88元的会员收费带给平台的收入远远无法覆盖平台给予会员权益背后的销售费用支出,于是每笔订单的盈利空间被进一步压缩,该"留人"还是"留利"的难题一直困扰着每日优鲜。

表2.7-6　　　　每日优鲜2018—2022年会员收费与销售费用对比情况　　　　单位:亿元

年份	2018年	2019年	2020年	2021年	2022年
会员费收入[3]	3.44	2.24	1.31	1.65	1.16
销售费用	7.95	7.40	5.89	10.61	1.39

数据来源:每日优鲜招股说明书、年报。

---

[1] 根据每日优鲜招股说明书的定义,有效用户为产品支付额超过产品相关产品的用户。
[2] 根据全国城市农贸中心联合会发布的《2021年农贸市场发展情况调查报告》数据,国内近90%的消费者每周前往农贸市场至少两次。
[3] 会员费收入源于每日优鲜年报中"其他收入"的数据,每日优鲜"其他收入"包含了"便利购"无人零售业务收入与会员费收入,因此在每日优鲜2021年出售"便利购"无人零售业务前,相应年度实际会员费收入的数据小于表2.7-6中的数据。

(三)数字运营拉长业务链条,采购端未能有效赋能,利润空间缩小

农贸市场等线下卖场的零售商,其业务模式主要为商户从批发市场采购生鲜产品—租用商铺摊位—售卖生鲜产品,生鲜产品的交付方式通常为消费者自行提取。由此可见,线下卖场商家的成本构成为产品采购成本、摊位租金。相比之下,为了满足消费者足不出户享受优质生鲜的需求,以及更高效连接生鲜产品生产者和消费者,每日优鲜线上运营的业务链设置更长,包括产品采购、生鲜产品冷链运输、平台运营、前置仓运营、产品配送。每日优鲜虽然消除了摊位租金,但增加了生鲜产品的冷链运输成本、平台运营研发费用和订单履约费用[1]。

结合表 2.7-7 的数据可知,研发费用和履约费用合计占每日优鲜总收入的 40% 左右,远高于每日优鲜产品的毛利率水平。因为用户通常熟悉线下卖场和竞争对手平台的产品价格,所以每日优鲜通过加价抬高毛利率从而覆盖研发费用和履约费用的方法是行不通的,如此会造成"价格敏感型"用户的流失。因此,要想真正覆盖这两项固定费用,每日优鲜需要提高前置仓的订单密度。但如表 2.7-8 所示,2018—2021 年,每日优鲜实际的订单数量远未达到覆盖研发和履约费用应达到的订单数量,这导致了每日优鲜的利润空间因线上化运营形成的多项费用而变窄。

表 2.7-7　　　　　每日优鲜 2018—2021 年研发和履约费用数据　　　　金额单位:亿元

年份	2018 年	2019 年	2020 年	2021 年
研发费用	2.31	4.70	3.69	7.46
履约费用	12.39	18.33	15.77	21.21
销售收入	35.47	60.01	61.30	69.52
两项费用占收入比	41.44%	38.38%	31.75%	41.24%
毛利率	8.57%	8.68%	19.41%	11.81%

数据来源:每日优鲜招股说明书、年报。

表 2.7-8　　　　　每日优鲜 2018—2021 年应达到订单数量测算

年份	2018 年	2019 年	2020 年	2021 年
研发与履约费用[2]合计(亿元)	11.69	19.15	15.18	25.66
单均毛利(元)	7.51	7.30	18.50	10.59
应达到的订单数量[3](亿单)	1.55	2.62	0.82	2.42
实际的订单数量(亿单)	0.32	0.59	0.65	0.62

数据来源:每日优鲜招股说明书、年报。

---

[1] 根据每日优鲜招股说明的定义,订单履约费用包括产品交付和仓库运营费用、城市分选中心和前置仓的租金和折旧、第三方平台和付款处理平台的劳务费等。
[2] 该处履约费用为扣除订单配送费用之后的数值,订单配送费用随订单数变动,不属于固定成本。订单配送费 = 每名骑手每日送单数×每单配送费(3 元左右)×工作时间(300 天左右)×骑手数量(前置仓数量×15)。
[3] 应达到的订单数量 = (研发费用 + 扣除订单配送费后的履约费用)÷每单毛利。

此外，如果生鲜电商要借助数智技术来完成生鲜产品的大跨度调运，离不开冷链物流系统的建设，受目前国内生鲜产地分散、产品保质期短等特征影响，每日优鲜在运营过程中需要投入大量资金用于冷链物流设施的建设，同时，自身配备的智能零售系统也未能有效利用用户消费数据，导致每日优鲜无法巩固与上游供应商的合作关系，无法精准实现订单式采购，控制采购成本，导致每日优鲜的毛利率始终偏低、盈利受阻。

五、结论与讨论

每日优鲜从创立至上市经历了 6 年时间，从上市至破产仅用了 1 年时间，企业经营只有 7 年时间。结合上市前后的融资数额，每日优鲜亏损超过 200 亿元，平均每年亏损近 30 亿元。每日优鲜是数智化时代的产物，现在看来，也是数智化时代的牺牲品。我们通过对每日优鲜的案例分析，探究了每日优鲜经营失败与数智化的关联，得出以下暂行结论：

第一，商业模式可复制性，增加了数智化时代商业模式的脆弱性。数智化时代催生了每日优鲜，却未能给每日优鲜创造健康的"成长环境"。在数智化时代，同行业的企业之间的复制成本下降，如 ofo 小黄车从 2015 年 6 月开始在北京大学投入使用；之后不久，包括摩拜单车在内的多种共享单车上市。同样，在美国 Uber 应用推出后，我国很快就出现滴滴、快的等多款共享出行应用。数智化时代的企业在数智技术应用领域很难形成核心竞争力[1]。生鲜电商行业的低门槛吸引了大量企业进入，加剧了商家对生鲜消费市场的用户争夺。这种进入门槛低的现象，对行业里的每个企业（已经进入行业的在位者和潜在进入者）都产生了巨大的压力，包括充足的现金流、面对市场足够快的响应速度、有效的执行力等，当然也包括品牌影响力。这些因素的叠加，让一个行业、一个赛道的整体投入加大、利润空间压缩，整个行业的风险提升。

对于每日优鲜而言，在这样的竞争格局中，无论其现金流能力、品牌影响力等如何，每日优鲜都无法跟京东等电商巨头相抗衡，不打价格战，则丢失市场；打价格战，则让自己承受巨额亏损，对后续的现金储备也有更高要求。

第二，用户黏性降低，用户需求节奏加快，降低了收入的稳定性。基于数智化的平台模式，用户在不同平台之间的转换成本低，且因为互联网信息更新快，包括生鲜在内的消费品市场，从生产者、商家信息优势转向消费者信息优势。基于传统的实地店模式，作为顾客，你走进一家卖场，即便是山姆会员店、Costco 等超级大卖场，你通常也只能在卖场所给定的范围内选择；在数智化赋能的互联网平台上，用户通过界面切换，甚至是关键词检索，可以自由地在不同平台之间切换。这种超低平台转换成本、超多信息选择，让市场的话语权优势从卖方转向买方，直接体现为消费者黏性不高、收入稳定性降低。

---

[1] 当然，企业长期致力于研发，形成了系统的技术积累，并具有较高的门槛，形成技术"护城河"，如英伟达在 GPU 领域的领先优势，能够在一段时期里得以保持。

数智化时代的消费者黏性降低，原因是数智化时代信息赋能形成了"用户需求导向"。"用户需求导向"要求每日优鲜需要增加 SKU，并不断突出"生"与"鲜"，同时，为用户塑造个性化、定制化产品和服务，这必然增加每日优鲜的成本。

市场话语权向消费者倾斜，这在一定程度上意味着"生产者剩余"降低，或"消费者剩余"增加。"生产者剩余"降低后，每日优鲜的利润空间被压缩，限制了每日优鲜通过加大投入就能够持续满足消费者个性化需求的能力。

数智化时代难以形成用户黏性，没有稳定且增长的用户群体，这意味着每日优鲜难以维持稳定的收入，同时保持有效的增长，经营的困难程度在增加。

第三，业务链条拉长，压缩利润空间。每日优鲜基于数智技术形成的商业模式拉长了业务链条，压缩了利润空间。每日优鲜之所以会产生如此高额的订单履约费用，与仓储运营、物流配送是有关联的，这也说明数智技术还没有发展到能在仓储管理、物流配送等领域完全取代人工的程度。同时，数智技术未能基于订单数据有效赋能每日优鲜的采购链，无法实现基于消费需求预测数据的订单式采购，导致采购成本居高不下。

当一种商业模式不能持续稳定地产生正现金流，并且逐步实现盈利时，持续经营就是一项纯粹的假设。从每日优鲜的案例中可以看到，这种基于数智技术的经营方式在大大缩短企业创办的各项成本的同时，也因为行业竞争强度增加，导致行业盈利能力降低，商业模式存在脆弱性。

数智化时代商业模式的脆弱性是与数智化时代知识更新节奏加快紧密相关的。在数智化时代，知识创新节奏加快，知识生产模式化，"数据—算法优化—新知识生成—反馈迭代"，形成指数级增长知识创新链（吴扬和陈劲，2024）；生物技术与人工智能相结合，新药研发周期缩短 30% 以上（吴扬和陈劲，2024）；材料科学与研发中应用机器学习，新材料发现周期从 10 年缩短至 1 年；产业迭代速度加快，例如，显示器行业的研发周期缩短 40%[1]。知识生产与创新节奏加快，带来以下可能性：第一，商业模式的拆解与模仿更加容易，任何一个成功的商业模式，能够享有的创新红利被摊薄。第二，新知识的出现更容易，让商业模式，包括主流产品的迭代频率加快，企业耗巨资研发、形成的资产，被替代的速率加快。第三，互联网和社交媒体对消费者或普通居民的影响力提升，消费者偏好变化更快（Trusov 等，2008）。

结合上述关于生鲜电商的讨论，我们认为，数智化时代商业模式的脆弱性，具有一定的普遍性。我国过去一段时期里所涌现的、基于互联网的商业模式，都有极高的脆弱性，如共享单车、共享充电宝、二手车交易平台、现制饮品等行业，都存在一定程度的商业模式脆弱性，表现如下：很多参与者在较短的时期里进入这些行业，因为竞争激烈，所以很多参与者被迫退出；行业盈利模式不明确。2024 年 7 月，媒体报道百度在武汉投入的无人驾驶出租车服务"萝卜快跑"，一时间，无人驾驶、自动驾驶等成为各大厂商的竞争目标。预计无人驾

---

[1] https://casisd.cas.cn/zkcg/ydkb/kjzcyzxkb/2024/zczxkb202410/202412/t20241205_7451661.html。

驶系统投入使用后,将会引起新一轮"军备竞赛",无人驾驶出租车将是又一个脆弱性极高的商业模式。

参考文献

［1］林振强.生鲜电商直面新变化,供应链模式有待升级[J].物流技术与应用,2024,29(05):66-69.

［2］魏炜,朱武祥.发现商业模式[M].北京:机械工业出版社,2009.

［3］吴杨,陈劲.知识创新研究演变与趋势展望[J].科学学与科学技术管理,2024,45(07):3-15.

［4］易珏君.生鲜电商企业商业模式对财务绩效的影响[D].北京:北京外国语大学,2023.

［5］朱文伊.社区新零售背景下每日优鲜盈利模式问题研究[D].沈阳:辽宁大学,2023.

［6］Alt R, Zimmermann H D. Electronic markets and business models[J]. Electronic Markets, 2014, 24: 231-234.

［7］Magretta J. Why Business Models Matter[J]. Harvard Business Review, 2002, (80): 86-92.

［8］Michael Rappa. The Utility Business Model and The Future of Computer Service[J]. IBM Systems Journal, 2004, 43(1): 32-42.

［9］Timmers P. Business Models for Electronic Markets[J]. Electronic Markets, 1998(8): 3-8.

［10］Trusov M, Bucklin R E, Pauwels K. Effects of word-of-mouth versus traditional marketing: findings from an internet social networking site[J]. Journal of marketing, 2009, 73(5): 90-102.

数智化与财务、会计

　　财务、会计都是因企业特征不同、商业环境不同而改变。在数智化时代,企业的特征在改变:企业存在方式发生变化,即实体、虚拟相伴;企业规模扩大,不仅是销售收入、资产等规模增长,企业雇员人数也在增长;企业实现收入的方式同样在变化。此外,因为信息平权,市场的结构与治理机制在改变;企业发展模式在改变;商业模式不同,企业经营形式改变,加盟制成为受欢迎的,甚至是主要的经营组织形式;商业风险的表现特征在改变,商业模式脆弱性提升。所有这些,自然会对企业的投融资行为产生影响,相应地,企业的财务、会计等行为也会出现新的变化。本专题的案例主要集中对数智化时代财务、会计的新现象、新特征等进行讨论,期望能够为数智化时代的财务、会计理论研究,提出新的研究观点,为可能产生的新解释、新理论提供基础。

　　案例 3-1 讨论的是数智化时代现金的意义。现金,是任何一个时代企业经营中都必须要面对的问题。微软、苹果等多个案例数据表明,高比例、高余额持有现金,是微软、谷歌等国际超大型公司多年的实践结果;在此基础上,基于小米公司的现金持有与连续业务转型关系的分析,我们提出数智化时代现金角色发生转变,从过去的"润滑剂""血液"转向"加速剂"。现金角色/意义的转变,能够更好地反映数智化时代企业现金持有现象。当然,该假说能否成立,有待进一步的大样本研究。

　　从资产负债表的左方来看,从理论上来说,每一项资产对企业的再生产都很重要,固定资产被关注的程度更高,因为在工业化时代,机器设备等固定资产是企业规模与水平的标志。因此,案例 3-2 讨论的是数智化时代固定资产的意义。这是一组公司的数据,这组数据表明:在数智化时代,决定企业规模化产能的是数智化系统等,而不是固定资产。

　　案例 3-3 讨论的是数智化时代负债的意义。负债是一个传统的财务、会计问题,在数智化时代,负债从单纯的企业资本来源的一个渠道、增加企业运营风险的因素,转变成驱动企业发展的因素,恒大就是一个用外部资本推动的、超规模发展的例子,因此,负债对企业造成的最大风险不是可能的支付危机,而是错配风险:管理层的能力与他/她所管理的企业规模不匹配,这种错配风险对企业所产生的影响,决定了企业必然失败,且往往是更大程度的失败。这是负债风险的一个新的解释角度。

　　与负债相邻的是所有者权益。"负债"与"权益"是两个会计基本要素,各自边界清晰。

对于资产负债率、资本结构等的研究,都是建立在负债与权益要素含义明确、边界清晰的前提假定上。案例3-4以蔚来汽车与极氪汽车为例,具体说明可转换可赎回优先股及其使用情况。本案例还包含一组香港的上市公司例子,以此讨论究竟谁在使用可转换、可赎回优先股,以及风险、报酬的市场配置理论。

按照目前学科分类的讨论,案例3-4是一个会计类问题,它也是财务类问题,涉及企业融资行为及其安排。案例3-5尝试讨论以下问题:数智化时代IPO的特征有什么不同?可能的原因是什么?与数智化时代信息平权相呼应,案例3-5以谷歌IPO为例,讨论数智化时代对传统IPO制度安排及背后逻辑的冲击,并尝试提出若干理论预期。

案例3-6更进一步地提出一个基础的问题:企业创立的驱动性因素是什么?是传统的商业模式驱动,还是数智化时代因为信息传播快、专有知识通用化、资本相对充裕等因素,导致模仿性创业增多,"资本驱动"创业。"共享单车"案例是资本驱动的一个直接例证。实际上,自2010年起,我国涌起创业潮,与共享单车类似的案例不少,如共享充电宝、二手车平台、太阳能、新能源等,除了少数杰出企业家,大部分创业企业都是瞄准风险资本的。资本驱动对企业财务提出的挑战,有待后续深化研究。

案例3-7用市场上的一个笑话引发一只股票价格波动的现象,讨论以下问题:当下年轻人为什么要买卖股票?他们明知道一只股票没有利好消息,在相关部门反复提示的情况下,仍然要买一只股票,背后的驱动因素是什么?我们尝试用"盲盒现象"来解释,并提出:股票买卖被"盲盒一代"视作消费,而非投资。这个猜测如果能够被后续研究支持,那么,它会对现有财务理论,包括有效市场、行为财务等都提出新的挑战。

理论上,数智化改变了商业逻辑、企业存在形态,依附于具体企业、具体市场环境的投融资行为,以及相应的财务、会计表现,会面临挑战。对于数智化时代企业财务、会计行为的讨论与认识,还在持续更新中。

3.1 数智化与现金的角色转换
——多案例讨论[1]

一、问题的提出：基于多案例的数据

微软公司于1986年在纳斯达克上市，之后的业绩逐步上升。微软的现金比例一直非常高，1986—2022年的现金及有价证券占总资产的比重超过50%，其余绝大多数年份的现金持有比例也超过30%。如果说微软公司是一个软件开发企业，它的资产结构特征不同，对固定资产等经营性资产的要求不同于制造业的话，那么，苹果公司自创立之日起就是以计算机生产和销售为主的企业，它的销售收入主要来自硬件销售，即从早期的个人计算机到手机、计算机、平板电脑等。1998—2021年，苹果公司的现金持有比例持续超过50%，先后有多篇文章评论：苹果公司的现金余额比美国政府国库里可用的现金要高[2]。2016年苹果现金持有比例攀升至73.86%，2017年现金持有量高达2 688.95亿美元，甚至高于当年全球排名第41位的智利国内生产总值（2 632亿美元）。谷歌公司创立于1998年，2004年8月在纳斯达克上市。自上市以来，它的年平均现金持有量超过50%，最高达到78.22%。三家公司2004—2022年现金占期末总资产的比重见表3.1-1。

表3.1-1　　　　三家公司2004—2022年现金占期末总资产的比重　　金额单位：百万美元

年份	苹果		微软		谷歌	
	现金余额	现金占比	现金余额	现金占比	现金余额	现金占比
2004	5 464	67.88%	60 592	65.58%	2 143	64.69%
2005	8 261	71.52%	37 751	53.31%	8 034	78.22%
2006	10 110	58.76%	34 161	49.08%	11 244	60.87%
2007	15 386	60.70%	23 411	37.06%	14 219	56.12%

---

[1] 此文曾以"数智化时代下现金的角色转换"刊发在《财务与会计》2024年第11期。
[2] 以"苹果、现金储备"等词语检索后会出现多篇文章。苹果的巨额现金储备成为媒体热点话题。例如，2011年的文章（https://www.cnn.com/2011/TECH/innovation/07/29/apple.cash.government/index.html；https://mobile.zol.com.cn/244/2442249.html）、2014年（https://m.techweb.com.cn/article/2014-04-08/2025464.shtml）、2017年（https://www.sohu.com/a/126219394_550764）、2020年（https://businesschief.com/corporate-finance/apple-has-more-money-us-government）等。

(续表)

年份	苹果		微软		谷歌	
	现金余额	现金占比	现金余额	现金占比	现金余额	现金占比
2008	26 869	67.90%	23 662	32.51%	15 846	49.88%
2009	33 992	71.56%	31 447	40.37%	24 485	60.46%
2010	51 011	67.85%	36 788	42.72%	34 975	60.46%
2011	81 570	70.09%	52 772	48.55%	44 626	61.49%
2012	121 251	68.87%	63 040	51.98%	48 088	51.27%
2013	146 761	70.90%	77 022	54.08%	58 717	52.94%
2014	155 239	66.96%	85 709	49.72%	64 395	49.11%
2015	205 666	70.80%	96 526	54.77%	73 066	49.55%
2016	237 585	73.86%	113 240	58.46%	86 333	51.54%
2017	268 895	71.64%	132 981	55.16%	101 871	51.63%
2018	237 100	64.83%	133 768	51.68%	109 140	46.88%
2019	205 898	60.82%	133 819	46.70%	119 675	43.37%
2020	191 830	59.23%	136 527	45.31%	136 694	42.77%
2021	190 516	54.28%	130 334	39.05%	139 649	38.87%
2022	169 109	47.94%	104 757	28.71%	113 762	31.15%

注：三家公司分别于1980年、1986年、2004年公开上市。这里只列示2004—2022年的数据。表1所指的现金包括现金(cash)、现金等价物(cash equivalents)和有价证券(marketable securities)期末余额之和。其中部分公司的年报中的有价证券也列示为短期投资(short-term investments)，如亚马逊和谷歌列示为有价证券，而微软列示为短期投资。苹果公司在2009年之前称有价证券为短期投资，2009年及之后统称为有价证券，且根据基础合约到期日将有价证券分为长期有价证券和短期有价证券，并分别列示在流动性资产和非流动性资产中[1]。

按照目前主流财务理论对现金作用的讨论，现金的主要作用包括预防性动机（避险）、交易性动机、代理成本动机等（Opler等，1999），上述公司持有的高比例现金都超过了理论的预期值，对应的将是两种可能的结果：经营方面，超额现金持有不会带来规模的超速增长、利润的超额增加；股价反应方面，基于有效市场假设，投资者应该能够"看穿"（see through）公司超额现金持有的可能负面效果，会给予超额现金持有以负面定价。上述几个公司的业绩持续增长，且公司都能够适时地根据市场需求进入新领域，如苹果从电脑到iPod，再到iPhone、iWatch等；谷歌从它将公司名称变更为Alphabet起就凸显出公司业务不仅限于搜索引擎的战略意向。同时，资本市场对这些公司也给予了正面评价，它们在很

---

[1] 根据苹果公司2009年年报，"本公司根据每种票据的基础合约到期日，将其有价证券分为短期或长期证券，所有短期有价证券的期限均小于12个月，所有长期有价证券的期限均为1年至5年。本公司可以在规定期限之前出售其投资，用于战略目的、预期信用降级或期限管理。"长期有价证券虽然预期持有期限较长，但苹果公司仍能以较低的成本将这部分资产迅速变现，因此也符合此处对现金的定义。

长时期里都是美国资本市场中上市公司市值最高的公司。

我国市场上也存在高比例持有现金的上市公司。表 3.1-2 是华为技术有限公司（以下简称华为）、滴滴全球股份有限公司（以下简称滴滴）、小米科技有限责任公司（以下简称小米）的现金余额及占资产总额比重。上述三家公司的业务发展良好，它们的业务不断扩张，规模不断增长，且资本市场也没有批评它们的高额现金持有。其中，华为尽管受到包括美国政府在内的多个发达国家政府的制约，但华为一直在发展，并不断拓展新业务。为了能够保持行业领袖地位、且能够及时拓展新业务（如进入汽车领域），华为最近几年每年研发支出超过千亿元人民币（2022 年为 1 615 亿元），专利申请和授权量全球领先（2022 年为 5 805 件），这些都是以其充足的现金储备为基础的。

表 3.1-2　三家中国公司 2008—2022 年现金及短期投资占期末总资产的比重　金额单位：百万元

年份	华为		滴滴		小米	
	余额	占比	余额	占比	余额	占比
2008	24 133	20.23%				
2009	38 214	25.65%				
2010	55 458	30.98%				
2011	62 342	32.16%				
2012	71 649	34.12%				
2013	81 944	33.57%				
2014	106 036	34.23%				
2015	125 208	33.64%			39 136.54	37.68%
2016	145 653	32.83%			50 765.6	36.88%
2017	199 943	39.58%			89 869.76	37.49%
2018	265 857	39.93%	53 191.91	37.25%	145 227.95	38.03%
2019	371 040	43.21%	17 815.81	12.31%	183 629.21	45.49%
2020	357 366	40.76%	59 298.31	40.27%	253 679.82	50.75%
2021	416 334	42.35%	57 217.23	37.40%	292 891.87	47.40%
2022	373 452	35.11%	39 207.43	29.88%	273 507.21	39.00%

注：资料来源为公司公布的年度报告、招股说明书等。华为现金余额等于现金及短期投资的总和；滴滴的现金余额除了现金及短期投资，还包括受限制的现金；小米的现金余额等于现金及现金等价物、短期和长期投资、受限制的现金、以公允价值计量且计入当期损益的短期投资等存在公开交易的市场、可以迅速变现的资产。

尽管只是个别企业的数据，它们提出的问题是共同的，即公司持有高额、高比例现金是市场一种普遍现象。已有的研究（Bates 等，2009）、肖土盛等（2020）对大样本上市公司的描述性统计数据表明，这种现象具有普遍性。问题如下：上市公司为什么要持有高额现金？可能的理论解释是什么？它与数智化时代有什么关系？

二、现金的意义：以小米公司为例

小米创立于2010年，2011年其正式通过网络发售手机，2018年小米在香港联合交易所上市。小米最初是将手机作为其核心产品。与之前的手机企业路径不同，小米开发、销售手机，都是以互联网为基础。特别是从小米1开始的网络预售模式和网络发售，影响极大。2011年12月18日，小米1第一次正式在网络发售，5分钟内30万部手机售罄。小米于2014年发售超过6 000万部手机，占有率在当年国内市场居第一[1]。

对一个成立4年就创下手机市场占有率居全国第一的企业来说，它能否成为像波士顿矩阵所定义的那种拥有"现金牛"状态的企业[2]，持续享受受欢迎市场产品所带来的红利？在工业化时代，当一家企业的某项产品获得市场占有率第一或在某个细分市场获得市占率第一的领先位置时，该企业能够享受一段市场竞争优势所带来的收益。例如，20世纪80、90年代的长虹电视机（安静，1999）、格力空调（严昊晖和张龙逸，2021）等。而小米所处的是数智化时代，取得市场第一并不意味着企业就取得了波士顿矩阵所定义的"现金牛"产品和地位。一方面，企业面临的竞争压力越来越大，即便是行业领先地位（如市场占有率前三甚至第一），也不能保证其在未来一段时期里能够保持市场地位。即便小米于2014年将手机做到市场占有率第一，面对激烈的市场竞争，小米也会随时因为竞争而被市场淘汰。实际也是如此。2016年后，小米的市场占有率一直在第3~6名波动，甚至当2016年华为手机全球出货量超过1.39亿部时，小米对应的市场出货量只有5 800万部，占据市场第4位；而在国内市场上，小米的销量为4 150万部，市场排名第五位[3]。

另一方面，在数智化时代，企业面临的竞争压力除了同行，还有互联网上所流行的术语"降维打击"，即来自同行外的企业或者是新进入的创业企业的冲击，如苹果从计算机行业进入手机领域，推出基于互联网的智能手机，诺基亚无法赶上，很快就出局了；马斯克强势进入特斯拉，推出新能源车，让汽车行业原有的巨头们面临"要么转型跟上、要么淘汰出局"的尴尬局面。同时，技术创新频率加快，熊彼特所定义的"创造性毁灭"展现得更加明显，如手机的出现与普及，就淘汰了传呼机、固定电话等产品；智能手机的推出，使得MP3音乐播放器、卡片式照相机等原先"时髦"且普及的产品，失去了存在的基础；甚至，计时性手表也会因为手机的普及，市场受到压制。数智化的全面应用使得产品、知识的更新迭代速度加

---

[1] 关于小米手机发售、排名等的描述来自网络检索。由于资料来源多，我们通过核实多个数据来源后再确定。此处没有具体标明出处。

[2] "现金牛"是波士顿咨询公司根据产品的增值性、市场份额的2X2象限提出的术语（波士顿矩阵），用来表述高市场份额、低增长的产品。当一家公司的某款产品具有较高的市场占有率，但增长空间不大，公司持续投入开发的资源不多，这类产品的利润率高，能够持续、稳定地为公司创造现金收入，称为"现金牛"，如微软的操作系统与office软件、可口可乐公司的可口可乐饮料等。

[3] https://companies.caixin.com/2017-02-06/101050566.html。

快。也正因为如此,小米在取得初步成功后,朝着两个方向发展:第一,逐步加大手机的研发投入,改变小米手机的"性价比"地位,让小米手机走上高端化道路;2015—2022年,小米研发投入增加了55倍(表3.1-3)。除了手机,朝着其他多个领域发展,2021年3月,小米宣布进军汽车制造行业,这是小米公司的一个重大改变,小米需要重新搭建一套系统,涵盖汽车的研发、设计、软件和系统开发、电池等环节。雷军在发布会上也强调,小米有1 080亿元的现金余额,"我们拥有这样的现金储备,我们不认真打一仗的话,有点愧对小米米粉的支持"[1]。

小米公司的发展是当前数智化环境下绝大部分企业所面临的共同局面:公司必须要持续地研发,不断巩固已有的竞争优势,并不断探索新的发展机会。相应地,公司不仅要在研发上持续投入,同时,也要能够有充足的现金去投入固定资产更新改造,或者,通过对外投资来形成新的生产能力。而这些都需要公司拥有充足的现金。

表3.1-3　小米公司2015—2022年用于研发、固定资产投资的现金开支　　　单位:百万元

项目	2015	2016	2017	2018	2019	2020	2021	2022
研究与开发支出	290.48	317.32	500.37	5 776.83	7 492.55	9 256.14	13 167.09	16 028.13
专业服务费用	111.84	277.20	316.40					
固定资产等投资的现金流出	2 524.36	1 826.25	1 217.81	3 785.26	3 405.16	3 025.52	7 169.31	5 799.57
投资支付的现金	77 076.88	57 819.41	116 149.99	2 793.35	4 187.26	8 844.05	14 184.95	7 742.13
非经营性现金支出合计	80 003.56	60 240.18	118 184.57	12 355.44	15 084.97	21 125.71	34 521.35	29 569.83

资料来源:小米公司公告。

对小米来说,上述所有活动都是建立在其拥有的充足现金基础上的。表3.1-4是小米公司2015—2022年的现金余额情况表。表3.1-4的数据表明,2015—2022年,小米一直持有高额现金,平均余额为725.23亿元,现金在总资产中的占比平均为41.6%。小米公司的充足现金余额,是小米公司能够实现其发展和战略转型的基础。

---

[1] 2021年3月30日,小米举行2021年春季发布会。会上,小米的创始人雷军宣布"最后一次创业,为小米汽车而战"。演讲中,雷军特别提及,小米账上有1 080亿元现金。

表 3.1-4　　小米公司 2015—2022 年现金余额、占比一览表[1]　　金额单位：百万元

项目	2015 年	2016 年	2017 年	2018 年	2019 年	2020 年	2021 年	2022 年
现金及现金等价物	8 394.08	9 230.32	11 563.28	30 230.15	25 919.86	54 752.44	23 511.58	27 607.26
受限制现金	67.06	633.96	2 711.12	1 480.18	1 538.23	3 625.26	4 319.66	3 956.79
短期银行存款	739.36	440.16	225.15	1 365.99	21 523.04	17 598.95	31 041.13	29 874.71
长期银行存款					590.16	9 608.68	16 195.42	16 788.35
应收贷款[2]	100.98	1 598.06	8 144.49	10 293.64	12 723.50	8 919.09	5 109.03	7 829.56
按公允价值计入损益的短期投资	789.94	3 437.54	4 488.08	6 648.53	16 463.39	22 376.39	29 311.85	9 845.91
按公允价值计入损益之长期投资[3]	3 026.96	3 302.69	5 764.53	5 215.90	4 778.26	10 619.79	12 312.62	10 283.62
按公允价值计入其他综合收益的短期投资						797.46	710.87	449.11
按公允价值计入其他综合收益的应收票据						200.00	14.03	40.00
按摊余成本计量的短期投资	1 629.00	80.00	800.00				15 959.92	

[1] 我们对小米现金的分析，按照资产负债表及其附注中所披露的全部信息，将所有可以快速转换成现金的项目，都视同现金。其中，所有长期投资都是持有的股票，可以在市场上随时变现部分。它与小米自己所披露的现金口径上并不完全一致。

[2] 应收贷款是小米对外发放的贷款，通常期限在 12 个月之内。此处给出的是扣除计提减值后的净值。

[3] 小米年报附注将这部分以上市公司和非上市公司两部分进行披露。以 2020 年年报为例，"按公允价值计入损益之长期投资——权益投资"为 139.69 亿元，上市部分为 106.20 亿元，非上市部分为 33.49 亿元。我们将上市部分计入广义现金。其中，小米对外投资还包括可转换可赎回优先股，考虑到它转换成现金的难度，没有将其计入现金。

（续表）

项目	2015年	2016年	2017年	2018年	2019年	2020年	2021年	2022年
按摊余成本计量的长期投资						232.80	351.36	
现金合计	14 747.38	18 722.73	33 696.65	55 234.39	83 536.44	128 730.85	138 837.47	106 675.31
资产总额	39 136.54	50 765.60	89 869.76	145 227.95	183 629.21	253 679.82	292 891.87	273 507.21
现金/资产总额	37.68%	36.88%	37.49%	38.03%	45.49%	50.75%	47.40%	39.00%

注：数据来源为小米发布的招股说明书和年度报告。按照我们所定义的广义现金，小米在2020年12月31日的现金余额1 287.31亿元，高于雷军所说的1 080亿元。如果扣除应收贷款、按公允价值计入损益长期投资等后，余额为1 092亿元，相差不多。

三、从"润滑剂"到"加速剂"：现金在再生产过程中作用的新定位

如果能够简单地将企业成功分为人的因素和物的因素，毫无疑问，人的因素要高于物的因素。在人的因素中，企业家又发挥着决定性的作用，"经济发展的带头人"是"推动经济系统组织不断续前进的车轮"（熊彼特，1990）；"没有企业家（精神），企业就不能存在"（张维迎，1995）。大量企业发展的案例也支持这一观点。例如，没有任正非，就没有今天这种发展状态的华为；同样，没有乔布斯、马斯克，就不会有今天这种发展水平的苹果、特斯拉。没有企业家和优秀管理者的管理智慧，所有的"物"，即资产负债表左方所列示的全部资产都是静态的物品，无法通过有效运转，创造更高的价值。

在给定人的因素不变的情况下，物的因素对企业经营或企业再生产过程中的作用和重要性程度，会因为社会环境的转换而改变。例如，在传统的农业社会，社会产出主要来自土地，土地是社会再生产过程中的"发动机""土地是财富之母"（威廉·配第，1662）；当人类社会进入工业化时代后，社会进一步发展、科学技术对社会再生产的作用不断提升，"科学技术是第一生产力"，物化资产的作用在下降；随着人类社会进入数智化时代，信息成为社会再生产过程中的一个重要因素，土地在社会再生产过程中的作用进一步下降，对基于互联网架构的平台公司来说，连办公场所都可以虚拟化，土地的作用几乎可以忽略。换个视角来看，信息对人类社会的重要性一直都在。信息对再生产的重要性随着数智化时代的到来而不断提升，对于互联网平台类企业来说，信息是最重要的生产要素。

社会经济发展模式的不同，现金在其中的作用不同。相应的，现金管理策略也会发生改变。

无论是预防性动机，还是交易性动机、代理冲突等，都是将现金放在企业再生产过程辅助位置来定位现金，现金是企业再生产过程中的"血液"或"润滑剂"，它的作用是帮助企业

再生产过程更加顺畅。以"血液"的比喻为例,在正常人体中,血液的比重是7%~8%;失血过多会导致人体机能出现问题,严重的会导致死亡;血液过量,会出现血压升高、水肿、呼吸困难,严重的会诱发并发症并导致死亡。这与传统制造业环境下企业运行对现金的需求极为相似:现金存量不足,会导致企业运行不畅,甚至会破产;保有超过正常运行所需正常余额的现金,有助于企业提高财务弹性、抵御风险。但是,超额现金持有,特别是大比例的超额现金持有,不是一种对企业价值有益的管理策略,是一种降低公司价值的行为,不能被认为是一种理性、正常的财务策略,这也是Jensen(1986)"自由现金流"假说的现实基础。20世纪80年代,美国很多上市公司采用股份回购、特别股利等方式,将"多余"的现金返还给股东(Michaely和Moin,2021)。

数智化改变了社会经济运行的逻辑,也重新定义了商业模式与商业运行的底层逻辑。在传统农业社会,土地是"财富之母",它在社会再生产过程中最为重要;工业化社会的资本与技术是社会再生产过程中财富创造的前提;在数智化时代,土地等实体资产的作用大幅度降低,创新与创意、数据等在财富创造过程中的作用提升明显。对于具体的微观企业来说,在企业的经营循环过程中,各要素的地位和作用也在重新排序。

在传统的工业化时代,创造价值的是以固定资产为核心的"经营性资产",包括固定资产、存货等。现金是一种辅助,尽管它很重要,没有现金,企业就难以运转,因此,现金被称为"血液"或"润滑剂",现金本身不直接参与再生产过程与价值创造,发挥的是配角、辅助的作用。在数智化时代,固定资产等实体资产在价值创造过程中的作用逐步降低,创意、平台、数据等的作用在上升。其中,现金的角色也在转变。

与"润滑剂"相对应,我们借鉴化学上的术语,用"加速剂"来形容数智化社会经济发展模式下现金的作用。"加速剂"是指能够加快化学反应发生的一种液态或固体,它的工作原理就是类似于"催化剂",我们选择使用"加速剂"一词是基于以下两点考虑:第一,催化剂只是加快化学反应的速率,反应的结果不变,而"加速剂"就并不必然包括这种结果,它也有可能会导致恶性负面后果的发生。第二,"加速剂"一词与"润滑剂"可以比较好地对应,直观反映现金在企业再生产过程中的作用。具体到企业再生产的循环过程,在传统制造业环境下,现金作为"润滑剂",发挥的是辅助作用,过量的现金容易导致企业运行方向失控;数智化环境下的现金是"加速剂",它不仅能够保证企业再生产过程运行顺畅,而且还能够帮助企业在竞争压力的环境下加大创新研发的力度,并适时采纳新的生产模式或进入新的领域,以保证企业拥有持续的竞争力。

微软尽管长期占据行业领先地位,拥有波士顿矩阵中所定义的"现金牛",在苹果、谷歌的压力下,微软从个人单机应用转向互联网和云产品,同时,也在布局硬件;之后,更是斥巨资进入AI和ChatGPT领域,这也使得微软在2021年10月的市值超过苹果,成为美国市值最大的企业,微软的市值更是在2024年1月突破3万亿美元。

换言之,在传统工业制造时代,企业的生产、经营活动一旦确定了,会在一个相对较长时期里保持稳定,现金是企业经营活动的"润滑剂",能够保证企业的经营活动有序、顺畅运行。在数智化社会,面对不断转换的市场需求,企业需要能够及时调整、抓住市场持续变化的需求,企业必须拥有充足的现金。没有现金,企业不能组织有效的研究与开发活动,不能及时地根据市场需求调整企业的发展方向、重建企业的供应链系统等,企业就会在不断变化的市场环境中逐步成迅速丧失竞争力,并被市场所淘汰。因此,现金不再仅仅是企业经营活动的"润滑剂",它成为企业经营活动的"加速剂",具体表现如下:

第一,在数智化时代,产品市场信息更加透明,竞争加剧。这会产生两方面后果:原有企业为了保持竞争优势,跳跃到新的市场,需保留更多现金,用于研发、转型升级等。对于拟进入企业,面临各项高成本的生产要素,包括资金、人工、新机器等,需将大量现金作为保障,如小米强势进入造车行业。

第二,数智化催生新的商业模式,且新的商业模式更易"规范、定型",易被模仿。新的商业模式需推广、扩张,吸引客户及其他参与方,此时现金是推广速度的重要保障,也是后续潜在竞争者需要迈过的障碍,如滴滴快速占领国内市场。

第三,在数智化时代,人才竞争更加激烈。在传统的制造业中,机器、设备等固定资产是企业价值的主要决定因素,规模越大,产量越多,收入就越高。固定资产的特点是一次性投入,后续通过累计折旧进入产品成本,而累计折旧属于非现金支出,使得企业在固定资产的生命期内,不需要长期保留大量现金。在数智化时代,固定资产的作用下降,人的作用增强,尤其是高端人才的竞争加大,而支付高额薪酬是人才竞争的主要手段。此时,高额持有现金是加速获得高端人才的保障。

第四,在数智化时代,现金的融资能力增强。随着互联网、手机的广泛应用,数据、信息成为企业重要资产。这些新出现的资产,难以估值、计量、呈现,且原有的资产价值相对下降,使得企业进行外部融资的交易成本提高。此时,大量持有现金是传递企业获利能力的信号,也是未来偿还债务的保障,企业的融资能力增强。

现金角色的这种转变可以更好地解释以下问题:为什么企业持有越来越多的现金,资本市场却没有给予负面评价。

未来的研究,可以从多个方向展开。如关于现金信息与公司价值、现金信息与公司新业务、现金信息与公司发展速度等的研究,引入"加速剂"假设后,会赋予这些话题以新的意义;既然是"加速剂",现金让公司收入增长更快、收益增加等的同时,也存在让公司面临更大风险的可能,其中的调节性因素就是企业家能力、公司治理等。因此,我们会提出新的研究课题。

现金的角色从"润滑剂"转变为"加速剂",最优现金持有量概念需要重新定义,相应地,现金管理政策或策略需要作出相应调整。

正如会计史学家查特菲尔德在《会计思想史》一书中所说的,"会计的发展是反应性的,会计……与经济发展密切相关"。社会发展从制造业进入数智化,企业的经营活动支撑企业经营活动潜在逻辑发生改变,社会再生产要素在再生产过程的作用等已经发生改变。我们需要通过实践和案例分析,准确地捕捉这些变化,并尝试从理论角度进行提炼,从而更新会计理论与方法体系。

(石　昕　程六兵　刘　峰)

参考文献

[1] 安静.思考长虹[J].企业研究,1999(4):31-33.

[2] 戴赜,彭俞超,马思超.从微观视角理解经济"脱实向虚":企业金融化相关研究述评[J].外国经济与管理,2018,40(11):31-43.

[3] 葛瑶,沈哲,李海丽.公司现金持有研究综述[J].当代会计评论,2022,15(1):55-73.

[4] 李雪松,党琳,赵宸宇.数字化转型、融入全球创新网络与创新绩效[J].中国工业经济,2022(10):43-61.

[5] 梁喜,刘怀英,胡诗艺.直播模式对电商供应链定价与质量决策的影响研究:基于制造商店铺自播与委托主播带货两种模式的比较分析[J].价格理论与实践,2022(9):154-157+207.

[6] 时大红,蒋伏心.我国企业数字化转型如何促进居民消费升级?[J].产业经济研究,2022(4):87-100.

[7] 肖土盛,孙瑞琦,袁淳.新冠疫情冲击下企业现金持有的预防价值研究[J].经济管理,2020,42(04):175-191.

[8] 严昊晖,张龙逸.格力电器发展驱动因素分析[J].中国市场,2021(8):7-12.

[9] 杨德明,毕建琴."互联网+"、企业家对外投资与公司估值[J].中国工业经济,2019(6):136-153.

[10] 约瑟夫·熊彼特.经济发展理论[M].何畏,易家详,张军扩,等译.北京:商务印书馆,1990.

[11] 张维迎.企业的企业家:契约理论[M].上海:上海人民出版社,1995.

[12] Bates T W, Kahle K M, Stulz R M. Why do U. S. firms hold so much more cash than they used to? [J]. The Journal of Finance, 2009, 64(5): 1985-2021.

[13] Denis D J, McKeon S B. Persistent negative cash flows, staged financing, and the stockpiling of cash balances[J]. Journal of Financial Economics, 2021, 142(1): 293-313.

[14] Jensen M C. Agency costs of free cash flow, corporate finance, and takeovers[J]. The American Economic Review, 1986, 76(2): 323-329.

[15] Michaely R, Moin A. Disappearing and reappearing dividends[J]. Journal of Financial Economics, 2021.

[16] Opler T, Pinkowitz L, Stulz R, Williamson R. The determinants and implications of corporate cash holdings[J]. Journal of Financial Economics, 1999, 52(1): 3-46.

3.2 数智化与固定资产的意义

一、引言

以资产负债表、利润表和现金流量表为核心的财务报告体系,成型于20世纪80年代,这是以制造业为主的时代。财务报告体系的经典表现是强调实体资产的作用,区分流动资产与固定资产,特别强调固定资产对制造业的意义。在会计学中,固定资产是指企业为生产商品、提供劳务、出租或管理而持有的,使用寿命超过一个会计年度的非货币性资产。这类资产包括但不限于土地、建筑物、机器设备、车辆等。固定资产的特点是价值较高、使用期限长、使用过程中不改变自身形态、能够为企业带来持续的经济利益。在以制造业为主导的经济环境下,一个制造类企业的规模与其固定资产数量直接相关。而固定资产在经济寿命期内,不会因为使用、磨损而影响生产能力,因此,企业还通过设立"累计折旧"备抵账户,记录固定资产折旧情况,以保持固定资产账面原值不变。

数智化的全面应用与数字经济的发展,正在全面重新定义社会经济的运行逻辑,同时产生了诸多新现象和新问题,需要会计理论和会计准则作出相应的改变,这既是会计学科自身属性的要求,也是社会对包括财务报告信息在内的会计的期望(刘峰等,2023)。一方面,技术进步使得机器设备的制造能力与效率都大幅提升,机器设备在企业发展中的作用与地位在逐渐下降。另一方面,制造类企业在社会中的地位与重要性程度也在降低。以美国Fortune 500为例,该榜单的唯一取舍标准是销售收入,即企业的销售收入决定了企业能否上榜。1955年第一次推出该榜单时,美国境内规模最大的前十位企业都是制造业和石油资源类企业,而进入2000年,榜单逐步发生改变,在销售收入前十位的企业中,制造类企业占比下降,亚马逊、苹果、CVS Health、United Health Group、McKesson、AmerisourceBergen等非制造类公司上榜。如果以公司市值来排行,我们检索到的最早市值数据是1965年,当年市值最高的公司是AT&T,前10位的公司包括GM、IBM、GE、Kodak、Ford等,这些都是制造类或资源类公司,固定资产都是它们最重要的资产;2023年年底,在市值最高的10家公司中,苹果、微软、亚马逊、谷歌、Meta等都不是制造类公司。

如图3.2-1所示,2015—2021年,牧原股份当年新增固定资产与当年新增营业收入呈现稳定关系,比例维持在1左右。牧原股份在2019年成立智能化团队[1];2021年,智能

---

[1] https://mp.weixin.qq.com/s/ocntDLo_UZn97JpTTArpmg。

化系统应用：智能环控、智能饲喂、智能机器人；2022年，智能化持续发展，物联网平台、大数据平台、人工智能平台出现。在这之后，新增营业收入与新增固定资产的比值发生了偏离，固定资产对于营业收入的支撑作用正在变弱。

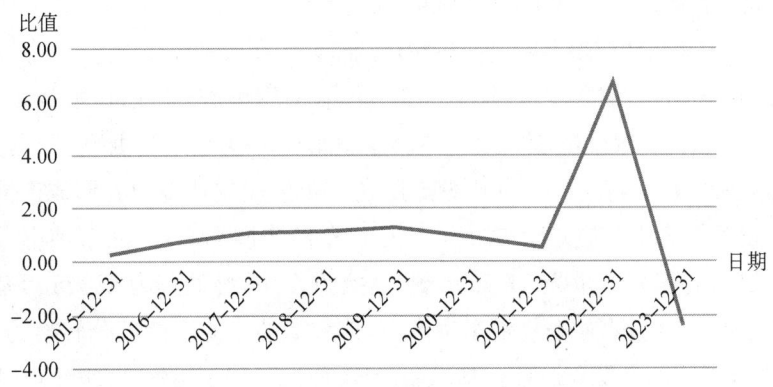

图3.2-1　2015—2023年牧原股份每年新增营业收入与新增固定资产比

资料来源：牧原股份年报。

在工业化时代，固定资产是一家制造类企业最重要的资产，现有的财务会计是在工业化社会基础上形成的，为此，会计处理专门为固定资产设置了"累计折旧"备抵账户，以保证固定资产账户能够提供企业固定资产原值/规模、固定资产成新率等信息。在数智化快速发展的当下，企业运营环境与商业模式都发生了改变。这种改变是否会对已有的会计理论与范式的适用性提出挑战？如果存在挑战，其主要表现是什么？

数智化的全面应用，对社会经济环境、企业运行、商业模式等的影响是全面的。我们以固定资产为例，讨论数智化时代固定资产在企业运行过程中的作用，以及可能的角色转变。过去，固定资产等实体资产一直是衡量企业快速发展、规模扩张的重要指标。进入数智化时代后，尤其是智能手机出现所伴生的移动互联网的广泛、深度应用，社会经济形态、商业模式等都在发生结构性改变，以厂房、设备为主的有形固定资产在社会再生产，或者说是价值再创造过程中的作用、重要性都在下降，而包括技术、数据资产等在内的无形资产，地位与作用都在上升。

结合比亚迪、瑞幸咖啡、滴滴出行等多个公司案例，我们认为，在新的数字经济环境下，固定资产的意义已经发生改变，固定资产在企业发展中的决定性作用从早期被科学技术削弱，到数智化时代进一步降低，相应地，资产负债表的信息含量也需要被重新认识。

二、传统制造业：来自比亚迪的案例

在传统工业时代，汽车制造企业的核心竞争力往往依赖大规模的固定资产投入，如生产设备、厂房、土地等。这些资产是企业实现大规模生产的物质基础。汽车企业的竞争力不仅体现在产品本身,还取决于生产效率和产能规模。通过合理的固定资产投入和管理,企业能够在市场竞争中占据优势,从而提升市场份额。通常,企业产能形成的逻辑顺序如下:经过市场调研、内部可行性分析等一系列程序,确定产能提升与固定资产投资计划;投资建造厂房、设备、固定资产等;招聘并培训熟练的工人;形成规模化的产能。例如,1984年10月10日,上海汽车集团股份有限公司与大众汽车公司在人民大会堂签订合营合同,宣布上海大众汽车有限公司正式成立;1989年9月28日,第5万辆轿车下线;1990年4月,上汽大众五周年庆典,一期工程建成投产,达成年产6万辆整车和10万台发动机的生产能力[1]。

按照媒体公开报道,特斯拉上海超级工厂在一年内完成从签约到形成产能;比亚迪股份有限公司(以下简称比亚迪)于2022年3月宣布停产燃油车,专注于纯电、混动汽车业务。2021年,比亚迪全年产量为74.75万辆,各类汽车中,燃油车为23.78万辆,占当年全部产量的31.81%。在宣布停止燃油车生产后,传统燃油车的产能部分转换为新能源车产能,同时,比亚迪扩产新能源车产能。如表3.2-1所示,2018年到2021年,比亚迪固定资产增长幅度不大,为10%至13%;机器设备净值的增幅略高,从2018年的231亿元,增至2021年的335亿元,4年总增幅为45%,年增幅为12%至14%。2022年当年机器设备净值增长147%,从335亿元增长至830亿元;同时,年度汽车产量从74.8万辆增长至188.2万辆,增长151.6%;如果以2021年剔除燃油车、新能源车50.97万辆为基数,产量增幅为269.23%。因此,比亚迪2022年当年机器设备净值增长1.5倍,形成了超过2倍的实际产量。比亚迪当年增加设备、当年达产见效,其固定资产转化产能的速度,是工业化时代无法实现的,背后的决定性因素是企业产能的改变,这也是数智化等多种因素共同作用的结果。

表3.2-1 2019—2023年比亚迪固定资产、机器设备、房地产、运输工具、产量及其增长率　　金额单位:元

项目	2018年	2019年	2020年	2021年	2022年	2023年
固定资产总额	4 367 863	4 944 336	5 458 462	6 122 136.5	13 188 036.9	23 090 382
增长率		13.20%	10.40%	12.16%	115.42%	75.09%
机器设备净值	2 313 037	2 643 719.2	2 975 083	3 354 430.8	8 296 915.9	13 678 610.6
增长率		14.30%	12.53%	12.75%	147.34%	64.86%
房地产期末净值	1 620 744.3	1 735 104.9	1 812 866.9	1 980 129.5	3 686 964.5	7 552 493.8
增长率		7.06%	4.48%	9.23%	86.20%	104.84%
运输工具净值	86 693.9	99 774	96 159.2	99 546.6	161 441.2	348 447.7
增长率		15.09%	-3.62%	3.52%	62.18%	115.84%
产量(万辆)	52.1	46.1	42.8	74.8	188.2	304.5
增长率		-11.52%	-7.16%	74.77%	151.60%	61.80%

数据来源:比亚迪年报。

---

[1] 资料引自:上汽大众37年造车"简史"(https://finance.sina.com.cn/roll/2021-07-03/doc-ikqciyzk3285226.shtml#)。

如图 3.2-2 所示，比亚迪的产量增长曲线并未与固定资产及机器设备的增长率完全重合，甚至在 2019 年和 2020 年出现了相反的关系。这表明，固定资产对产能贡献的边际影响正在递减，单纯依靠增加厂房和设备难以实现生产效率的指数级提升。因此，固定资产虽然为企业扩展提供了条件，但作用正在逐渐减弱。固定资产在制造业产能提升过程中的作用，从传统工业划时代的主导作用转化为"硬件容器"的次要、辅助作用。那么，在数智化时代，固定资产在企业再生产过程中的作用或角色发生了什么样的改变？

图 3.2-2　2019—2023 年比亚迪固定资产、机器设备、产量增长率

数据来源：比亚迪年报。

随着数智化的快速发展，传统制造业的逻辑正在发生深刻变革。以比亚迪为例，长期积累的汽车制造，尤其是新能源汽车制造的全部技术、汽车制造自动化程度提升、汽车制造业积累的管理经验，以及完善的管理系统、中国强大的供应链与配套能力，让包括比亚迪在内的中国几家头部汽车研发与制造企业，能够在非常短的时期里快速提升产能。在企业产能提升过程中，固定资产虽然为企业扩展提供了条件，但作用正在逐渐减弱。因此，我们认为，固定资产在企业再生产中角色的转变，一定程度地发挥了产能扩张"硬件容器"的机制或作用，而真正填充这一容器并实现高效运转的，是数智化能力。固定资产的投入只有在高效利用的情况下才能转化为实际产能，而这正是数智化技术的核心价值所在，固定资产发挥的是将企业生产汽车的势能转化为动能的媒介作用。

在比亚迪的再生产过程中，制造新能源汽车需要充足的厂房、设备等固定资产，厂房、设备等固定资产与大批量汽车生产产能之间的关系在改变。1992 年，我国全部汽车产量为 106.67 万辆，当时，中国整体汽车产量较低，用事后的标准来衡量，市场对高质量、高性价比的汽车存在市场需求，当时中国的汽车制造企业无法解决汽车制造中的固定资产与相关的技术限制，汽车企业的产能提升缓慢，一直到 2000 年全国汽车企业的产能才突破

200万辆。比亚迪2003年通过收购秦川汽车进入汽车制造行业，2005年9月，第一款汽车F3上市；2007年10月，第一款双模电动汽车F6上市；2009年，首款纯电动汽车E6上市；2020年比亚迪推出刀片电池，解决了电动汽车的安全问题，电动汽车的制造进入替代燃油车的阶段；2021年，比亚迪宣布停止燃油车生产，全力投入新能源汽车制造；2021年，比亚迪的全部汽车产量为73万辆，之后每年提升超过100万辆，2024年比亚迪生产汽车430.41万辆，销售427.21万辆；固定资产的增加与产能的提升是同步进行的，而不是先投入固定资产，逐步形成有效产能，固定资产与实际产能之间的逻辑关系在改变。没有这之前接近20年持续的技术投入和积累，包括智能化数字工厂等的积累，比亚迪无法在短期内形成如此高的制造能力。至于制造汽车所需的机器、设备等，是比亚迪在具备了大规模生产新能源汽车的能力（势能）后，为了将这种能力转化为现实产能（动能）而建造、配置，这些机器、设备相当于是一种产能转化、实现的媒介，即成为比亚迪产能提升的"硬件容器"。

三、新零售产业：来自瑞幸咖啡的案例

Luckin Coffee（以下简称瑞幸咖啡）总部位于厦门，是中国门店数量最多的连锁咖啡品牌。根据瑞幸咖啡2020年至2023年的数据，固定资产占营业收入的比重从51.33%下降至37.57%。2020年固定资产占营业收入比重高达51.33%。2021年瑞幸咖啡营业收入增长97.50%，而固定资产增长47%，导致比重从51.33%降至38.20%。2023年固定资产占营业收入37.57%，营业收入规模较2020年增长超3倍，表明资产使用效率显著提高，2020—2023年瑞幸咖啡固定资产、机器设备、产量及增长率见表3.2-2。

表3.2-2　　2020—2023年瑞幸咖啡固定资产、机器设备、产量及其增长率

指数	2020	2021	2022	2023
固定资产（亿元）	20.7	30.43	38.71	93.56
增速		47.00%	27.21%	141.69%
营业收入（亿元）	40.33	79.65	132.93	249.03
增速		97.50%	66.89%	87.34%
固定资产占营业收入比	51.33%	38.20%	29.12%	37.57%

数据来源：瑞幸咖啡年报。

瑞幸咖啡是基于数智化驱动而发展的公司，内部可以分为两个App管理系统和六个运营系统，涵盖公司新店选址与开设、新产品研发与推广、员工培训、客户端App、门店端App与智慧门店系统观等。所有数智化系统的引入与有效应用，将瑞幸咖啡发展过程中所需要的绝大部分专有知识编码并嵌入系统，瑞幸咖啡新增门店就是简单的复制、移植，服务质量可以无损扩张，同时，经营过程能够有效、有序运行，不会出现星巴克早年扩张过程中的混

乱现象。也正因为如此,2023年6月5日,瑞幸咖啡第10 000家门店开业;时隔13个月13天的2024年7月18日,瑞幸咖啡第20 000家门店在北京开业。在406天时间里,瑞幸咖啡新增10 000家门店。扣除农历春节3天假期,瑞幸咖啡每天新增门店将近25家,如此快速的开店速度,单店销售收入、咖啡出品质量的市场评价等都在向好的方向发展,这显然不能单纯通过固定资产投资来解决。

同样,瑞幸咖啡能够在2021年至2024年的快速、平稳扩张,是基于其强大的数智化系统。通常情况下,一家新的瑞幸咖啡门店设立的顺序如下:参考数智化系统建议,给出某个城市适合的开店位置;瑞幸咖啡该城市的工作人员去寻找物业、商谈、签订合同;相关人员给出专业的门店装修、布置方案,门店快速开业;通过门店管理App、客户端App等,瑞幸咖啡的门店能够快速投入运营,且借助后台的多个数智化系统,瑞幸咖啡不仅能够有效地管理物流、供应链,保障两万多家门店正常、有序运营;2023年9月,瑞幸咖啡与茅台合作推出酱香拿铁,当天销售高达542万杯,相当于是对瑞幸咖啡物流供应链系统的"压力测试"。在强大的数智化系统的支持下,瑞幸咖啡没有出现门店物流供应不足、门店运行无序等现象。

在具体运营过程中,瑞幸咖啡通过物联网技术实时监控咖啡机、仓储设备等资产的使用状态,减少设备闲置和故障率。通过预测性维护,设备寿命延长,单位固定资产的产出效率提升,从而降低了新增固定资产的需求。大数据分析帮助瑞幸咖啡精准预测各门店的订单量,优化设备配置和库存管理。App等数字工具的应用减少了对实体门店面积和设备的依赖。小型联营门店只需基础设备即可运营,这也进一步压缩了固定资产的规模。

瑞幸咖啡从早期的"自营扩张"转向"联营+数智化"模式,降低了对自有固定资产的依赖。联营模式通过合作伙伴分摊资产投入,而数智化技术提升存量资产效率,形成"轻资产高周转"的快循环。如表3.2-3所示,其自营店铺与联营店铺的比值从4.50逐年下降至1.89,表明联营模式在门店网络中的占比显著提升。借助数智化平台等赋能的管理效率,瑞幸咖啡可以有效控制联营模式可能具有的弊端和缺陷,将联营伙伴的运营流程标准化,且过程可控、可回溯,保证了联合门店的运营质量,同时,将固定资产投资风险转移给合作伙伴,瑞幸咖啡得以专注于数智化等核心能力。

表3.2-3 2020—2023年瑞幸咖啡自营门店、联营门店数及其增长率

项目	2020年	2021年	2022年	2023年
自营门店(家)	3 929	4 397	5 652	10 628
联营门店(家)	874	1 627	2 562	5 620
门店总数(家)	4 803	6 024	8 214	16 248
自营门店与联营门店比	4.50	2.70	2.21	1.89
增速		25.42%	36.35%	97.81%
月均交易客户(万人)		1 620	2 160	6 200

数据来源:瑞幸咖啡年报。

从本质特征上看,联合或加盟模式能够被广泛采用,就是固定资产在再生产过程中角色转变为"硬件容器"的标志;决定一个品牌或一个企业有效产能的,是该品牌或企业的数智化系统及其控制能力半径,这一"核心能力"对企业产能增长的意义是决定性的。

四、互联网平台企业:来自滴滴的案例

在数智化时代,人们的消费方式发生了变化,平台企业的出现代表了一种新的消费方式:人们可以通过使用滴滴实现出行的需求,消费者使用的汽车并不属于滴滴公司;阿里巴巴上售卖的产品不属于阿里巴巴,美团上展示的商家也并不隶属于美团。在数智化时代,企业价值创造的方式发生了变化:创造并服务人们差异化且日益增长的物质文化生活的需求,捕捉并有效识别人们的差异化需求,将其转化为有效产品和服务。实体资产的重要性也逐步降低,这也包括了对于工业时代企业发展最为重要的固定资产。

滴滴是涵盖出租车、专车、滴滴快车、顺风车、代驾及大巴、货运等多项业务在内的一站式出行平台。2012年6月6日,北京小桔科技有限公司成立,经过3个月的准备与司机端的推广,2021年9月滴滴打车1.0在北京上线。在滴滴公司里,连接专车司机、第三方车辆和司机、乘客、公司内部员工、供应商等的,主要是由滴滴App所构造的一个网络。在这个网络中,不同主体之间产生连接,交易发生、达成,企业正常运行。企业的形态从"实体存在"转向越来越多地依赖网络、虚拟化存在,这在一定意义上重新定义了企业的性质。滴滴的商业模式依赖于共享经济,即通过共享闲置资源(如私家车)来提供服务。在这种模式下,和传统出租车公司不同,滴滴不需要大量购置车辆,而是通过平台技术和管理能力,将社会闲置车辆资源整合起来,从而提供出行服务。这种轻资产运营模式大大降低了固定资产的投入,同时,也弱化了固定资产在滴滴企业的运营中的作用,固定资产在滴滴的发展中不再像传统的出行企业一样那么重要。

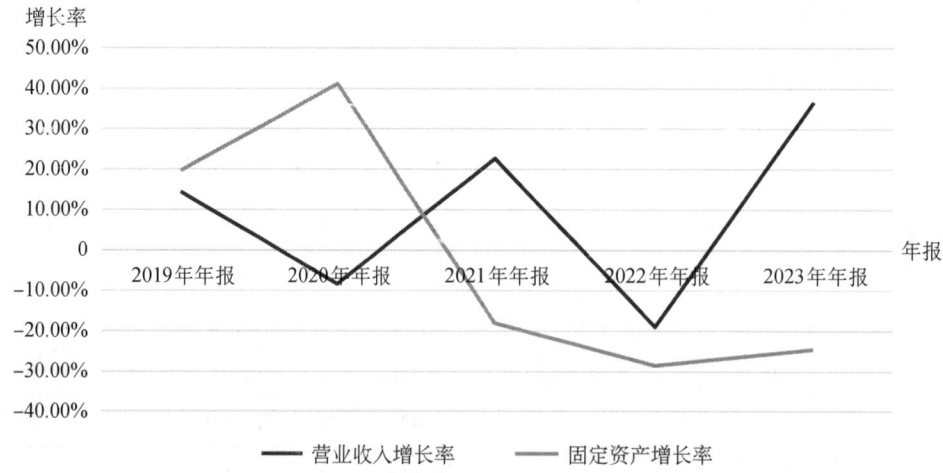

图 3.2-3　2019—2023 年滴滴营业收入与固定资产增长率

数据来源:滴滴年报。

如表 3.2-4 所示，2023 年 12 月 31 日，滴滴固定资产净额期末资产总额的比重为 2.99%，且这一比率一直低于 6%。固定资产与销售收入的关系方面，每 1 元固定资产贡献的销售收入在 2023 年是 44.60 元，且这一数值较 2018 年的 23.41 元提升了接近一倍。伴随着营业收入增长的同时，无形资产总体出现了下降的趋势。如图 3.2-3 所示，滴滴的实体资产与收益之间几乎不存在相关性，两者的增长率相关性极低，甚至在某些年度出现了负相关，例如，2021 年的营业收入增长 22.64%，固定资产减少了 18.03%，可能的原因如下：在数智化技术的推动下，资源的价值创造逻辑、机制已经发生巨大转变，正以全新的逻辑在运行。而这也使得滴滴等平台型企业出现了实体、可抵押资产数额低、固定资产与收入之间的关系不稳定、收入波动性大等现象。

表 3.2-4　　　　2018—2023 年滴滴固定资产等指标一览表

项目	2018 年	2019 年	2020 年	2021 年	2022 年	2023 年
固定资产净额(万元)	577 809	691 240	975 972	800 022	571 832	431 300
资产合计(万元)	14 281 197	14 472 053	14 726 540	15 299 814	13 121 327	14 407 900
资产/固定资产比	4.05%	4.78%	6.63%	5.23%	4.36%	2.99%
营业收入(万元)	13 528 802	15 478 613	14 173 615	17 382 738	14 079 168	19 237 992
收入/固定资产比	4.27%	4.47%	6.89%	4.60%	4.06%	2.24%
每一元固定资产贡献营收（元）	23.41	22.39	14.52	21.73	24.62	44.60

数据来源：滴滴年报。

数智化时代出现的诸多以互联网平台为核心的新商业模式企业，它们都有相似的发展与运行特征：用广告投入来获取市场关注，同时取得销售收入。因此，这类企业的市场、销售费用相对较高。滴滴、优信二手车等互联网企业，为抢占市场，大幅提升宣传投资。表 3.2-5 也报告了滴滴 2018—2023 年市场、销售和管理占营业收入的比重，平均值为 14.31%，远高于固定资产与销售收入的比重。得益于 5G、物联网、互联网等技术的发展，生活中可被记录、分析的数据增多。数智化技术使得广告的精准投放成为可能，企业也因此能迅速积攒流量、增加企业知名度，进而开拓新市场、提升企业价值。这也改变了企业收入结构的稳定性，固定资产与销售收入的相对稳定关系正在削弱。

表 3.2-5　　　　2018—2023 年市场、销售和管理费用占营业收入比重

项目	2018 年	2019 年	2020 年	2021 年	2022 年	2023 年
固定资产占营收比	4.27%	4.47%	6.89%	4.60%	4.06%	2.24%
三费总额(万元)	1 184 570.5	1 370 941.4	1 868 747.2	4 567 653.4	2 676 118.4	1 884 444.1
三费占营收比	8.76%	8.86%	13.18%	26.28%	19.01%	9.80%

数据来源：滴滴年报。

五、从"产能基础"到"硬件容器":数智化时代固定资产的新角色

"数字经济是继农业经济、工业经济之后的主要经济形态"[1],数字经济之前是工业化大生产时代。在传统的工业制造时代,制造业是社会财富创造的主要环节,社会资源也集中投放在制造类企业和制造环节。例如,1955 年美国财富 500 强前 10 位的公司,都是制造业或石油开采业,且固定资产在企业中的占比较高;1955 年美国通用电气公司(General Electric Company,以下简称 GE)的年报显示,年末资产总额为 17.28 亿美元,固定资产总额为 11.71 亿美元,累计折旧为 5.86 亿美元,固定资产净值为 5.85 亿美元,固定资产净值占全部资产总额的 1/3。借助这些机器设备,GE 公司在 1955 年实现了约 31 亿美元的销售收入。

GE 公司在一定程度上也是工业化时代制造业的代表:企业通过研发、固定资产投资等,形成有效产能;这些固定资产投入使用,逐渐达成有效规模化生产,公司产出增加。这表明,固定资产是企业,尤其是制造业企业发展的主要决定因素。固定资产规模越大,产量越多,收入就越高。1953—1955 年,GE 公司年新增固定资产平均超过 1.5 亿美元,占同期末固定资产净值 30% 以上。固定资产不仅投入幅度高,且构成企业的"产能基础"。在工业化时代,固定资产是企业的"产能基础",因此,社会对固定资产投资高度重视,美国为了鼓励企业用利润进行固定资产投资,于 1962 年通过了"投资贷项税法案";我国将固定资产投资纳入国家经济发展计划[2],也是延续已久的做法。固定资产投资额是我国投资统计制度中的核心指标之一,有着 70 多年的历史,20 世纪 50 年代初,我国正式建立了基本建设统计制度,"十五"规划就明确设立全社会固定资产率指标;在微观企业层面,企业的固定资产投资需要通过各级计划部门、财政、银行等部门批准后,才可进入具体的投资阶段。政策层面之所以对固定资产投资进行宏观控制,就是因为固定资产直接决定了产能与规模,是再生产的"产能基础"。

数智化的全面应用使社会工业经济社会转型进入数字经济社会。这种转型是根本性的,包括资源的本质属性、价值特征和价值创造方式等都随之发生改变。人类社会从农业经济、工业经济到数字经济,社会再生产要素从土地、劳动力至上,到资本、技术、信息等先后成为社会再生产过程中的重要因素,趋势性特征如下:土地、厂房、设备、资本等有形资产的作用在下降,劳动力、技术、信息等无形资产[3]的地位在不断上升。作为传统工业化时代产能基础的固定资产等实体资产,它们在社会再生产过程中的作用进一步下降,对基于互联网架构的平台公司来说,连办公场所都可以虚拟化,土地的作用几乎可以忽略(石昕

---

[1] "十四五数字经济发展规划"(国发〔2021〕29 号),2021 年 12 月。
[2] https://www.stats.gov.cn/zs/tjws/tjzb/202301/t20230101_1903719.html。
[3] 此处无形资产是指相对于土地、厂房、设备、资本等具有实体存在、表现形态的要素,那些没有实体存在形态的要素,如劳动力(是指人具有的劳动能力与经验)、科学技术、信息等,不是会计上严格限定的"无形资产"。

等,2024)。一方面,制造业所创造的价值占社会价值总和的比重在降低,仍以美国财富500强为例,1955年美国500强企业的前10位公司以制造业为主;在2020年的美国财富500强企业中,制造业所占比重在降低,前10强只有美孚石油/Mobil是资源、制造等对固定资产依赖度高的企业,苹果公司位列第4位,苹果公司不直接制造产品,而是将制造活动外包[1]。另一方面,因为技术进步,制造效率大幅度提升,固定资产占社会资源的比重在降低。与固定资产效率提升、制造业社会地位相对下降同步的,是社会再生产组织方式在发生改变。企业经营的核心能力在改变,例如,沃尔玛作为零售企业,核心能力包括:强大的物流管理、供应链系统;全球本地化运营能力,包括实体店的选址与管理系统等。对沃尔玛来说,每一家新店、每一个店面的运营,都需要投入大量的固定资产,没有这些固定资产的支持,沃尔玛无法将货品交付给消费者;亚马逊借助其强大的平台,可以有效聚合全球的买家与卖家,平台撮合交易的能力、能够触达交易的地理范围、达成的交易量等,主要取决于亚马逊的平台能力,与固定资产投资的敏感性程度不高。在数智化时代,这种现象不仅存在于新零售等互联网平台公司,而且也不同程度地存在于数智化高度嵌入后的新制造业,如比亚迪、小米等。也因此,在数智化时代,固定资产是企业能够有效地将生产势能转化为动能的媒介,固定资产在企业再生产过程、产能的实现与提升过程中的角色在转变,即从"产能基础"变身为"硬件容器"。

在数智化时代,固定资产这种角色从"产能基础"到"硬件容器"的转变,标志着固定资产虽然依然是企业运营的重要因素之一,但其在企业价值创造中的核心地位正在被信息、数据等新要素取代。虽然固定资产的"硬件容器"为企业提供了必要的支持,帮助企业发展得更快、更好,但不再是"产能基础"。固定资产角色转变的具体体现如下:

——企业收入模式及其持续性需要重新认识。制造业企业的收入来自产品生产、制造、销售,一旦模式确定后,企业收入相对稳定,企业销售收入、固定资产、存货等之间存在内在稳定的关系,固定资产代表企业的规模,财务风险明确。在工业化时代,通常将固定资产视为企业发展的"产能基础",因为它们是企业快速发展与扩张的基础。固定资产为企业提供了必要的物理基础,确保了生产和运营的连续性。在工业化时代,固定资产的规模和效率直接决定了企业发展的速度和竞争力。这也是固定资产投资在宏观和微观层面都得到高度重视的逻辑基础。

在数智化时代,市场节奏变化快、迭代快;固定场所且相对固定的雇员,不再是数智化企业存在的"标配";数字资产化、资产数智化,企业的快速增长更多地来自数智化系统与数据资产,实体资产在企业收入赚取过程中的作用和地位在下降。以养猪业为例,自2021年起,猪价下跌导致养猪企业全面亏损,企业只能通过控制或降低产量来争取存活。牧原股份在2022年的生猪出栏就已经达到6 120万头,2023年为6 382万头,不再像之前的年化超过55%的增长。

---

[1] 从全社会来看,固定资产仍然在发挥着重要作用,因为富士康等代工企业需要投入资本、形成产能。

企业有形资产的比重也在下降,有形资产、制造业环境下固定资产与销售收入的相对稳定关系在削弱,数智化固化了很多管理知识,特别是专有知识(刘峰等,2024),让新企业设立、企业规模扩张变得更容易。决定企业产能的最关键因素不再是固定资产,企业从0开始进入新行业的学习曲线正在逐步降低,而这也要求我们重新认识企业收入的增长和持续性。

——基于固定资产的企业投资行为需要重新被认识。投资是企业重要的资产积累及价值创造方式。数智化技术与产业不断地融合,彻底改变了经济运行逻辑、形式和格局,同时也在重塑着企业投资行为。企业的投资方式经历了由侧重提升产能的机器设备等固定资产投资转为与数智经济相关的投资方向变迁。具体而言,其一,加大数智平台建设投资。包括傲农生物、牧原股份在内的生猪养殖公司纷纷建立自主的数智化团队,并且建立数智化相关的子公司。其二,提升数智化技术投资规模,如牧原股份的2023年年报显示,公司研发投入13个项目,8个项目与数智化相关,新增的固定资产大部分为智能化改造后的猪场等资产。因此,从投资对象来看,从传统的固定资产投资转为数智化设备、数智化系统等方向的投入,传统企业的投资方向正经历着由"固定资产投资—数智化投资"的悄然转变,企业积极利用数智化技术辅助投资决策。综上所述,数智化时代的企业投资对象、方式等变得多样化,我们需要在新的范式下,讨论企业投资行为。

——基于固定资产的企业融资行为、风险需要重新认识。同时,在数智化时代,企业基于传统工业时代的报表难以确认大量数智化资产。因此区别于传统制造业拥有众多固定资产或存货可作为抵押贷款,进而获得银行信贷资金支持,数智化时代的企业很可能被少计算资产。以傲农生物为例,伴随着数智化对于猪周期的深远影响,猪价的持续低迷给企业的经营带来了前所未有的挑战(刘峰等,2024)。对于财务报表的使用者来说,受限于传统的财务报表格式,傲农生物相关数智化转型无法准确反映,这些数智化成果、数据资产未能计入账面价值,公司的资产负债表无法真实反映其整体资产状况,导致资产价值被低估。这种情况对公司的融资活动产生了严重的负面影响,众多债权人在审视公司传统格式下的财务报表后,对傲农生物的偿债能力和未来前景持悲观态度,因此拒绝展期或者继续提供融资。更有甚者,部分债权人选择了提前结束贷款协议。终止贷款展期的连锁效应、财务费用的增加等进一步加剧了公司的资金紧张状况,影响了公司的正常运营和部分业务的发展,在这种内外交困的情况下,傲农生物被迫启动了重组程序。传统财务报表无法反映企业数智化的能力,最终导致企业报表中的资产负债率高于实际资产负债率、企业信用的被动收缩,以及融资成本的进一步上升。这对于企业本身和经济社会发展都造成了巨大的影响。

会计的发展是反应性的(查特菲尔德,1989)。在数智化快速发展的当下,由于会计理论和范式都是基于过去工业经济所奠定的框架,出现了大量理论和现实脱节的现象。最明显的问题之一就是资产负债表仍然过去工业化时代企业的运营特征填报,财务报表使用者从财务报表中获得的资产信息含量越来越低,使用者无法再像从前一样能够从财务报表中获得足够有用的信息,而这也在一定程度上损害了财务报告的基本目标。造成这个现象的重要原因就是财务报表中资产和数智化转型的相关度不断下降,如果仍然采用相关性下降的财务报表中的内容来衡量企业的数智化水平就更有可能出现"南辕北辙"的效果。要想增强财务报表信息的相关性,首要任务就是实现财务报表和数字经济的接轨,赋予财务报表更多信息含量,其中关键是如何准确描述数智化在企业日常活动中发挥的关键作用。

很明显,从早期的结绳记事,到后来的财务报表,这几千年的会计信息含量的演变并不是一个简单的去粗取精、去伪存真的演化过程。财务报告的信息含量和相关性,除了先辈们自己的努力,也由工业化时代、数字时代的政治经济等长期或短期条件所深刻塑造。这也意味着仍需要学术界和实务界共同努力,确保会计理论、会计准则和会计报表跟上数字经济的发展脚步。

(刘　峰　屠雨泽)

参考文献

[1] 迈克尔·查特菲尔德.会计思想史[M].文硕,译.北京:中国商业出版社,1989.
[2] 刘峰,袁红,苏雅拉巴特尔,等.再论财务报告的目标:兼评《企业数据资源相关会计处理暂行规定》[J].会计研究,2023(4):3-15.
[3] 石昕,程六兵,刘峰.数智化时代下现金的角色转换[J].财务与会计,2024(11):74-77.

3.3 数智化与负债的意义[1]

负债,既是一个常用的汉字组合,也是会计、金融、法律等专业领域经常使用的术语。我们主要从会计专业术语视角来讨论负债的含义、演变等,并结合具体的案例,讨论负债因社会经济环境改变,尤其是数智化环境的改变而对于企业意义的影响。

传统观点认为,负债代表着企业在未来期间需要偿还的债务,偿还债务需要企业有相应的资产资源。如果企业不能如期偿还债务,债务刚性属性表明,企业会面临被债权人求偿而清算的风险。这也是资产负债率给人们传递的最基本含义:高负债率,通常意味着高风险。传统的财务管理教科书在讨论负债时,从上述债务风险出发,提出了企业债务融资的积极意义,即通过债务融资,提升净资产报酬率(ROE),资本结构的公司治理作用和信号意义等。基于负债的学术研究,还朝多个方向展开,例如,权衡理论、融资优序理论、代理理论、破产风险等理论,都尝试对企业负债给出各自的理论解释。

上述对负债的认识,总体上以后工业化社会、制造业为主体,以社会金融资本相对不充裕为背景。进入21世纪后,尤其是智能手机出现、移动互联网全面"嵌入"社会生活后,社会进入数智化时代,不仅社会整体的生产效率大幅度提升,社会从卖方市场进入买方市场,而且信息的生成、获取与传递方式发生改变。从社会经济运行、商业运行角度看。运行呈现以下特征:制造业地位下降、制造业自身模式转换、商业模式不断变革、金融资本过量供给导致资本驱动产业等。这些都从基础上改变了企业及其所处的社会环境,从而也在重新定义着负债和基于负债的资本结构。

结合这一时期的几个市场案例,我们认为,在新的数智化环境下,负债的意义已经发生改变,资本结构的意义也需要被重新认识。

一、什么是负债与资产负债率:从几个案例谈起

美国财务会计准则委员会于1980年发布的第3号财务会计概念结构公告,对"负债"的界定如下:负债是因为企业过去的交易或事项所形成的、在未来期间会导致资源流出企业的现时义务,对义务的履行需要转移资产或提供劳务。

我国企业会计准则对负债的定义相对要简略些:负债是企业所承担的能以货币计量、

---

[1] 此文曾刊发在《财务研究》2022年第5期,这里有删改。

需以资产或劳务偿还的债务。国际会计准则对负债的定义也比较简洁：主体由于过去事项而形成的转移经济资源的现时义务。

在企业资产负债表上，与资产相对应、构成企业资本来源的，为负债和所有者权益两大部分。理论上，债务的特征如下：(1)有利息，且随着时间推移，利息负担越来越大。(2)有到期日的限定，这也是负债和所有者权益的区别之一。(3)有约束力，即到期还本付息，对企业具有较强的约束力。如果届时企业不能还本付息，债权人有权采取法律行动、保障自身的权益。例如，直接引发恒大危机事件的就是2021年7月19日，广发银行宜兴支行的1.32亿元贷款申请诉前财产保全。

与负债的有期、强约束不同，所有者权益没有利息、没有到期日，其权益拥有者（通常是股东）享有的是一种"剩余权益"，因此，资产负债率用来反映企业债务资本的安全性程度，从而也代表企业运行的安全性程度。2017年国务院国有资产监督管理委员会发布《关于中央企业降杠杆减负债的指导意见》，2018年中共中央办公厅、国务院办公厅印发《关于加强国有企业资产负债约束的指导意见》，这些规定都是以降低负债、防范化解重大风险为出发点的。

通常，资产负债率是以期末资产负债表上负债总额与资产总额相比较得出，是目前最常用于评价企业债务风险的指标。以下是4家公司的资产负债率：

中国恒大集团（以下简称恒大）（2020年年报，百万元）：1 950 728/2 301 159 = 84.77%；

万科集团（以下简称万科）（2020年年报，百万元）：1 519 333/1 869 177 = 81.28%；

大北农（2017年年报，千元）：7 490 570/19 257 823 = 38.90%；

小米（2017年年报，千元）：217 080 452/89 869 761 = 240.16%。

上述4家公司不同时点的资产负债率，若仅从数字层面观察，恒大与万科都是高负债公司，它们的负债率超过80%，且万科的负债率只比恒大低了不到4%，它们的负债应当是处于同一区间；大北农在2017年的负债率不到40%，是市场上典型的低负债公司；小米IPO之前的2017年年报显示，其负债率不是100%，而是高达240%，按照字面意义理解，它早就是资不抵债公司了。

实际情况是，尽管恒大和万科的负债率都超过80%，但和它们真实的负债水平相去甚远。其中，万科的15 193亿元人民币负债总额中，来自购房者交付的预付购房款高达6 307.47亿元，这部分"债权人"需要的不是到期还钱，而是如期交付商品房。只要万科能够如期交付房屋，这部分负债就会转变成营业收入；扣除这部分的影响，万科的负债率降为72%（资产和负债同时扣减预收款）；万科的刚性债务（有期、有息的长短期借款、应付债券、应付票据、租赁债务等）只有2 867.20亿元，而同期万科账面上现金余额是1 970.27亿元。因此，同为账面负债超过1.5万亿元的房地产企业，万科没有遭受负债的困扰。

相比之下，恒大的1.95万亿元负债中，刚性负债约为16 151亿元（含各类借款、各类应付贸易账款等），同期恒大的现金类资产合计1 935.81亿元，与16 151亿元负债之间的缺口很大。这也是恒大被市场普遍怀疑的直接原因。

我们检索2018年大北农的新闻后发现,检索结果中最多的是关于实际控制人股权质押、疑似爆仓的评论。一个经营正常、负债率不到40%的公司为何会陷入困境,原因是其实际控制人所持有的股权几乎全部被质押,且质押期间股票价格下跌。这就引出一个新的问题:大股东的股权被实际控制人质押了,它直接影响的是上市公司实际控制人的行为,那么会对上市公司产生影响吗?如果答案为"是",那么,它为什么会对上市公司产生影响?这种影响会不会改变被质押股权的性质?

2014年小米E轮融资时,小米的市值已经达到450亿美元,2018年初上市前的目标估值是1 000亿美元。2017年年报数据却显示,小米是一个严重资不抵债的公司,负债率高达240%,且当年亏损438.89亿元人民币。2018年7月,小米正式在香港联合交易所挂牌上市;2019年初,小米提交的2018年年报显示,它的负债率降为:73 977 821/145 227 950 = 50.92%。为什么负债率可以从240%降到50.92%?是因为IPO募集资本的影响吗?小米上市发行新股净筹资为239.75亿元港币,2017年年报显示净负债为2 171亿元人民币。实际原因如下:小米在IPO前进行的多轮融资,发行的是可赎回、可转换优先股,小米承诺在2019年12月23日之前上市,否则,权益持有人有权赎回。小米的审计师按照稳健性原则,将小米发行的可转换、可赎回优先股按市场价值记作负债,并将与原始发行价格之间的差额记作损益。因此,这240%的负债率,只是年报显示的负债率,不是小米投资人所理解的负债率;也因此,2018年7月,小米股票上市,这批股票从可转换、可赎回全部转换为小米的普通股,这部分负债变成权益,同时,计提的差额从利润表中转出,小米也从2017年年报显示438.89亿元人民币的巨额亏损,转为2018年盈利134.78亿元人民币。

上述例子表明,资产负债表上所列示的负债,不只是代表企业需要到期偿付的义务。实际上,负债还具有更深层的含义,需要我们去解析。例如,高资产负债率的含义是否就仅限于高偿债风险?对恒大来说,如果此时债权人全部达成债务展期协议,恒大的风险是否就会消除?高负债率对恒大的意义,除了巨额的到期债务,需要用"真金白银"偿付,还有什么其他含义?对大北农和小米来说,看不见的负债,代表了什么?这些问题,赋予了负债什么样的含义?我们分别以上述公司为例,略作展开。

二、负债的意义:从偿债风险到错配风险

负债对企业的意义,并不止于偿债风险。负债,并不仅仅是增加了企业到期偿还债务的风险,它还在一定程度上改变了企业运行的模式和运行逻辑,整体上加大了企业的风险,包括扩张风险、运营风险等。具体而言,一个企业在发展过程中,所面临的风险来自多个方面,其中,高负债率所带来的潜在偿债风险,只是一个方面;负债还会带来另外一层更加难

以识别的风险,我们暂且将其称为"错配风险"[1]。这里的错配含义较为丰富,主要指管理者团队能力与所管理企业规模的不匹配。

传统的政治经济学将企业扩大再生产分为内涵式扩大再生产和外延式扩大再生产两种类型。其中,通过改进生产技术、提高劳动效率等方式实现的扩大再生产,称为内涵式扩大再生产;依靠扩大场所、雇佣更多的工人、购买更多的机器设备等方式扩大再生产,称为外延式扩大再生产。企业规模和生产能力的扩张,都需要资本的支持。比照这一逻辑,企业规模的扩张可以区分为基于企业自身过往利润积累所产生资本的扩张和基于外部资本支持的扩张。我们同样将扩张分为内涵式扩张与外延式扩张。

理论上,纯粹的内涵式扩张,其资金主要来源是经营过程中所产生的利润积累,产生利润的速度决定了企业扩张的速度。在一个竞争相对激烈的市场上,竞争使得利润率趋于平均化,因此,平均而言,内涵式扩张速度比较慢。而对于那些盈利能力较弱的行业或企业,尤其是在发展初期的企业,因为积累有限,所以扩张速度就会更慢一些。外延式扩张,就是日常所说的"用钱堆出来"的,其资本来源可以进一步区分为股东投入资本和债权人投入资本。通常,创业初期的企业的外源资本主要来自股东,而在度过创业初期的风险期、商业模式相对稳定后,债权人愿意为企业扩张提供资本。这种负债率的变化,从企业不同阶段的财务报表数据中也能够得到印证。

企业扩张是因为预期能够为企业带来更高的收入、更多的利润。企业扩张隐含以下基础前提:(1)该企业所处的行业,市场容量充足,规模扩张,不会出现产能过剩。(2)企业的商业模式符合市场要求,规模扩张,不会带来商业失败。(3)管理层的管理能力、企业内部的各种管理知识、人才队伍和管理制度能够与不断扩张的企业规模相匹配。显然管理一个街边杂货店和管理一个世界500强公司,对管理能力、经验、制度、团队等的要求是完全不同的。

如果企业发展是基于自身积累的内涵式扩张,在一个竞争相对激烈的市场环境下,企业通常都不会有太高的利润率,因此,内涵式扩张通常会呈现以下特征:第一,扩张速度相对缓慢。毕竟,依靠企业自身的利润积累,很难在短期内获得快速扩张的资本[2]。第二,企业扩张的速度与企业管理团队培养、管理能力养成等的匹配度高。

与其相对应的是基于外源性资本支持的扩张,这种扩张速度快,且带来的管理能力与企业规模不匹配甚至错配的风险更高。例如,ofo小黄车的创始人戴威是北京大学在读研

---

[1] 理论上,面对竞争激烈的市场环境,企业只有充分调动各种要素、协调一致,才能在充分竞争的市场环境中存活并胜出。某些要素之间不能有效配合,就会导致企业在竞争过程中处于劣势或被淘汰,我们称之为"要素错配"或"错配风险"。企业运营过程中涉及的要素非常多,如人、财、物、战略、管理、文化等,相应的,错配风险表现是多维的。一个快速发展的企业,或者,企业面对一个快速变化的环境,都会出现各种错配风险。那些能够在最短的时间里调整好的企业(所谓学习型组织),就会快速摆脱经营困境;否则,企业就会陷入困境,甚至被清算出局。

[2] 在一个开放、竞争的市场上,任何一个行业,如果其利润率高,就会有很多进入者,将利润率拉低;只有少数垄断行业或企业,其较高利润率不会被短期内的市场竞争压力而摊薄。即便是特斯拉这样发展迅速、利润率高的企业,它在上海的超级工厂投资规模为500亿元人民币,也是通过低息银行贷款来实现的。

究生,他的共享单车创意被风险资本看中后,不到3年的时间里,他得到风险资本约150亿元人民币的投资。2015年10月,ofo得到第一笔投资后不到一年的时间里就把共享单车推广到硅谷。这种基于外源性资本的外延式规模扩张,虽然扩张速度快,但是管理团队、管理能力往往都不能适应规模快速扩张的需要,可能会带来"错配"风险。这种错配风险一旦爆发,往往带来的就是企业价值的毁灭。ofo的倒闭,戴威和他的团队无法有效管理一个大规模企业是一个重要因素。需要说明的是,ofo是风险资本投入,它的表现形式是股权资本,而不是债务资本。这里之所以引用,是基于以下两点考虑:第一,风险资本推动的企业规模扩张,是标准的外延式扩张,更容易产生管理团队的能力与企业规模的不匹配,从而导致失败。这也是大部分风险投资企业失败的主要原因。风险投资商在整理经验教训后,提出选团队,而不是选项目,理由也在于此。第二,正如小米案例中所展示的,大部分风险投资都附有约束性条款,使得被投资企业的权益资本具有债务资本的性质,即有上市日期约束、上市不成功就需要赎回,且负担相应的利息等条款。因此,风险资本在一定程度上具有负债的属性。

从企业发展规律特征来看,发展初期的企业风险高,投资主要是权益资本投入;企业在度过初期高风险的创业阶段、进入相对平稳发展期后,对资本的需求通常是以发行债券、举债等方式达成。企业以举债方式获得资本,扩大生产、经营规模。理论上,只要扩大经营规模所能够赚取的利润高于举债成本,基于债务资本的规模扩张,就能够给股东带来正向回报。

在发展成熟的资本市场上,市场竞争激烈,优胜劣汰,能够通过市场检验存活的企业,是有效的企业。基于这一理论,市场能够快速识别有效的企业和能力与规模相匹配的企业家,相应的,股权资本和债务资本都会流向有效的企业,以及规模与能力相匹配的企业家。这也就是我们现有财务理论包括关于负债的研究所隐含的前提。例如,Jensen(1986)发表"自由现金流理论",他认为银行或专业的资本经营机构拥有极强的专业能力,可以监督企业资本投资项目,以此来降低企业的代理成本,提升企业价值;Barclay等(1995)、Barclay和Smith(1995)对资本结构的讨论,就是以到期日、求偿权、控制权、破产和清算风险等来展开的。

由于负债的有息、有期、有约束力,负债经营会给企业经营者带来风险。资本市场的发明,极大地便利了资本的筹集,同时,也有效地分散了风险,它对人类社会经济发展的促进作用毋庸置疑。资本市场在有效分散了企业经营失败可能带给单个企业家风险的同时,也会弱化资本监督企业的治理效用。虽然现有研究普遍认为,机构投资者能够发挥监督、治理效应,普通投资者只需要借助"以脚投票"机制来保护自己,但是,当银行等资本经营机构不具备监督能力或(和)监督意愿,以及资本逐利或宽松货币政策、资本市场竞争导致资本充裕时,很多资本都在"跟风",很难发挥监督作用。在我国资本市场上,银行以发放抵押贷款、担保贷款等方式来转移风险,各类金融机构以介入公司重大决策的方式来保护自身利益的做法并不常见。例如,在风险资本市场,往往出现一个热门赛道后,各大资本竞相投入,甚至是高溢价投入。据相关报道,在ofo、摩拜等共享单车企业备受市场关注时,投资人

"主动"找上门来,主动提高公司估价。即便公司发行债券,也常常获得多倍认购,2012年10月,中国石油天然气集团有限公司发行"12中石油02"企业债,获得34倍的超额认购。这也弱化了资本对企业的监督作用。

债务资本,特别是用于支持企业规模扩张的债务资本的引入,会增加企业管理团队与更大规模企业之间"错配"的风险,即现有管理团队难以有效管理、掌控扩张后大规模企业的风险。这是负债对企业风险的第二层含义。

恒大负债与发展的案例充分印证了这一点。1996年,恒大实业集团公司成立,致力于房地产开发业务;2009年11月5日,恒大于香港联合交易所上市。因此,我们可以获取恒大自2006年起的公开财务数据。公开数据表明,2006年,恒大资产总额为77.94亿元人民币,到2020年,这一数字增长为人民币23 012亿元人民币,增长近300倍,年均复合增长率高于46%。

基于内涵式的规模扩张,利润是主要来源。恒大2006年的税后利润是3.25亿元人民币,2020年的税后利润为314亿元人民币,2006—2020年全部税后利润累计2 659亿元人民币。这一期间累计分红为1 148亿元人民币,累计未分配利润为1 511亿元人民币。不考虑少数股东权益,这一期间内涵式增长资金额度为1 511亿元人民币。这一期间股权融资增加的现金总额为483亿元人民币,也就是说,如果不借助债务资本,至2020年,恒大的资产总规模最大理论值只能是77.94+1511+483=2 071.94亿元,这与2.3万亿元之间的差额,就是债务资本。

从目前已经公开的资料来看,由于债务资本的推动,恒大规模得到快速扩张。规模扩张不代表管理能力的上升,也不代表盈利能力的增强。2007—2009年,恒大平均资产周转率是0.16(各年资产周转率的平均值),2018—2020年的这一数字是0.24;净利润率(净利润/营业收入)在2007—2009年的平均值是23.68%,2018—2020年的平均值是9.13%。资产周转率代表的是企业资产管理与运营效率,净利润率同样代表的是企业管理效率,所不同的是,前者更侧重单位资产的利用效率,后者关注的是运营过程的效率。如果仅仅对比资产周转率,2018—2020年,恒大的资产周转率上升较大,即总体资产利用效率上升较大,而代表运营过程管理效率的净利润率下降较大。前者的一个主要因素是每单位平均房价上涨幅度大。按照2010年恒大年报数据,2010年恒大合约销售面积为788.7万平方米;2020年合约销售面积为8 085.6万平方米。如果以该年年末资产总额来核定企业资产管理效率,则2020年每亿元资产完成的合约销售面积为0.351万平方米,2010年这一数字是0.755万平方米。效率明显降低[1]。

---

[1] 这里只是最初步、粗略的对比数字,只是为了说明这种现象的存在。其中,恒大2020年的业务已经涵盖多个板块,仅仅用房地产面积来衡量其产出,并不太准确。比较合理的对比方式是采用DID模型,对比恒大前后期资产周转率变化与行业平均值同期变化等,这样工作量太大,且没有必要。我们在检索这一数据时发现,2020年房地产业平均资产周转率是0.21,与恒大类似。这在某种程度上表明,房地产业是一个总体周转率都偏低的行业。平均而言,房地产业的发展是以资本,且主要是债务资本驱动为主,项目公司居多,房地产业的发展总体呈现资本驱动的规模扩张,管理能力相对要弱于公司规模,这也使得房地产行业往往一旦出现资金链绷紧、项目停工、公司就失败的比例,要高于其他类型的企业,尤其是制造类企业。

与恒大规模扩张相似的案例企业是万科。万科成立于1984年,早期并不是专注于房地产业务;1988年万科发行股票,1991年万科公开上市;1994年"君万之争"后,万科逐步剥离非房地产业务,专注于房地产开发(刘峰和魏明海,2001)。2001年,万科把万佳超市转让给华润,引入华润并将其作为控股股东,此后,万科专注房地产业务。2020年年报显示,万科股份的资产总额为18 692亿元,销售收入为4 191.1亿元。与恒大相比,万科股份"规模错配"的风险要低,因为万科在经过当年"君万之争"后,专注于房地产开发业务,所以企业规模扩张都是在同一个业务领域内;万科已经完成从王石团队到郁亮团队的过渡;2018年9月,万科在年会上喊出"活下去",表明新团队对可能到来的房地产市场低估有充分的预期。反观恒大,公司发展速度快,并快速扩张到多个产业,除了物业管理是对地产业务的自然延伸,新能源汽车、网络、健康、金融、健康(医疗、养老、健康管理等)、食品(粮油、乳业、食品、生鲜等)均跨界比较大,而管理团队仍然是创始人为主导、以房地产开发和管理为背景的团队。

负债驱动企业规模扩张,不仅容易产生管理能力与规模"错配",增大企业失败的风险,还会导致企业陷入投资和资本饥渴、规模扩张冲动。除了极少数例外,房地产企业普遍容易陷入"发债—囤地—拿项目—缺资金—发债—囤地—缺资金"的资金短缺和规模扩张并存的循环。这种规模扩张,都是基于资本市场上资本供求关系不改变,甚至资本越来越宽裕的假设或预想。一旦市场上资本供求关系改变、资本供应量不足,就会出现一批房地产企业项目停工,进而公司倒闭的现象。这时,负债对企业的意义,不仅仅是静态意义上偿付风险的增加,而且还"养成"了企业扩张的"习惯",资金短缺成为一种常态,更容易导致"错配"的风险,即企业规模短期内快速扩张,超出管理团队管理能够有效控制的幅度。无论是扩张"习惯"所导致的资金"饥渴",还是管理能力"错配"所导致的企业运行效率降低、运行过程中发生各类错误等失控风险增加,都会大大增加企业失败的概率。这是我们所强调的负债的意义,我们称其为负债的第二层意义[1]。

三、负债的意义:关于资本运营的新认识

资本运营这个术语最初是由谁提出来的很难明确界定。20世纪80年代末至20世纪90年代初,上海、深圳两个证券交易所投入运行,股份制改革与公司上市成为当时社会经济发展的热点。我们在中国知网以"资本运营"为主题词检索,得到的最早记录是"构造国有资本运营主体是建立现代企业制度的关键"(李明贵,1994)。1994年只有7条记录,

---

[1] 实际上,这种错配风险在政府债务风险领域的表现也较为明显。地方政府通过债券发行取得资本,进行城市开发;开发后,抬高的地价,可以拿到更多的资本,继续进行开发。一旦这个循环停下来,没有新的资本投入,危机就会产生。中央政府认识到这一风险,因此,通过各种方式来控制地方政府发行城市投资债券。负债使企业养成扩张发展的习惯,进而导致错配风险,这在债务软约束的企业或行业表现得更加明显。也正因为如此,国有资产监督管理委员会加大对国有企业资产负债率的约束和限制,以期控制国有企业债务风险。

1995年就有27条,1996年增加到60条。之后,资本运营不仅是学术界关注的一个热点话题,还由于中国资本市场的快速发展而受到实务界的追捧,特别是当年君安尝试获取万科的控制权、宝安举牌延中实业等,让资本运营在当时被实务界高度关注。一份互联网资料显示,东方集团创始人张宏伟曾经说过,"资产经营等于是在做加法,资本经营却在做乘法";互联网上还有一句流传非常广的"文案":"经营产品,一分钱一分钱地挣;经营品牌,一毛钱一毛地挣;资本运营,一块钱一块钱地挣"。

尽管资本运营概念火热,国际上并没有一个公认的资本运营的术语界定与解释,也没有对等的英文术语。可以说,这是一个标准的、中国化的财务术语。

资本运营是与资产经营相对应的。资产经营是指通过有效管理、配置企业的资产,通过扩大产能等方式,提高效益,进而提升企业价值。按照字面理解,资本运营是指期望通过有效运营资本来提升企业价值。具体到一个主体,是指通过市场发行股票或债券,取得更多的资本,然后,借助重组、并购等方式,将资本转化为具体的产能,进而提升公司价值。可以说,资产经营是指有效地配置资产负债表左方的资产,来实现价值增值;资本运营是期望通过有效管理资产负债表右方各要素来提升企业价值。

严格来说,资本运营缺少来自严谨理论的支持。实际上,Modigliani 和 Miller(1958)就提出资本结构与企业价值无关。尽管后续针对MM理论的研究很多,这些研究更多地集中在不同的资本结构风险对企业价值的影响方面,如债务的税盾效应会提升企业的价值、债务的破产成本会降低企业的价值、债务的监督作用会降低代理成本从而提升公司价值等。对于资本运营本身是如何增加企业价值的,仍缺少有效的理论解释和甄别机制。

大北农是深圳市一家优质企业,2010年在深圳证券交易所中小板上市,上市后业绩一直稳定增长,2010年的销售收入为52.48亿元人民币,到2017年增长为187.42亿元;净利润从2010年的3.14亿元增长为13.18亿元。其实际控制人邵根伙以其所持有的、超过40%的股权,分别在长城证券和民生银行进行质押,取得的资本用于收购在香港上市的中国圣牧的控制权。这就是所谓的"资本运营"。也正是因为资本运营,邵根伙险些失去对大北农的控制权。因为控制权的争议,所以2018年、2019年,大北农的发展受到影响。

也正因为资本运营概念的推动,我国资本市场上有很多上市公司实际控制人质押股权后取得资本,用来投资其他产业,"再造一个上市公司""二次创业"。遗憾的是,绝大部分例子都是如同大北农的实控人那样,不但没有再创业成功,而且拖累了原有主业。就如同SWOT分析是一个广泛用于咨询和商业推广的术语,它本身缺乏一致的解释和有效的理论支撑[1],同样,资本运营也是一个缺乏内在理论支持的术语。在大北农的控股股东将其所持有的股权质押,取得资本后购入中国圣牧的股权时,站在大北农的立场上,尽管其资本结构没有发生改变,那部分被质押的股权的属性已经发生变化:如果在约定期间里大股

---

[1] SWOT是哈佛商学院教授提出的一个术语,它由 Strength、Weakness、Opportunity、Threat 的首字母组成。在实际应用时,其解释的主观性较强,如苹果手机目前的市场统治力,它可以是S,也可以是W。

东不能顺利解押,大股东就要失去这部分股权。这也会使得大股东的决策等行为产生相应的变化。股权质押给企业带来风险的实质,就是将股权一定程度上转化为债权。

这是我们所要强调的负债的另一层含义:单纯利用负债本身,并不能增加企业的价值,负债为企业增加的资本,只有与管理能力结合、配置成有效资产后,才能提升企业的盈利水平,进而增加企业的价值。无论是财务管理还是管理会计教科书,都有一个"发行股票还是发行债券"的章节,其前提就是:企业通过发股或发债取得的资产,能够有效地形成产能。如果不能有效形成产能,通过负债取得的资本,就会成为企业的负担,毕竟利息支出高昂。有媒体替恒大算了一笔账,恒大账面上自己公布的各类付息债务为8 133亿元人民币,以5%的年利率计算,恒大一年需要承担的利息是400多亿元人民币。

实际上,美国著名的投资人巴菲特曾在致股东的一封信中多次强调,不要高估负债对企业的价值。他说,负债是企业倒闭的第一原因。

负债本身不能增加企业的价值;资本运营在一定意义上是一个缺乏学理依据的伪概念,它与SWOT分析一样,是一种似是而非的术语,被商业机构包装后,它成为市场推广的手段。这需要我们反思[1]。

四、负债的意义:关于资本结构的再认识

现有的资产负债率、资本结构等观念,形成于20世纪80年代或更早。这一时期以工业化和制造业为主要活动,相对社会经济发展对资本的需求而言,金融资本供给总量相对不足,总体处于卖方市场阶段。资本提供方会选择他们所认可的行业和企业,并通过事前的合同约定、事中的参与(如出席股东大会发表意见、根据合同约定干涉公司决策等)、事后的约束(如通过法院强制执行)等发挥着治理、约束、引导企业的作用。因此,资本结构具有信号意义,发挥着公司治理作用。例如,Jensen(1986)的自由现金流量理论,就是以金融机构能够有效甄别好企业、好项目,并持续发挥公司治理作用等为假设前提的。负债能够传递稳定的信号,是资本结构研究的前提条件。

与金融机构发挥治理效用,从而资本结构具有相应的信号效应一致,现有教科书对风险的理解和资本结构观念的形成,源于后工业化时代人们对负债风险的认识,这一时期的认识主要还是以企业实际违约所可能产生的实体风险为限。随着互联网的全面应用,社会进入数智化时代。数智化不仅改变了社会信息的传递方式,而且强化了企业与企业之间的联系。在高度金融化、信息化的社会,互联网尤其是移动互联网带来了信息传播效应,一方面,一件事会在很短的时间里传遍全网,"瞬间全域直达",放大了好消息或坏消息的冲击性。另一方面,高度金融化后,社会范围内的流动性增加,企业的价值波动更大。两种因素

---

[1] 在我国资本市场发展过程中,陆续有出现一些没有学理支撑、却被广为讨论的概念或提法,除了上述资本运营,还有很多,如市值管理等。

叠加，好消息和坏消息对一个企业乃至市场的影响更加剧烈。往往一个市场传言，就会让企业股价下跌，甚至引发企业的流动性风险。例如，2021年7月19日，广发银行宜兴支行就未到期的1.32亿元贷款要求冻结恒大相应资产，消息传出后，恒大系四只股票市值下跌约640亿元人民币。

基于移动互联网的自媒体时代，同样的状况，给企业带来的风险和冲击远高于传统的工业化时代。负债对企业的意义，特别是风险的分布及其特征，也已经发生改变。

与这种社会经济形态转变的大趋势一致，负债的意义在改变，资本结构的意义也会产生改变。例如，小米发行的股票在IPO之前就被记为债券。这就是财务实务中的一个常见现象：债权股权化与股权债权化，使得负债和权益的界限模糊，它们的特征趋于一致。

在明确的负债（有息、有期、有约束力，风险有限但收益也有限）和明确的股东权益（没有利息成本、没有到期日，风险高但收益高）之间，存在多种"中间状态"，最早的就是优先股。1863年英国通过的公司条例法案（Companies Clauses Act of 1863）就设专章规定了优先股及其持有人的义务，由此可见，优先股在英国的实践更早；美国优先股的最早实践可以追溯到1836年的马里兰州（Evans，1929）。优先股股东在享有股票的各种剩余权益的同时，在收益的分享、风险承担上又有一定成份的债券性质；可转换债券则是赋予债券持有人部分转股权利。资本市场上的各类金融创新层出不穷，如小米在香港上市前多轮融资中所发行的"可转换可赎回优先股"，就是一种同时融合股权和债权的工具。小米向香港联合交易所提交的招股说明书中明确，自2019年12月23日起，持有人可以选择赎回，且小米需要按照约定的利息率支付利息。这也使得可转换、可赎回优先股具有债券的属性。实际上，我国风险投资市场上最常见的"对赌"协议中，通常的条款是要求企业在指定的日期里完成上市，否则就要按照约定的利息率回购，这就是一种附带债务特性的股权[1]。因此，股东已经不再单纯是那种长期、剩余权益持有者，他们也有在预定期限内获利的压力，从而使得股权具有债权的属性。大北农控制人将股权质押的行为，也是一定意义上的股权债权化。

无论是债权股权化，还是股权债权化，它们总体特征是一致的，就是在资本方风险有限的前提下，提高资本方的收益。这种趋同特征，一方面，让股权、债权的风险和收益趋于一致，资本提供方试图尽可能地降低风险、提高收益，而这种风险压力转移到企业，使得企业可能承担的风险更大。企业经营成功，债权转换成股权，参与利益分享；企业经营出现问题，股权会变成债权，使得企业失败的风险加大。另一方面，股权和债权的界限变得模糊，这使得传统的关于股权和债权、资本结构信号意义等的研究，需要重新进行，或者说，在资本结构的信号效应中，"信号"已经不同。资本结构理论存在的基础已经被改变，资本结构理论同样值得重新被研究。

---

[1] 包括小米在内，在风险投资过程中，通常投资人都要求被投资企业在预定的日期里完成上市，否则，投资人就有权要求被投资企业的实际控制人按照约定的利息率回购投资人的股份。这使得股权具有了债权性质。

五、负债的意义:新的研究起点

自 Modigliani 和 Miller(1958)的经典论文揭开财务研究的科学化道路起,资本结构就成为财务理论的核心组成部分。

社会是不断发展的,依附于社会环境而运行的企业,其运营模式会相应改变。具体、特定企业的财务行为,自然会发生依存性改变。相应地,财务理论应该作出相应的改变。

我们从负债的意义出发,提出因为社会经济环境的改变,对负债的认识需要改变。我们认为,负债不仅仅代表了企业的偿债风险,而且还会改变企业的运营模式,容易产生管理能力与规模错配的风险,甚至会让管理层形成盲目自信的"错觉",产生盲目扩张的冲动。负债本身不能增加企业的价值,只有当负债引入的资本能够被有效利用,才会提升企业的价值;社会经济发展从后工业化时代进入数智化时代后,社会运行模式已经被重构,各种金融创新层出不穷,股权债权化和债权股权化,模糊了股权和债权的边界,负债的含义也变得不是特别清晰,我们需要重新认识资本结构。

"理论是灰色的,生命之树常青"。我们需要重新厘清企业融资的渠道、每种融资方式给企业带来的收益、成本、约束,进而重新定义企业的融资渠道,甚至突破传统的负债、权益二分法,提出新的资本来源的分类方式,以向市场传递更有意义的信息,增加财务报表的有用性。

(刘 峰 詹昀菲 林 熹)

参考文献

[1] 葛家澍,刘峰.会计理论:关于财务会计概念结构的研究[M].北京:中国财政经济出版社,2003.

[2] 李明贵.构造国有资本运营主体是建立现代企业制度的关键[J].学习月刊,1994(8):28-29.

[3] 李心合.企业真实财务风险水平衡量研究[J].财务研究,2021(2):3-14.

[4] 刘峰,魏明海.公司控制权市场问题:君安与万科之争的再探讨[J].管理世界,2001(5):187-190.

[5] Barclay M, Smith C. The maturity structure of corporate debt[J]. Journal of Finance, 1995(50):609-631.

[6] Barclay M, Smith C, Watts R. The determinants of corporate leverage and dividend polices[J]. Journal of Applied Corporate Finance, 1995, 7(4):4-19.

[7] Evans G, Jr. The early history of preferred stock in the United State[J]. The American Economic Review, 1929, 19(1):43-58.

[8] FASB. Statements of Financial Accounting Concepts[R]. Elements of Financial Statements of Business Enterprises, 1980.

[9] Jensen M. Agency Costs of Free Cash Flow, Corporate Finance, and Takeovers[J]. The American Economic Review, 1986, 76(2):323-329.

[10] Modigliani F, Miller M H. The Cost of Capital, Corporation Finance and the Theory of Investment[J]. American Economic Review, 1958, 48(3):261-297.

3.4 谁在使用可转换可赎回优先股融资
——以极氪和蔚来为例

一、引言

2018年9月,智能电动汽车公司蔚来科技有限公司(以下简称蔚来)在美国纽约证券交易所成功上市,在上市之前,公司已经进行了多轮融资,吸引了百度、腾讯、IDG、红杉等知名投资方的参与。值得注意的是,在上市前的A-D轮融资中,蔚来发行的是一种介于股权和债权之间的金融工具,即可转换可赎回优先股。风险投资家的投资不再是传统意义上的股权投资,而是一种对其自身更为有利的方式:若公司上市成功,则转换为普通股;若上市失败,则投资方有权要求公司赎回其初始投资。

同为新能源汽车公司的浙江极氪智能科技有限公司(以下简称极氪)于2024年5月10日在美国纽约证券交易所挂牌上市,与蔚来不同,极氪在上市前的Pre-A轮和A轮融资中发行的是可转换优先股,即只赋予投资者在公司上市成功后可转换为普通股的权利,而不具备可赎回的权利。同样是新能源车企,同样选择在美上市,为什么两家公司的融资方式存在如此差异?

融资方式的不同在一定程度上反映了投资者对企业的风险评估。同为汽车初创企业,蔚来与极氪在上市前的融资方式不同,这在一定程度上反映了资本市场,尤其是风险资本对这两家公司风险态度的不同。这种不同,是否具有普遍性?它与当下市场环境的发展、数智化时代的到来,有什么样的逻辑关联?

我认为,数智时代的到来虽然便利了人们的生产生活,但也加大了企业的经营风险。数智化已经大大提高了传统制造行业的生产效率,同时也增加了企业面临的市场风险。以新能源车行业为例,2014年1月28日,中华人民共和国财政部、中华人民共和国科学技术部、中华人民共和国工业和信息化部、中华人民共和国国家发展和改革委员会联合发布《关于进一步做好新能源汽车推广应用工作的通知》,将新能源车推广从示范城市扩大到全国。与此同时,2014年6月,特斯拉开放了其所拥有的技术专利[1],我国一批电动车"新势力"

---

[1] 2014年6月12日,马斯克发了一条博客:"我们所有的专利属于你"(All Our Patents Are Belong To You),宣布特斯拉开放所有技术专利,"任何人都可以出于善意的目的使用特斯拉的技术,我们将决定不再发起任何专利侵权诉讼"。

先后成立。由于数智化使得知识的传播、迭代更快,降低了潜在竞争者进入市场的门槛,这无疑加剧了企业间的竞争强度,即使目前处于行业领先的企业,也可能会由于赶不上时代发展的步伐而惨遭淘汰,行业风险提升。从新能源汽车行业竞争开始已经有多家企业倒闭,还有很多新能源汽车企业被传出陷入困境,就可以看出竞争激烈、风险增大。数智化时代的企业风险总体更大。

数智化时代的企业风险激增,尤其是数智化阶段的早期企业,大量投入往往都不会形成有形、可抵押的资产,风险程度比工业化时代的早期企业更高。因此,在数智化时代,企业早期的投资者为了最大限度地保证资本的收益,降低资本方的风险,确保资本的顺利退出,就需要与企业签订更为严格的融资条款,即蔚来所采用的可转换可赎回优先股融资。而对于极氪来说,其背后有大股东——吉利汽车的资金和技术支持,对于上市之前的融资,外界认为不是为了筹集企业运营所必需的资本,而是构建一个战略网络。极氪的投资者是业内的合作伙伴,如英特尔、宁德时代、美国的自动驾驶机构等,他们对极氪的风险评估较为有利,于是极氪对它们放宽融资条件,采用可转换优先股。

换言之,可转换可赎回优先股的采用,是资本市场对风险与报酬系统转移的一种结果。收益和风险稳定性的减弱直接影响到企业所面对的资本提供方及其态度,进而市场对企业融资的基本逻辑也会发生改变(刘峰等,2022)。当被投资企业不确定性大、风险高时,企业需要选择承担更大风险的可转换可赎回优先股;那些不确定性程度低、风险相对较小的企业,可以发行可转换优先股或普通股来取得资本。也就是说,可转换可赎回优先股的采用,是资本应对数智化时代风险与不确定性的一种制度安排。

二、蔚来和极氪:不同融资方式的选择

蔚来汽车和极氪汽车都是新能源汽车领域的初创企业,它们的融资方式存在一定的差异。

(一)蔚来汽车与 Pre-IPO 融资

蔚来汽车成立于 2014 年 11 月,经历了一年的成长后,蔚来先后在德国、英国和北美成立公司,并于 2018 年 9 月在美国纽约证券交易所成功上市,于 2022 年在香港联交所和新加坡交易所上市,成为全球首家在三地上市的汽车企业。公司的主要业务为设计、开发、合作制造及销售智能电动汽车,拥有换电技术、电池租用服务及自研的自动驾驶技术与自动驾驶订阅服务。区别于传统汽车厂商的销售模式,蔚来采用直营模式来销售产品,即通过蔚来中心和移动应用程序直接控制其销售和服务的整个过程,而不依赖于传统的第三方经销商网络,从蔚来中心和蔚来 App 发展而来的线上线下一体化社区也能够保持用户参与度和增加其对品牌的忠诚度。

表 3.4-1 展示了 2016 年至 2018 年 6 月 30 日蔚来上市前的经营情况。蔚来第一款车 ES8 于 2017 年 12 月发布,2018 年 6 月正式交付。2018 年 4 月 27 日,蔚来向 SEC 提交的

招股说明书,只包含了2016年、2017年的财务数据。这两年的数据显示,公司没有销售收入,累计亏损117.12亿元人民币;2018年8月更新的招股说明书显示,截至2018年6月,蔚来的销售收入为4 599万元人民币。即便如此,蔚来的亏损还在持续扩大,即从2017年年底的累计亏损117.12亿元人民币,增加到2018年上半年的217.66亿元人民币。

表3.4-1　　　　　　　　蔚来2016—2018年上半年经营数据　　　　　　单位:百万元

年份	2016年	2017年	2018年
营业收入	—	—	46.0
营业成本	—	—	199.2
研发支出	1 465.4	2 602.9	1 459.3
销售及综合管理费用	1 137.2	2 350.7	1 726.3
净利润	-2 573.3	-5 021.2	-3 325.5
经营净现金流	-2 201.6	-4 574.7	-3 634.8

资料来源:蔚来公告。

招股书显示,IPO前,蔚来汽车的前三大股东分别为公司创始人李斌(持股17.2%)、腾讯投资(持股15.2%)和高瓴资本(持股7.5%),股权结构较为分散。表3.4-2是蔚来在美国纽约证券交易所上市前的融资情况。

表3.4-2　　　　　　　　　蔚来IPO前融资历程　　　　　　　　单位:亿美元

融资时间	融资轮次	融资金额	主要投资方
2015年3、5月	A1轮	1.65	李斌、高瓴资本
2015年3、5、6月	A2轮	1.30	高瓴资本、腾讯投资、顺为资本
2015年9月,2016年3月	A3轮	0.52	红杉中国、Padmasree Warrior、愉悦资本
2016年7、8、9月,2017年2月	B轮	3.16	淡马锡资本、高瓴资本、腾讯投资、顺为资本、IDG资本、联想集团
2017年3、5、7月	C轮	6.46	百度、腾讯投资、淡马锡资本、联想集团、UBS
2017年11、12月	D轮	11.43	腾讯投资、LEAP PROSPECT LIMITED、淡马锡资本
合计		约24.52亿美元,折合为人民币为169亿元	

资料来源:蔚来公告。

早在2015年1月,蔚来就开始进行多轮次融资,吸引了诸如高瓴、腾讯、红杉、IDG等知名投资者的进入,累计融资约24.52亿美元,折合人民币为169亿元,蔚来还和部分投资者建立了战略合作伙伴关系,如与百度和腾讯合作开发地图和云服务等。从A1轮一直到D轮,公司发行的都是可转换可赎回优先股。

根据条款,所谓可转换,指的是优先股将在公司完成首次公开募股或者获得每个类别优先股的多数股东书面同意后自动转换为普通股,初始转换比例为 1∶1。蔚来和小米一样,同样采用了同股不同权的股东架构,并且是更为少见的三重股权架构。具体来说,蔚来的普通股分为 A、B、C 三类,这三类除了投票权和转换权,其他权利相同。A 类普通股的持有人每股有权获得 1 票表决权,B 类为每股 4 票表决权,C 类为每股 8 票表决权,每股 B 类普通股或 C 类普通股都可以转换为一股 A 类普通股,而 A 类普通股在任何情况下都不能转换为 B 类普通股或 C 类普通股。对于蔚来的首次公开发售前投资者来说,腾讯持有的优先股可转换为 B 类普通股,李斌持有的优先股可转换为 C 类普通股,而其他投资者持有的优先股只能转换为 A 类普通股。在公司 IPO 之后,李斌拥有公司 48.3% 的投票权,而其股权只占 14.5%。这种股权安排,让李斌拥有公司重大事项的决定权。

可赎回指的是在某些既定条款触发后,公司或其实际控制人有义务按照事先确定的价格赎回优先股。蔚来的招股说明书对可赎回条款的规定如下:公司应当在发生以下任一事件时,赎回投资者持有的优先股:①公司在 2021 年 12 月 31 日之前没有成功上市。②任何适用的法律发生重大变化,使得在集团当时的股权结构下继续经营业务变得非法,且无法通过改变或调整集团的股权结构来解决。③在任何 6 个月期间,集团不少于 30% 的关键员工提前终止与本集团的雇佣或服务合约,从而造成重大不利影响。④由于集团公司的违法行为、违反或提前终止与任何供应商、客户或他人的重要商业合同或商业安排,导致集团整体业务终止或中断。⑤在发生任何赎回事件时,其他优先股股东已通过发出通知请求公司赎回其股份。赎回金额为以下两者中的较大者:一是优先股的原始发行价格加上自发行之日起至赎回日为止的所有已累积但未支付的股息,以及按年利率 8% 计算的优先股原始发行价格的复利。二是赎回日期优先股的公允价值。赎回的优先次序为从 D 系列、C 系列、B 系列、A3 系列到 A1 和 A2 系列,其中 A1 和 A2 系列彼此平等。由于蔚来于 2018 年成功地在美国纽约证券交易所上市,赎回条款自动终止。

从以上梳理可以发现,可转换特征的存在使得投资者可以分享企业成长带来的收益(Sahlman,1990),而可赎回权要求发行公司必须按照预定时间或特定事件的发生来赎回本金和累积股息(Kimmel 和 Warfield,1993)。正是因为可赎回条款的存在,让投资人在享有项目可能的收益的同时,最大限度地为投资人设立了止损点,股权投资具有了债权的特征。

(二)极氪汽车与 Pre-IPO 融资

根据公开资料,2021 年 3 月,浙江极氪智能科技有限公司成立;2021 年 4 月,极氪 001 发布;2021 年 10 月,极氪 001 正式量产交付;2022 年 2 月 9 日,极氪汽车官方宣布,极氪 001 交付量突破 10 000 辆;2024 年 5 月 10 日,极氪在美国纽约证券交易所上市,代码"ZK"。

从公司成立到第一款车量产上市,蔚来用了 4 年,极氪只用了半年;从成立到资本市场上市,同为新能源车企的"蔚小理"分别是四年、六年和五年,极氪用了三年,且成功上市,因此,极氪也被称为"史上最快 IPO 造车新势力"。

与蔚来创立的背景不同,极氪背后的实际控制人是吉利汽车。正是由于吉利汽车的支持,极氪才能够在成立一个月后发布新车型,并很快就推出量产车、实现交付。在2024年上市前,极氪已经发布四款车,2023年的销量为118 685辆,实现销售收入516.73亿元。

表3.4-3是极氪从创立到上市的相关业务运营的数据。

表3.4-3　　　　　　　　　极氪2021—2023年经营数据　　　　　　　　　单位:百万元

年份	2021年	2022年	2023年
营业收入	6 527.5	31 899.4	51 672.6
营业成本	5 489.3	29 427.4	44 822.1
研发支出	3 160.3	5 446.3	8 369.2
销售及综合管理费用	2 200.1	4 245.3	6 920.6
净利润	-4 514.3	-7 655.1	-8 264.2
经营净现金流	630.2	-3 523.6	2 275.3

资料来源:极氪公告。

如表3.4-3所示,极氪的营业收入在这三年呈快速上升趋势,从一开始的65亿元到2023年的517亿元,并且毛利始终为正,而蔚来直到上市后的第2年才实现正毛利。尽管和其他新能源车企一样,极氪自成立以来一直为亏损状态,其经营净现金流在这3年中两年为正。即便不考虑背后大股东因素,仅仅从数据来推测,极氪在上市前的风险表现要优于蔚来。

极氪自2021年3月成立后,进行了两轮融资,累计融资约12.5亿美元,且第一次公开融资是在公司第一款车即将量产之际。从极氪融资的时间安排、节奏与金额看,极氪对资本的需求并不像蔚来那样强烈。A轮融资后,公司投后估值为130亿美元[1]。针对此次IPO,极氪的现有股东和产业链伙伴吉利、宁德时代与Mobileye继续认购共计14 285 713股美国存托股,约占IPO发行总股份的68%,反映了现有投资者对公司未来前景的看好以及愿意建立长期稳定的合作关系。上市后,吉利和吉利控制人李书福合计持有极氪企业78.8%股权。极氪IPO前融资历程见表3.4-4。

表3.4-4　　　　　　　　　极氪IPO前融资历程　　　　　　　　　单位:亿美元

融资时间	融资轮次	融资金额	投资方
2021年9月/ 2022年1月	Pre-A轮	5	鸿商集团、博裕资本、宁德时代、哔哩哔哩、英特尔资本

---

[1] 极氪在2024年5月IPO时,融得资金4.41亿美元,估值55亿美元,仅为2023年A轮估值的42%。这一现象在很多中小创新企业都程度不同地出现,值得进一步的探究。

(续表)

融资时间	融资轮次	融资金额	投资方
2023年2、6、8月	A轮	7.5	宁德时代、Amnon Shashua、宁波通商基金、衢州国资信安、越秀产业基金
合计		约12.5亿美元	

资料来源：极氪公告。

与蔚来不同，极氪在Pre-A轮和A轮发行的都是可转换优先股，即持有人有权选择将优先股转换为普通股或者在完成首次公开募股后自动转换为普通股，初始转换比例为1∶1，且转换后的普通股具有相同的投票权，都是一股一票。

三、从普通股到可转换、可赎回优先股：对比与讨论

蔚来与极氪上市前，都有多轮融资。与极氪仅发行可转换股票不同，蔚来发行的是可转换、可赎回优先股。可转换优先股对于投资者的保护显然弱于可转换可赎回优先股，若公司没有上市成功，投资者并不能要求企业赎回其投资额，投资者需要承担更大的风险。可赎回条款的存在增加了融资方的风险，更好地保障了投资方的权利，如果在赎回条件被触发时，蔚来需要按照约定的条件，用现金赎回投资人的投资，即蔚来把风险更多地留给自己，而把收益更多地留给资本方。蔚来为什么要选择这样一种对自己不太"友好"的融资方式呢？融资工具风险与收益见表3.4-5。

表3.4-5　　　　　　　　　　融资工具风险与收益对照表

项目	股票	可转换优先股	可转换、可赎回优先股	债券
是否有到期日	无	无	有	有
是否约定派息	无	取决于公司盈利情况	取决于公司盈利情况	票面确定收益
是否约定收回本金	无	无	存在触发条款	可以
是否分享成长	是	转换后可以	转换后可以	不可以
风险程度	高	较高	较低	低

很显然，从股票到可转换优先股，再到可转换、可赎回优先股，围绕融资工具所形成的收益权与风险的分布发生转移。其中，可转换优先股在没有实质上降低资本方风险的前提下，优先保证了他们的收益；可转换、可赎回优先股更进一步，将资本方的风险大大降低，赋予其实质上与债券类似的本金和收益保障。或者说，从普通股到可转换优先股，再到可转换、可赎回优先股，总体不降低附着于融资工具上的收益权的同时，最大限度地将风险向公司与实际控制人转移。总体预期是公司采用何种融资工具募集资本，取决于公司的风险预期。如果一个公司风险预期高，它只能通过可转换可赎回优先股来筹集资本；如果公司的

预期风险较低,它就可以通过可转换优先股、甚至是普通股来筹集资本。

比较蔚来与极氪上市前的发展与财务数据不难发现,尽管同为新能源汽车领域的初创企业,站在风险资本或投资人的视角,两家企业无论是发展前景,还是风险程度都存在极大的差异。

蔚来汽车是我国新能源汽车领域的先行者之一,其创始人李斌是一个有成功创业经历的企业家,蔚来从2014年成立到2017年12月发布蔚来ES8,蔚来的投资者面对的都是各种概念或愿景。蔚来在创立后就面临资本短缺的局面,到2017年年底,蔚来累计亏损已经超过117亿元人民币。因此,蔚来汽车在IPO前的融资总额达到24.52亿美元,折合人民币超过160亿元。

与蔚来不同的是,极氪在IPO之前,对来自市场的资本的依赖度要低。大股东吉利汽车已经提供了多方支持,包括公司宣布成立一个月后就发布第一款车、在外部资本进入前就已经在宁波建立工厂、量产该车;因为背靠吉利汽车,所以极氪的技术与资本相对充足。2021年9月,第一批资本进入极氪,2021年10月极氪001正式交付,从这个时间分布上可以看出,极氪汽车引入外部资本,并不是以资本为目的,而是要为极氪汽车寻找能够为其发展提供长期支持的合作伙伴,如宁德时代、英特尔资本等。因此,极氪在IPO前两轮融资额为12.5亿美元,约为蔚来IPO前融资额的一半。

与资本的依赖度相关的另外一个问题是风险。尽管风险资本本身就意味着这部分资本是与风险相伴而生的,风险厌恶是每个经济人的自然选择。与蔚来相比,极氪能够快速实现量产、交付,且极氪作为吉利主推新能源汽车的子品牌,未来发展风险相对较低。

2014年6月,马斯克宣布,特斯拉开放所有专利,"任何人都可以出于善意目的使用特斯拉技术,特斯拉决定不再发起任何专利侵权诉讼";2014年11月,蔚来注册成立。作为新能源汽车领域的新进入者,蔚来需要让市场认可、接受"蔚来"的品牌形象,其中的不确定性和风险都要远高于后来成立的极氪。2018年6月,蔚来正式量产交付ES8前,蔚来的市场认可度只停留在媒体讨论中。截至2017年12月31日,蔚来已经累计亏损超过117亿元,加上蔚来投资的各种固定资产等,理论上,蔚来已经将风险投资投入的24.52亿美元都花出去了。蔚来此时的风险度要远高于同一时期的极氪。

蔚来对资本的依赖度高,且风险相对更高,它当然希望引入能够在战略上为公司发展带来支持的战略投资者,蔚来对资本的需求还是第一位的,它在与资本谈判时的地位相对更弱,为了引入资本只能向资本方作出妥协,优先保障其收益。而极氪不同,由于大股东吉利汽车在生产制造、技术、资金等方面都给极氪提供了很大的帮助,其对外部资本的需求并不强烈,吉利汽车还能分担极氪在发展过程中的风险,它在IPO前的融资更多的是为了给公司寻找合适的合作伙伴[1]。对资本的依赖度不高及风险较低决定了极氪在和投资方

---

[1] 2024年12月初,极越汽车出现财务危机。作为极越汽车的股东之一,吉利汽车宣布,承担极越车主的售后服务,包括终身质保、道路救援、充电优惠等。这一承诺,最大限度地为极越汽车提供了"保险",降低了极越车主的风险。

协商时处于相对有利的地位,此时话语权掌握在融资方的手里,极氪自然不会选择发行附带赎回权的优先股这样一种不利于自己的金融工具。

同为新能源汽车行业,蔚来只能选择可转换可赎回优先股融资,而极氪则采用可转换优先股融入少量资本,背后所反映的是各自风险状况的差异。自 Sharpe(1964)和 Lintner(1965)提出资本资产定价模型以来,风险与收益的关系一直是金融领域资产定价研究的核心。传统的风险—收益关系理念认为,资产组合收益率与系统性风险之间存在显著的正相关关系(Black 等,1972;Fama 和 MacBeth,1973;Amihud 等,1992;Clare 等,1998),即投资者为了承担更高的风险,会将更高的预期收益作为补偿,在我国股票市场,也有该关系的存在(陈浪南和屈文洲,2000;朱宝宪和何治国,2002)。此外也有学者发现,风险和收益的关系会受到其他因素的影响,如通胀水平高低、杠杆约束等(Cohen 等,2005;Jylhä,2018),甚至当投资者情绪较高时,会出现高风险、低收益现象(Baker 和 Wurgler,2006)。可转换可赎回优先股的应用也改变了两者的关系,使得风险和收益不再相互匹配,它是一种风险向企业转移、让资本方更多地保有收益的制度安排。这也是资本市场数百年发展的底层逻辑的体现:风险与报酬是相伴而生的,在资本更加稀缺、也更容易被侵占的市场环境下,报酬向资本转移、风险向企业转移,是市场化制度安排的自然选择。

四、关于可转换可赎回优先股的统计数据

发行可转换可赎回优先股融资,是蔚来的"独家行为",还是一种具有市场普遍性的行为?如果是后者,为什么市场普遍选择将风险逐渐移向初创企业?或者说,市场这种风险态度的意义何在?为了回答这些问题,我选取了 2021 年在中国香港地区上市的所有公司,对其上市前的融资方式进行总体描述,并对比分析采用不同融资方式的公司之间的特征差异。

对于发行可转换可赎回优先股公司的特征,El-Gazzar(1995)和 Huckins(1999)研究美国公司发现,发行强制可转换可赎回优先股的公司通常具有较高的杠杆率、较低的利息保障倍数和较低的流动比率,并且面临较高的财务困境风险,可转换可赎回优先股的设计旨在满足以收入为导向的投资者的需求,通过提供更高的股息率来吸引投资者(Chen 等,1999)。Sim 和 Lee(2022)以韩国上市公司为样本,发现发行可转换可赎回优先股的公司比未发行公司具有更高的负债率和更低的经营现金流,其公司规模更小。在我国资本市场中是否存在类似的现象和结论?

2021 年在香港主板和创业板上市的公司共有 99 家,剔除掉两家在当年 GEM 转主板上市的公司,剩下 97 家样本公司。通过统计在 IPO 前的融资方式,它们的股权融资大体分为以下四类:普通股权、可转换优先股、可赎回普通股、可转换可赎回优先股,使用各种方式进行融资的公司数量如图 3.4-1 所示。

在 97 家公司中,发行普通股权的数量最多,即 48 家公司,占比接近 50%。发行可转换

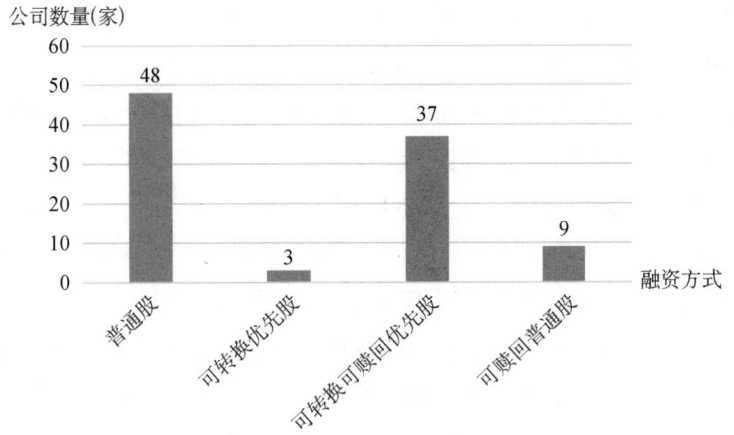

图 3.4-1　2021年上市的港股公司融资方式分类

可赎回优先股的公司数量紧随其后,有 37 家,占比为 38.1%,发行可赎回普通股和可转换优先股的公司数量相对较少,分别是 9 家和 3 家。倘若只考虑可赎回这一有利于投资方的特权,则有 46 家公司在上市前的融资中发行了附带赎回条款的股权,约为当年上市的公司总数的一半。这说明可转换可赎回优先股和可赎回股权绝不是个别公司的"独家行为",其作为一种新兴的融资方式正在被越来越多的公司采纳。

那么发行可转换可赎回优先股的公司具备什么样的特征?它们的风险如何?发行公司的行业分类情况如图 3.4-2 所示。

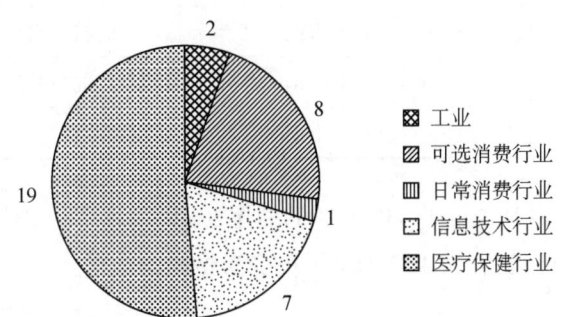

图 3.4-2　2021年发行可转换可赎回优先股公司行业分类

根据 Wind 行业分类标准,37 家发行可转换可赎回优先股的公司中有 19 家属于医疗保健行业,占比高达 51.4%,这些生物医药公司的药物研发周期较长,在早期需要大量的资本投入,药物研发的成功与否又面临很大的不确定性,公司早期风险较高。可选消费行业和信息技术行业的公司数量相差不多,分别是 8 家和 7 家,8 家可选消费行业公司主要都是平台类企业和新能源汽车企业[1],连同信息技术企业,数智技术在这些公司中都扮演着重要的角色,尽管数智化提升了企业效率,同时也削减了技术壁垒,降低了市场准入门

---

[1]　8家公司分别是车市科技、稻草熊娱乐、优趣汇控股、海伦司、云音乐、携程集团、理想汽车、小鹏汽车。

槛，无形之中增加了企业在市场上经营的风险。由此可见，从行业类型来看，发行可转换可赎回优先股的公司普遍风险较高。

此外，2021年有9家公司在上市时采用同股不同权的股权架构，其中的8家都在上市前发行了可转换可赎回优先股，且多属于信息技术行业，说明同股不同权架构通常搭配可转换可赎回优先股一起使用，以保障公司创始团队的控制权。

为了更好地说明发行可转换可赎回优先股的公司与未发行的公司之间的差异，我对IPO前37家发行可转换可赎回优先股的公司和48家发行普通股的公司进行单变量检验，并选取了以下指标：平均营业收入、平均净利润、平均经营净现金流、公司年龄、第一大股东持股比例、公司规模、固定资产规模和资产负债率。变量的详细定义如表3.4-6所示。

表3.4-6　　　　　　　　　　变量定义表

变量名称	变量符号	定义说明
平均营业收入	$Revenue$	上市前3年的营业收入取平均，加1后再取自然对数
平均净利润	$Profit$	上市前3年的净利润取平均
平均经营净现金流	Ocf	上市前3年的经营净现金流取平均
公司年龄	Age	公司上市时间减去业务最早开始时间
第一大股东持股比例	$Top1$	截至上市当年年末第一大股东持股比例
公司规模	$Size$	上市前一年年末总资产的自然对数
固定资产规模	$FixedAssets$	上市前一年年末固定资产的自然对数
资产负债率	Lev	上市前一年年末负债总额/资产总额

针对这些指标，先对其进行1%和99%的缩尾处理，以消除极端值的影响，然后再进行均值T检验和中位数检验，表3.4-7列示了单变量检验的结果。

表3.4-7　　　　　　　　　　变量检验

变量	未发行组			发行组			均值检验	中位数检验
	样本数	均值	中位数	样本数	均值	中位数		
$Revenue$	48	20.479	20.279	37	17.934	19.971	2.545***	0.315
$Profit$	48	2.70E+08	6.80E+07	37	-1.50E+09	-3.00E+08	1.80E+09	33.779***
Ocf	48	3.30E+08	1.10E+08	37	9.80E+08	-3.40E+07	-6.50E+08	5.343**
Age	48	20.812	20.000	37	9.568	8.000	11.245***	36.753***
$Top1$	48	51.333	56.540	37	27.335	17.830	23.998***	13.134***
$Size$	48	20.952	20.976	37	21.703	21.007	-0.751**	0.015

(续表)

变量	未发行组			发行组			均值检验	中位数检验
	样本数	均值	中位数	样本数	均值	中位数		
FixedAssets	48	17.563	17.077	37	18.405	17.540	−0.842	0.565
Lev	48	0.597	0.646	37	1.623	1.544	−1.026***	11.404***

从检验结果来看,对于发行可转换可赎回优先股的公司与未发行公司之间的均值、中位数差异,有三个指标得到稳健和一致的结论,分别是公司年龄、第一大股东持股比例和资产负债率。首先是年龄特征,发行公司的年龄较小,平均为 10 年,而未发行公司的年龄将近 21 年,说明发行普通股的公司较为成熟,在上市前已经形成稳定的业务模式。其次,发行公司的第一大股东持股比例也显著低于未发行公司,第一大股东持股比例反映了公司的股权集中度,其比例越高越有可能表明公司背后有实力雄厚的大股东存在,未发行组的第一大股东持股比例超过 50%,这些公司很有可能也跟极氪一样,背后有着大股东的扶持。最后,发行公司的资产负债率显著高于未发行公司,表明发行可转换可赎回优先股的公司上市前面临较高的财务风险,此外在中国香港地区上市的公司多遵循国际会计准则,在该准则下可转换可赎回优先股被分类为负债,这就导致发行公司的资产负债率会出现大于 1 的现象。

对于上市前的经营情况数据,发行组的营业收入均值显著低于未发行组,且净利润的均值和中位数也都为负,表明这些公司的业务还处在发展过程中,在上市前普遍未实现盈利,未来发展仍面临较大的不确定性和挑战。对于经营净现金流,两组均值无显著差异,发行组的中位数显著低于未发行组,且发行组的经营净现金流为负,此外,全部 97 家公司中有 34 家公司在上市前的经营净现金流为负,其中有 23 家公司都发行了可转换可赎回优先股,即 2021 年上市的发行过可转换可赎回优先股的 37 家公司,大约 62% 在上市前都未实现正的经营净现金流。对于公司规模和固定资产规模,均值检验和中位数检验均未得到显著和一致的结论,表明两组公司的资产规模差异不大。

通过以上指标的对比分析,我发现发行可转换可赎回优先股的公司具有年龄较小、股权较分散、财务风险较高、经营情况较差的特点,因为这样的公司往往处于生命周期的早期,尚未形成稳定的盈利模式,且背后也没有大股东支撑,所以它们的风险较高。此时为了得到投资人的风险资本,公司只能作出让步,采用可转换可赎回优先股这样一种兜底投资人风险的融资方式,投资人既承担有限风险,同时又能分享到公司未来增长带来的潜在收益,从而吸引风险资本的进入。

五、结论

自 Modigliani 和 Miller(1958)提出资本结构无关论后,资本结构问题一直是财务与会计的核心研究话题。Modigliani 和 Miller(1958)所讨论的资本结构,是以工业化时代为背景,其前提特征如下:债权与股权各自定义清晰、界限明确。Modigliani 和 Miller(1958)基于若干假定前提,推演出资本结构与企业价值无关。后续的研究者普遍认为,资本结构能够传递丰富的信号。

在数智化时代,变化的不仅仅是信息的生成、获取与传递方式,而且带来社会生产方式、商业运行模式的改变,同时,它还带来社会流动性的变化,市场上的收益与风险的分布特征也在改变。可转换可赎回优先股的融资工具及其应用,表明传统工业化时代股权、债权界限分明的金融工具,正在被各种金融创新所取代,股权、债权相互重叠,"像股的债""像债的股"越来越普遍。

在数智化时代,企业面临的是一个不断发展变化的环境。不断变化的环境带来了诸多机遇,也增加了企业的风险,企业面临更多的不确定性。例如,蔚来这样的新能源汽车企业,收益和风险不再相对固定,倘若没有像极氪一样背后有大股东支持,那么为了保障资本的权益,投资者对其融资提出了新的要求:风险更多由企业承担,收益更多由资本提供者享有。可转换可赎回优先股这样一种有利于投资者的融资工具也因此而逐渐兴起,作为兼具股权和债权特点的金融工具,它的流行也会对企业传统意义上的资本结构产生挑战。

研究 2021 年在香港联合交易所上市的公司后发现,可转换可赎回优先股已经成为许多公司上市前的融资选择,并且这些公司年龄较小、股权较分散、资产负债率较高、经营情况较差,他们对应的风险也较高。换句话说,公司的风险性越高,公司上市前的融资方式选择越倾向于保护出资人的利益,自身承担更大风险,而这也是数智化时代企业风险提升后,投资方与融资方相互博弈的结果。

"像债的股"与"像股的债"的出现、应用,给资本结构理论、财务与会计理论研究带来的挑战是多维的。

第一,关于负债的认定。长期以来,会计严格地区分负债与权益,且会计恒等式就是基于"资产=负债+权益"产生的;同样,资本结构理论的前提也是负债与权益之间存在明确、严格的界限展开讨论的。可转换可赎回优先股金融工具的出现,让权益与负债的界限模糊且动态变化。这种现象不仅限于一种金融工具,负债也会因为"债转股"等各种方式而转换形态。因此,"负债"特征的界定并将其可操作化,迫在眉睫。

第二,关于风险的讨论。无论是资本结构还是负债,都是建立在风险认定的基础上的。可转换可赎回优先股的存在,表明资本市场的风险已经系统地从资本提供方向经营方转移。财务理论建立在风险与报酬对称存在的前提假设基础上,这种因可转换可赎回优先股的应用,让经营方承担更高的风险、让资本方享有更高的收益的现象,是否具有普遍性?如果具备普遍性,背后的驱动性因素是什么?是创业特征在改变、资本承受更高风险的一种"改良"?还是资本更贵、市场机会更多的一种"补偿"?

第三,关于资本结构的量化与意义。研究资本结构的基础之一就是关于资本结构的量化。由于对负债的界定存在挑战,复合权益工具的存在使负债的精确量化变得困难,这些都给资本结构的量化带来挑战。如何准确、合理地度量资本结构,是资本结构研究与现代财务理论研究亟需解决的挑战。在数智化时代,资本结构如果还是一项有意义的术语,其经济意义是否不同?它是否仍然能够像传统资本结构理论所讨论的那样具有信号意义?如果有,它的信号意义是什么?

可转换可赎回优先股还可以用来讨论多个场景的问题,如会计信息质量、审计、财务风险等。此外,它还有较强的政策应用意义。例如,加强杠杆管理的前提就是谨慎、准确地界定企业的资产负债率。尽管可转换可赎回优先股主要用于初创企业,类似于这种股债特性结合的金融工具在大型企业同样存在,如永续债等。因此,准确衡量企业的杠杆比率,确保企业风险可知、可控,其政策意义同样紧急。

(王海丞)

参考文献

[1] 陈浪南,屈文洲. 资本资产定价模型的实证研究[J]. 经济研究,2000(4):26-34.

[2] 刘峰,郭婷,苏雅拉巴特尔. 数智时代的财务与会计(Ⅰ):企业的性质[J]. 当代会计评论,2022,15(1):154-172.

[3] 朱宝宪,何治国. β值和账面/市值比与股票收益关系的实证研究[J]. 金融研究,2002(4):71-79.

[4] Amihud Y, Christensen B J, Mendelson H. Further evidence on the risk-return relationship[M]. Graduate School of Business, Stanford University, 1992.

[5] Baker M, Wurgler J. Investor sentiment and the cross-section of stock returns[J]. The Journal of Finance, 2006, 61(4): 1645-1680.

[6] Black F. The Capital Asset Pricing Model: Some Empirical Tests[J]. Studies in the theory of capital markets/Praeger Publishers Inc, 1972.

[7] Chen A H Y, Chen K C, Howell S. An analysis of dividend enhanced convertible stocks[J]. International Review of Economics & Finance, 1999, 8(3): 327-338.

[8] Clare A D, Priestley R, Thomas S H. Reports of beta's death are premature: Evidence from the UK[J]. Journal of Banking & Finance, 1998, 22(9): 1207-1229.

[9] Cohen R B, Polk C, Vuolteenaho T. Money illusion in the stock market: The Modigliani-Cohn hypothesis[J]. The Quarterly Journal of Economics, 2005, 120(2): 639-668.

[10] El-Gazzar S M. Mandatory redeemable preferred stocks: An examination of accounting treatment and corporate motivations[J]. Financial Review, 1995.

[11] Fama E F, MacBeth J D. Risk, return, and equilibrium: Empirical tests[J]. Journal of Political Economy, 1973, 81(3): 607-636.

[12] Huckins N W. An examination of mandatorily convertible preferred stock[J]. Financial Review, 1999, 34(2): 89-108.

[13] Jylhä P. Margin requirements and the security market line[J]. The Journal of Finance, 2018, 73(3):

1281-1321.

[14] Kimmel P, Warfield T D. Variation in Attributes of Redeemable Preferred Stock: Implications for Accounting Standards[J]. Accounting Horizons, 1993, 7(2).

[15] Lintner J. The valuation of risk assets and the selection of risky investments in stock portfolios and capital budgets[M]. Stochastic optimization models in finance. Academic Press, 1975: 131-155.

[16] Modigliani F, Miller M H. The cost of capital, corporation finance and the theory of investment[J]. The American Economic Review, 1958, 48(3): 261-297.

[17] Sahlman W. The Structure and Governance of Venture-Capital Organizations[J]. Journal of Financial Economics. 1990, 27(2): 473-521.

[18] Sharpe W F. Capital asset prices: A theory of market equilibrium under conditions of risk[J]. The Journal of Finance, 1964, 19(3): 425-442.

3.5 数智化与 IPO 的演变：从谷歌 IPO 看保荐人角色

一、问题的提出

资本市场是市场经济中的一种高阶形态。普通市场上所交易的标的是具体、明确的物品或劳务，它们的形态相对明确、固定，价值也相对明确、具体。资本市场上所交换的是公司的产权，产权由一系列权利所组成，不存在明确、具体的存在形态，且价值是动态变化的。因此，合理、可靠地确定股票的价值，并将这一信息传递出去，一直是资本市场面临的重大挑战。围绕公司股票发行上市，多种制度安排形成，其中，券商是股票发行上市中的核心环节，它在一定程度上决定了公司发行的成败。

围绕股票发行所出现的多个角色包括：券商、审计师、律师等。其中，关于券商，存在多个不同的术语，如承销商、券商、保荐人、经纪人、证券公司、投资银行等，不同的术语所对应的含义存在差别，它们总体指向的都是相对特别的职业：专业"卖"新上市公司的股票。此处不区分各术语及其所包含内容的差别，统一用承销商来指代在公司 IPO 过程中帮助发行人卖股票的专业机构，它的工作包括协助发行人准备专业的发行资料（美国是 S-1，我国是招股说明书等）、与管制机构沟通确定发行细节、向资本市场投资者宣传介绍发行人情况、确定发行数量与价格等。

公司在 IPO 过程中为什么需要承销商或保荐人？或者说，承销商发挥了什么样的作用？现有研究认为，券商的作用体现在以下方面：缓解信息不对称、利用券商的声誉为发行人增信、降低发行人的发行风险等。或者说，信息不对称的存在是承销商发挥作用的制度基础。

数智化的全面嵌入与应用，给市场特征带来了结构性的改变，其中，信息不对称性因为数智化的全面应用而产生了结构性变化，或者说，数智化降低了存在于市场各主体间的信息差，从而给工业化时代的资本市场制度带来冲击与挑战。此处以 2004 年谷歌上市的案例，来说明数智化可能带来的新冲击与挑战。

二、谷歌上市过程简介

1996 年 1 月，加州斯坦福大学理学博士生佩奇（Page）和布林（Brin）开始研究搜索项目；1997 年 9 月，Google 域名注册成立；1998 年 9 月 4 日，谷歌公司注册成立；谷歌很快成为全球最大的搜索引擎。由于其股东数量超过500人,2004年8月19日,美国互联网巨头谷歌公司(Google Inc.)在纳斯达克上市(股票交易代码:GOOG)[1]。谷歌以每股85美元的发行价格,发售19 605 052股股票,融资近16.7亿美元,完成当时最大规模的互联网IPO。上市首日,谷歌的每股股票价格突破100美元,股票首日回报率为18%,其总市值超过270亿美元。如图3.5-1所示,2004年9月1日至2005年3月1日,谷歌上市后半年内股票交易活跃,股票价格不断攀升。

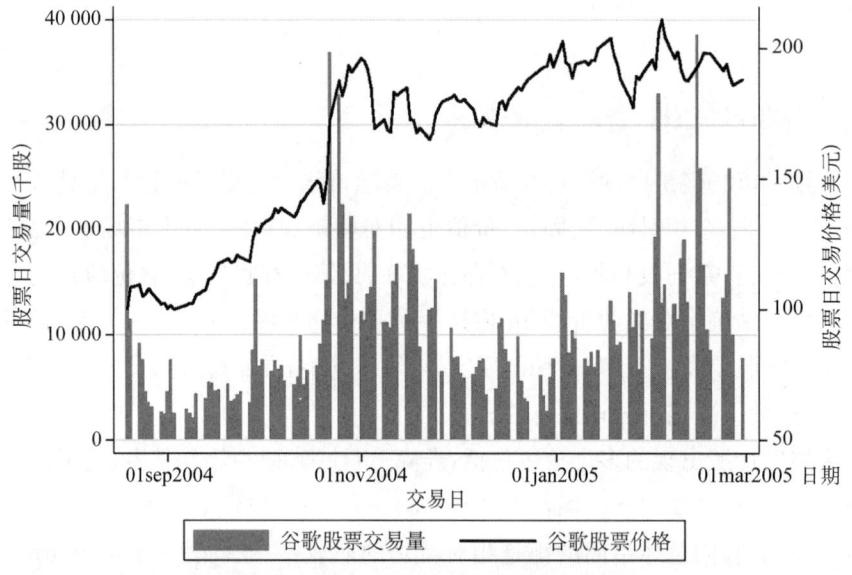

图3.5-1　IPO后谷歌股票交易情况

注:数据来自WRDS CRSP数据库。

谷歌共聘请了28家银行和券商,将它们作为IPO承销商。在这28家承销商中,摩根士丹利(Morgan Stanley & Co. Incorporated)和瑞士信贷第一波士顿(Credit Suisse First Boston LLC.,以下简称瑞士信贷)担任主承销商,各自发售5 296 064股股票。其他26家承销商负责发售剩余的股票,每位承销商最少发售57 143股。谷歌给予承销商每股2.383 9美元的发行费,占发行价85美元的2.8%。按照发行费计算,28家承销商在谷歌IPO中的总收益约为4 674万美元,其中每位主承销商收入约1 262万美元,其他承销商平均赚取约83万美元[2]。

承销商在谷歌上市过程中所发挥的作用和以往IPO不同。在传统IPO询价法中,承销商通过与潜在投资者沟通,收集投资者的股票需求信息、帮助投资者了解发行人、完成新

---

[1] 美国的《证券交易法》要求,当一家公司的股东人数超过500人,且资产超过1 000万美元时,公司需要向SEC提交相关文件,注册成为公众公司,并遵守公众公司的信息披露和监管要求。

[2] 股票发行数据来自谷歌招股说明书:https://www.sec.gov/Archives/edgar/data/1288776/000119312504143377/d424b4.htm#toc59330_19。

股的定价和分配（Ritter 和 Welch，2002）。不同以往，谷歌采用荷兰式拍卖法（Dutch Auction）发行股票。区别于询价法，荷兰式拍卖法允许每位投资者通过拍卖系统，而非通过各位承销商，来提交订单、申报欲购买的新股数量和愿意支付的最高价格。申报结束后，拍卖系统按照每笔订单的申报价格，由高到低进行排序，计算出能满足发行数量的最高发行价格。发行人和承销商参考拍卖结果，确定最终的 IPO 发行价和新股分配方案。在谷歌 IPO 过程中，承销商主要负责协调荷兰式拍卖法，并没有在新股定价、分配的过程中发挥主导作用。这一情况和询价法中承销商的核心角色形成鲜明反差。

在谷歌 IPO 过程中，摩根士丹利等券商发挥的作用不同于传统意义上的承销商/保荐人。通过分析谷歌首次公开发行股票的过程，并结合现有理论，我尝试回答以下三个问题：第一，在互联网时代的 IPO 中，承销商的作用是否不同于传统理论的预期？第二，哪些因素决定了承销商的新角色？第三，互联网时代的 IPO 可以有什么新形式？希望基本的分析能帮助读者理解承销商在数智化浪潮下的角色变迁，从而尝试回答：数智化时代承销商作用的转变及背后的理论基础。

三、承销商的角色：传统 IPO 视角

1999 年 11 月，当当网投入运营；到 2009 年年底，在经过 10 年多的运营后，当当网已经成为国内运营成熟的互联网购物平台，在当时的影响度高过京东等平台网站。即便这样一个在中国境内被高度关注的公司，2010 年 12 月，当当网在美国纽约证券交易所上市时，聘请了瑞士信贷和摩根士丹利为主承销商，它们负责当当网在美国上市过程中的推广、介绍、定价等工作。事后当当网的创始人之一李国庆以公开骂战的方式，揭开这一过程中的争议：主承销商初始商定的估值范围是 10 亿~60 亿美元；后在招股书成文时，调低为 7 亿~8 亿美元，IPO 招股价为每股 16 美元，当天收盘价为 29.91 美元，上涨 86.94%。显然，这一定价过低，之后公司创始人"怒怼"承销商，也是因此而起。

为什么当当网在美国纽约证券交易所上市，需要承销商的介入？对美国资本市场的投资者来说，中国本来就比较遥远，中国企业当当网是当时中国最大的线上书店，这对美国投资者而言，有点模糊。他们不了解当当网在中国的存在状况，只能通过如"中国亚马逊"的类比来理解当当网的情况。这时，专业且知名的承销商如瑞士信贷和摩根士丹利出面，通过他们前期的专业工作来为当当网背书，并给出基于专业意见的估价，缓解美国市场投资者不了解中国的一家互联网公司的约束，增加美国市场投资者对当当网的了解，从而让美国资本市场的投资者更好地理解当当网的价值，让当当网的发行更加便利、便捷。这也是传统理论关于承销商与金融中介机构讨论的制度基础。

根据传统理论的观点，金融中介的价值主要体现为缓解资本市场各方之间的信息不对称（Leland 和 Pyle，1977）。IPO 是企业通过首次公开发行股票向投资者融资的过程。发行人和投资者之间的信息不对称会降低 IPO 效率。赢者诅咒理论（Winner's Curse Theory）指出，

发行人和少数投资者掌握着和企业价值相关的信息。当其他投资者无法获取这些信息或不信任发行人所披露的信息时,为避免因购买过高定价的股票而发生亏损,投资者会有意压低股票的发行价格,导致严重的IPO首发抑价(Rock,1986)。承销商的存在能够有效减弱此类信息不对称问题。承销商能够依靠自身声誉和专业能力,向投资者提供与上市公司价值相关的信息、保证发行人所披露信息的准确性(Booth和Smith,1986;Chemmanur和Fulghieri,1994)。

询价理论(Book-Building Theory)认为,承销商在IPO定价和股票分配过程中发挥着重要作用。相比于发行人,投资者具有更多和新股需求有关的信息。如果信息不对称程度高,发行人不了解市场对其股票的需求情况,则可能错误定价,最终导致IPO失败。承销商可以利用其股票分配权,吸引拥有此类信息的投资者,收集与市场需求相关的信息(Benveniste和Spindt,1989)。在掌握足够的信息后,承销商能够更准确地定价,减少IPO首发抑价(Benveniste和Wilhelm,1990)。承销商还可以降低投资者的关注成本,提高信息传递的效率,以此进一步帮助发行人完成IPO(Bajo、Chemmanur、Simonyan和Tehranian,2016)。

询价理论和相关经验证据强调,IPO询价法优于拍卖法。IPO询价法的优势主要体现在首次公开发行定价和投资者参与两个方面(Sherman,2005)。在询价过程中,承销商有权决定哪些投资者能够得到新股,并给予投资者适度的股票价格折扣。承销商可以利用股票分配权和定价权,引导投资者提供充分的市场信息,从而确定一个合理的IPO发行价格,避免上市后股价出现剧烈波动。此外,这种事先的股票分配安排能保证足够数量的投资者参与IPO,使发行人的股票有稳定的市场需求,面临较低的不确定性。基于询价理论的证据表明,拍卖法中的IPO定价不能充分反映与股票价值相关的信息,如无法体现市场需求弹性的信息(Kandel、Sarig和Wohl,1999)[1]。在实务中,IPO普遍采用询价法,给予承销商诸多决策权,让其在发行人和投资者之间传递信息,解决信息不对称问题,完成新股的定价和分配。总之,传统理论和实务均表明承销商在IPO新股定价和分配中应发挥核心作用。

谷歌没有明显地依靠承销商来缓解IPO中的信息不对称。与理论的预期不同,谷歌创始人佩奇和布林没有赋予承销商股票分配权[2]。在荷兰式拍卖法中,投资者在同一时刻申购股票,承销商无法通过优先分配股票来获得投资者拥有的信息。对大多数IPO而言,路演是承销商收集信息的重要渠道。发行人和承销商在路演中介绍公司的情况,了解机构投资者和证券经纪商对新股的需求,据此商议股票分配方案(Ellis、Michaely和O'hara,2000)。谷歌却以美国证券交易委员会(Securities and Exchange Commission,以下简称SEC)的监管为由,拒绝在路演中过多讨论公司财务信息和发展前景[3]。谷歌也与承销商

---

[1] 较少的经验证据支持IPO拍卖法具有更多优点。例如,Derrien和Womack(2003)发现,在IPO市场热度高的时期,拍卖法更好地控制了首发抑价的程度和波动幅度。
[2] 谷歌上市前,两位创始人共拥有谷歌31.7%的投票权,是公司的实际控制人。
[3] SEC规定,发行人和承销商在申请IPO后,不能以书面形式向个别投资者提供招股说明书以外的信息,仅可以口头形式讨论招股说明书的内容。这段时期被称为IPO静默期(Quiet Period),直至IPO完成后第25天结束。

签署严格的保密协议,防止承销商透露IPO细节和公司的机密信息,避免披露的信息被竞争对手利用[1]。此外,为保证创始人的控制权,谷歌限制部分基金投资者的股票申购,如对冲基金不能通过中小股东通道申购谷歌股票,必须通过机构投资者通道申购。这些对股票分配的限制进一步阻碍了承销商了解市场对股票的需求。

承销商对谷歌股票价格的影响同样十分有限。在荷兰式拍卖法中,谷歌和承销商会提供一个价格范围作为参考,投资者按照自己的分析进行报价。谷歌也保留了IPO最终定价权,即不论拍卖法计算出的最优价格是多少,谷歌可以选择自己期望的价格作为最终的新股发行价,从而保证中小投资者能成功申购,减少机构投资者的干预。在拍卖开始前,谷歌和承销商提供的发行价参考范围是108~135美元。根据谷歌2003年每股净收益0.77美元计算,这一参考价格的市盈率高达175。拍卖结束后,谷歌确定的最终发行价为85美元,相比于最初的价格范围下降超过20%[2]。这一价格变化很可能导致IPO失败,给承销商的声誉带来负面影响,引起市场对承销商专业能力的质疑。可以推测,谷歌没有给予承销商定价权,也很少参考承销商的建议。

通常,典型的承销费是一种或有收费,即按照实际募集资本的一定比例收取费用。这样,承销商就有利益激励去按照更高的价格销售更多的股票。谷歌在此次IPO过程中,股东人数超过500人,谷歌要么通过市场化手段购买部分股东股票,将股东数量降到500人以下,否则就需要按照上市公司的要求,向SEC提交年报,并履行信息公开披露的义务。正是在这样一种特定制度背景下,谷歌才选择IPO。在这一过程中,谷歌也不是以寻求发行更多股票、募集更多资本为目标。谷歌给承销商的费用是每股2.3839美元这一固定价格。谷歌的承销费用低于同期美国市场上的其他公司的IPO承销费。

表3.5-1将谷歌IPO的承销费与相近时期内(2002—2006年)美国其他IPO的承销费进行了比较。与融资规模达10亿美元以上的IPO相比,谷歌IPO每股承销费所占股票发行价格的比例为2.81%,低于其他IPO的平均值4.41%和中位数4.50%。此外,谷歌IPO的总承销费为4 674.34万美元,远低于类似规模IPO的承销费平均值7 799.25万美元和中位数6 300万美元。进一步分析发现,谷歌IPO的每股承销费比例和总承销费远远低于同一时期、同行业类似规模的IPO。同时,对于融资规模低于10亿美元的IPO,其每股承销费比例也接近7%,远超谷歌最终同意的2.81%。总体来看,谷歌并未给予其承销商优厚的股票发行报酬,而是让承销商接受了相对较低比例的每股承销费和金额较少的总承销费。这和谷歌IPO巨大的融资规模形成强烈反差,侧面印证了承销商在IPO过程中缺乏主导话语权的情形。

---

[1] 当时雅虎和微软是谷歌的主要竞争对手。两家公司需要了解搜索引擎行业的盈利性,来决定是否进军这一新兴领域。上市前,谷歌从未公开披露过搜索引擎业务的盈利信息。
[2] 如果IPO最终发行价大幅低于发行人之前提供的参考价格,发行人需要向SEC解释两个价格差距过大的原因,并由SEC决定能否进行IPO。

表 3.5-1　　　　　　　　　　　承销费比较

IPO 类型	IPO 数量	每股承销费（美元）		每股承销费比例		总承销费（万美元）	
		均值	中位数	均值	中位数	均值	中位数
谷歌 IPO	1	2.38	—	2.81%	—	4 674.34	—
2002—2006 年美国 IPO（融资规模达 10 亿美元及以上）	17	0.93	0.90	4.41%	4.50%	7 799.25	6 300.00
2002—2006 年美国 IPO（融资规模在 1 亿至 10 亿美元）	432	1.01	0.95	6.03%	6.50%	1 587.68	1 269.57
2002—2006 年美国 IPO（融资规模在 1 亿美元以下）	385	0.79	0.77	6.87%	7.00%	359.55	350.00
2002—2006 年美国与谷歌同行业 IPO（融资规模达 10 亿美元及以上）	2	1.23	1.23	4.45%	4.45%	8 390.90	8 390.90
2002—2006 年美国与谷歌同行业 IPO（融资规模在 1 亿至 10 亿美元）	29	1.07	1.06	6.66%	7.00%	1 597.20	1 379.74
2002—2006 年美国与谷歌同行业 IPO（融资规模在 1 亿美元以下）	56	0.78	0.73	7.09%	7.00%	402.11	420.00

注：每股承销费比例是指每股承销费占股票发行价格的百分比。为与谷歌 IPO 的承销费进行比较，此处选取 2002—2006 年在美国发行普通股的 IPO，以及 2002—2006 年在美国发行普通股且与谷歌同行业的 IPO。融资规模是指 IPO 融资总收入，包含企业融资收入和现有股东股票销售收入。数据来自 Thomson Reuters SDC 数据库（WRDS Refinitiv）。

四、数智化时代承销商角色的变化

谷歌的 IPO 过程在一定意义上是数智化时代资本市场相应制度安排的体现。在数智化时代，承销商的角色在发生改变。下文结合谷歌案例讨论数智化时代资本市场与 IPO 相关的制度特征，以及相应的关于券商角色的转变。

（一）信息不对称

从资本市场发展路径来看，从理论上来说，公司在发展初期，需要通过 IPO 募集企业发展所需要的资本，同时，借助 IPO 来推动公司形成一个相对规范的治理体制、提升公司的市场声誉。因此，最具"性价比"的 IPO 应该是在公司发展早期阶段开启。对于投资者而言，IPO 发行人的信息不对称程度高，投资者不愿意认购 IPO 发行人的股票，或者给予较高的价格折扣购买发行人的股票。承销商的重要作用之一就是通过承销商的专业工作，如尽职调查、完整的招股说明书等，最大限度地缓解发行人与投资者之间的信息不对称程度。

承销商在缓解信息不对称程度的过程中，还有另外一层的安排：对于 IPO 发行人而言，发行股票是一种偶然性、一次性交易（如谷歌在2004年IPO之后，就基本没有再发行过股票），因此，IPO发行人存在着夸大公司质量、抬高发行价格的冲动；承销商以代理发行股票为主要业务，发行股票是它们的经常性业务，具有合理定价的专业能力，承销商在IPO发行过程中不仅能缓解信息不对称，还发挥一定程度的增信作用：承销商帮助发行人背书，不仅是对发行人的质量进行背书，而且对发行价格合理性进行背书。

基于当时的数智化技术背景，发行人和投资者不仅可以依靠承销商，而且可以通过替代方法解决信息不对称问题，如投资者有其他信息渠道了解谷歌。首先，投资者因广泛使用互联网工具，对谷歌提供的搜索服务非常熟悉。谷歌搜索的普及和高知名度自然能吸引投资者，帮助投资者了解谷歌的发展潜力。其次，投资者可以依靠网络，搜集与谷歌相关的信息。由于使用荷兰式拍卖法，谷歌IPO的发行对象包括很多中小投资者。与机构投资者不同，中小投资者缺乏私有信息渠道，往往需要通过公开途径了解发行人（Biais、Bossaerts 和 Rochet，2002；Bushee、Cedergen 和 Michels，2020）。2004年4月1日至2004年8月26日的谷歌搜索历史纪录中不同关键词的搜索频率如图3.5-2所示。在谷歌宣布IPO（2004年4月29日）和完成IPO（2004年8月19日）前后，投资者大量搜索"google ipo"这一关键词。这说明投资者，尤其是中小投资者，对谷歌IPO很感兴趣。图3.5-2和图3.5-3展现了在谷歌宣布IPO和完成IPO两个时点，投资者在网络上积极搜索谷歌的财务信息（关键词"google financial statement"）和其他信息（关键词"google future"）。这表明除了谷歌公开披露的信息，投资者试图通过不同的渠道获得谷歌的信息。即使不依靠承销商，投资者也在积极地搜索信息以解决其和谷歌之间的信息不对称，从而参与IPO股票申购和定价。

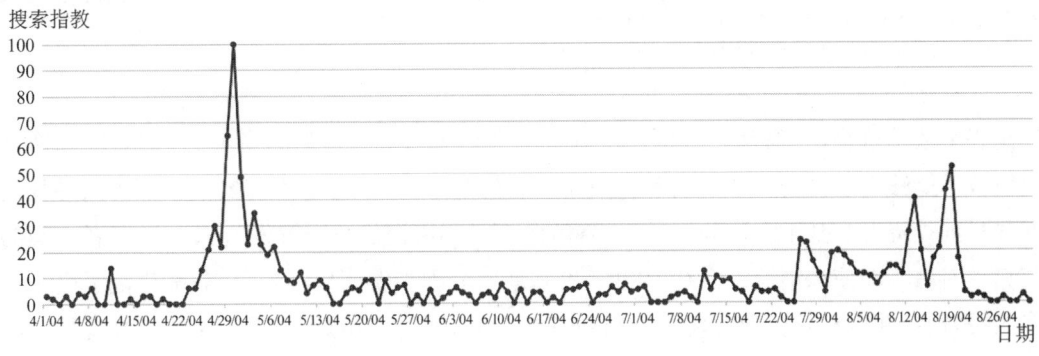

图3.5-2 "google ipo"搜索记录

询价理论认为，通过解决发行人和投资者之间的信息不对称，承销商能够帮助发行人得到准确的定价并保证足够数量的投资者参与IPO（Sherman，2005）。融资应该不是谷歌上市的主要动机，因此谷歌对发行价格的准确性没有很高的要求。为了完成IPO定价，一方面，谷歌给予承销商适度询价权，从而了解市场的需求并得出初步价格范围。另一方面，谷歌保留了最终定价权，可以根据股票拍卖结果确定合适的价格。这种安排减弱了信息不对称给IPO定价带来的影响。上市后的股票价格表现也说明只要谷歌完成IPO，市场就会

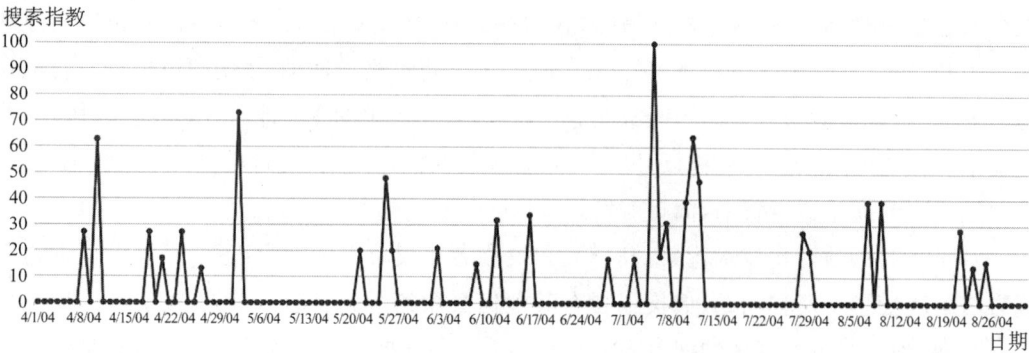

图 3.5-3 "google financial statement"搜索记录

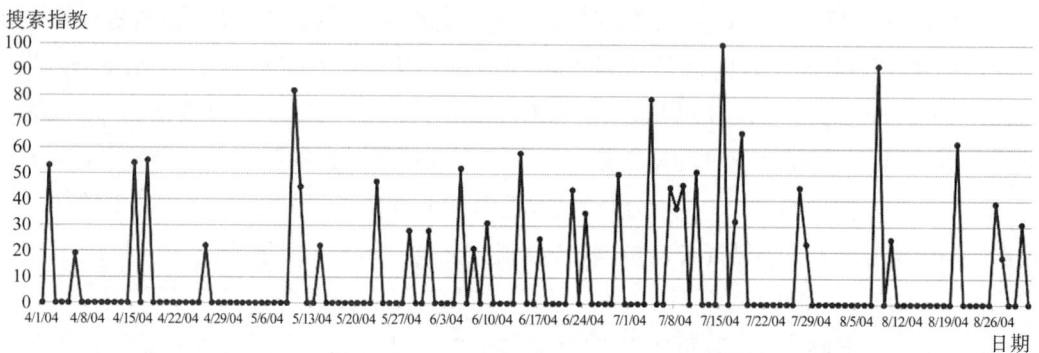

图 3.5-4 "google future"搜索记录

注：图 3.5-2 至图 3.5-4 展示了 2004 年 4 月 1 日至 2004 年 8 月 26 日的谷歌搜索历史记录。X 轴表示日期，Y 轴表示搜索指数。搜索指数为 0—100，表示样本时期相对搜索频率，即在本时期内搜索频率最高的日期，指数为 100，在本时期内搜索频率最低的日期，指数为 0(0 不代表当日没有对应的搜索)。图 3.5-2、图 3.5-3 和图 3.5-4 对应的搜索关键词分别为"google ipo""google financial statement"和"google future"。谷歌在 2004 年 4 月 29 日宣布上市，并在 2004 年 8 月 19 日完成 IPO。数据来自 Google Trends 网站。

提高谷歌股票价格，给现有股东和公司员工带来高额回报。谷歌的影响力、知名度和搜索引擎技术能够吸引投资者认购股票。因而与其他 IPO 不同，谷歌不需要承销商为其寻找足够数量的投资者。基于上述分析可知，谷歌没有必要用询价法缓解发行人与投资者之间的信息不对称。即使承销商没有在 IPO 定价和新股分配中发挥核心角色，谷歌仍能吸引足够多的投资者，并以相对合理的新股发行价完成 IPO，通过上市后的股票表现获得充足的收益。这也解释了为何谷歌愿意采用荷兰式拍卖法[1]。

总而言之，谷歌作为当时互联网世界最具影响力的搜索引擎，本身已经具有足够的市场知名度，且在数智化时代，公司的很多信息都已经是高度透明的，对发行人来说，通过降低或消除信息不对称来提升公司股票发行的市场认可度的空间并不大。在数智化时代，因

---

[1] 网络技术的进步同样促进荷兰式拍卖法的应用。Biais 和 Faugeron-Crouzet(2002)指出，拍卖式 IPO 的应用难点是用计算机程序设计拍卖流程。互联网技术的进步能降低荷兰式拍卖法的应用成本。谷歌在 IPO 过程中，和承销商共同设计并开发了 IPO 股票拍卖报价平台。

为数智化的深度应用,整个市场的透明度在提升,相应地,每个希望通过 IPO 发行股票的发行人,它们的信息对市场而言,不对称性程度低。对投资者而言,如果他们希望了解发行人的信息、也愿意为获取信息耗费一定的时间,他们就能够比较容易地通过公司网站、新闻报道、各类专业平台等多方面获取数据,以及比较便利地获得发行人的信息。因此,在数智化时代,承销商作为金融中介机构,为降低或消除信息不对称而服务的必要性或价值大大降低。"谷歌股东手册"文本话题见图 3.5-5。

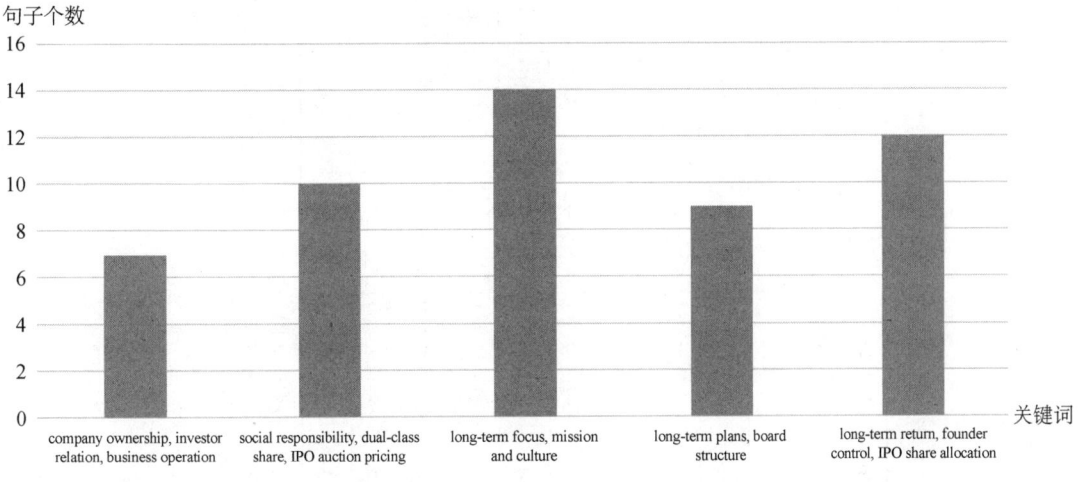

图 3.5-5 "谷歌股东手册"文本话题

注:图 3.5-5 为 Latent Dirichlet Allocation(LDA)机器学习语言模型对"谷歌股东手册"的文本话题分析。X 轴为五种不同话题的关键词,Y 轴为五种不同话题对应的句子个数。"谷歌股东手册"的内容取自谷歌招股说明书。Loughran 和 McDonald(2016)介绍了 LDA 模型的原理和应用。

(二)代理冲突

发行人和承销商之间的代理冲突是决定 IPO 特征的重要因素(Loughran 和 Ritter,2002)。代理冲突源自发行人和承销商两者利益的不一致。在谷歌 IPO 过程中,谷歌的利益目标主要体现在两个方面。一个利益目标是谷歌创始人佩奇和布林要在上市后维持对谷歌的控制。谷歌一直采用二元股权,发行 A 类和 B 类两种收益权相同、投票权不同的股票,以保护创始人的控制权,谷歌甚至在 2014 年开始实施三元股权(袁歆和刘峰,2018)。为表明创始人的经营理念,谷歌在招股说明书中提供"来自创始人的信——谷歌股东手册"(Letter From The Founders:"An Owner's Manual" For Google's Shareholders,以下简称"谷歌股东手册"),强调公司将着眼于长期发展,会有选择地投资高风险、高回报的项目,并坚持公司的决策由两位创始人和谷歌 CEO Eric Schmidt 共同制定。使用 Latent Dirichlet Allocation(LDA)机器学习语言模型对"谷歌股东手册"进行文本话题分析后能得到五个不同的主题。图 3.5-5 列示了五个主题的分布和相应的关键词。分析的结果表明,谷歌创始人对公司上市后的控制权有强烈的要求,反对其他股东干预公司决策。表 3.5-2 也记录了创始人在谷歌上市后一年内没有大规模出售所持 B 类股票(一股十投票权)。每位创始人的投

表 3.5-2　　谷歌上市前后大股东持股情况

单位：股

股东姓名	2004年上市前				2004年上市后				2005年			
	A类普通股		B类普通股		A类普通股		B类普通股		A类普通股		B类普通股	
	数量	百分比	数量	百分比	数量	百分比	数量	百分比	数量	百分比	数量	百分比
Eric Schmidt	0	0	14 758 600	6.1%	0	0	14 389 635	6.1%	31 305	*	13 897 687	12.1%
Sergey Brin	0	0	38 489 048	15.9%	0	0	38 007 935	16.0%	0	0	36 376 435	31.7%
Larry Page	0	0	38 593 200	16.0%	0	0	38 110 785	16.0%	0	0	36 479 785	31.8%
L. John Doerr	0	0	21 043 711	8.7%	0	0	21 043 711	8.9%	105 995	*	5 400 087	4.7%
Michael Moritz	0	0	23 893 800	9.9%	0	0	23 893 800	10.1%	2 729 910	1.7%	904 795	*
KPCB	0	0	21 043 711	8.7%	0	0	21 043 711	8.9%	未披露	未披露	未披露	未披露
Sequoia Capital	0	0	23 893 800	9.9%	0	0	23 893 800	10.1%	未披露	未披露	未披露	未披露
Gilad Elbaz	1 046 834	7.0%	0	0	1 046 834	3.1%	0	0	未披露	未披露	未披露	未披露
Yahoo！Inc.	2 700 000	17.9%	5 498 884	2.3%	1 639 130	4.9%	4 948 996	2.1%	未披露	未披露	未披露	未披露

注：表3.5-2为谷歌上市前后大股东（持股比例超过5%）的股权变化。KPCB代表美国风险投资公司Kleiner Perkins Caufield & Byers。上市前后，谷歌均采用二元股权，发行一股一投票权的A类股票和一股十投票权的B类股票，以分离收益权和投票权。"*"表示持股比例低于1%。"未披露"表示2005年谷歌委托投票说明书（Proxy Statement）没有披露相应数据，即该股东已不再属于大股东。数据来自谷歌2004年招股说明书和2005年委托投票说明书。

票权由 2004 年上市前的 15.8%增至 2005 年上市后的 27.8%[1]。

谷歌的另一个利益目标是降低专有信息成本。作为互联网搜索引擎巨头,谷歌拥有很多关于搜索引擎业务的机密信息。谷歌的主要竞争对手,包括雅虎和微软,都迫切需要了解搜索引擎业务的信息,如盈利能力。如果在上市过程中披露与搜索引擎相关的专有信息,这无疑会对谷歌的未来行业竞争产生不利影响。因此,谷歌没有在招股说明书中详细介绍其发展计划。当 IPO 计划发行价格的市盈率高达 175 时,投资者希望了解更多关于谷歌搜索引擎业务和未来发展的信息,以评估投资风险。即便如此,谷歌依然没有在招股说明书里披露过多与搜索引擎和未来发展有关的细节,并且拒绝在路演中对所披露的信息进行详细说明。谷歌也与承销商签署严格的保密协议,防止承销商对外披露涉及行业竞争的专有信息。显而易见,谷歌希望在上市过程中减少不必要的信息披露,防止竞争对手获得机密信息,从而降低专有信息成本。

承销商的利益目标具体体现在三个方面。第一,承销商希望在完成 IPO 的前提下,提高承销收入,降低承销成本(包括发行新股过程中产生的营销费用),最大化谷歌 IPO 带来的承销利润。第二,承销商通过为机构投资者和证券经纪商优先分配股票并给予适度折价,获得来自投资者的直接或间接的补偿,如更高的股票销售佣金或未来的承销业务。第三,成功的 IPO 可以提升承销商的声誉,扩大其行业影响力,帮助承销商在未来获得更多 IPO 业务(Chemmanur 和 Fulghieri,1994;Carter、Dark 和 Singh,1998)。这些利益目标会激化谷歌和承销商之间的代理冲突。如果承销商仅根据自身利益分配谷歌股票,将很可能削弱创始人的控制权,严重损害创始人的利益。此外,由于承销商经常与机构投资者和证券经纪商沟通,依靠承销商—投资者这一信息渠道能够降低承销商的发行成本,也可能提高谷歌的专有信息成本,不利于谷歌和同行业公司竞争。

荷兰式拍卖法是基于谷歌和承销商之间代理冲突的折中选择。在两者利益存在严重不一致的背景下,荷兰式拍卖法能够缓解双方的利益冲突。从谷歌的利益来看,荷兰式拍卖法通过弱化承销商在股票分配和定价过程中的作用,保证创始人的控制权不受影响,同时限制承销商披露专有信息的可能性。从承销商的利益来看,荷兰式拍卖法虽然减少了 IPO 承销费,但也帮助承销商降低了承销成本。例如,承销商不需要为了向投资者推荐谷歌的股票而投入很多资源,可以通过建立股票拍卖平台、设置一系列股票申购要求来保证 IPO 成功[2]。谷歌同时在荷兰式拍卖法中给予个别承销商相对较多的权限,例如,主承销商摩根士丹利和瑞士信贷了解更多 IPO 细节、可以发行更多股票,因而这些承销商能和投资者完成适度的利益交换。谷歌也给予承销商超额配售选择权(Overallotment Option),

---

[1] 数据来自谷歌 2004 年招股说明书和 2005 年委托投票说明书。委托投票说明书可见:https://www.sec.gov/Archivcs/edgar/data/1288776/000119312505072803/ddef14a.htm#toc68864_48。
[2] 为保证申购到谷歌股票的投资者有能力完成支付,一些承销商要求投资者在 IPO 前至少 90 天注册股票账户,或要求股票账户内至少有 10 万美元现金、投资者具有交易经历。

这为承销商展现业务能力提供了机会[1]。更重要的是,谷歌是互联网行业的优质企业,有很好的发展潜力和较大的公司规模。参与谷歌 IPO 能够帮助承销商提高行业知名度和影响力,积累承销经验,有利于承销商将来承接更多 IPO 业务。询价法虽然更有利于承销商和机构投资者,但很可能影响谷歌创始人的控制权、增加谷歌的专有信息成本。相比之下,荷兰式拍卖法能更好地调解谷歌和承销商之间的代理冲突。

五、数智化时代的承销商:关于未来的若干讨论

数智化的全面嵌入,不仅限于互联网企业,如谷歌、当当,而且对整个社会的影响是结构性的。整个资本市场会因此而实现"信息平权",即数智化会减弱市场参与者之间信息不对称程度,降低市场参与者的行动成本,从而提高其协商、议价的能力(刘峰,2023)。以降低信息不对称为主要目的而存在的金融中介,如承销商,其存在的价值需要被重新讨论与认识。未来,承销商需要适应数智化技术和应用快速发展的新环境,其在资本市场上发挥的角色也必须随之调整。例如,美国资本市场近期陆续推出多项新的上市制度安排,尝试从制度上改变 IPO 方式,这在一定程度上弱化了承销商股票分配和定价的作用。

2018 年 2 月 2 日,SEC 批准了美国纽约证券交易所(NYSE)的卖方股东直接上市计划(Selling Shareholder Direct Floor Listing),同意公司在履行股票注册等手续后,不必经过询价等传统 IPO 承销过程,可以公开交易现有股东所持有的已发行股票,不得发行新股、募集资本。这一创新的上市安排大大减弱了承销商的功能[2]。2018 年 4 月 3 日,Spotify Technology 在纽约证券交易所上市,成为第一家直接上市的企业。2020 年 12 月 22 日,SEC 批准了纽约证券交易所的首发直接上市计划(Primary Direct Floor Listing),公司在直接上市的基础上可以发行新股,交易对象不再局限于上市前已发行的股票。2021 年 5 月 19 日,SEC 批准了纳斯达克证券交易所(NASDAQ)的股票首发直接上市制度设计。在新的规章下,公司可以发行新股,因而直接上市对公司的作用与传统的 IPO 没有什么不同。当然,最大的区别是承销商角色的消失,之前的承销商不存在了,他们都转身成为投资顾问,提供咨询意见,公司的发行费用也随之降低。从 2018 年到 2023 年,共有 16 家企业以直接上市的方式,在纽约证券交易所或纳斯达克证券交易所开始股票交易或发行新股,其中包括 Slack、Coinbase Global 等公司[3]。

SPAC(Special Purpose Acquisition Company)也是美国市场所采用的一种上市方式,它与之前的反向收购不同的是,资本团队先设立一个空壳公司,募集资本并取得上市身份;然后,再去市场寻找合适的并购标的,将并购标的装进之前设定的 SPAC 壳中。例如,

---

[1] 超额配售选择权允许承销商在 IPO 时按照发行价超额出售股票(卖空),并以不高于 IPO 发行价的价格在 IPO 完成后回购股票(平仓),从而发挥上市后稳定股票价格的作用。
[2] 同年 SEC 也批准纳斯达克证券交易所采纳类似的直接上市计划。
[3] 统计数据来自:https://site.warrington.ufl.edu/ritter/files/Direct-Listings.pdf。

2021年1月底，Faraday Future宣布，通过SPAC方式，完成在纳斯达克证券交易所的上市，计划募资10亿美元。据统计，2021年内有613家SPAC企业成立，在资本市场募集资金共1 625亿美元；2022年在美国新上市的公司中，超过50%的公司采用SPAC方式上市（Gahng、Ritter和Zhang，2023）。

由于SPAC独特的上市方式，SPAC IPO中的承销商面临着更大的不确定性（Klausner、Ohlrogge和Ruan，2022）。承销商只有在SPAC与标的企业完成并购后，才能获得承销费，并且承销费的最终金额取决于SPAC股东是否在并购完成前赎回股份。一旦并购结果不理想，承销费将大幅下降。此外，不同于传统IPO，SPAC IPO允许企业提供预测性信息，使投资者更好地了解企业未来的发展前景（Blankespoor、Hendricks、Miller和Stockbridge，2022）。这一特点会改变企业与投资者之间的信息不对称程度，进而影响承销商发挥的作用。综上可见，承销商在SPAC过程中的角色必然有别于传统IPO。

无论是直接上市，还是SPAC方式上市，承销商的核心作用从之前的"必需"趋向演变为"选用"，这种改变是"信息平权"的体现，还是管制性制度的强制性结果？数智化通过何种方式影响承销商等市场参与者面临的信息不对称问题？不同上市方式的选择，背后的规律性特征是什么？对资本市场的意义又是什么？我国资本市场发展，尤其是IPO注册制的实施，能够从中得到什么样的启示与借鉴？这些问题都值得学术界去共同研究。

（袁 歇）

参考文献

[1] 陈亚雯. 试论跨国公司并购的特征与发展战略[J]. 经济问题探索，2003(8)：86-88.

[2] 杨丹辉. 第五次并购浪潮的回顾：特征、成因与影响[J]. 世界经济研究，2004(4)：18-23.

[3] Coyle J F, Polsky G. D. Acqui-Hiring[J]. Duke Law Journal, 2013, 63(2): 281-346.

[4] Erel I, Liao R C, Weisbach M S. Determinants of Cross-Border Mergers and Acquisitions[J]. The Journal of Finance, 2012(67): 1045-1082.

[5] Graebner M E, Heimeriks K H, Huy Q N, et al. The Process of Postmerger Integration: A Review and Agenda for Future Research[J]. Academy of Management Annals, 2017, 11(1): 1-32.

[6] Jensen M C, Ruback R S. The Market for Corporate Control: The Scientific Evidence[J]. Journal of Financial Economics. 1983, 11(1-4): 5-50.

[7] Manne H G. Mergers and the Market for Corporate Control[J]. Journal of Political Economy, 1965, 73(2): 110-120.

3.6 数智化与企业创立：从产业引领到资本驱动
——以共享单车案例为例[1]

一、引言

2014年3月，第一家共享单车ofo注册成立；2015年，摩拜单车成立；之后，共享单车成为2016—2018年风险投资领域的"热门赛道"。我们所能够收集到的公开数据显示，公开其融资额的22家共享单车公司，2014年至2018年其合计融资金额为800亿元至1 000亿元[2]。2017年年底，市场上有近百家共享单车/共享电单车公司。2018年4月，小鸣单车成为第一家破产的共享单车企业；2018年年底，共享单车领域曾经最大的公司ofo事实上已经无法维持正常运营了，摩拜单车被美团收购后更名为美团单车；之后，一大批共享单车公司歇业。到2020年，共享单车领域形成"三足鼎立"之势：哈啰出行、美团单车、青桔单车三家活跃运行。共享单车从神话到泡沫破灭，与20世纪末互联网泡沫破灭相似。

共享单车的泡沫引起我们多方面的思考。我们关注的是以下相对基础性的话题：创立企业的驱动性因素是什么？它对企业财务与会计的基础逻辑会产生什么样的影响？

尽管没有明确阐述，现有的财务、会计的理论与方法，是以下假设为前提的：企业设立的目的是正常的商业运营，并通过提供产品/服务获取收入创造价值，在弥补成本支出后，企业实现盈利，从而持续运行。因此，会计上的基本假设之一就是"持续经营"假设，即在没有明显反证的前提下，企业的经营将会持续进行下去。如果没有持续经营假设，权责发生制、历史成本、配比等原则都会缺少有效的理论基础。

这涉及我们所讨论的、一个有争议、容易被混淆的问题：设立企业的驱动因素是什么？在传统意义上，商人或企业家看到市场上存在机会后创立企业，如任正非创立华为、雷军创立小米。包括小米、华为等企业在内，企业家创立的企业，只有能够长期运营，且在竞争激烈的市场环境中胜出，才能够实现利润最大化[3]，因此，坚持"长期主义"或当下的术语"耐心资本"，是早期财务理论的潜在前提。在风险投资和创业风潮带动下，尤其是在美国

---

[1] 此文曾刊发在《当代会计评论》2022年第2辑，此处有改动。
[2] 我们利用企查查、天眼查、Wind数据库等信息源，以关键词"共享单车"进行检索，手工收集整理。
[3] 当然，包括任正非、雷军等在内的杰出企业家，他们早年创立企业的目的或许是盈利，到一定阶段，追逐利润或财富不再是他们的首要目标。例如，雷军在公开访谈中强调，创立小米，包括小米进入汽车行业，是"想办一家伟大的公司、做一些伟大的事情"。

互联网泡沫的带动下,"职业创业者"出现,他们凭借奇妙构想创立企业、吸引风险资本;寻找适当时机将企业卖出,从而变现出场。一个典型的例子是库班(Cuban),他创立的第一个企业是 MicroSolutions,公司卖给 CompuServe 后他赚得第一笔财富;1995 年,他创立 Broadcast.com,1999 年以 59 亿美元将该公司卖给雅虎。之后,他主要以投资人身份从事各类投资,并买下 NBA 的小牛队。类似这种追逐风口、持续创业、择时变现的例子很多。例如,陆正耀 2007 年创立神州租车,2014 年 9 月,神州租车在中国香港上市;2015 年他创立神州专车,2016 年 7 月,神州优车在新三板挂牌;2017 年他牵头创立瑞幸,2019 年 5 月瑞幸咖啡在纳斯达克上市;2019 年 4 月,他以神州优车的名义收购宝沃汽车 67% 的股权。从时间线可以看出,神州租车上市后,他以神州租车的变现资本(通常是股权质押)创立了一个新的平台(神州专车);神州优车上市后,他创立瑞幸咖啡;瑞幸咖啡还在上市准备过程中,他就斥巨资介入宝沃汽车。

换言之,企业创立的驱动力大致可以分为两类:产业驱动和资本驱动。前者是指像任正非创立华为那样,目标是提供电信设备,与富士通、爱立信、西门子、北电等国际电信厂家竞争,并在竞争中获取相应的市场份额;像雷军创立小米,是希望在手机市场上有一席之地。当然,这些企业后来都会根据市场环境的变化,陆续涉足新的业务领域,如华为从早期的电信设施到手机、穿戴设备、云服务、汽车智能系统等;小米从最初的手机到各类生活电器,乃至小米汽车。他们创立企业的初衷没有变化。我们将这种创立并意图长期运营企业的行为,定义为"产业驱动"。与其对应的是资本驱动的创业,通常职业创业企业家发起创业,他们会追随热点"赛道",创立企业的目标不是持续经营,而是选择一个恰当的时机,将企业整体卖出,从而变现。例如,Cuban 创立了 Broadcast.com 后卖给了雅虎,Cuban 套现离场;中国市场上曾经的易趣网、3721 网、卓越网,都是模仿美国市场上的亚马逊、雅虎、eBay 等设立的,这些公司都先后被收购,收购后这些公司品牌消失,它们也在一定程度上是"资本驱动"的创业。

我们首先以共享单车领域的现象来讨论产业驱动与资本驱动的特征,之后是相关的讨论与分析,包括它们对会计、财务等所可能产生的基础性、结构性影响。

值得关注的是,企业家和职业创业企业家之间的界限不是特别清晰,甚至两种身份会相互转化。例如,马斯克早在 1995 年就创立了 Zip2 公司,变现后分得 2 200 万美元;之后他创立了电子支付平台 X.com,后更名为 Paypal,2002 年他以 15 亿美元将该公司卖给 eBay,马斯克分得 1.8 亿美元;这成为他之后系列创业的种子基金,包括 SpaceX、Tesla 等。在 SpaceX、Tesla 中,马斯克不再是快速套现出场,而是全身心投入,从职业创业者转变为企业家。同样,蔚来的创始人李斌,在创立蔚来之前,1996 年,他以大学生身份参与成立北京南极科技发展有限责任公司;1997 年,他创办了北京科文书业信息技术有限公司;2000 年,他创立了易车服务网,并于 2010 年在纽约证券交易所挂牌上市;2002 年,他创立了新意互动广告有限公司;2014 年,他创立蔚来汽车后,全身心投入蔚来汽车的经营活动。

二、共享单车泡沫:概述

共享(sharing),古已有之,字面解释就是多人共用一个物品。对一个家庭来说,家里绝大部分物品都由成员共用;大学或城市图书馆的所有图书对所有人开放,这些就是共享。在互联网出现之前,"共享"受到时间、空间、信息不对称等多种因素的限制,应用范围不广、效率不高。将"共享"概念商业化,并创新出多种商业模式,是移动互联网进入人们日常生活之后的事。

2007年1月,苹果公司发布新一代智能手机iPhone,移动互联网从之前的概念进入到人们的日常生活。移动互联网极大地降低了个体状态信息获取、发布的成本,让共享概念商业化成为可能。2008年的爱彼迎(Airbnb)、2009年的优步(Uber)陆续面世,共享商业逐步落地。

推动共享商业概念快速落地的重要力量之一是风险投资资本。在美国,20世纪60—70年代的硅谷崛起过程中,风险资本也相应发展。这个浪潮因为互联网的兴起而逐步蔓延开来。共享概念商业化对风险投资的推动作用巨大。统计数据显示,2000年,我国174家风险投资机构对208家企业的332个项目进行投资,投资金额达51.58亿元。到2010年,风险投资已经达到2 111.79亿元[1]。正是在这一大背景下,共享单车概念得以出现并快速落地。

在资本的助推下,因为移动互联网的应用,所以到2010年时,共享概念已经成为当时的一个"热词",特别是Uber出现后,滴滴、快的等打车软件,以及仿照Uber模式的共享私家车概念被资本追逐,当时人们就在寻找下一个现象级的赛道。在这一背景下,共享单车概念出现了。

(一) 共享单车兴亡史:ofo的例子

按照公开资料,2014年4月3日,ofo几名创始人登记注册"小黄车(北京)数据服务有限公司",2014年8月31日,公司开始购入自行车并投入使用;2014年12月1日,ofo获得唯猎资本150万元人民币天使轮融资。在北京大学的日均订单达到4 000单后,2015年10月,ofo获得900万元人民币Pre-A轮融资,投资方为弘道资本、唯猎资本。表3.6-1是根据公开资料整理的ofo历次融资情况。

表3.6-1　　　　　　　　ofo历轮融资情况一览表

序号	时间	轮次	金额	投资方
1	2014.12	天使轮	150万元	唯猎资本

---

[1] 数据源于清科数据库。

(续表)

序号	时间	轮次	金额	投资方
2	2015.10	PreA轮	900万元	弘道资本、唯猎资本
3	2016.2	A轮	1 500万元	金沙江创投、弘道资本
4	2016.4	A+轮	1 000万元	真格基金、王刚
5	2016.9	B轮	数千万美元,具体金额未披露	金沙江创投、经纬中国、唯猎资本
6	2016.10	C轮	1.3亿美元	金沙江创投、小米科技、元璟资本、滴滴出行、CPE源峰、DST Global、经纬中国、Coatue Management、顺为资本
7	2017.03	D轮	4.5亿美元	CPE源峰、Atomico、泰合资本、DST Global、华夏润石多家国内外机构、经纬中国、滴滴出行、Coatue Management
8	2017.04	战略融资	未公布	蚂蚁金服
9	2017.07	E轮	7亿美元	滴滴出行、阿里巴巴、CPE源峰、DST Global、弘毅投资、易凯资本
10	2018.03	E+轮	8.66亿美元	灏峰集团、天合资本、君理资本、蚂蚁金服、阿里巴巴
11	2018.09	E++轮	5亿美元	滴滴出行、蚂蚁金服
	合计		170亿元+	23家投资机构

资料来源:WIND数据库。

表3.6-1为根据公开资料取得的ofo 11轮融资获得的资本情况,除了第8次来自阿里系蚂蚁金服的战略投资没有公布金额,10轮次、不到4年的时间里,融资共获得约170亿元人民币的资本。我们没有从互联网上检索到ofo历次融资的估值数据,唯一一次提到估值的是2017年2月的一篇报道:ofo正在进行新一轮融资,估值达10亿美元。按照之后第7次获得4.5亿美元的融资额来倒推,一次融资让出超过10%的股权,2017年4月,ofo的估值已经超过30亿美元[1]。

我们未能获得ofo的财务报表,关于ofo发展情况及相关运营数据,主要来自互联网的相关数据:

——2016年5月,ofo共享单车总订单量突破200万笔,单日服务校园出行近10万次;

——2016年9月,总订单量突破1 000万笔,单日订单量超过40万笔;

——2016年11月17日,ofo宣布,日订单超过150万单,ofo已经成为继淘宝、天猫等之后,第9家日订单超过百万的互联网平台;

[1] 互联网一则评论提到,ofo估值从0到280亿元,这从一个侧面也能够支持上述推测。

——2016 年 12 月 23 日,ofo 在美国旧金山、英国伦敦开始运营;

——2017 年 6 月 8 日,全球知名风投调研机构 CB Insights[1]发布了全球最具价值的科技创业公司榜单,ofo 小黄车上榜;

——自 2017 年 7 月起,ofo 小黄车宣布,逐步退出部分国际市场,包括澳大利亚、德国等市场;

——2017 年 10 月 20 日,ofo 小黄车宣布,最新日订单量突破 3 200 万笔;

——自 2018 年起,ofo 陆续因合同等纠纷被多次告上法庭;2018 年年底,ofo 事实上已经停止运营。

ofo 作为共享单车行业的标志性企业,从创立到兴盛,之后迅速衰落,只有不到 4 年的时间,先后消耗的资金约为 170 亿元。

(二)共享单车兴亡史:统计数据

2014 年,共享单车概念被提出,之后,在风险投资资本的推动下,共享单车迅速发展,到 2016 年年末,能够从公开数据获取的共享单车名单已经超过 40 家,融资额达到 27.86 亿元。表 3.6-2 是我们从公开数据收集到的关于共享单车的部分数据。

表 3.6-2　　　　　　　共享单车相关数据

年份	共享单车公司成立数(家)	共享(电)单车公司成立数(家)	吸引到的风险投资总额(亿元)	用户规模(亿人)	中国自行车产量(万辆)	中国出口数量(万辆)	自行车国内自用数量(万辆)	共享单车市场规模(亿元)	当年倒闭/停业的公司数量(家)
2014	2	3	0.015 0	—	9 753.37	6 266.35	3 487.02	—	0
2015	8	9	0.314 6	0.02	8 789.72	5 781.63	3 008.09	—	0
2016	37	43	27.860 0	0.28	8 518.26	5 783.90	2 734.36	12.3	0
2017	32	36	202.146 0	2.05	8 996.67	5 647.12	3 349.55	102.8	16
2018	4	5	442.165 8	2.35	7 315.64	5 927.20	1 388.44	178.2	28
2019	1	5	47.144 8	2.56	6 500.20	5 259.30	1 240.90	236.8	4
总计	84	101	719.646 2	—	49 873.86	34 665.5	15 208.36	—	48

表 3.6-2 的数据表明,共享单车从概念的提出,到 2016 年、2017 年达到巅峰,之后,迅速回落。到 2020 年,仍在运行的共享单车公司数量减少一半,市场上出现哈啰出行、美团单车、青桔单车三家领先公司。共享单车市场逐渐恢复理性。

三、问题的提出:产业引领还是资本驱动

目前,我们的教科书或主流的财务理论是以一个传统制造类或生产类企业的运营周期

---

[1] https://www.cbinsights.com/。

与货币资金的关系展开研究,从财务的目标开始,然后是资本预算、发行股票或发行债券,在此基础上,就是资本结构、公司并购、现金管理、股利政策等。总体上,主流的企业财务理论至少是基于这样两个隐含的前提:以传统制造业为主体,来讨论企业的价值,如多元化还是专业化等;金融服务产业,将资本配置到最有效率的企业和产业,通过市场竞争,淘汰效率低的企业与产业,达成社会效益整体提升。或者说,财务的价值是通过更好地服务于产业或制造业,创造更多价值。

自20世纪80、90年代起,经济环境经历了从"传统制造业时代"到"数智化时代"的转变。在传统制造业时代,传统制造类企业是经济活动的"主角",财务或金融是服务于制造业的,通过寻找到优质的企业、把资源投放到优质企业身上,财务资源的提供者获得收益。我们用"产业引导资本"来定义并描述这一现象。理论意义上的"产业引导资本",就是一家快速发展的企业,需要资本支持来扩大规模与产能。例如,特斯拉于2016年4月发布平价电动车Model 3,一个星期内订单达到32.5万辆,特斯拉遭遇了产能交付危机,此时,有充足资本介入、快速提高产能,就是一个双赢的安排。

共享单车泡沫所呈现的是一个不同的逻辑。按照一篇报道的介绍,"在一次吃饭时,他(ofo的创始人戴威)得知师弟正在北大校友肖常兴的唯猎资本实习,而这位师弟告诉他唯猎资本刚募资到1.5亿美金,想找一些年轻人做早期投资[1]。"据此我们可以推测认为,ofo的创立者最初只是有个关于自行车骑行的想法,是资本推动他将想法付诸实施。ofo开始时只是在北京大学校园内投放共享单车。资本当然不满足于此。对资本来说,实现回报需要资本可以流通。资本流通,除了资本市场各要素齐备、完善,还需要市场对资本价值的认可。资本的价值,不在于资本本身,或者说,资本市场交易的不是资本本身,而是资本所可能带来增值的想象空间。媒体报道表明,金沙江创投作为曾经投资滴滴的风险投资机构,主动找到ofo的创始人,要求投资其项目,并要求将项目范围扩大全国。在资本的推动下,ofo规模快速扩张,从全国高校扩大到校园外。在同一时期里,其他共享单车品牌,如摩拜等快速成立、推广,各大城市街头充斥着不同颜色的共享单车。仅仅2016、2017两年,就有79家共享单车或共享电动车公司成立;2017年、2018年投入共享单车/电车领域的资本超过640亿元。可以说,共享单车从概念、设想,到成为一个产业,资本的推动起到主要作用。我们将这种现象定义为"资本推动产业"。

共享单车事件表明,进入移动互联网时代后,资本与产业的逻辑关系在发生改变。在移动互联网时代,资本"主动出击",用资本来驱动、培养产业,公司财务的底层逻辑发生了改变。

四、资本驱动:公司财务的新基础

资本驱动产业的表现形式应该是多样的。这里给出两个代表性类别:资本驱动的并购

---

[1] 引自 https://zhuanlan.zhihu.com/p/23979725。类似的表述可见于不同的报道。

和资本驱动的创业,从中我们可以发现,无论是企业的存在形态,还是财务运行的逻辑,都已经发生改变。

资本驱动的并购,这里将其称为"套利并购"。套利并购与企业基于"资源联合效应"所驱动的并购存在本质的不同。例如,20世纪70、80年代美国资本市场上流行的杠杆收购和垃圾债券,就是一种资本驱动并购的体现:市场一旦发现某个企业价值被低估,就会先通过债券市场募集资本、收购该企业,然后通过一系列运作,如退市、裁员、重组等,提升企业价值或提高市场对企业价值的预期,最后再通过上市、转让等途径,获利出场。Shleifer和Vishny(2003)将其定义为"股票市场驱动的并购"(stock market driven acquisition)。通过这种杠杆收购的运作模式,短期内企业在资本市场上的价格会上涨,投资人能够获利退出,从长期来看,这并不一定有利于企业的发展,甚至"短期行为"特征明显。1988年,美国的一家投资基金公司KKR(Kohlberg Kravis Roberts & Co. L. P.,以下简称KKR)牵头对RJR Nabisco发起收购,这场收购持续半年多,对RJR Nabisco的报价也从最初的每股75美元、总价176亿美元,上升到每股109美元、总价250亿美元。这一事件被媒体称为"门口的野蛮人",成为资本驱动并购的代表性事件。如果仅仅从收购交易达成时点来看,RJR Nabisco的股东价值提升了42%,从长期来看,由于KKR是一个投资基金公司,他们不准备、也不擅于长期持有、经营。KKR入驻后,就通过一系列的重组行为,陆续变卖RJR的资产。这一点在后续公司发展中得到了验证。短时而言,从RJR成为私营公司后披露的第一年年报数据来看,赢家为新股权投资者(KKR、KKR股权基金及管理层成员)和公众股东(public shareholders)(Mohan和Chen 1990)。最终,在RJR Nabisco业绩持续下行压力下,KKR通过拆分、裁员等措施,仍然不能提升RJR Nabisco的价值,最终不得不出售所持有公司剩余股权。尽管缺乏明确的数据与金额,RJR Nabisco公司的全体股东、员工、其他利益相关方整体上利益受损,是不争的事实。

资本驱动的并购,其背后的主要推动者是财务资本,而不是产业或企业家。因为资本市场对并购所可能带来的想象空间的偏好,所以并购本身称为有想象空间的产业。市场上相继出现相当数量的并购产业基金。这些基金通常以一定期限,如6~8年为限,强化了并购行为的短期套利特征。我们将这种以资本驱动的并购行为,定义为"套利性并购",以有别于目前财务管理教科书上所讨论的、以资源联合效应为导向的"产业性并购"。

与资本驱动并购相伴而生的是资本驱动创业。

资本驱动创业的代表性事例是20世纪90年代美国的互联网泡沫。受雅虎(yahoo)、网景通信公司(Netscape)等互联网创业成功案例的刺激,美国在1990年,尤其是1995年后出现大量的互联网概念公司,甚至人们只要能够抢注到一个响亮的域名,即便没有实际的经营业务,立即就身价百倍。据统计,1999年,在硅谷风险投资的项目中,55%是互联网项目,当年IPO的互联网项目超过150个[1]。

---

[1] https://wallstreetcn.com/articles/3636920。

在我国资本市场上，同样的故事也在上演。共享单车创业潮就是其中的"一斑"；这之后，短期内数 10 家二手车 App 公司成立，排前列的瓜子、人人车、优信形成"三国鼎立"局面；备受关注的是新能源汽车项目，我们可以看到，"赛道"上的选手不仅包括比亚迪、广汽集团等传统汽车制造业厂家，大量汽车业之外的企业家也进入这个赛道，其中有经验的企业家，如小米的雷军、恒大的许家印等，也包括那些熟悉创业套路的"职业创业家"，如蔚来汽车（NIO）的李斌、理想汽车的李想、小鹏汽车的何小鹏、高合汽车的丁磊、极越汽车的夏一平等，他们都是先后多次创业[1]。

在资本驱动创业中，活跃着一批职业创业家，他们熟悉资本的偏好，所创立的公司能够快速赢得资本的青睐；很多情形下他们自己就是风险资本或权益资本的"玩家"，他们会按照资本的偏好"讲故事"；或者说，他们会将行为调整到与资本一致的方向上来。在资本驱动实业的逻辑下，资本与实业/企业[2]的关系发生了角色转换：资本从"配角"转变为"主角"。

在"产业引导资本"模式下，企业家创立企业，如当年比尔·盖茨创立微软（Microsoft）、乔布斯创立苹果（Apple），或再早一点的惠普公司（HP）创立等。在企业发展的不同阶段，资本进入企业，帮助企业发展壮大；企业实现盈利，资本通过利息、股利等途径取得回报；企业通过发行股票成为上市公司后，资本可以退出。

在资本驱动产业模式下，资本与产业的关系改变了。无论是 20 世纪末期美国的互联网泡沫，还是我国共享单车、新能源车热潮，资本借助其巨额投入，将企业家的注意力和社会资源吸引到资本所认可的产业或实业。之后，通过短期、快速完成 IPO，创业资本退出；大部分"资本驱动创业"的新 IPO 公司，企业家精神缺乏，主导创业的企业家很容易就"功成身退"，企业价值减退。例如，Mark Cuban 曾经在 20 世纪 80 年代创立一家软件销售公司 MicroSolutions，1990 年，该公司被以 600 万美元售出，Cuban 个人分得 200 万美元；他随后在 1995 年创立了一家网络公司，公司于 1998 年更名为 Broadcast.com，1999 年被 Yahoo 以 57 亿美元收购[3]，Cuban 退出后成为风险投资家，关注早期创业企业，并于 2000 年购入 NBA 的小牛队（Mavericks）。Cuban 的这一模式在一定意义上成为"资本驱动创业"下很多创业企业家的模板。

在资本的驱动或吸引下，大量进入"赛道"的企业，都会按照资本的逻辑去运行，包括在

---

[1] 在互联网上可以检索到这样一段文字：2014 年（也有说是 2013 年），雷军去硅谷拜访马斯克，他问马斯克："10 年前你为什么做特斯拉？那时电动车还没这么火，你是怎样看待这个机会的？"马斯克回答："我从不觉得这是个好机会，因为它的失败率要比成功率高得多，我只是觉得这是人类应该做的事情，也是值得做的事情，我不想苦苦等待着让别人来实现。"这一问一答，代表的就是"资本驱动创业"与"产业引领资本"在思维逻辑上的差异。

[2] 严格来说，资本也是以企业或公司形式出现的。为了对比，此处用实业和企业来代表传统企业理财所针对的企业，即以制造业为主体的实业和以与资本运行所依附的企业形式相区分。

[3] 因为互联网泡沫浪潮、Cuban 的退出，Broadcast.com 在并入 Yahoo 后，业绩表现不佳，被评为 Yahoo 最差的收购之一，也是当年互联网泡沫浪潮中最差的并购交易之一。这也与"资本驱动产业"的总体运行规律一致：在创业企业完成 IPO 或被收购后，创业企业家和投资资本获利退出，企业价值下降。

短期内让资本能够顺利退出。因此,企业在日常运行、发展方向等方面,都会显著不同于传统的、产业引领资本模式下的企业。表3.6-3是"产业引领资本"和"资本驱动产业"两种模式的特征比较。

表3.6-3　　　　　　　　　产业引领资本 VS 资本驱动产业

项目	产业引领资本	资本驱动企业
资本与实业的驱动逻辑	产业为主,资本为辅	资本为主,产业是资本实现其利润的手段
主要活动导向	提供市场需求的产品/服务,实现价值增值	以经营企业而非经营产品为主
早期融资	企业家自身、少量来自民间资本(包括股权投资或我国早期的高利贷)	风险资本为主
创业者身份	创业企业家,通常会持续专注于某一个企业或行业(如任正非、马化腾等)	"职业"创业家,连续创立不同的企业(如季琦、Cuban),甚至在校大学生或研究生(如ofo的戴威)
企业运营	受企业家个人经历等驱动,不断开发、完善市场所需要的产品;上市是企业发展到一定阶段的副产品。甚至,有些企业即便具备相当规模,也不寻求上市(如美国的SAS,中国的华为、老干妈等)	按照IPO市场的偏好来设计、运营企业,包括:引入具有市场美誉的风险投资机构、通过天价营销或"烧钱"快速占领市场、确立一个高速成长的形象;IPO之后,创业企业家退出;企业进入平稳运行或被整体收购
企业存续	企业家期望能够持续运营企业,并对公司具有较强的控制力;企业发展顺利、改变营业方向(如阿里从最初的黄页到淘宝,再到支付宝)或倒闭;企业可能会因为经营不善而倒闭,不会在创立初期被整体售出	企业设立的目标是IPO,便于创业资本获利退出;如果不能顺利IPO,资本会主导公司并购、退出(如快的与滴滴合并);创业企业家对公司命运的掌控力较弱
企业创立速度	企业创立门槛高、速度慢,且社会资金总量不足,导致从初创的、手工作坊式的企业(当时以制造业为主)发展到相当规模的企业,需要数年,甚至更长的时间	源于风险资本的支持,加上互联网企业创立对运营管理能力要求弱、管理能力和管理知识模块化,使得创立企业的门槛要求降低,企业创立的成本低、速度快;一个企业一旦得到风险资本的认可,它可以在最短的时间里筹得数亿元,乃至数十亿元资本,规模得以快速扩张

比照关于"产业引领"与"资本驱动"的讨论,在资本的支持、推动下,ofo公司得以创立;ofo最初创始人团队成员[1]都以在校学生为主,他们没有太多企业运营的经验,都是在摸索中学习;ofo和共享单车企业创业初期都是以巨额市场营销方式来进行业务推广;实际上,在资本驱动实业逻辑下,它们的共同特征就是以市场补贴、广告为特征的营销竞赛,其

---

[1] 互联网检索表明,这5位联合创始人都是北京大学在校学生或刚毕业不久的学生。除了戴威,还有:张巳丁(考古文博学院硕士生)、薛鼎(光华学院毕业生,戴威的本科同学)、于信(国际关系学院毕业生)、杨品杰(信息科学技术学院硕士生)。

目的是在尽可能短的时间里达成市场占有率等指标,提升其在市场的估值,便于吸引到更多的资本,也便于现有资本的退出。如 ofo 和摩拜共享单车一经推出,受到市场好评,大量资本涌入,催生了多个共享单车品牌和平台,风险资本被用来进行市场推广。因此,风险资本曾经计划推动 ofo 和摩拜合并,这一举措在滴滴合并快的(2015 年 2 月)、58 同城和赶集网合并(2015 年 4 月)、美团合并大众点评(2015 年 10 月)等案例中也都发生过。由于 ofo 创始人团队拥有一票否决权,使得该项合并最终未能达成。值得关注的是,较早投资 ofo 的金沙江创投在 2017 年年底推动 ofo 与摩拜合并未果后,将股权转卖给阿里巴巴,成为 ofo 投资中少有的赢家。尽管在 ofo 案例过程中,风险资本中途股权退出的不多,这却是资本驱动实业模式下的常态:资本会选择他们认为合适的时机退出。

五、讨论与启示

产业引领资本与资本驱动产业,两者不是截然对立的。它们在很多情形下会相互转化。就如同消费的增加能够刺激供给和生产,并逐步形成有效循环;充裕乃至过量资本对利润的追逐,会"创造"出实业,甚至产业。如果这些实业或产业所制造的产品、提供的服务满足了市场需求,产业会不断扩大。过去,很多产业都是"无中生有",即产业是被企业家或资本创造出来的,如手机(仅仅手机就在不断迭代更新)、无人机、互联网、电商、快递等。这种创新推动人类社会不断进步。当然,也出现大量的产能过剩、资本浪费现象。

既然资本驱动产业带来了企业设立、运行等逻辑的改变,财务理论研究的基础就应当要关注到这种改变。例如,传统的 IPO 研究包括择时等理论,都是以管理层和股东长期经营企业、追求长期价值最大化为前提假设;在资本驱动投资等逻辑下,企业设立后追求快速上市(瑞幸[1])或低价上市(小米[2]),就是资本意志的体现。这两种现象在传统的、产业引领资本逻辑下,难以被观察;在资本引领产业的生态链下,这两种现象相当普遍。当企业 IPO 的驱动性因素已经改变时,IPO 研究就需要面临新的挑战。类似的、值得研究者重新思考的问题包括以下方面。

(一) 企业目标的转变

风险资本推动熟悉市场套路和风险资本模式的人去创立企业,且新创立的企业往往从一开始就办在核心商务区的高档写字楼(不是车库创业),起步阶段就有一个比较完整的架构(不是兄弟、朋友之间的小规模、非正式模式),"PPT 创业"盛行,通过"讲故事"打动风险资本,是创业的主要步骤。很多企业之所以被设立,就是因为创业模式可以"抄作业",这是一个能够走得通的商业模式。继 ofo 和摩拜之后,类似的共享单车公司"遍地开花",它们

---

[1] 瑞幸于 2017 年 10 月创立,2019 年 5 月 17 日在纳斯达克上市。瑞幸一度自己宣传创造了最快 IPO 纪录。
[2] 小米成立于 2010 年 4 月。小米在发展过程中曾宣布不谋求上市,2018 年 5 月小米向香港联合交易所提交了上市申请。期间,估值多次下调。按照媒体等报道,雷军认为,估值不应该低于 550 亿美元(在此之前,小米估值已经到 1 000 亿美元),实际发行估值 543 亿美元,当天收盘市值 465 亿美元。

的商业模式类似,主要区别就是自行车颜色;新零售概念出现,一大批基于 App、配送模式的零售企业快速创立;在特斯拉证明电动汽车模式可行,且开放专利、降低了电动车行业的进入门槛后,很多类似的企业无论是否拥有汽车制造能力,以及电池、电机、电控技术,都快速成立,并获得了资本的支持。在"资本驱动产业"的逻辑下,企业不过是资本实现其价值的中介体或载体。因此,企业目标或财务的目标,发生了结构性改变。

企业的目标不再是或不再必然是传统意义上的企业价值最大化、股东价值最大化或相关者利益最大化,而是追求风险资本的价值最大化,至少在企业创业初期主要考虑的是风险资本及其价值导向。这种转变会对企业财务行为及其特征产生什么样的系统性影响,有待学术界进一步研究。

(二) IPO 与企业价值关系

在资本驱动逻辑下所创立的企业,尽快达成 IPO 是这类企业的主要目标,这也是很多风险资本投入企业时的合同[1]要求。可以说,企业从设立第一天起,按照 IPO 市场的偏好来设计运行,包括"打造"一个高速成长、领先的市场占有率等形象,因此,通过天文数字的促销和广告支出,"烧钱"换市场是最近几年企业常见的策略。例如,优信二手车在 2016—2018 年实现销售收入约 61 亿元人民币,同期的销售费用总额为 56.84 亿元,销售费用/销售收入比为 93.17%,其中,2017 年的销售收入为 19.51 亿元,销售费用为 22.03 亿元。可以说,收入是用巨额促销费用堆积起来的。类似现象在早期的互联网泡沫公司、共享出行、共享单车等话题性公司中都不同程度地存在。IPO 导向,不仅决定了这部分企业存在、发展情况,而且决定了这部分企业的运行逻辑和相应的资产配置策略。企业资产的配置、现金持有、财务策略等,都不同于传统的"产业引领资本"环境下的企业。这显然也是现有财务管理框架体系未能包括的。

这或许与为了 IPO 而生的企业运营模式有关:很多被定义为"独角兽"的企业,在 IPO 之前的估值都很高,但真正 IPO 时,市价会出现较大的折扣。例如,Reddit(美版贴吧)在 2021 年的估值高达 150 亿美元,公司于 2022 年 3 月在纽约证券交易所上市,开盘市值为 54 亿美元;Instacart 于(在线杂货配送平台)2021 年 9 月在纳斯达克上市,市值较上市前最高估值 390 亿美元,跌约 7 成;小米也是如此,IPO 前的市场估值接近千亿美元,最后实际招股价为每股 17 港币,折合市值不到 550 亿美元;百果园创立于 2001 年,2022 年最后一轮融资估值超过 120 亿元,2023 年 1 月 13 日的发行价为每股 5.6 港币,折合市值约为 88 亿港币。

企业 IPO 后,从理论上来说,上述来自风险资本的压力会减轻,企业应该会回到常规状态下运营,总体上符合传统企业理财框架的运行。对于那些因为"资本驱动型"创业的企业,IPO 是这类企业设立的目标,IPO 之后公司陷入维系现有模式运行状态,缺少追求提供

---

[1] 例如,小米公司要求在 2019 年 12 月 23 日之前完成合格上市任务(在香港或其他市场上市),否则,投资者有权要求雷军和他的团队现金收购这些投资;类似的规定在绝大部分资本驱动产业的创业模式下都会存在。

更好产品、更好服务的企业家精神。而企业成功需要持续的企业家精神和投入,包括根据市场和环境的变化而改变企业的商业模式等,企业价值在 IPO 之后很难继续走高,甚至会逐步走向平淡。

(三)高度金融化、证券化

在"资本驱动"的环境下,高度金融化、证券化,加上互联网和大数据环境,企业随时都存在市场估值数据,大部分企业随时也都可以被整体出售。甚至在资本的推动下,企业与竞争对手合并、整合。财务管理的手段与内容,不再是以产品生产、经营环节展开,或者以产品生产、经营环节展开,不足以涵盖企业理财的主要内容。企业是资本实现价值增值的媒介,风险资本会根据各种情况,随时出售其所持有的份额,或者说,企业估值和可流通性是风险资本关注的重点,这种关注压力也会影响企业的运营。

传统的会计基本假设之一就是"持续经营"假设。在持续经营假设下,企业以长期、永续经营为导向,这为历史成本、权责发生制、配比等原则的应用提供基础。企业的价值是能够持续实现销售收入,盈利的确定是以交易为导向,采用收入实现和费用配比等会计原则;当企业高度金融化,且创立企业的目的是随时整体出售时,企业整体估值更有意义。同时,高度证券化的市场环境也为企业整体估值提供了基础,交易基础的会计模式逐步被估值基础的会计模式取代,利润表的作用弱化。这些对会计系统的冲击是整体且结构性的。

(刘　峰　苏雅拉巴特尔　郭　婷)

参考文献

[1] 汪东红,王海刚.现金持有量对上市公司价值影响的实证分析[J].财会月刊,2008(27):20-22.

[2] Mohan N, Chen C R. 1990. A Review of the RJR-Nabisco Buyout[J]. Journal of Applied Corporate Finance,1990,3(2):102-108.

[3] Shin H H, Kim Y H. 2002. Agency costs and efficiency of business capital investment: evidence from quarterly capital expenditures[J]. Journal of Corporate Finance,2002,8(2):139-158.

3.7 股票价格行为中的"盲盒现象"研究：以ST洲际为例[1]

一、问题的提出

2022年9月11日，腾讯视频更新了《脱口秀大会第五季》第二期下。某脱口秀演员讲述了自己的一次股市投资经历，这次经历让他损失巨大。2022年9月12日，ST洲际（股票代码：600759）在东方财富、雪球等网站上陆续登顶热搜榜，晚间ST洲际发布澄清公告称"公司生产经营未发生重大变化"，此后，"A股首支脱口秀概念股"词条登上微博热搜榜。2022年9月13日凌晨，该名脱口秀演员也发布微博进行回应[2]。2022年9月13日[3]，ST洲际开盘涨停，全天成交3.84亿元，较前一交易日增长近6倍，其间，相关话题多次冲上微博热搜榜[4]。到第三个交易日，交易量恢复到之前一周的平均水平。

早期对股票价格波动的经验研究，总体假设股票价格波动是理性、有效的[5]，由于大量市场异象的存在，研究逐步放宽，特别是行为金融提出的"非理性"行为现象，学者尝试从不同角度解释股票交易中的"异象"，如"日历效应"（张兵，2005）、"规模效应"（Keim, 1983；韦倩，2014）、"价格聚类"（饶品贵等，2008；瞿栋和王劲松，2014），以及情绪效应中的负面情绪，如赌博（gambling）（Gao和Lin, 2015）、娱乐（entertainment or fun）（Dorn和Sengmueller, 2009）或积极情绪，如爱国（patriotism）（Morse和Shive, 2011）、社会责任（CSR）等（Marshall等，2022）。

ST洲际在脱口秀节目后所出现的价格和交易量现象，究竟是一种"白噪音"，还是投资者

---

[1] 此文曾刊发于《当代会计评论》2024年第2期。
[2] 回应内容为："很感谢朋友们喜欢这段演出，但脱口秀终究是脱口秀，创作这段内容的本心也只是想给大家带来一些快乐，大家图一乐就够了。我和家人目前都没有持有这只股票，也没有这个计划。股市有风险，投资需谨慎，还请大家理智对待。"
[3] 根据《国务院办公厅关于2022年部分节假日安排的通知》（国办发明电〔2021〕11号），2022年中秋节放假安排为9月10日至12日，2022年9月13日是事件发生后的第一个交易日。
[4] 词条包括："上交所通报ST洲际相关情况""ST洲际开盘一字涨停""House回应带火600759""一场脱口秀带火600759"等。
[5] 代表性的理论是Fama的"有效市场假说"，它最初出现在他的博士论文中（1965年），1970年的一篇题为"Efficient Capital Markets: a Review of Theory and Empirical Work"的文章（Fama, 1970）让有效市场概念被学术界所接受。

"偏听偏信"或"不理智",据已有的少量财经媒体的报道,市场情绪是这起事件的导火索[1]。

我们用"盲盒现象"来解释因为一场脱口秀演出而带动的"600759"交易量上升事件。这里的盲盒现象,是指年轻一代对传统的等价交换、物品有用等理性、价值概念的"抗争",他们追求"喜欢""满足""存在""参与感""获得感"等更加主观、精神层面的价值(刘森林,2022)。在脱口秀引发的"600759"股价、交易量波动事件中,脱口秀的观众主体是年轻人[2],他们因为脱口秀中提到ST洲际就涌入购买股票,这时他们购买股票所考虑的不是赚钱(该脱口秀演员说他遭受了巨额亏损),而是"参与感[3]",就如同购买盲盒一样。盲盒通常都不是日常生活中有用的物品,买盲盒、拆盲盒本身就是享受参与的过程。按照相关媒体报道,盲盒用户画像的第一条就是:"悦己型消费活动,满足年轻女性多元化需求"[4],且白领、学生的占比超过50%。

无论是基于有效市场假说的股价行为研究,还是行为金融关于资本市场"非理性繁荣"的研究,都是从投资者逐利视角切入,用信息不对称、羊群效应等来解释投资者的非理性行为。借用Statman(2017)用的第一代和第二代行为金融术语,第一代行为金融研究的中心话题如下:为什么投资者的交易行为不那么理性? 包括PEAD(post earnings announcement drift)、羊群效应等,其潜在假设是指投资者为了追求更高收益而买入、持有、卖出股票,只是由于各种因素,如认知、情绪、信息等,他们投资策略失效。第二代行为金融的研究,不再仅仅以"获利"为前提假设。正如Statman(2004)所讨论的,在以吃饱为导向的时代,人们去餐馆就餐,诉求是便宜、影响、美味等功利、实用价值,逐渐地,人们去餐馆就餐,寻求的是彰显身份、张扬个性、社会责任等其他价值。同样,股票交易行为也是如此,人们除了追求收益,寻求其他各种情绪价值的实现,包括身份认同、个性体现、发泄不满、价值主张等。之后的研究也陆续发现股票交易行为中的这些个性因素,如赌博、娱乐、价值观等都会对股票交易行为产生影响。

与上述对股票行为的解释一致,我们也是从非经济收益角度来解释股票交易现象。ST洲际案例直接提出的问题:这一批脱口秀的观众或因为脱口秀事件而去买ST洲际的投资者,他们在行为上已经完全不同于文献中通常所说的以逐利为目标的投资者。这批因为脱口秀而去购买ST洲际股票的交易者,他们的购买股票行为在一定意义上就是宣示"存在感"或"参与感",用小额投入来实现"悦己型"消费[5]。我们用"盲盒现象"来概括这一批

---

[1] https://m.thepaper.cn/baijiahao_19927614。

[2] 参见"脱口秀话题频频出圈"(2022年9月,腾讯内容开放平台),56%的听众年龄为18~30岁。

[3] 2022年9月12日,东方财富股吧中有多名网友发帖:"来了老铁,帮house解套,买两手"(http://guba.eastmoney.com/news,600759,1226589027.html);"为了house,明天买点"(http://guba.eastmoney.com/news,600759,1226610062.html);"来帮House解套"(http://guba.eastmoney.com/news,600759,1226589995.html)。

[4] https://www.sohu.com/a/425406978_313880。

[5] 2022年9月13日,该股票的开盘价为2.63元,100股也就在265元之内,这在年轻人的购买力之内。同时,他们购买股票的目的从传统意义上的投资变成消费。特别是从消费角度来重新定义股票买卖行为,这完全有别于目前学术研究对股票价格行为研究的前提假定。

"投资者"的股票买卖行为。脱口秀所引发的交易行为,甚至都不是严格意义上的投资行为,他们只是股票交易者。

在股票交易中,是否存在类似于买盲盒、拆盲盒的现象?如果有,它的基本特征是什么?这一现象对股价行为的总体影响是什么?进一步来说,如果这种现象具有一定的普遍性,对股价行为的理论有什么样的影响?为了尝试回答以上问题,我们先简要回顾ST洲际事件的过程,并对现有文献中有关股票交易异象的文献进行梳理,然后在此基础上,提出用"盲盒现象"来概括ST洲际事件中的股票交易异象,并对其中的理论猜想进行描述,最后得出结论,同时对未来研究进行展望。

二、脱口秀、ST洲际与超额交易:事件简要描述

脱口秀与股票交易"风马牛不相及"。因为一场脱口秀事件,这两件事产生奇妙的联结。

2022年9月11日,腾讯视频更新了《脱口秀大会第五季》第二期下。在节目中,某脱口秀演员讲述了自己的一次股市投资经历。在一段充满笑点的调侃后,他透露:将本金12万元亏得只剩2.5万元的股票代码是600759。该节目公开后,出品方笑果文化发布澄清公告,强调段子是为了节目效果,该演员本人已经不持有该股票,且亏损额度也没有这么大;ST洲际和上交所都发布澄清公告,明确ST洲际没有重大变化。虽然市场各方都在反复强调这只是一种娱乐效果,但是ST洲际在9月13日开盘涨停,当天的交易量147.5万手,即1.475亿股,而2022年ST洲际的全部流通股份为22.58亿股,换手率为6.53%。当天收市时,股价仍然上涨1.22%。表3.7-1是ST洲际在2022年9月13日前后交易日的相关数据,与事件相关的时间线见附录一。

表3.7-1　　ST洲际2022年9月6日至2022年9月19日股票交易数据

时间	2022年9月6日	2022年9月7日	2022年9月8日	2022年9月9日	2022年9月13日	2022年9月14日	2022年9月15日	2022年9月16日	2022年9月19日
开盘(元)	2.48	2.47	2.5	2.49	2.63	2.41	2.46	2.46	2.4
最高(元)	2.56	2.59	2.52	2.53	2.63	2.52	2.54	2.5	2.41
最低(元)	2.47	2.46	2.47	2.48	2.52	2.41	2.43	2.39	2.33
收盘(元)	2.5	2.54	2.47	2.5	2.53	2.46	2.5	2.41	2.34
涨幅	0.81%	1.60%	-2.76%	1.21%	1.20%	-2.77%	1.63%	-3.60%	-2.90%
振幅	3.63%	5.20%	1.97%	2.02%	4.40%	4.35%	4.47%	4.40%	3.32%
总手(百万手)	63.76	44.7	27.54	22.8	147.5	70.07	53.23	40.19	26.45
交易额(亿元)	1.6	1.12	0.69	0.57	3.84	1.72	1.32	0.98	0.63
换手率	2.82%	1.98%	1.22%	1.01%	6.53%	3.10%	2.36%	1.78%	1.17%

数据来源:同花顺iFind数据库。

因为脱口秀事件的影响,ST 洲际的代码 600759 在东方财富、雪球等 App 上的人气值高企,一度还跃升至微博热搜榜首[1]。如图 3.7-1 所示,与脱口秀事件之前估计窗口期[-70,-11]内的平均交易量相比,2022 年 9 月 13 日的超额交易量为 1.31 亿股;与 A 股市场平均交易量相比,超额交易量为 1.07 亿股,之后的交易日交易量逐渐回落,2022 年 9 月 19 日,交易量恢复到之前的正常水平。由于 ST 洲际是非热点股票,我们采用该公司以往交易量来对比,从而确定超额交易量,即事件日超额交易量为 1.31 亿股。

我国市场实行的是 T+1 制度,即当天买入的股票,当天不能卖出;同时,上海和深圳两个证券交易所最小交易量为一手,即 100 股。2022 年 9 月 12 日的超额交易量,理论上是受"脱口秀"事件影响的买入者;我们假定每个人买入一手股票,一亿股的超额交易量,买入者超过 130 万人;平均买入两手股票(200 股),则交易者约 65 万人。假定他们都是在 2022 年 9 月 12 日以最高点价格买入(每股 2.63 元,一手股票合计 263 元,两手股票合计 526 元);他们到 2022 年 9 月 19 日恢复正常交易量时全部卖出,且假定卖出价格是当天最低价,即每股 2.33 元,则每位因为脱口秀事件而买入股票的交易者的亏损额是 30 元(一手股票交易者)到 60 元(两手股票交易者);如果按照市场平均成交价格[2],每手亏损 15 元,考虑到交易费用,则每手平均亏损 20 元。如果不将 ST 洲际的交易行为视为一种投资活动,而是将其视为消费行为,其消费额相当于一杯咖啡[3]。2022 年上海市最低工资标准是每月 2 590 元,小时最低工资为 23 元。

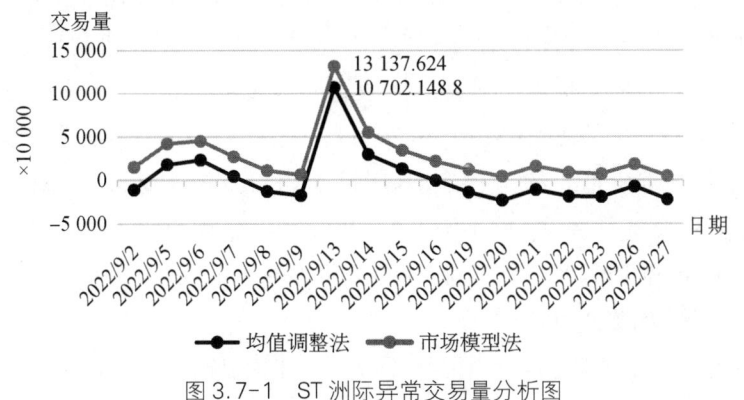

图 3.7-1　ST 洲际异常交易量分析图

数据来源:国泰安数据库。

在 ST 洲际事件中,面对交易所、公司、市场的多重提醒,交易者仍然执意买入股票,以

---

[1] 数据来源:https://www.enlightent.cn/research/rank/weiboSearchRank/。
[2] 当天的交易额为 3.84 亿元,交易量为 1.475 亿股,平均每股成交价为 2.60 元;后面连续 4 个交易日的总交易股数为 1.899 4 亿股,累计金额为 4.65 亿元,4 天平均交易价格为每股 2.45 元。
[3] 网上资料显示,2021 年,一杯星巴克咖啡中杯的价格为 17 元,2023 年 9 月 4 日,瑞幸推出酱香拿铁,折后售价为 19 元,并于当天售出 542 万杯酱香拿铁。很多年轻人都买了一杯,然后发朋友圈炫耀。百度指数显示,2022 年 9 月 4 日当天百度指数为 27 243,较前一日上涨 588%,数据来源为 https://index.baidu.com/v2/index.html#/。

人均损失(消费)一杯到两杯咖啡的代价,刷了一波"存在感"。

另外,每笔成交量(股/笔)= 累计成交量(股)/累计成交笔数(笔),我们使用锐思数据库中的高频交易数据计算得到,ST 洲际[-70,-11]共 60 个交易日的平均每笔成交量为 6 198 股/笔,2022 年 9 月 9 日,每股成交量为 6 012 股/笔,与之前 60 个交易日的均值相差不大;而在 2022 年 9 月 13 日,每笔成交量为 5 090 股/笔,相较于[-70,-11]的平均每笔成交量下跌 1 108 股/笔。数据表明,脱口秀事件后涌入的投资者单笔交易量,即小额交易的"重在参与"型交易者增加。

三、股票交易与股票价格行为分析:文献回顾

传统金融理论有两个基本假设:一是理性的投资行为假设,二是有效的市场竞争假设,其中理性投资者假设是市场有效假设的基础(Fama,2002)。然而资本市场中存在大量无法被传统金融学理论解释的异象,部分学者放宽理性人的假设,从心理学、社会学等角度出发,尝试提出有限理性假说、前景理论、噪声交易理论和行为组合理论等,同时借鉴社会学、心理学等领域的观点对这些异象进行解释(De Long 等,2002;Kahneman 和 Tversky,1976;Simon,1955),并由此形成了金融学领域的另一个重要分支,即行为金融学。

第一代行为金融学将投资者描述为"非理性"的,他们受到认知型错误(cognitive errors)和情绪型错误(emotional errors)的误导(Statman,2019)。而第二代行为金融学则跳出理性和非理性的划分,将投资者描述为"普通人",除了获得功利性收益(utilitarian benefits),其价值投资决策也会受到表达性收益(expressive benefits)目标和情绪性收益(emotional benefits)目标的影响(Statman,2004)。表达性收益目标包括:彰显自己的地位(Statman,2017)、寻求价值观的契合(Hood 等,2014)、爱国主义倾向(Morse and Shive,2011)及对企业社会责任关注(Marshall 等,2022)等;情绪性收益的目标包括:对赌博(Kumar,2009;Gao 和 Lin,2015)、娱乐(Dorn 和 Sengmueller,2009)、刺激(Grinblatt 和 Keloharju,2009)等情绪的追求。

行为金融还引入心理学等理论,探讨日历效应,即特定期间的股票交易异常,如一月效应(Rozeff 和 Kinney,1976;张兵,2005)、周末效应(French,1980)、月末效应(Ariel,1987)等;规模效应:即使排除风险因素,小公司的股票收益率仍然高于大公司股票的收益率(Lamoureux 和 Sanger,1989);价格聚类现象,如价格尾数在 0 和 5 上出现的频率高于其他数字(Osborne,1962),而中国对 8 的青睐和对数字 4 的厌恶,导致中国股票交易价格尾数呈现 8 多 4 少的状况(饶品贵等,2008);股票名称或股票代码现象:Alter 和 Oppenheimer(2006)研究发现,名称更为流畅的股票收益率更高,针对中国股票市场的研究中,贾璐熙等(2016)研究发现,简短、通顺、寓意好的股票流动性强,且投资者对公司的估值更高,赵静梅和吴风云(2009)发现,股票代码尾数为 8 的股票市盈率最高、长期跌幅大;热门事件也会对泛谐音股票的交易量和收益率产生影响(杜威望和刘雅芳,2019),如奥巴马与澳柯玛

(600336)等。

如上所述,第二代行为金融从投资者行为角度对资本市场"异象"的研究,强调情绪、价值观、心理反应等因素对投资者行为的影响,从总体上来说,投资者作出买入、卖出股票的行为,其逐利性动机减弱。大部分研究仍然潜在地假定投资者,无论是基于价值观表达还是情绪性表达,购买、持有、卖出股票的目的仍然是获利。例如,情绪性表达、价值观表达等,研究发现的预期或结论的指向性相对不聚焦,或者说,他们对市场参与主体行为的解释不够清晰,往往只能通过事后的现象来解释,如价值观表达、情绪性表达等。"泛谐音效应""媒体效应"(饶育蕾等,2010)、"有限关注"(宗计川等,2020)等观点,同样围绕这些效应背后的股票异常交易和股票收益率展开,其背后隐含的假设同样为股票交易的目的是获利。

我们以"盲盒现象"来指代 ST 洲际因为脱口秀产生的交易现象。我们认为,相比上述各种猜想,"盲盒现象"能够更好地概括年轻一代的行为特征,且能够据此给出相对更稳定的、关于股票交易行为的预期:虽然开"盲盒"尽管也存在能够得到惊喜的可能,但是它追求的是一种心理上的满足和存在感,盈利、回报等不是"盲盒"交易者的初衷,他们甚至可以将股票买卖行为当成一种消费。这或许能够更好地解释当下我国股票市场上部分股票交易中的那些看似"非理性"现象。

四、股票价格行为中的盲盒现象:理论猜想

盲盒(Blind Box)起源于日本[1],早期盲盒里的物品主要是日本动画(Anime)、漫画(Comics)和游戏(Games)中(以下简称 ACG)的相关人物形象、道具等[2],后逐渐扩展至其他物品。总体而言,用"盲盒"来销售的物品,通常都是 ACG 相关卡通人物形象。例如,2022 年泡泡玛特(PopMart)的销售额为 46.17 亿元,主要是 Skullpanda、Molly、Dimoo、Sweet Bean、Hirono 等 ACG 类别产品。

购买"盲盒","因'盲'成光"(王帝钧和周长城,2021),就是因为随机概率的存在,激发了消费者的购买欲。加上盲盒所涉及的产品,都是 ACG 类别,借由动画、漫画和游戏所确立的卡通式人物形象,只有在青少年成长时期体验过 ACG 的人,才会有更大的概率成为购买者。由于每一系列通常都会设一款"隐藏款",拆盲盒的过程"刺激"和"激励"。盲盒里通常封装的都是 ACG 相关 IP 的造型商品,不具备使用价值,它与购买者的认知、年少时看过的动漫、玩过的游戏直接关联,因此,购买盲盒的行为更多的是一种情感消费,即一种典型

---

[1] 关于盲盒的学术研究文献并不多见。我们在中国学术期刊网中检索截至 2023 年、标题中含有"盲盒"关键词的中文 CSSCI 和北大核心期刊论文,文献数量仅为 35 篇;在 EBSCO、Esevier 中检索截至 2023 年、标题中含有 blind box 的英文文献,结果是分别是 8 篇和 3 篇。因为对盲盒现象的研究不是特别多,所以关于盲盒的起源,几篇文献都采用互联网上起源为日本早期"福袋"的说法。我们对盲盒起源的介绍,依据相同。

[2] 日本的动画(Anime)、漫画(Comics)和电子游戏(Games)三个英文单词首字母缩写就是 ACG。它也常被译为"动漫游戏""二次元"等。

的悦己型消费(王帝钧和周长城,2021;刘森林,2022)。

我们借用"盲盒一代"来定义、描述资本市场上一批与受脱口秀触动而购买ST洲际股票类似的投资群体。他们包括以下画像特征:

——年龄特征。"盲盒一代"在1980年以后出生,甚至是1985年后出生,他们是在新中国经济高速发展的环境下成长起来的一代人,与前辈相比,他们没有受过饥饿、生存安全等的困扰,年轻时有机会追看电视剧、动漫和漫画,具有"盲盒"所依托的文化背景。在目前的教育体制下,研究生毕业后进入职场的平均年龄为24~25岁,他们工作5年后,能够获得各自所在单位、部门的认可,"刷存在感"似的行为特征减弱,陆续退出我们所界定的"盲盒一代"。因此,"盲盒一代"不像我们通常所说的独生子女一代、上山下乡一代等相对固定人群,而是动态的人群,主要用于指代30岁以下、尚未成为各单位骨干或核心的一代人[1]。

——收入特征。他们已经参加工作,有自己的工资收入,在不考虑买房等大额消费的前提下,收入除了保证日常生活,有一定的结余后可以进行"悦己型""情感"消费,包括旅游、健身等,也包括买盲盒、进入股市等。那些工作稳定、收入较高的群体,同样不归入"盲盒"一代。

——消费与情感诉求。"盲盒一代"总体上生活在平安富足的环境下,独生子女、高考、就业压力等,让"盲盒一代"直至高考选择专业、毕业工作等,绝大部分人都是被社会、长辈推着走,没有自我选择的自由和空间。因此,他们通过金额可控的消费,刷"存在感",以追求自我,树立自我意识,实现自我认同(Self-Identity)(李琦和闫志成,2021),提升自我效能感(Self-Efficacy)。

"盲盒一代"成长的另一个特征是脱口秀一类的谈话类节目的兴起。传统的娱乐节目主要是电影、电视剧、戏曲等,这些节目总体是封闭性的,观众或听众是单向接受,他们的参与感不足。自2000年后,大众参与类的选秀节目开始出现,如超女等,粉丝现象或粉丝经济也被关注。这之后,多个谈话类节目兴起,包括脱口秀节目。谈话类节目的兴起,是"盲盒一代"成长、需要情感表达以及刷存在感的自然结果(晏青和万旭婷,2024)。

一份问卷调查数据显示,2022年在我国资本市场上,30~39岁的投资者占43.27%,18~29岁的投资者占7.75%[2];到2023年8月,我国资本市场投资者总户数为2.2亿户[3]。如果上述问卷调查数据可信,那么,30岁以下群体超过1700万户。

从股票市场参与者特征来看,"盲盒一代"进入股票市场后,他们的股票交易行为明显不同于他们的父辈。特别是在"盲盒"现象普及,并被广泛认同、接受后,这一代人的"身份区隔"与"新部落"[4]特征也转移到股票交易中。具体体现如下:与他们的父辈或更早一

---

[1] 在一份关于盲盒经济的分析报告中,盲盒的核心消费者是大城市的年轻女性,如一线城市女白领、Z世代大学生(Mob研究院)。

[2] 数据来源:https://mp.weixin.qq.com/s/gVlccKvpITXF_a1-1UHk1Q。

[3] 数据来源:wind整理的中国证券登记结算公司发布的"中国期末投资者数量"。

[4] 新部落是由法国学者米歇尔·马弗索利提出的,"个体通过独特的仪式和消费习惯来表达集体认同的方式",即它的形成"不是依据阶级、性别、宗教等'传统的'结构性因素,而是根据各种各样的、变动的、转瞬即逝的消费方式",转引自陈赛金和王雅萍(2022)。

代买卖股票是以盈利为导向不同,这一代人进入股市的资本金数额有限,他们将股票买卖视同于"拆盲盒",这是一种消费性行为,而不是投资行为。买卖某只股票,不是因为该股票未来价格会上涨、能够为其带来收益,而是因为在这只股票上能够看到自己、看到同类型的朋友、看到新部落,就如同在脱口秀节目上听到一个"梗",大家都能够明白其中的含义、共同大笑一样。

"盲盒一代"买卖股票,不同于正常的获取投资收益的交易行为,更主要的驱动力是"身份认同"与"身份区隔"。他们会因为存在共鸣性体验而购买某只股票,像在脱口秀演出上能够领会某个梗的含义一样,他们在购入某只股票后快速卖出。在2022年9月11日的脱口秀节目播出后,当天股吧里出现各种评论,特别是很多人声称要进场、替演员解套;互联网上出现很多文章,如"一场脱口秀带火'600759'!股民坐等开盘,发生了什么?"[1]演出公司发表声明,宣布这是为了节目效果,演员本人已经不再持有该股票;上市公司和交易所都发表声明,确认公司没有重大变化,也没有重大消息。上述努力没有消除任性的盲盒投资者的情绪化投资行为。2022年9月13日,ST洲际开盘涨停。

"盲盒一代"购入股票的特征如下:

——他们选择交易的股票是各种娱乐节目中被关注到的股票,如脱口秀节目中的ST洲际,或在谷爱凌夺冬奥会金牌、成为媒体热点人物时的"远望谷"(002161),有人在股吧中贴出"远远遥望谷爱凌";2024年6月28日,在美国总统大选拜登与特朗普的首次辩论中,拜登表现欠佳,A股上市公司川大智胜(股票代码002253,被戏称为"川普概念股")因被视为对特朗普获胜的预示而涨停[2];雪球股吧中也出现"川大智胜=川普同志大选依靠智慧取得胜利"等帖子[3]。而行为金融学之前的投资者通常都是从专业财经媒体或相关重大事件角度来选择他们偏好的股票;第一代行为金融研究也假定投资者是逐利的,因此,他们选择股票通常会从专业角度出发;第二代行为金融研究会从个人偏好,如价值观等出发,他们会选择与其价值观等一致的股票。"盲盒一代"买卖股票,就是以不多的投入来宣示存在,并找寻各自存在的部落,他们不是专业投资者,也不寻求专业性投资意见,他们将买股票视为一种情感性或情绪性消费,与投票支持某位他们喜欢的偶像或看一场脱口秀相类似。

——他们选择交易的股票,并不必然是经营状况好、财务指标健康的企业,如ST洲际本身就是被"戴帽"的企业。正因为他们选择股票的随意性、娱乐性,他们所选择的股票并不必然是业绩好、财务健康的企业,也不必然是当下业绩不好、存在增长潜力的股票。可能的预期如下:盲盒一代所选择的股票,在行业、经营状况、财务指标等方面并不存在稳定、一致的规律性特征,它们更多的时候仅仅因为公司名称、股票简称触及人们的兴趣点、成为媒

---

[1] https://finance.sina.com.cn/stock/y/2022-09-12/doc-imqmmtha7015838.shtml。

[2] https://new.qq.com/rain/a/20240628A04FP600。

[3] https://xueqiu.com/S/SZ002253。

体广泛关注的对象。

——他们通常都只买入一手或两手股票，且这些股票的价格都比较低，即通常在10元以下，一手股票不会超过1000元。股票的一个涨停或跌停，都在百元以内。而据媒体报道，2017年吐槽大会、脱口秀大会等节目播出并获得市场认可后，脱口秀门票价格上涨不少。2021年全国演出价格统计表显示，脱口秀的平均票价在100～198元。

——他们也不会长期持有股票，而是带有"一笑而过"的消费心态，通常他们持有股票一天到两天后会将股票卖出。正因为"盲盒一代"将股票买卖视为一种消费行为或情绪性表达，他们购入股票后通常会选择快速卖出。鉴于我国股票市场的T+1交易制度，他们一般会选择在买入股票后的第一个或第二个交易日卖出股票，表1中异常交易量在盲盒一代涌入之后的第三个交易日重回0附近。

基于上述讨论，我们可以给出盲盒交易的若干可检验预期。

——盲盒交易者的年龄区间分布：大学毕业后进入职场的22岁至35岁。

——盲盒交易者所关注的股票没有规律性特征，呈现较高的离散度。它们只是因为偶然成为媒体关注的对象，转而成为盲盒一代买入股票的标的。这些股票除了单价低这一共同特征，其他特征的离散度高。

——盲盒交易者购入股票通常都是一手或两手，且持有期极短，一般是一到两个交易日。

——盲盒交易的出现，使得那些低价股的交易量会在短时间内发生大幅波动。

五、结论与展望

社交媒体的信息传递对股价有影响已是事实。社交媒体代表了更有效的信息传播方式，虽然降低了信息不对称的问题，对市场的影响有好的一面，但社交媒体也可能放大虚假信息，或是过度刺激投资者情绪，引发市场异动。尤其在数字化时代下，信息传递更是呈现了新的特征。

在数字化时代，人们能够获得信息、传递信息的速度大大加快，数智化不断改变着人们的日常生活。在数字化时代下，网络信息的传播呈现"后真相"的特征，即在信息的传播过程中，人们对于真相的认知逐渐被情感和立场所代替，不能理智地看待问题。在数字化的影响下，越来越多的自媒体平台出现，自媒体为了博取关注度而对事实进行删减、编排，从而达到吸引流量的效果。这种信息的传播方式对人们明辨是非的能力提出了更高要求。

同时，数字化技术的发展使得个体能够获取的信息更加个性化、精确化。通过数字技术对用户的个人兴趣进行分析，社交媒体可以实现精准的信息"投喂"，如果用户本身思想存在偏差，在使用的过程中会受到更多相关信息的影响，甚至以大量的信息来佐证自身的思想偏差，使得不良价值的影响加深，不利于对主流价值观的宣传。

数字化时代的社交媒体放大了投资者的非理性行为、过度自信，以及情感情绪。ST洲际事件中的投资者行为已经无法用原有的有效市场假说来解释。我们试图从行为金融学的角度进行阐述,并尝试提出新的见解。

考虑到脱口秀大会节目的综艺类型和幽默属性,我们认为此类节目的受众人群相对年轻化。同时,在节目播出后,"脱口秀概念股"在微博等社交媒体上频上热搜。我们试图用盲盒的逻辑来解释这一现象。作为一种潮流玩具,盲盒主要针对年轻消费者市场。消费者购买盲盒是为了抽中自己心仪产品,追求的往往是开盲盒带来的惊喜感和盲盒带来的社交属性,这一点不同于赌博。购买盲盒的消费者似乎更多是为了"好玩",而不是拥有"以小博大"的赌徒心理。购买盲盒的消费者似乎与 ST 洲际事件中定义的参与主体一致,均具有相对年轻化的特点。那么,ST 洲际事件中的主体是否在行为上与盲盒市场的参与者一致呢?

我们认为 ST 洲际事件的参与者并非具有"以小博大"心理的投机主义者,至少不完全是。首先,ST 洲际事件本身释放的并非"利好"信号,即使是不完全理性的投资者也能认识到这一点,因此按照预期,其股价应该开盘下跌不涨。同时,ST 洲际的股价在 2022 年 9 月 13 日的开盘前为 2.5 元/股,即使非理性的投资者认为其会涨,哪怕涨停,涨幅也只是 5%左右,一手最多赚 12.5 元,同时还要扣除手续费等,不符合投机主义者"以小博大"的行为。那么,盲盒购买者的心理是否能解释 ST 洲际事件的参与者的行为呢?

我们认为是可以的。盲盒的购买者具有不追求投资收益率,单纯为了"好玩"和社交的心理。而 ST 洲际事件本身就是基于社交媒体广泛传播的事件,符合"盲盒现象"中的社交属性,同时,其幽默的节目属性也契合"盲盒现象"的好玩。ST 洲际事件如果按照预期,股民似乎无利可图,哪怕像实际发生的那样不跌反涨赚得利润也属"鸡肋",符合盲盒行为不追求投资收益率的心理。

综合上述分析,"盲盒现象"基本能够解释 ST 洲际事件的发生,即市场上存在一群相对年轻化的投资者,其投资不为赚取投资收益率,更多的是为了"好玩"和社交的属性,即追求参与感和自我表达,而"脱口秀概念股"的事件刚好能够符合这一属性,ST 洲际股价较低,年轻化的投资者能够负担得起,以至于 ST 洲际股价走势无法用传统的有效市场假说和行为金融学来解释。总之,盲盒现象中的交易者是追求"存在感"和"实现自我认同"的年轻人,他们的交易动机并不是价值增值,而是追求参与感和自我表达带来的情绪性收益,因此他们持有股票的时间短;标的股票因偶然因素而网络热度飙升,同时股价较低。

通过 ST 洲际的案例分析,我们尝试用盲盒现象来描述脱口秀事件中的股票交易异象,以期对读者理解此次事件中的股票价格行为有所助益,并对股票交易异象相关的行为金融方面的文献有所补充。我们用盲盒现象来解释年轻一代购买股票的行为,为资本市场股票价格波动提供了一个新的解释思路:股票购买者不是投资者,不直接以盈利为目标来买卖股票,而是用消费行为来持有股票。2015 年,"金融消费者"一词出现在我国金融监管的政策文件中[1]。从投资者到消费者,代表了股票交易行为背后逻辑与指导思想的改变。当

---

[1] 2015 年 11 月,国务院办公厅发布"关于加强金融消费者权益保护工作的指导意见"。

股票买卖从投资、获利转向消费时,学术界研究资本市场及其价格波动面临全新的命题与挑战。

盲盒现象研究只是我们的一个小小尝试,受限于股票分笔交易特征和交易者特征数据的可获得性,资本市场上是否真的存在这一盲盒现象有待进一步挖掘与检验。在可预见的未来,伴随资本市场的发展,年轻一代在股票市场中的交易不断增加,潜在的与脱口秀事件、谷爱凌与远望谷等相类似的股票交易异象可能随之激增,大样本分析或许成为可能,这将为验证盲盒现象的存在和丰富盲盒现象的理论解释及定量描述提供了更多的研究机会。

(刘　峰　石　昕　李胜难)

参考文献

[1] 陈赛金,王雅萍.青少年"盲盒热"的商业逻辑、文化表征与引导策略[J].思想理论教育,2022(1):106-111.

[2] 杜威望,刘雅芳.中国股票市场泛谐音效应研究[J].投资研究,2019,38(9):108-124.

[3] 贾璐熙,朱叶,陈达飞.公司名称、投资者认知与公司价值:基于公司名称评价指标体系的行为金融学研究[J].金融研究,2016(5):173-190.

[4] 李琦,闫志成.自我的迷失与消解式抵抗:网络盲盒亚文化的后现代语境解读[J].求索,2021(5):72-79.

[5] 刘森林."装在盒子里的人":"Z世代"盲盒消费景观及其形成机制[J].中国青年研究,2022(02):78-84.

[6] 瞿栋,王劲松.价格聚类定律:一个基于行为金融的分析框架及实证研究[J].经济学动态,2014(07):77-86.

[7] 饶品贵,赵龙凯,岳衡.吉利数字与股票价格[J].管理世界,2008(11):44-49+77.

[8] 饶育蕾,彭叠峰,成大超.媒体注意力会引起股票的异常收益吗?:来自中国股票市场的经验证据[J].系统工程理论与实践,2010,30(2):287-297.

[9] 王帝钧,周长城.盲盒消费:当代青年消费生活方式的新现象[J].甘肃社会科学,2021(2):120-126.

[10] 韦倩.1996—2009年上海a股市场规模效应研究:基于收益的可预测性[J].管理工程学报,2014,28(1):74-80,93.

[11] 晏青,万旭婷.异项美感狂欢:脱口秀节目的幽默实践及青年情感结构反思[J].新闻界,2024(7):49-62.

[12] 张兵.中国股市日历效应研究:基于滚动样本检验的方法[J].金融研究,2005(7):33-44.

[13] 赵静梅,吴风云.数字崇拜下的金融资产价格异象[J].经济研究,2009,44(6):129-141.

[14] 宗计川,李纪阳,戴芸.慕"名"而来的投资偏误:有限关注视角下的实证检验[J].管理科学学报,2020,23(7):27-56.

[15] Alter A L, Oppenheimer D M. Predicting short-term stock fluctuations by using processing fluency[J]. Proceedings of the National Academy of Sciences of the United States of America, 2006, 103(24):

9369-9372.

[16] Ariel R A. A monthly effect in stock returns[J]. Journal of Financial Economics, 1987, 18(1): 161-174.

[17] De Long J B, Shleifer A, Summers L H, et al. Noise trader risk in financial markets[J]. Journal of Political Economy, 2002, 98(4): 703-738.

[18] Dorn D, Sengmueller P. Trading as Entertainment?[J]. Management Science, 2009, 55(4): 591-603.

[19] Fama E F. Efficient capital markets: a review of theory and empirical work[J]. The Journal of Finance, 1970, 25(2): 383-417.

[20] Fama E F. Market efficiency, long-term returns, and behavioral finance[J]. Journal of Financial Economics, 2002, 49(3): 283-306.

[21] French K R. Stock returns and the weekend effect[J]. Journal of Financial Economics, 1980, 8(1): 55-69.

[22] Gao X, Lin T C. Do individual investors treat trading as a fun and exciting gambling activity? Evidence from repeated natural experiments[J]. The Review of Financial Studies, 2015, 28(7): 2128-2166.

[23] Grinblatt M, Keloharju M. Sensation seeking, overconfidence, and trading activity[J]. The Journal of Finance, 2009, 64(2): 549-578.

[24] Hood M, Nofsinger J R, Varma A. Conservation, discrimination, and salvation: investors' social concerns in the stock market[J]. Journal of Financial Services Research, 2014, 45(1): 5-37.

[25] Kahneman D, Tversky A. Prospect theory: an analysis of decision under risk[J]. Econometrica, 1976, 47(2): 263-291.

[26] Keim D B. Size-related anomalies and stock return seasonality: Further empirical evidence[J]. Journal of Financial Economics, 1983, 12(1): 13-32.

[27] Kumar A. Who gambles in the stock market?[J]. Journal of Finance, 2009, 64(4): 1889-1933.

[28] Lamoureux C G, Sanger G C. Firm size and turn-of-the-year effects in the OTC/NASDAQ market[J]. The Journal of Finance, 1989, 44(5): 1219-1245.

[29] Marshall A, Rao S, Roy P P, et al. Mandatory corporate social responsibility and foreign institutional investor preferences[J]. Journal of Corporate Finance, 2022, 76: 102261.

[30] Morse A, Shive S. Patriotism in your portfolio[J]. Journal of Financial Markets, 2011, 14(2): 411-440.

[31] Osborne M F M. Periodic structure in the Brownian motion of stock prices[J]. Operations Research, 1962, 10(3): 345-379.

[32] Rozeff M S, Kinney W R. Capital market seasonality: The case of stock returns[J]. Journal of Financial Economics, 1976, 3(4): 379-402.

[33] Simon H A. A behavioral model of rational choice[J]. The Quarterly Journal of Economics, 1955, 69(1): 99-118.

[34] Statman M. What do investors want?[J]. Available at SSRN 603683.

[35] Statman M. Financial advertising in the second generation of behavioral finance[J]. Journal of

Behavioral Finance,2017,18(4):470-477.

[36] Statman M. Behavioral finance:the second generation[M]. Charlottesville, VA:CFA Institute Research Foundation,2019.

附件　　　　　　　　　　事件时间线

时间	事件内容
2022-9-11 20:00	腾讯视频更新了《脱口秀大会第五季》第二期下,脱口秀演员 House 讲述了自己的一次股市投资经历,并透露了让他巨额亏损的股票代码为"600759"
2022-9-11 22:15	出品方笑果文化在公众号发布推文,指出脱口秀内容为段子,是"梗"
2022-9-11 节目播出后	"600759"股吧成为股民打卡地,登顶雪球热股榜、东方财富热榜
2022-9-12 晚	ST 洲际发布澄清公告,称公司生产经营未发生重大变化
2022-9-12 晚	"A 股首支脱口秀概念股"和"600759"相继登上微博热搜榜
2022-9-13 0:14	House 在微博回应称目前未持有该股票,提醒股民理智对待
2022-9-13 9:30	ST 洲际开盘涨停,并在此后一个多小时内维持在涨停价位
2022-9-13 午间休市	上交所发布自律监管措施
2022-9-13 午间	"600759"词条登顶微博热搜榜
2022-9-13 13:00	ST 洲际股价震荡下行,截至收盘涨幅大幅收窄至 1.2%,全天成交 3.84 亿元,较前一交易日放大近 6 倍

数智化与并购逻辑

逻辑是英文单词 Logic 的音译,《辞海》将其定义为"思维的规律性";《剑桥词典》则将其定义为"一种合理的、基于正确判断(good judgement)的思维方式"[1]。本篇汇集的都是数智化时代的企业并购活动案例。我们的分析表明,数智化时代并购活动发生的动因、交易达成的方式、并购后的发展与后果等,都与工业化时代不同。因此,我们使用"并购逻辑"一词,用以涵盖:并购为什么会发生?并购交易达成的方式,如定价及对价支付、并购后的安排、并购的经济后果等内容。其中,与逻辑一词保持一致,并购逻辑用来指向并购交易发生的理由及其正当性。

并购是财务与会计领域一个广受关注的话题。自 Manne(1965)起,并购的研究陆续转向:并购的动因与控制权市场的作用、定价、经济后果等。基于我国转型时期的特定经济环境与制度特征,如国有股及其代理人缺位、法治环境弱等,我国资本市场上的并购研究出现了不同导向,如并购是利益再分配而非价值创造(张新,2003);刘峰等以一组论文讨论:以并购之名掏空上市公司现象的存在性、相关现象存在的制度性因素、非市场化环境下并购的特征等[2]。当然,基于我国制度环境的并购研究,主要还是强调我国转型制度环境、国有股、管制性强等多种与我国此时、此地制度相关的特征,这项研究发现有意义。

我们所关注的是数智化应用及其对企业财务、会计行为的影响。数智化应用,不仅限于中国市场环境,它还是一个具有普适性的制度环境变革,不仅对我国适用,在世界范围内,和平环境、经济高速发展,都会经历或正在经历数智化应用不断深化的过程。因此,我们基于数智化视角的并购案例研究发现,在进一步严谨的学术研究基础上,期望能够提供具有普适性的研究发现。

我们整理了数智化时代公司并购的多个案例,并从中挑选出代表性案例,作为数智化时代企业并购逻辑的第一组案例。本专题集中在数智化时代并购逻辑的改变方面,包括对数智化时代我国公司并购活动的研究,大致有以下初步发现:

---

[1] 原文是:Logic is a way of thinking that is reasonable and based on good judgment, or a formal scientific method of examining ideas.
[2] 这一组文献包括多篇论文,如三利化工收购通化金马并购(刘峰等,2007)、控制权提交交接(涂国前和刘峰,2010)等。

——并购与企业发展。这是我们最初发现数智化时代并购不同于工业化时代的起点。我们将通用汽车和特斯拉进行对比发现,通用汽车早期的发展模式是通过并购同行业竞争公司,不断做大规模,最终成为行业第一;特斯拉则是通过一路自建厂房、自建产能,没有并购汽车制造厂相对过剩的产能。这种现象在我国新能源汽车制造领域也同样存在,无论是行业里的头部企业,如比亚迪,还是行业里的新进入者,如蔚来、小鹏、理想、小米等,都是自建产能、自创品牌。并购与企业发展模式之间的逻辑关系在改变。通用汽车与特斯拉的案例讨论,进一步支持我们对数智化时代企业发展模式改变的推测。

——并购与企业多元化发展。与新能源汽车行业发展模式不同,谷歌是标准的互联网平台企业,它从2001—2024年,共开展了260起并购。通过这些并购,谷歌从之前单一的桌面端搜索引擎公司,发展成一个立体化的搜索加人工智能多维应用的企业集团。从谷歌并购的案例来看,"购雇"将会成为数智化时代企业并购的重要驱动性因素,对这一话题的深入研究,将丰富创业、创业期公司定价、创业资本退出等的相关认识,也会丰富企业定价等理论。

——并购与企业估值问题研究。既然数智化时代企业发展不需要通过大规模的市场并购,也就意味着那些进入新能源汽车领域、并形成规模化产能的企业,在面临公司经营困局时,前期投入所形成的产能,难以在市场上寻找买家,因此,新能源车企在遭遇经营困局、公司经营难以为继的情况下,清盘是当下陷入困境的新能源车企近乎唯一的选择。这种现象如果具有普遍性,那么,它直接影响的是公司估值理论,包括资本资产定价模型、实物期权理论等,当然,也包括当下对制造业价值估计的研究。

——套利并购。我们还发现一组与传统并购不一致的并购:套利并购。我们通过高瓴资本并购百丽事件讨论套利并购的表现,并预计:在数智化时代,因为资本市场流动性增加,套利并购会成为一种新的并购形态,它无论是对标的对象的选择、并购与估价还是对并购对价支付、并购后标的公司的运营等,都提出不同的要求,套利并购成为与协同效应等并列的一种并购驱动因素。

——资本驱动。我们分析认为,购、并双方背后的资本是推动并购交易发生的决定性力量。购、并双方的投资人寻求财务利益最大化,推动合并发生,降低市场竞争度,减少市场推广等支出,从而获得相应的收益。而购、并双方的企业家们通常会追求企业存在性或成就驱动(legacy motivation),不会在企业已经达成行业前3时放弃企业和有一定市场影响力的品牌。尽管资本驱动也是一种套利行为,这里所定义的资本驱动并购是互联网平台企业前3名之间的合并,资本的作用停留在幕后;在套利并购交易中,并购方通常是各类投资基金或机构投资人,标的公司是被低估的实体企业,购、并双方之间不存在上下游、同业等关联,购买方取得控制权后,通常会采取一些措施,改善标的公司业绩、提升标的公司的市场认可度,再择机将标的公司卖出,从而获取收益。这种并购行为改变了传统并购理论的前提假定,甚至挑战了并购市场的公司治理效应等。

并购是资本市场发展到一定阶段的产物,它会随着市场环境的改变而变化。数智化不仅改变了信息的产生、获取、传递、保存等方式,而且也重新定义了市场效率与交易达成方式。基于工业化时代的并购研究,相应的研究发现在数智化时代并不必然成立,因为达成并购的逻辑改变了。上述关于并购的多个案例讨论表明,对于并购的驱动因素、并购交易的参与方、并购交易的达成方式、并购交易的估价、并购后的整合与经营等,数智化时代会提出不同的要求,同时出现不同的规定。我们通过案例讨论,希望向学术界展示数智化时代并购的各种不同与改变,也希望能够吸引更多学者投入这一问题的研究,以期提炼、修正并逐渐形成能够有效解释数智化时代企业并购特征的理论,为实务界提供更有针对性的对策与建议。

我们初步发现,数智化时代的并购逻辑已经改变,需要被我们重新认识。

4.1 数智化与并购角色的转变：并购与企业发展

一、引言

"一个企业通过兼并其竞争对手的途径发展成巨型企业,是现代经济史上一个突出的现象"(斯蒂格勒,1950)。在研究早期美国大企业成长的经历后,斯蒂格勒发现:"没有一个美国大公司不是通过某种程度、某种方式的兼并而成长起来的,几乎没有一家大公司主要是靠内部积累成长起来的。"这实际上也是工业化时代并购存在的逻辑:并购是企业扩张,尤其是短期内产能快速扩张的最直接的手段。

借用马克思关于内涵式扩大再生产和外延式扩大再生产的二分法,企业产能与规模的扩张可以分为内源式增长与外延式扩张,前者是指企业自己通过购置设备、雇佣工人等形成新的产能,后者是指借助并购方式直接扩大产能。我们基于对多个企业案例的研究发现,工业化时代的企业产能与规模的扩张,主要是通过并购达成的。这也是斯蒂格勒所定义的并购是企业规模扩张的必然现象的制度基础。而进入 21 世纪后,对于企业产能或规模的扩张,并购不再是主要的方式,企业更愿意自己投资建造厂房、改造设备、培训员工等,并形成有效产能。

企业发展路径之所以产生上述变化,是因为数智化改变了企业扩张的逻辑。借鉴 Jensen 和 Meckling(1995)关于专有知识与通用知识的区分,我们尝试构建了一个解释企业产能扩张的理论。我们分析认为,企业的规模化经营是建立在对专有知识的积累、占有、有效使用基础上。在工业化时代,专有知识的形成需要时间,并且传递成本高,仅靠企业自身的积累,难以在较短的时间里获取满足产能扩张所需的专有知识,产能与规模的快速扩张难以达成。企业只有借助并购方式,并取得现成的专有知识,从而在短期内实现产能提升、扩大规模,即外延式扩张。在数智化时代,一方面,大量的专有知识通过数智化方式被"嵌入"各种操作系统,变成可编码、可复制、可转移的通用知识,并固化进设备和操作流程里。另一方面,互联网传播提升了专有知识的可获得性,"专有"性程度降低,这些都大大降低了企业规模化扩张对专有知识的依赖度。因此,在数智化时代,企业的发展更多的是内源式增长,即企业可以自己投资建造厂房、定制设备、培训工人等,最终形成新的产能。

我们以对美国汽车制造业的两个代表性企业——通用汽车和特斯拉的早期发展历程的案例分析为例,讨论它们早期发展过程中对并购的使用情况。我们的分析在一定程度上支持以下推论:通用汽车早期的发展是建立在一系列并购基础上,并形成多品牌、高产能;相比之下,特斯拉是通过自建工厂来快速形成产能。这种现象并非仅限于通用汽车和特斯拉。小米就是以自建工厂的方式进入造车领域。这种现象在新能源车领域并非罕见,我国新能源汽车制造领域的新进入企业多,且总体都是选择自建生产基地。

我们期望通过通用汽车对比特斯拉的案例说明:对比工业化时代,数智化时代企业扩张的路径发生了改变。我们的这一猜想,需要未来严谨的经验证据来支持、检验。如果这一理论猜想能够成立,将丰富并购研究的文献;创新性地提出数智化时代企业发展的路径与并购的作用的理论猜想;同时,也对数智化时代企业发展与并购的关系、并购与企业估值等提供了一个新的理论基础;此外,我们的结论也为相关管制部门对并购政策与产业政策发展等的制定提供了理论依据。

二、通用汽车早期发展与并购

如前文所述,在工业化时代,美国出现很多大规模公司,如美国钢铁、通用电气、通用汽车、杜邦等。我们以工业化时代代表性行业汽车制造业的代表性企业——通用汽车为例,探讨通用汽车早期发展中并购的作用。

通用汽车的前身是 1886 年创立的杜兰特-多特马车公司(Durant-Dort Carriage Company)(以下简称杜兰特),创始人为威廉·杜兰特(William Durant)与约西亚·达拉斯·多特(Josiah Dallas Dort)。1900 年,公司成为全美最大的马拉车辆制造商,销售额达到 200 万美元。杜兰特在 1904 年控制了陷入危机的别克汽车公司(Buick),并对其进行整改,4 年里,别克超越了早期的领导品牌——福特、凯迪拉克(Cadillac)、奥尔兹(Oldsmobile),成为了美国最畅销的品牌。1908 年,杜兰特成立了通用汽车公司(General Motors)。

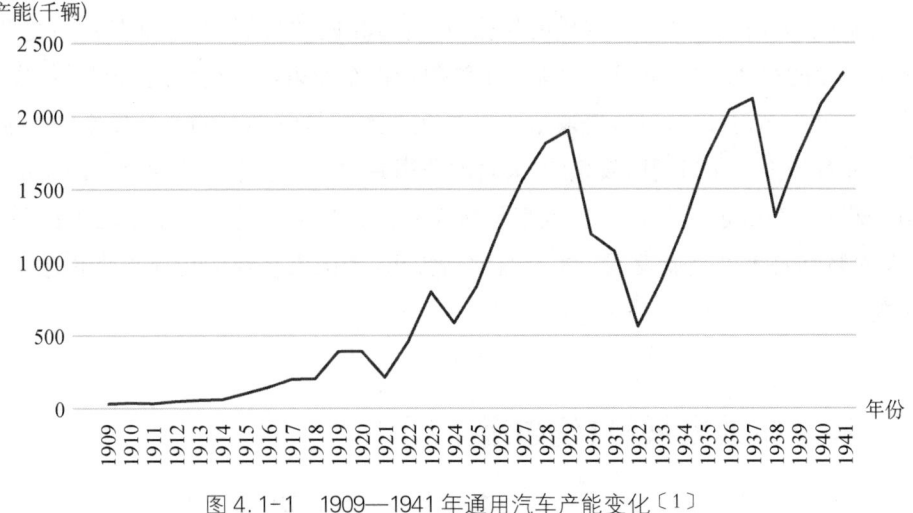

图 4.1-1　1909—1941 年通用汽车产能变化[1]

资料来源:小艾尔弗雷德·斯隆的自传《我在通用汽车的岁月》。

---

[1] 美国于 1941 年底宣布参战,通用汽车商用车产能锐减,重心转向军用,且变化与主题无关,因此采集数据截至 1941 年。

早期的通用汽车公司是一个控股公司,它通过换股的方式控制了别克,同年收购了奥尔兹,并在1909年分别收购了凯迪拉克和奥克兰德(Oakland)。截至1910年,通用汽车收购了约25家公司,其中11家是相对成熟的、有品牌的汽车公司,其中4家公司及其品牌在演变中得到了保留,分别是别克、奥尔兹、凯迪拉克和奥克兰德。小艾尔弗雷德·斯隆的自传《我在通用汽车的岁月》将上述短时间集中性的并购称为第一次扩张(表4.1-1)。而第二次扩张则是指1918—1920年的国际化扩张。

表4.1-1　　　　　　　　　　第一次扩张后的产能　　　　　　　　　　单位:辆

项目	别克	奥尔兹	凯迪拉克	奥克兰德	总计
1909年	19 051	2 026	8 640	1 105	30 822
1910年	21 414	1 425	10 039	4 049	36 927

数据来源:小艾尔弗雷德·斯隆的自传《我在通用汽车的岁月》。

如表4.1-1所示,通用汽车通过并购多家品牌的汽车厂,在正式成立的第二年产量就达到了3万辆以上。由于别克汽车早在通用汽车麾下,1909—1910年,其他三个主要品牌(奥尔兹、凯迪拉克、奥克兰德)贡献了40%的即时产能。通用汽车通过收购、整合独立的汽车品牌,跳过了自己建厂、招聘与培训工人等步骤,在短时间内实现了产能的飞速增长。

1918年,通用收购了雪佛兰。此后,通用旗下的五大品牌:雪佛兰、奥尔、奥克兰德(后来的庞迪亚克)、别克和凯迪拉克一直共同延续了近90年。凭借大规模的并购扩张,通用汽车的产能得以快速增长。1923年,产能第一次突破100万辆;1927年产能超越福特,成为全美国,也是全球产量最大的汽车企业。

综合来说,通用汽车两次大规模的扩张,都有着相同的特征,即通过兼并同类型企业,实现业务规模的快速增长,并且通过兼并上游供应商企业来实现更低的内部零件成本。学术研究中关于并购动机的讨论,普遍认为资源联合效应是驱动并购业务发生的主要动机,可以较好地解释工业化时期所发生的、大量的公司并购。与通用汽车同时代的美国钢铁公司、美国通用电气公司等,早期发展也都是建立在并购基础上的。也正是因为这种制度的支持,斯蒂格勒对美国企业发展史进行观察后提出:美国大企业的规模扩张是建立在并购基础上的。

三、特斯拉的发展:自建超级工厂

特斯拉(Tesla, Inc.)成立于2003年,由马丁·艾伯哈德(Martin Eberhard)和马克·塔彭宁(Marc Tarpenning)创立。随后,伊隆·马斯克(Elon Musk)以投资人身份加入,并任董事长。特斯拉最初开发Roadster车型,委托英国汽车制造厂商Lotus帮助设计、制造。在后续交付过程中,很多问题出现。马斯克于2008年10月接任特斯拉CEO后,立即开始了自建产能的工作。

与通用汽车不同的是,特斯拉早期发展过程的一个关键点就是其通过自建超级工厂和采用数智化技术手段,实现了全球范围内的快速扩展和产能提升。特斯拉在自建产能的过程中,不断总结经验,提升工厂建造的标准,在第一家工厂之后所建造的工厂,都以"超级工厂"(Megafactory)来命名。从2012年第一家工厂建成使用到2024年3月,特斯拉共建成6家工厂。除了全部汽车都是自己生产,大部分电池、超级充电桩业务、太阳能系列产品等,也都是自建产能、自己生产。

(1) Fremont 工厂:2010年特斯拉从丰田手中购得NUMMI,该工厂此前由通用汽车和丰田汽车合资设立,生产雪佛兰和丰田的经济型燃油车。特斯拉购入该工厂后对其进行改造,用以特斯拉 Model S、Model X 的生产。2019年,该工厂年交付37万辆。马斯克预测其很难超过80万辆的产能,因为厂房是按照传统燃油车生产方式设计的,所以不适合电动车的生产。

(2) 上海超级工厂:上海超级工厂于2018年12月正式动工,2019年12月举行首批15辆Model 3 的交付仪式,标志上海超级工厂正式投产。2022年11月,工厂出货100 291辆,理论年化产能超过100万辆。上海超级工厂从建设到达成100万辆/年的理论产能,包括建设周期在内,前后不到4年。

(3) 柏林超级工厂:柏林超级工厂于2019年11月公告正式建设,2022年3月投产,耗时2年零4个月。按照预期,柏林超级工厂花费5年可以实现100万辆的年产能,届时将成为德国单体产量最大的汽车工厂。

(4) 德州超级工厂:德州超级工厂于2020年7月动工,2022年4月投产,耗时1年零9个月左右。工厂可以生产特斯拉目前产品目录上所有型号的汽车,以及4680CTC电池等。目前的年产量为50万辆,未来的目标是年产200万辆。

另外两家超级工厂分别是内华达超级工厂和纽约超级工厂,工厂生产汽车电池、太阳能产品电池、超充设备等。此外,特斯拉于2023年宣布在墨西哥建造一个超级工厂。同时,特斯拉可能在印度建厂的消息也可见于媒体报导。

以上海超级工厂为例。2018年5月,特斯拉(上海)有限公司成立,5个月后,公司宣布用9.73亿元买下上海临港工业用地。上海超级工厂于2019年1月7日举行奠基仪式后正式开工建设。2019年12月30日,首批15辆产自上海超级工厂的Model 3正式交付。从上海超级工厂建设期结束到正式进入量产状态,建设期不足1年。特斯拉上海超级工厂的建设速度令人瞩目。上海超级工厂从2020年1月正式投产到2022年11月交付100 291辆,达成理论年产量100万辆,只有不到3年的时间,且这期间还经历了工厂封闭、员工隔离等特殊情况。

特斯拉上海超级工厂从建厂到达成100万辆规模化产能的速度,在汽车制造业中非常罕见。与通用汽车初期依靠并购成熟工厂、成熟品牌来达成产能扩张、规模增长不同,特斯拉的产能扩张完全依赖自身的投入和建设,同时,它也不寻求通过并购市场上已有的成熟品牌来达成扩张[1]。

特斯拉创立初期,委托 Lotus 公司帮助设计、建造,并于 2008 年推出 Roadster 车型。早期特斯拉不具备规模化生产汽车的能力,因此,产能与交付一直是特斯拉发展道路上的"拦路虎"。2010 年,特斯拉购入 Fremont 工厂并进行改造。工厂投入使用后,特斯拉年汽车交付量逐步提升。在上述工厂陆续投入使用后,特斯拉的产能快速提升,年交付车辆数从 2012 年的 2 650 辆,到 2013 年的 21 500 辆,产能一路提升,到 2023 年已经超过 180 万辆。公开资料显示,特斯拉上述 4 家超级工厂的年满负荷产能可以达到 250 万辆,并在不增加新工厂的前提下,两年后产能可以超过 350 万辆。

为什么 100 年前通用汽车需要通过并购才能达成产能的快速扩张?而特斯拉直接建造工厂后能实现产能快速扩张?实际上,这一现象在我国汽车制造业中也普遍存在。1981 年我国将汽车制造业作为发展重点,提出 1985 年全国生产 20 万辆汽车的目标;第七个五年计划更是将汽车制造业作为重要的支柱产业,提出 1990 年生产各种汽车 56 万辆。自 1984 年起,我国开始与美国、德国、法国等多国的汽车制造厂合资生产汽车,直到 1992 年,我国全国汽车产量为 106.67 万辆,2000 年突破 200 万辆,达到 207 万辆,新增 100 万辆汽车产能,耗时 8 年。这 100 万辆产能的增长,主要是通过与德国、美国、日本、法国等国汽车企业合资建厂、引入它们流行的品牌方式达成的,内源性增长对产能扩张贡献不大。进入数智化时代后,在当下这波新能源汽车热潮中,仅仅比亚迪一家公司,2021 年汽车整车产量为 73 万辆,2022 年为 186 万辆,2023 年为 302 万辆,2024 年达到 427 万辆,连续 3 年每年新增产能近 120 万辆,且都是通过新建工厂、改造已有工厂达成,没有发生并购同类汽车工厂行为。

为什么早期汽车业需要通过并购才能快速形成产能,目前通常都是通过投资建设就可以快速形成产能?这一变化背后的逻辑是什么?

四、企业扩展模式的理论解释:以专有知识为中介

为什么通用汽车与特斯拉的早期产能扩张的路径不同?我们认为,从数智化时代的特征出发,核心概念是"专有知识"。

(一) 数智化嵌入与专有知识通用化

借鉴 Hayek(1945)关于知识在社会中不可替代作用的讨论,Jensen 和 Meckling (1995)将企业运行过程中所用到的知识分为专有知识和通用知识两类,其中,专有知识是指知识在不同主体间转移或传递的成本高。反之,通用知识的转移成本低。Jensen 和

---

[1] 汽车业不寻求并购品牌的公司,并不限于特斯拉。比亚迪在发展过程中,除了主营品牌 byd,还快速推出仰望、方程豹,并与奔驰合作建设腾势品牌;长城汽车除了哈弗、长城皮卡,短期内快速孵生了魏牌、欧拉、坦克等品牌;小米原本是一个造手机的品牌,小米汽车推出后,颇受市场好评。与此同时,欧美市场上多个汽车品牌在慢慢淡化,如美国的悍马、欧洲的欧宝、Saab 等。在数智化时代,汽车品牌价值的变迁,值得深入探究。

Meckling(1995)用专有知识来解释企业的决策权的配置,即将专有知识转移给拥有决策权的人,成本太高;决策权分配给拥有专有知识的人,才是有效的制度安排。

在传统的工业化环境下,随着企业规模增大,企业内专有知识的分布多且分散,因此,采用诸如事业部制等制度来分散决策权,是解决"大企业病"最常见的方式。

在数智化时代,大数据与无所不在的信息系统,大大降低了各类专有知识汇集、传递的成本,提高了专有知识传递的速度;进一步来说,自然语言编程软件,如 Python 等的普及,尤其是各类生成式人工智能系统、多模态开源大模型应用等的普及,工业化时代难以编码的知识都可以被编码,并实现批量复制与传递。由于绝大部分专有知识都可以被编码、批量复制与传递,并被固化进包含操作系统的自动化设备中,制造过程能够实现"以机器制造机器""黑灯工厂"[1],因此,制造业的全过程所需要的大量专有知识,都被编码、汇集成控制系统,从而实现零损失的批量复制。

在数智化时代,现代企业管理所需要的专有知识中,仍然有部分只归属于个人的知识,尤其是企业家的管理能力,难以通过编码等方式实现通用化,或者说,这部分知识很难与知识的拥有者分割并无损地传递出去[2]。除此之外的绝大部分原先属于专业知识的部分,都可以被编码或改造成通用知识。汽车制造可以快速、低成本复制,汽车企业的发展出现速度超快、规模超大的现象。

我国为什么从 1992 年到 2000 年,举全国之力后耗时 8 年,汽车总产量才提高 100 万辆?即便将汽车制造列入多个五年计划,并将其作为重点支持的产业,到 2000 年时,全国销量最大的车型,都是中外合资的车型,如奥迪、大众桑塔纳、捷达、东风富康(与雪铁龙合作)、夏利(与日本大发)、广汽本田等。完全的国产车才刚刚出现,长城汽车、吉利汽车刚刚推出试验性轿车车型。我们认为,与汽车制造相关的专有知识,仍然掌握在国外汽车公司手上,我国的汽车企业很难获取这部分专有知识,以至于难以生产完全国产化的汽车。与汽车制造相关的专有知识,大致分为:①车身设计、材料、结构、力学等。②发动机、变速箱、底盘等核心部件与传动系统。③安全系统等电子系统。④现代化、大规模汽车制造的组织与管理,以及冲压、焊接、涂装、总装等生产工艺。可以说,专有知识的欠缺,且获取这些专有知识成本高、速度慢,使得我国汽车企业发展缓慢。

数智化时代的汽车制造,从汽油发动机转向电池动力,汽车企业在发动机上所积累的近百年的专有知识,几乎是一夜之间清零;新能源技术的应用,让中国车企与外国同行在动力部分几乎站在同一起跑线;不断改进的技术流程,也降低了汽车制造过程对专有知识、经

---

[1] 特斯拉推动生产过程的自动化程度,提出"以机器制造机器";"黑灯工厂"(Dark Factory)也被译为智慧工厂,是指从原材料到产成品的过程,没有人的参与。

[2] 这里关于专有知识与通用知识及其转化的讨论,以及隐性知识、显性知识及其转化的讨论,存在一定的区别。其中,专有知识包括隐性知识,如企业家的决断力、商业直觉等,专有知识还包括专利、熟练工人的经验(可以通过训练等获得的)等。SECI 模型提出隐性知识显性化,与我们讨论的专有知识通用化有类似之处,不同的是我们强调数智化实现了专有知识的通用化、转化。

验熟练产业工人专有知识的依赖。以特斯拉率先研发、投入使用的大功率压铸一体成型工艺为例。按照公开资料的介绍，特斯拉所推出的一体压铸技术，直接减少了传统汽车制造过程中的零部件数量和装配、焊接环节，如"4680CTC 电池包集成到车体，减少零件 370 个；在 Model Y 上所采用的一体压铸工艺，将前、后地板零部件数量从 171 个减少至 2 个，焊接点数减少超过 1 600 个"〔1〕。减少数百个零部件，简化相应的装配、焊接等工艺，也就自然降低了这些环节对拥有熟练技术的产业工人的需求，对专有知识的需求也大幅度降低。2014 年，特斯拉宣布开源所有汽车制造的相关专利，加上数智化时代知识传递速率加快，减少了新能源汽车制造中因为专有知识产生的限制、约束现象，新能源汽车产能提升速度加快。

与数智化改造工艺流程、降低对专有知识需求同步，数智化时代专有知识的扩散或传递变得更加顺畅、高效。在特斯拉提出一体压铸后，我国国内车企，尤其是新能源车企纷纷跟进，2021 年 10 月，小鹏武汉工厂加入一体化压铸工艺车间；2021 年 12 月，蔚来 ET5 宣布采用一体化压铸后地板；2022 年 3 月，高合宣布国内首个 7 200 吨巨型压铸机投入使用；之后，这个吨数不断刷新，小米的吨数是 9 100 吨（2023 年 12 月）、赛力斯汽车是 9 800 吨（2024 年 6 月）、小鹏与力劲联合研发了 16 000 吨（2024 年 5 月）。国内车企对巨型一体压铸机的快速、广泛使用，让国内车企的车辆制造，尤其是车身制造工艺与国际领先水平保持一致。小米汽车于 2024 年批量交付后，各项评测、零星的事故等都表明，小米汽车的制造工艺领先〔2〕。新能源汽车制造企业通过自身的努力，就能够追平与国际同行之间数十年，乃至上百年的"专有知识"差距，而不是像 2000 年之前那样，企业需要通过与国际汽车大厂合资经营，才能够有效地获取"专有知识"。

因此，在现代数智化环境下，因为数智化手段的全面嵌入、应用，所以大量的专有知识能够被编码、汇集、传递，决策权逐步集中，管理者能够管理的范围在增加，企业的管理边界不断外扩，企业规模越来越大。例如，美团公司的全称是北京三块在线科技有限公司，公司于 2010 年 3 月创立。2023 年年报、社会责任报告显示，公司员工总数为 114 860 人；在美团获得收入的外卖员（俗称"骑手"）总数为 745 万人，2022 年这一数字是 624 万人，2023 年增加 121 万人。短时间内，公司能够发展到如此大的规模，特别是对 745 万名骑手的管理，没有数智化系统的全面参与，是难以达成的。

即便企业规模如此之大，由于大量的知识，包括传统工业化时代难以传递的专有知识在内，能够借助数智化系统被有效、快速地复制、传递，企业的决策权集中化程度越来越高。传统管理学因为信息不对称等因素所导致的分权、事业部制等管理理念，面对专有知识的

---

〔1〕 资料来源：刘洪辰：特斯拉一体化压铸深度报告（https://www.eet-china.com/mp/a249708.html）。
〔2〕 关于小米汽车质量的讨论，可以参见：2024 年 12 月 30 日，雷军公布的小米 SU7 评测成绩单，包括在中保研安全测试、中国汽研"寒测、夏测"、CCTA 充电等测试中表现优异；获得中国汽车技术研究中心十佳车身等多项奖励（https://sports.sohu.com/a/843247411_121850794）；此外，少эти小米车主驾驶过程中的事故，也部分证明小米汽车的质量与安全性（https://news.qq.com/rain/a/20241220A06RGW00）。

通用化，在实践中不断被消解。

（二）专有知识通用化与汽车制造业发展路径

如果说，决策权的合理配置决定了规模企业有序、有效运行，则专有知识是规模企业运行的关键要素。无论是在工业化时代，还是在数智化时代，企业扩张的核心要素是资本与专有知识。在充分竞争的市场中，资本会流向回报率高的行业与企业。也就是说，那些被市场认可、能够产生有效回报的行业与企业，能得到资本的青睐。因此，真正限制企业规模化扩张、短期内产能快速扩张的，就是专有知识。

在大约100年前，汽车制造业对专有知识依赖度高，包括：关于汽车制造的各种专门知识、规模化汽车企业的管理知识、经验熟练的产业工人所拥有的专门经验等。因此，杜兰特通过并购方式，整合别克、凯迪拉克、雪佛兰等品牌工厂的整体产能，迅速形成有效产能。通用汽车通过投资建造厂房、设备、生产线，培养操作流水线所需要的经验熟练的产业工人，同时，形成特色鲜明、有一定市场美誉度和受众对象的汽车品牌，这都需要时间。因为专有知识的限制（如早期关于汽车的专利等），即便耗费时间，企业也不能必然在短期内达成规模化生产。因此，在工业化时代，专有知识的限制，使得企业很难通过内源式发展实现产能的快速扩张。并购成熟的同类型企业后获得相应的专利知识/专有知识、熟练的产业工人，以及成熟的市场品牌，有助于企业短期内快速扩张[1]。

正是由于专有知识的限制与约束，早期通用汽车选择通过并购方式，获得同类企业的流水线等设备、品牌、专利技术与技术工人等专有知识，从而通用汽车的产能能够快速提升，或者说，通过并购实现了外延式增长。这也部分回答了斯蒂格勒（1950）所提出的猜想：早期大规模企业无一不是通过并购扩张达成的。同时，由于专有知识的限制与对同业并购的依赖，早期能够快速扩张，并建立起相对较大规模的企业，并购是其必经之路。

企业在新能源车制造过程中所需要用到的专有知识至少应包括：与新能源车相关的全部专业技术知识，包括汽车车身、电池、底盘、电器等部分的相关专利；大型汽车制造企业的设计、布局、管理等，如6000吨一体压铸机等专有设备的制造、调试与使用等。与工业化时代对经验熟练的产业工人依赖度高不同，在数智化环境下，高度智能化、"以机器制造机器"等特点降低了生产过程对经验熟练的产业工人的依赖度。

特斯拉建造的第一个工厂，是2010年5月特斯拉接手前由通用汽车与丰田合资的工厂NUMMI。该厂由日本丰田汽车1984年与美国通用汽车合资建造，用来生产包括丰田的卡罗拉、通用的庞蒂亚克等车型。因为该厂建于20世纪80年代，所以是按照典型的燃油车整装工厂建造。特斯拉购入工厂后进行了各种改造，以使其能够适应特斯拉电动车生产的需要。这一过程中所积累的知识，可以平移至下一个工厂的建设，并直接套用。因此，

---

[1] 同样值得关注的是，在数智化时代，品牌的价值在下降。仅仅汽车行业的多个知名的汽车品牌被市场放弃，如悍马（Hummer）、萨博（Saab）、上海、土星（Saturn）、庞蒂亚克（Pontiac）等。同时，因为数智化很容易集聚注意力，新品牌的创立成本低、时间短。比亚迪没有收购一个品牌，就成为中国销量最大的车企，且2023年销量进入全球前10。这也为学术界提供了新的研究话题，包括企业估价、企业品牌等。

2014年，特斯拉开始建造内华达超级工厂，2016年第一季度正式投产，用于生产电池、车身材料等产品。

如前文所述，特斯拉上海超级工厂建造时间不到1年，2019年12月30日正式交付首批15辆车，这标志着特斯拉上海超级工厂已经形成"大规模生产能力"。其中涉及的专有知识包括汽车制造自身的专有技术、工厂生产线布局与流程管理等专有技术、熟练的产业工人及其经验等专有知识、大规模制造业与大量员工的管理与协调等专有知识。特斯拉自身拥有汽车制造等专利技术，同时，在前期的NUMMI工厂和超级工厂建造过程中形成的生产线布局与流程管理等专有知识，可以直接被复制、移植到新超级工厂的建造过程中。加上特斯拉的"用机器生产机器"的思想，再生产过程智能化、自动化程度高，工厂对经验熟练的产业工人及其专有知识的依赖度低。例如，根据Butler等（2018）的研究，工业4.0工厂可以通过传感器、人工智能（AI）和大数据分析，实现生产流程的实时监控和优化。这种技术能够在不依赖人工干预的前提下，自动调整生产参数，从而确保产品质量的一致性，实际上间接代替了人工的纠错能力。专有知识的载体很大程度上已经迁移到各类数智化系统，有效缓解产业工人个体经验差异带来非标准化问题，"以机器生产机器"的方式最大限度地消解了这些问题。超级工厂在建成后，就可以实现整车生产、批量交付。因此，上海超级工厂形成规模化产能，需要的时间非常短。

特斯拉为什么不通过并购一家市场上已有的规模化汽车制造工厂，达成提升产能的目的？尤其是当特斯拉进入欧洲市场后，欧洲有充足的汽车产能，特斯拉为什么不通过收购德国工厂以快速形成产能？可能的原因如下：

第一，借助数智化的帮助，特斯拉已经将大量与汽车制造、管理相关的专业知识通用化，通过生产线改造缩短工序、降低生产过程对专有知识依赖度，特斯拉能够以比较低的成本，在全球复制特斯拉汽车的制造过程，因此，在数智化时代，汽车制造业可以通过内源性投资快速实现产能扩张。

第二，特斯拉在2010年收购NUMMI工厂、进行工厂改造过程中发现，之前为燃油车设计的工厂，不太适合特斯拉电动车的生产，加上特斯拉的生产过程强调以机器为核心、"以机器生产机器"，高度的智能化和自动化，将原先属于经验熟练的产业工人的专有知识整合进智能化与自动化系统。基于燃油车所搭建的传统工厂，不能满足电动车生产的需求，进一步降低了通过外源式并购形成产能增长的经济合理性。

第三，在数智化时代，知识迭代速度快，带动了汽车产业技术迭代、进步节奏加快。例如，2019年，在特斯拉已经推出Model 3并畅销全球后，马斯克提出用一体压铸成型思想来制造汽车的前后底盘，超级一体压铸机出现，汽车生产的流程就此改变。新的工厂、流水线布局也要相应改变。这使得收购传统工厂会面临当初收购NUMMI工厂那样的局面：后期需要投入的改造成本更高。另外，传统汽车企业并购对品牌、经验熟练的产业工人的依赖度高，在数智化时代，品牌传播更容易，创立一个被广为知晓的品牌所需的时间短、成本低，如小米汽车、仰望汽车，且新能源汽车要塑造不同于传统燃油车的品牌价值内涵，品牌不构成汽车企业并购的主要驱动因素;专有知识通用化,特别是将汽车制造过程所需要的大量专有知识通过编码等方式嵌入到系统、并整合进设备,"用机器制造机器",最大限度地降低了生产过程对经验熟练产业工人所拥有的专有知识的依赖。因此,并购,特别是对同类型、成熟企业的并购,不再是企业规模扩大的主要手段。

此外,一方面,特斯拉整合了汽车生产流程,汽车生产对产业工人,尤其是经验丰富的产业工人的依赖度在降低,特斯拉上海超级工厂生产线上配置较多的机器人,包括美的生产的库卡机器在内,操作工人平均年龄低,很多都没有汽车制造业的从业经历,他们经过短期培训后就能够胜任流水线作业[1]。另一方面,欧美都有较悠久的产业工人保护政策,如工会组织等,如果收购一家成型工厂、产业工人,特斯拉会背负额外的"包袱"[2]。

当然,并购仍然在发生,大规模的企业仍然在持续地并购。所不同的是,并购的性质在改变。

(三) 专有知识通用化与企业发展路径的演化

传统经济学认为,某些资本密集型行业对规模、资本等要求高,先进入者会形成竞争优势,甚至是垄断性优势。专有知识的限制,不仅行业里已有的企业规模和产能难以扩展,而且行业准入门槛高,新进入者很少,自然垄断形成,行业里头部企业的利润率水平被抬高。这实际上也是汽车制造业在相当长时期里的行业竞争特征:在美国形成了通用、福特、克莱斯勒三家对市场的相对垄断,在德国,宝马、奔驰、大众三家形成了相对垄断,在日本,丰田、本田、日产居于领先地位。由于行业准入的行政管制和专有知识的限制,我国在相当长时期里,只有少数几家企业成为汽车领域的头部企业。

在数智化时代,在大数据与人工智能的深度参与下,大量的专有知识可以通过数智化系统转换成通用知识,并在互联网上快速、便捷、无损地向全球传输,这也使得数智化时代的很多行业竞争强度加大,且行业新进入者增多。特斯拉总体对技术持开放态度,2014年6月,特斯拉开源了所有与电动车相关的专利,将这部分专有知识免费开源,使其成为通用知识。这直接降低了电动车制造行业的专有知识门槛,更多的企业有机会进入到电动车制造的赛道。这一开源,直接推动了很多新进入者进入我国新能源车赛道,例如,蔚来汽车于2014年11月成立;小鹏汽车于2015年正式成立;理想汽车于2015年7月成立。当特斯拉联合发布第一台大型压铸设备,用于特斯拉 Model Y 底盘的制造后,特斯拉将专利"汽车架构的多向车身一体成形铸造机和相关铸造方法"开源。我国的新能源汽车厂商很快就在比拼各自一体压铸设备是否比特斯拉第一代的6 000吨更大,例如,2021年10月,小鹏武汉工厂加入一体化压铸工艺车间;2021年12月,蔚来 ET5 宣布采用一体化压铸后地板;2022年3月,高合宣布国内首台7 200吨巨型压铸机投入使用;之后,这个吨数不断刷新,

---

[1] 参见:http://capital.people.com.cn/n1/2019/1108/c405954-31443878.html。
[2] 虽然美国汽车产业工人的工会组织势力强大,但是他们一直没有进入美国特斯拉公司,马斯克对工人的要求是:加入工会,就要放弃未来的股票期权。因此,特斯拉的工人选择期权。

小米的吨数是9 100吨(2023年12月)、赛力斯汽车是9 800吨(2024年6月)、小鹏与力劲联合研发了16 000吨(2024年5月)。汽车底盘制造的一体化压铸工艺快速推广,从而带动行业层面汽车底盘制造水平整体提升。我国新能源车行业老车企转型、新势力崛起,且都是自建产能、自创品牌,这些都是数智化带来的生产逻辑的变化而致。

专有知识通用化,让行业竞争强度加大。尤其是行业门槛被拉低,行业潜在进入者增多,这一状态对行业发展与竞争的特征会产生什么样的影响,值得学术界去讨论[1]。

五、数智化时代企业增长路径的演变:讨论与暂行结论

企业发展是时代与环境等多因素共同作用的结果。在农业化社会,经济增长缓慢,农场的发展也是缓慢的,且因为交通方式、通信工具等的限制,在汽车、电话普及前,很难会出现跨区域经营的农场。因此,当时的企业增长速度缓慢,在产权不清晰、市场不活跃的情况下,复杂的交易或企业并购交易很难出现。大的农场主会在小农场遇到资金危机时收购其土地。

人类社会进入工业化时代后,机器不仅代替人工、提升生产效率,而且也创新商业模式、改变商业逻辑。并购成为企业增长的重要路径。

随着人类社会进入数智化时代,企业组织形式的特征发生了变化,企业发展的路径也在改变。在工业化时代,并购是企业规模增长的重要路径,也是企业短期内快速提升产能的"不二法门"。我们将企业规模增长、产能增长与企业专有知识联系起来,提出因为数智化推动专有知识通用化,且大幅降低制造过程对专有知识的依赖度,所以数智化时代企业产能的增长,通过内源性投资、自建产能,更具有经济合理性。

我们基于上述讨论给出推论,并以通用汽车与特斯拉早期发展经历为例,对上述推论给出案例视角的证据支持。关于公司发展路径的讨论,如果能够得到经验证据的支持,将会修正数智化时代企业发展模式的认识,同时,也会给并购研究带来新的课题与挑战,包括:并购对企业发展的意义?并购的驱动因素或动因?并购的经济后果?并购与企业价值理论等。

参考文献

[1] 陈冬梅,王俐珍,陈安霓.数字化与战略管理理论:回顾、挑战与展望[J].管理世界,2020,36(5):220-236.

[2] 杜晴.美国并购浪潮的历史回顾及启示[J].北方金融,2024(1):13-16.

---

〔1〕刘峰等(2024)提出,数智化的全面嵌入,改变了供给与需求曲线分布,社会经济总福利中消费者剩余份额增高,生产者剩余份额降低,对于微观企业则是企业的利润率降低。低利率的垄断,将是数智化时代市场竞争的常态,甚至是"垄断"也需要重新被定义。

[3] 范黎波,周英超,杨震宁."中国式婚姻":成长型企业的"赘婿式"并购与跨国公司的"教练型"治理[J].管理世界,2014(12):152-166.

[4] 张维,齐安甜.企业并购理论研究评述[J].南开管理评论,2002(02):21-26.

[5] 张新民,陈德球.移动互联网时代企业商业模式、价值共创与治理风险:基于瑞幸咖啡财务造假的案例分析[J].管理世界,2020,36(05):74-86.

[6] Ahuja G, Katila R. Technological acquisitions and the innovation performance of acquiring firms: A longitudinal study[J]. Strategic Management Journal, 2001, 22(3): 197-220.

[7] Akerlof G A. The market for "lemons": Quality uncertainty and the market mechanism[J]. Quarterly Journal of Economics, 1970, 84(3): 488-500.

[8] Barney J B. Firm resources and sustained competitive advantage[J]. Journal of Management, 1991, 17(1): 99-120.

[9] Bradley M. Interfirm tender offers and the market for corporate control[J]. Journal of Business, 1980, 53(4): 345-376.

[10] Butler D, Palmer D, Taylor S. The impact of artificial intelligence on manufacturing efficiency[J]. International Journal of Production Research, 2018, 56(12): 3820-3832.

[11] Chatterjee S. Types of synergy and economic value: The impact of acquisitions on merging and rival firms[J]. Strategic Management Journal, 1986, 7(2): 119-139.

[12] Chen Y, Zhang X. Digital marketing and brand building in the age of big data[J]. Journal of Business Research, 2021(123): 45-57.

[13] Davis J, Edgar T, Porter J, et al. Smart manufacturing, manufacturing intelligence and demand-dynamic performance[J]. Computers & Chemical Engineering, 2019(47): 145-156.

[14] Dunning J H. The eclectic paradigm of international production: A restatement and some possible extensions[J]. Journal of International Business Studies, 1988, 19(1): 1-31.

[15] Hayek F A. The use of knowledge in society[J]. American Economic Review, 1945, 35(4): 519-530.

[16] Hitt M A, Hoskisson R E, Ireland R D. Mergers and acquisitions and managerial commitment to innovation in M-form firms[J]. Strategic Management Journal, 1991, 12(S1): 29-47.

[17] Jensen M C. Agency costs of free cash flow, corporate finance, and takeovers[J]. American Economic Review, 1986, 76(2): 323-329.

[18] Jensen M C, Meckling W H. Specific and general knowledge, and organizational structure[J]. Journal of Applied Corporate Finance, 1995, 8(2): 4-18.

[19] Kim E H, Singal V. Mergers and market power: Evidence from the airline industry[J]. American Economic Review, 1993, 83(3): 549-569.

[20] Li H, Chen Z, Liu Y. Smart manufacturing in the automotive industry: Impact on new entrants and incumbent firms[J]. Industrial Management & Data Systems, 2020, 120(5): 899-914.

[21] Mandel N, Petrova P, Calantone R. Digital marketing strategies for rapid brand building[J]. Journal of Marketing Management, 2018, 34(9-10): 780-795.

[22] Mueller D C. A theory of conglomerate mergers[J]. Quarterly Journal of Economics, 1969, 83(1): 643-659.

- [23] Porter M E. Competitive strategy: Techniques for analyzing industries and competitors[M]. New York: Free Press, 1980.
- [24] Scherer F M. Industrial market structure and economic performance[M]. Boston: Houghton Mifflin, 1980.
- [25] Sloan A P. My years with General Motors[M]. Garden City, New York: Doubleday, 1963.
- [26] Stigler G J. Monopoly and oligopoly by merger[J]. American Economic Review, 1950, 40(2): 23-34.
- [27] Williamson O E. Markets and hierarchies: Analysis and antitrust implications[M]. New York: Free Press, 1975.

附件　　通用汽车 1904—1925 年主要并购目标

年份	收购目标
1904	别克汽车公司
1908	奥尔兹汽车公司
1908	冠军点火公司（AC 火花塞公司）
1909	福特汽车公司（曾尝试并购）
1909	凯迪拉克汽车公司
1909	奥克兰汽车公司
1910	萨吉诺转向器公司（杰克逊、丘奇和威尔逊公司）
1910—1911	诺斯威汽车与制造公司
1917	西夫-格里普萨姆森拖拉机公司
1918	雪佛兰汽车公司
1918	麦克劳克林汽车公司
1919	费希尔车身公司
1919	阿莱金融公司（通用汽车金融公司）
1919	雪铁龙汽车公司（曾尝试并购）
1919	奥斯汀汽车公司（曾尝试并购）
1920—1925	沃克斯豪尔汽车公司

4.2 数智化与并购角色的转变：从"连横"到"合纵"

一、问题的提出

谷歌成立于 1998 年，最初是一家搜索引擎公司。公司英文名为 Google，2015 年，公司更名为 Alphabet，业务范围从搜索引擎拓展到多个领域，如生物技术、物联网、光纤宽带、无人驾驶汽车等。从创业到成为互联网引擎行业的垄断性企业，谷歌没有并购过同类型的企业；从互联网搜索引擎到业务覆盖生物技术、物联网、无人驾驶等多个新兴领域的集团型企业，谷歌一路实行并购。附件一是 2001 年至 2024 年 6 月谷歌全部并购一览表。

谷歌的这种发展模式，在互联网时代，并非绝无仅有。亚马逊、Meta 都是通过并购不断拓展业务范围才发展成领先的企业。在数智化时代，并购在企业发展中的角色已经发生改变，企业对并购的诉求或动因也在产生新的变化。我们以谷歌的并购为例，期望能够为数智化时代互联网平台企业发展与并购逻辑的演变，提供一个相对具体的示例与启示。

二、谷歌：一路并购成长的互联网巨头

（一）关于谷歌

谷歌是一家美国跨国公司和技术公司，专注于在线广告、搜索引擎技术、云计算、计算机软件、量子计算、电子商务、消费电子产品和人工智能等业务。由于谷歌在 AI 领域的市场主导地位、数据收集能力和技术优势，Google 是世界上最有价值的品牌之一。Google 的母公司 Alphabet 是五大科技公司之一，与 Amazon、Apple、Meta 和 Microsoft 齐名[1]。

Google 于 1998 年 9 月 4 日由美国计算机科学家 Larry Page 和 Sergey Brin 创立，当时他们还是加利福尼亚州斯坦福大学的博士生。Google 创立后，很快成为全球最大的搜索引擎公司，并引发一场搜索引擎的商业竞赛。2004 年 8 月 19 日，Google 在纳斯达克上市。2015 年，Google 更名为 Alphabet，并对公司业务进行重组，其中，Google[2] 成为 Alphabet

---

[1] 在 Google 重组并更名为 Alphabet 前，Meta 原来的名字叫 Facebook，上述 5 家公司被称为 AAFGM 组合，即 Amazon、Apple、Facebook、Google、Microsoft。

[2] （行文中，除非特别指明，否则，用谷歌来指代 2015 年之前的 Google 公司和 2015 年 Alphabet 公司，Google 则指公司的搜索引擎业务等）。

的全资子公司。1998年,谷歌创立时,搜索引擎几乎是公司唯一的业务。目前,谷歌的业务范围已经拓展到多个领域。

根据谷歌年报,谷歌业务分为两类:Google业务和增长业务(Other Bets,所有非Google业务的统称)。Google业务又分为谷歌服务(Google Services)、谷歌云(Google Cloud)两个部分。谷歌服务的核心产品和平台包括:广告(ads)、安卓操作系统(Android)、浏览器(Chrome)、地图(Google Maps)、照片(Google Photos)、谷歌商店(Google Play)、搜索引擎(Google Search)、视频网站(YouTube)和设备(Devices)等。谷歌云,即谷歌云平台、谷歌工作空间(Google Cloud Platform、Google Workspace),谷歌云提供基础设施和平台服务、协作工具,以及面向企业客户的其他服务,这些服务提供网络安全、数据库、分析和AI产品(AI基础设施和生成式AI解决方案)等解决方案。核心产品和平台包括:AI基础设施(Cloud TPUs、GPUs)、生成式AI解决方案(Vertex AI、Gemini for Google Cloud和Gemini for Workspace)、邮箱(Gmail)、文档(Google Docs)、云储存(Google Drive)、日历(Google Calendar)等。增长业务是多个经营业务的组合,包括:GFiber(高速互联网服务提供商)、Calico(专注于衰老和相关疾病的研究)、X(发明和推出为了让世界变得更加美好的颠覆性技术——如同美国1962年"登月"那样的突破)、X包括:Verily(生命科学研究与开发)、Waymo(自动驾驶汽车技术和服务)、Wing(无人机送货服务)等。此外,谷歌还有一组与投资、并购相关的业务部门,如CapitalG(私募股权投资基金)、GV(风险投资基金)等。

谷歌公司最初是一个搜索引擎公司,它在短时间内发展成一个业务横跨多个领域的综合性、多元化大公司。其中,收购是关键要素。那么谷歌如何通过并购逐步拓展公司业务范围,从搜索引擎公司发展成一个业务多元的公司?

(二) 谷歌的并购

据不完全统计,谷歌从2001年2月收购新闻类公司DejaNews,到2024年6月收购虚拟应用程序Cameyo,谷歌在24年里完成了260项收购,平均每年超过10项并购。其中,我们很熟悉的应用,如YouTube、Android、Alphago等,都是收购的结果。附件一是谷歌收购的全部260家公司的相关信息。

谷歌这260起并购并没有全部公布金额。所有并购公布的金额中,最低的是2010年收购Quiksee和2014年收购Dark Blue Labs & Vision Factory的1 000万美元,最高的是2012年对Motorola Mobility的收购,总计125亿美元,收购两年后谷歌以29亿美元的价格将其出售。谷歌目前仍持有的最大收购是网络安全公司Mandiant,该公司于2022年以54亿美元被谷歌收购。谷歌金额最高的收购事件见表4.2-1。

表4.2-1　　　　　　　　谷歌金额最高的收购事件列表

被收购公司名	收购时间	主要业务类型	金额	并购后是否被卖出
Motorola Mobility	2011年	移动设备	125亿美元	是

（续表）

被收购公司名	收购时间	主要业务类型	金额	并购后是否被卖出
Mandiant	2022 年	网络安全	54 亿美元	否
Nest Labs	2014 年	家庭自动化	32 亿美元	否
DoubleClick	2007 年	广告	31 亿美元	否
Looker	2019 年	大数据分析	26 亿美元	否
Fitbit	2021 年	可穿戴设备	21 亿美元	否
YouTube	2006 年	视频	16.5 亿美元	否
HTC—Pixel 智能手机部门	2017 年	手机	11 亿美元	否
Raxium	2022 年	AR 硬件	10 亿美元	否
Waze	2013 年	GPS 导航软件	9.66 亿美元	否

数据来源：依据 wiki Google 词条提供的资料整理。

与动辄上百亿美元，甚至高达千亿美元（TimeWarner 并购 AOL、Vodafone 收购曼内斯曼）的并购相比，谷歌的并购总体特征如下：频次多、金额不高，且很多都是对谷歌原有搜索引擎业务的互补，如搜索引擎最初的商业模式就是广告，因此，在这 260 起并购事件中，与广告相关的收购包括：Sprinks、AdMob、Teracent、Autofuss、Adometry、mDialog、Red Hot Labs、DoubleClick、Admeld、Applied Semantics、dMarc Broadcasting、Invite Media、Adscape；谷歌最初的搜索界面以电脑端、文字为主，2006 年收购 YouTube 后，谷歌直接拓展了视频端，之后，图片、移动端等也都是通过一些并购达成的（Tenor、Android）。

斯蒂格勒（1983）在评价美国工业革命时期企业发展模式时曾提道："没有一个美国大公司不是通过某种程度、某种方式的兼并而成长起来的，几乎没有一家大公司主要是靠内部积累成长起来的。"斯蒂格勒时代的公司并购，特别是能形成行业里领先企业的并购，很多是同类、同业并购，如美国钢铁公司。美国钢铁公司是由当时的金融大王 JP 摩根于 1901 年创立，他先是以创纪录的 4.8 亿美元的价格收购了卡耐基钢铁公司——占当时美国钢铁总产量近 1/3，之后又陆续收购了联邦钢铁、国家钢铁公司，以及几家规模相对小一点的公司，如美国桥梁公司、美国钢板公司、美国钢箍公司、美国钢＆线公司、美国锡板公司、苏必利尔湖联合铁矿和国家钢管公司等，美国钢铁公司成为人类历史上第一个资产规模超过 10 亿美元的公司。1901 年收购完成后，美国钢铁公司的钢产量占美国市场 2/3。同样，通用汽车先后收购了 Buick、Oldsmobile、Cadillac、Oakland、Reliance、Elmore、Welch、Cartercar、McLaughlin、Chevrolet 等公司后，规模达到第一。

谷歌的收购是如何促进谷歌公司成长的？或者说，在谷歌公司发展过程中，收购发挥什么作用？

三、谷歌收购:特征描述

我们对并购进行分析后发现[1],在数智化时代,套利性并购的存在,让很多并购都是为"卖"而"买",如 KKR 在取得 RJR Nabisco 的控制权后,"零敲碎卖"地将 RJR Nabisco 的资产陆续拆分、变卖;高瓴资本在收购百丽国际后,将百丽国际拆分成滔博国际和百丽时尚,并按计划单独上市。谷歌收购的 260 家公司中只有 4 家公司最后被卖出,其余 256 家公司都被有机地融入谷歌的大体系,谷歌的定位从最初的一家搜索引擎公司逐步转向一个多元化的公司,不仅拓宽了搜索引擎的范围,而且推动了谷歌业务拓展至自动驾驶等 AI 应用、生物与健康产业等。

被谷歌收购后又卖掉的公司如下:Motorola Mobility、Zagat(餐厅评论)、Boston Dynamics(机器人公司)、Skybox Imaging(卫星公司)。其余 256 家公司被保留,逐步整合后形成了目前几乎涵盖未来人类生活主要方面的综合性集团公司,这也是谷歌公司于 2015 年将公司的名字从 Google 变更为 Alphabet 的内在逻辑:Alphabet 的意思是字母表,它是英文文字的基础。谷歌将公司命名为 Alphabet,旨在成为未来人们生活中不可或缺的一部分。

2004 年谷歌在纳斯达克上市时,它的联合创始人在致股东的一封信中说过,谷歌不传统,也不循传统[2]。因此,谷歌上市后,不断通过并购,拓展业务范围。目前,谷歌的业务大致分为以下四组:

谷歌服务:这是 Alphabet 的传统、核心业务。这部分以谷歌搜索引擎为主线,微软搜索引擎搭建系列业务平台,包括:广告、谷歌云、移动端的安卓系统服务、视频平台、谷歌地图、谷歌商店等。这部分也是谷歌收入的主要来源。

潜在增长业务:风险投资与实验性项目[3],代表性项目如下:智能驾驶(Waymo)、生物技术与抗衰老研究(Calico)、无人机项目(Wing)、高速无线传输技术(Fibre)等。

谷歌硬件:这部分是谷歌将软件、系统服务落地的部分,研究、设计、制造关联周边的硬件产品,如智能手机(Pixel)、智能家居(Nest)、笔记本电脑等运行谷歌 Chrome OS 的硬件、增强现实设施(Google Glass)等。

投资与资本管理:作为谷歌并购发展的基础,Alphabet 以风险资本等方式,瞄准不同领域的初创企业,通过投资等方式取得各企业的部分权益,推动谷歌快速发展。

在上述四大类业务中,除了谷歌搜索引擎、谷歌的投资工具或投资平台 Google G、

---

[1] 这里采用的是 Copilot,Copilot 会提供信息来源,可靠性高。
[2] 原文:"Google is not a conventional company. We do not intend to become one"。
[3] 值得关注的是,谷歌自己将这部分业务称为"Other Bets"。字面直译是"其他赌注",常规的翻译是"其他业务",我们选择将其译为"增长业务",具体指谷歌在原有搜索引擎核心业务外培育的新业务,未来能够成为谷歌的核心业务。典型的有智能驾驶、人工智能、生物医药等。

Google X,几乎所有业务或绝大部分业务扩张,都是通过并购达成的。企业通过并购完成业务的多元化扩张,谷歌是数智化时代典型的代表企业。

谷歌的 260 起并购事件,除了上述最后被卖掉的 4 家公司,256 家公司大致可以按照上述方式归入前 3 个类别。基于有限的公开资料,我们对 256 家被并购公司的具体业务及其之后具体纳入谷歌的哪个分支部门、体现为当下谷歌的哪一类型业务,作出相对粗略的归类。附表二是谷歌并购的公司的业务大致归类。

根据我们检索所得,谷歌公开披露收购金额的有 63 家,金额最低的两起并购都是 1 000 万美元。按照上市公司重大性要求等推测,我们认为:在 260 起并购事件中,除了上述 63 起并购事件,其余 197 起并购事件的对价低于 1 000 万美元。与动辄就是百亿美元、世纪并购的市场相比,谷歌的绝大部分并购事件都是"小打小闹":超过 75% 的并购都是低于 1 000 万美元。在高于 1 000 万美元的并购事件中,一亿美元以上的共 36 家,其余 27 起并购金额都在一亿美元以下。并购金额超过百亿美元的,只有 Motorola Mobility 一家,包括 Motorola Mobility 在内,金额超过 10 亿美元的,总共只有 9 家。

我们按照公司成立到并购的时间将其进行分组。公司从创立到并购的时间长短,反映了是初创企业、快速发展企业还是相对成熟企业。对于初创企业判断,没有统一且公认的标准,这里取 3 年,从创立到被并购的时间短于 3 年,则属于初创公司;高于 6 年属于相对成熟企业;低于 6 年但高于 3 年的,属于快速发展中的企业。按照这一标准,在 260 起并购事件中,有 120 起被并购公司的历史短于 3 年,也就是说,约 46% 的并购对象是初创企业;公司历史超过 6 年、处于相对成熟状态的企业有 63 家,占全部并购事件的 24%,略低于 1/4;其余 74 家并购对象是快速发展企业(有 3 家未查到数据)。谷歌通过锁定、购入初创企业,能够以较低成本迅速跟进前沿技术,从而保持行业内的竞争领先地位。谷歌从 2004 年上市时的年销售收入 31.89 亿美元、2004 年 IPO 当天收盘市值 270 亿美元,发展成 2024 年销售收入 3 500 亿美元、年末市值 23 172 亿美元。

谷歌收购的整体逻辑如下:通过收购市场上出现的各种与自身业务存在结合点的新技术公司,逐步完善已有的产品线,并增强其市场统治力,如收购 Orion、Metaweb 等搜索技术初创公司,让谷歌原有的搜索引擎更加强大;收购 DoubleClick、Adscape 等广告相关公司,让谷歌搜索的商业化可以落地;或者借助并购,拓展新的业务,如收购 YouTube、Android 等一系列相关公司,让谷歌搜索业务拓展到视频、移动终端等;收购 Nest,谷歌进入家用智能设施领域;收购 Fitbit 等,谷歌进入智能穿戴设备领域。

表 1 中的并购标的,都不是 Google 的电脑桌面端搜索引擎业务同类。这与早期钢铁业或汽车制造业通过并购行业竞争对手、扩大规模的并购逻辑存在根本性差异。在数智化时代,企业并购的逻辑发生了改变。

四、谷歌并购：代表性案例

谷歌从单一搜索引擎业务公司发展成一个综合性公司，很多新型业务的产生，都具有代表性，甚至是革命性的意义。

（一）收购 YouTube 后进入视频平台业务

YouTube 是一个在线视频分享平台，由 3 名 PayPal 前雇员 Steve Chen、Chad Hurley 和 Jawed Karim 于 2005 年 2 月 14 日创立。YouTube 的第一段视频上传于 2005 年 4 月 23 日，视频名为"我在动物园"，展示了联合创始人 Jawed Karim 在圣地亚哥动物园的情景。2005 年 4 月，YouTube.com 推出测试版服务，在短短几个月的时间里，每天的浏览量就达到 3 万左右。8 个月后，该网站的日访问量超过了 200 万次。2006 年 7 月，YouTube 宣布每天上传的新视频超过 65 000 个，网站每天的视频浏览量达 1 亿次。根据 Nielsen/NetRatings 的数据，该网站的月平均访问量接近 2 000 万次。2006 年 10 月，谷歌以换股方式收购了 YouTube，收购价为 16.5 亿美元。这是谷歌自创立以来金额最高的一笔收购[1]。

谷歌最初业务是电脑桌面搜索，主要针对的是文本或文字搜索。根据相关资料，2005 年，谷歌也意识到需要关注视频，它创建了视频网站 Google Videos。因为 YouTube 拥有更多的社交功能和极受欢迎的影视剪辑，所以 Google Videos 未能像 YouTube 那样迅速流行起来。在被收购时，YouTube 是全球增长最快的网站之一，其高管清楚地了解用户希望从视频网站获得什么。正如谚语所说：打不败，就收购[2]。因此，2006 年，谷歌以 16.5 亿美元的价格收购了 YouTube。

收购 YouTube 给 Google 带来的协同效应较多，包括以下方面：

——占据视频内容的主导地位：通过收购 YouTube，谷歌填补了自身视频网站的空白，站在了这一新兴趋势的前沿，预见了传统媒体向网络视频消费的转变。这也是谷歌在发展中的一种最基础的哲学或逻辑：创新与发展。谷歌不仅在 Google 搜索领域不断创新、推出新功能，吸引更多内容创作者，从而将自己打造为在线视频的首选平台，让公司总是处于行业发展的前沿，而且通过不断创新，推动公司的发展，让公司保持持续的创新与发展的轨迹。

——广告收入潜力：谷歌的主要收入来源是广告，YouTube 则为数字广告提供了一条利润丰厚的新渠道。凭借数以百万计的用户和不断增长的档案，YouTube 为有针对性的

---

[1] 与后文讨论的我国互联网平台企业并购（滴滴收购快的、优酷收购土豆）等不同，谷歌收购 YouTube 后，仍然将 YouTube 作为视频平台独立运行，类似的还有安卓、Nest 等。收购后，谷歌没有采用单一品牌策略，而是保留原品牌不变。这背后的逻辑，同样值得关注。

[2] 英文谚语是：打不过，就加入（If You Can't Beat Them, Join Them）。这里是改用。类似的改用，因为场景的不同而变化。

广告提供了一个完美的平台,与 Google 基于广告的收入模式完美契合。

——与谷歌生态系统整合:拥有 YouTube 使 Google 能够将视频内容整合到其他服务中,如搜索引擎和 Google Ads。这种整合增强了用户体验,并为 Google 提供了更多数据来完善其广告和服务。

谷歌收购 YouTube 后,YouTube 作为一个独立的平台运行,发展迅速。简单来看,其发展主要经历了以下两个阶段:

——2006—2017 年:快速发展阶段。这一阶段,不仅是 YouTube 快速发展阶段,而且是全球范围内视频平台业务大发展阶段,视频平台还分拆出短视频,如抖音、快手和参与互动平台 Bilibili 等。YouTube 这一阶段的核心事件如下:2007 年,YouTube 启动合作伙伴项目(Partner Program),允许创作者通过往视频中插入广告赚钱,这丰富了 YouTube 商业变现渠道。2011 年 4 月,YouTube 推出 YouTube Live,开始直播各种各样的内容,从音乐会和皇室婚礼到新闻报道和奥运会。2012 年 12 月,YouTube 上的单个视频的点击量首次达到 10 亿次(江南 Style)。2013 年 3 月,YouTube 每月独立访问用户量达到 10 亿。2015 年 11 月,YouTube Red 上线,这项订阅服务提供无广告的 YouTube 内容访问。

——2017 年至今:内容监管及平稳发展阶段。互联网是一个新生事物,绝大部分新生事物在最初的发展阶段,政府管制近乎空白。在发展过程中,因为各种事件、诉讼等,引发程度越来越高的政府监管。视频网站监管的核心点是内容监管。YouTube 持续作出改变。2018 年 YouTube Red 变成为 YouTube Premium。2020 年 1 月,YouTube 要求视频制作者必须标注视频是否为面向儿童制作,2020 年 9 月 14 日,YouTube 推出 YouTube Shorts,为短视频提供新的平台。根据 Semrush 的数据,截至 2024 年 10 月,YouTube 是全球访问量第二大的网站,仅次于 Google 搜索。2024 年 1 月,YouTube 每月活跃用户量超过 27 亿,他们每天总共观看超过 10 亿小时的视频。YouTube 上的视频类别包括:音乐视频、视频剪辑、新闻、短片和故事片以及纪录片等。大多数内容都是由个人制作的,其中包括 YouTuber 和企业赞助商之间的合作视频。知名媒体、新闻和娱乐公司也创建并扩大了其在 YouTube 频道的知名度来吸引更多观众。如今 YouTube 具有前所未有的社会影响,影响了流行文化和互联网趋势,并让众多"普通人"成为身价千万的名人[1]。

(二)收购 Android 后扩张至移动互联网

根据公开资料,2005 年 8 月 17 日,谷歌收购 Android 的对价为 5 000 万美元。这项并购成就了日后与苹果手机系统同台竞争的安卓系统,一定意义上也成就了谷歌在移动端的存在性与竞争地位。

Android Inc. 公司成立于 2003 年 10 月,由 Andy Rubin、Rich Miner、Nick Sears 和 Chris White 等联合创立,其中,Andy Rubin 被外界关注较多,他曾在 MSN 和苹果等公司工作过。据报道,Rubin 在苹果公司获得了"Android"的绰号,他的同事发现了他对机器人

---

[1] 我国读者非常熟悉的李子柒,就是在 YouTube 平台上被广泛接受的。

的痴迷。该公司最初的想法是开发一款数码相机操作系统,但因为2002年Nokia推出第一款拍照手机Nokia 7650后,拍照手机型号增多,数码相机市场,尤其是卡片式数码相机市场渐趋萎缩,所以Rubin和团队决定改变方向,为移动设备开发一款开源操作系统。

在早期发展过程中,由于缺少稳定的现金来源,Rubin寻求手机厂商的收购,与韩国三星、中国台湾地区的HTC等接触后都未达成交易。在与谷歌进行多轮接触后,2005年7月,谷歌花费了约5 000万美元收购了Android。Page和Brin预计移动操作系统将大大扩展谷歌的核心搜索和广告业务,使其远远超出当时的PC平台,这就是他们收购Android的原因。2005年8月,谷歌收购Android的消息才被公开。

或许是因为收购Android,所以谷歌重视手机操作系统?或许是因为谷歌重视手机操作系统,所以收购了Android?究竟是何种原因驱动,我们无法给出具体推测。从谷歌收购YouTube重视视频搜索的策略推测,谷歌当时应该是不希望错过任何一个未来可能的平台。收购Android后谷歌更加重视移动端。2008年8月9日,Rubin在谷歌官方博客中发布了"手机的未来"一文,详细介绍了谷歌为什么要致力于手机系统的研发。"手机的未来"一文见附件三。从这篇博客文章也可以看出,谷歌对移动端的关注度与重视度非常高[1]。

收购Android后,谷歌顺利地进入移动设备操作系统领域。2007年苹果推出iPhone后,移动设备终端的使用量、应用场景快速提升。例如,2006年,我国网民总数约为1.23亿人;2010年,这一数字上升至4.57亿人,其中,手机网民数为3.03亿人[2]。换言之,如果谷歌没有进入移动设备操作系统,那么,谷歌极有可能像Yahoo一样,被飞速发展的互联网时代所淘汰。

谷歌收购Android后顺势进入手机操作系统领域,完成了谷歌用户的全部画像。经过持续开发,2007年11月5日,Android 1.0 beta测试版本发布,2008年9月,谷歌在T-Mobile G1/HTC Dream上发布了Android的第一个公开版本。经过多轮持续更新、迭代后,Android逐步成为全球最受欢迎的智能手机操作系统之一。谷歌在2021年5月宣布每月活跃的Android设备数量超过30亿个。除了智能手机,Android还被用于智能手表、平板电脑、智能电视和其他设备。谷歌利用Android操作系统巩固对移动生态系统的控制。根据Statista的最新估计,截至2024年第二季度,Android占据了所有移动设备的71.65%。

谷歌收购Android后带来的战略效应是多维的。按照我们的理解所及,效应有以下

---

[1] 有趣的是,苹果公司于2007年1月9日发布苹果手机,并于2007年6月29日在美国正式发布第1代苹果手机。之后,乔布斯在多个场合曾经批判谷歌抄袭苹果、推出开源的Android系统,并暗示谷歌的CEO Eric Schmidt存在不当行为,Schmidt当时担任苹果的独立董事。如果从时间节点看,2005年7月,谷歌正式购入Android系统;2006年8月,Schmidt受邀担任苹果的独立董事。乔布斯的这一批评,时间依据不是很充分。正是由于乔布斯的这一批评,一定程度上改变了之后美国上市公司董事会的结构,现任董事长、CEO担任同行业公司独立董事的比例在下降;越来越多的上市公司倾向于选择退休后、自己设立一个咨询公司的CEO担任独立董事。当然,这也是我们的一个猜测,是否能够成立,有待进一步的严谨的检验。

[2] 数据来源:第18次中国互联网发展状况统计报告、第27次中国互联网发展状况统计报告,CNNIC。

三点：

第一，为 Google 生态系统带来数十亿新用户。Android 会自然而然地吸引用户使用 Google 的许多其他服务，如 Google 搜索、YouTube 和 Gmail，基本上所有 Android 智能手机（除了中国市场）都预装了这些 Google 应用。

第二，使得 Google Play 和移动支付市场成为可能。Play Store 是谷歌最大、最直接的源于 Android 的收入部分。它预装在每部 Android 智能手机和平板电脑上（中国市场除外）。谷歌会对通过 Play Store 进行的交易收取服务费（Service Fee）——最多高达 30%[1]。每次使用者在 Play Store 上购买应用或游戏时，总金额都会在谷歌和开发者之间进行分成，以作为托管应用程序并向用户提供服务的交换。虽然这听起来可能不多，但考虑到目前使用的安卓设备已超过 10 亿台，这笔钱很快就会累积起来。不过，由于运营支出和其他因素，实际利润远低于 15% 或 30%。除了一次性应用销售，该公司还从应用内购买和订阅中抽成。后者包括 Netflix 和 Amazon Prime 等第三方服务，它们都通过 Play Store 账单向 Google 支付促进交易的费用。即使是免费应用也可以作为间接收入来源，其中许多应用依赖 Google 服务进行应用内广告和分析。

第三，利用 Android 系统，谷歌能够跟踪手机用户、获取相关信息，并建立更好的广告定位。与桌面搜索相比，移动广告为 Google 带来的收益可能更少，因为移动广告的屏幕面积有限，所以有可能出现意外点击。不过，移动使用率每年都在增加，即使每次广告点击只有几美分，也能为公司带来巨额的收益和宝贵的数据。此外，希望加入 Play Store 的制造商必须签署 Google 移动应用分销协议（MADA）。该协议还要求硬件制造商捆绑上述谷歌应用程序和谷歌移动服务（GMS）框架。后者会在用户设置 Android 设备时提示用户登录 Google 账户。这反过来又允许 Google 在其他平台上分析用户活动和提供个性化广告。

在谷歌的 260 起并购事件中，类似于 YouTube 和 Android 这样的、给公司经营带来重大影响与改变的事件还有多起，附件二中列示了部分并购事件对谷歌公司业务的影响。

五、讨论与评论：从"连横"到"合纵"

谷歌创立初期只是一家搜索引擎公司，发展至今，谷歌已经成为一个综合性、多元化技术创新公司。推动谷歌从单一搜索引擎到综合性公司转变的重要方式之一就是并购。

---

[1] 收费应用或提供数字商品的开发者需要缴纳服务费，这仅占开发者总数的 3%，其他 97% 的开发者不需要。在那些需要缴纳服务费的开发者中，99% 的人可以通过参与 Google Play 提供的不同计划享受 15% 或更低的费用。具体来说，一是对于加入 15% 服务费等级计划的开发者来说，开发者每年赚取的前 100 万美元收入的服务费比例是 15%，开发者每年赚取的超过 100 万美元的部分是 30%。二是订阅的服务费比例。对于被自动续订的产品收取的比例是 15%，无论开发者每年获得多少收入。三是其他交易。对于符合 Play Media Experience Program 等计划的开发者服务费收取的比例是 15% 或更低。此外，在与韩国或印度用户进行交易时，除了 Google Play 结算系统，还提供替代结算系统的开发者，使用替代结算系统进行此类交易的服务费等于通过 Google Play 结算系统进行交易的服务费减去 4%。

传统的并购更多地是看中标的公司的实体资源,如品牌、技术、许可证等,标的公司被市场低估,主要原因是标的公司管理层不被市场认可。因此,通过市场化并购,取得标的公司控制权;对标的公司进行重组,提升标的公司的市场价值。这也是并购市场作为公司治理机制存在的底层逻辑(Manne,1965;Jensen 和 Ruback,1983)。或者说,并购是一种"强强联合",如美国钢铁公司、滴滴收购快的等。借用合纵连横的术语,这里将这种同类、强强联合的合并称为"连横"。

谷歌的并购不同,在 260 起并购事件中,将近 200 起收购价格低于 1 000 万美元,且约一半的标的公司成立时间不足 3 年,属于小型、初创企业。同时,谷歌并购的对象大都融入公司运营,只有 4 家被出售。谷歌的并购,在美国市场上被称为"雇佣式并购",并为此创造了一个新英文单词:Acquihire。Acquire 与 Hire 的组合词,是指为了雇佣标的公司的核心团队而收购该公司,我们尝试将其翻译为"收雇"。"收雇"一词最早的出处,目前暂不可考[1]。因为标的公司核心高管或关键人员的价值而收购该公司,在商业实践中并不罕见。例如,2004 年,摩根大通银行在多次挖人(时任 Bank One 银行 CEO 的 James Dimon)未果后,将第一银行(Bank One)购入,James Dimon 任首席运营官,2005 年任首席执行官[2]。

谷歌大量的收雇对象,都是处于创业期的小企业,合并后融入谷歌原有的架构体系,公司不是单纯横向、规模上的扩张。我们将这种形式的并购,称为"合纵":联合众多小规模企业,组成相对强大的组织。通过合纵式并购,特别是雇佣式并购,谷歌发展迅速,并从一个搜索引擎企业,发展成销售收入和市值都处于美国资本市场顶级公司行列的企业。

谷歌的"合纵"式并购是数智化时代并购逻辑改变的一种象征。在数智化时代,知识更新迭代速率加快,同时,人力资本的重要性与日俱增,资源联合效应或协同效应,从传统工业化时代关注公司或商业的物的属性,转向关注创业企业家和关键人员的智力资本。谷歌收购 Android 公司后,其核心创业者 Rubin 一直担任该业务的负责人;谷歌收购 Deep Mind 公司,其创始人哈萨比斯(Hassabis)一直在谷歌公司负责该分部业务,Alphago 战胜了包括柯洁在内的人类顶级围棋选手,直接引发了人工智能研究与开发的热度。

在数智化时代,并购的逻辑发生改变。通过并购小规模、初创企业,并留住核心创业的关键人员,从而推动公司业务整合、发展,是包括谷歌在内的科技企业并购的新特征。这种改变给并购理论研究同样带来新的问题与挑战,这需要学术界整理、提炼后,提出数智化时代的并购理论。

(卢乐莹　刘　峰)

---

[1] 互联网上的各种检索,都指向 2000 年前后。https://www.visualthesaurus.com/cm/wordroutes/buzzword-watch-acq-hire/。

[2] 我们查阅了大量资料后得出这一推论。尚未找到学术文献支持这一说法。

参考文献

[1] 陈亚雯. 试论跨国公司并购的特征与发展战略[J]. 经济问题探索, 2003(8): 86-88.

[2] 杨丹辉. 第五次并购浪潮的回顾: 特征、成因与影响[J]. 世界经济研究, 2004(4): 18-23.

[3] Coyle J F, Polsky G. D. Acqui-Hiring[J]. Duke Law Journal, 2013, 63(2): 281-346.

[4] Erel I, Liao R C, Weisbach M S. Determinants of Cross-Border Mergers and Acquisitions[J]. The Journal of Finance, 2012(67): 1045-1082.

[5] Graebner M E, Heimeriks K H, Huy Q N, Vaara E. The Process of Postmerger Integration: A Review and Agenda for Future Research[J]. The Academy of Management Annals, 2017(11): 1-32.

[6] Jensen M C, Ruback R S. The Market for Corporate Control: The Scientific Evidence[J]. Journal of Financial Economics. 1983, 11(1-4): 5-50.

[7] Manne H G. Mergers and the Market for Corporate Control[J]. Journal of Political Economy, 1965, 73(2): 110-120.

[8] Stigler G J. "The Organization of Industry"[D]. Chicago: University of Chicago Press, 1983.

附件一　2001—2024 年 6 月谷歌并购的 260 家公司一览表

被并购公司名	业务	所处国家或地区	并购金额（美元）	成立时间	并购时间
DejaNews	新闻	美国	—	1995 年 3 月	2001 年 2 月 12 日
Outride	搜索引擎	美国	—	2012 年	2001 年 9 月 20 日
Pyra Labs	博客	美国	—	1999 年 1 月 1 日	2003 年 2 月
Neotonic Software	客户关系管理	美国	—	2001 年	2003 年 4 月
Applied Semantics	广告	美国	102 000 000	1998 年	2003 年 4 月
Kaltix	搜索引擎	美国	—	2003 年 6 月 16 日	2003 年 9 月 30 日
Sprinks	广告	美国	—	2002 年	2003 年 10 月
Genius Labs	博客	美国	—	2013 年	2003 年 10 月
Ignite Logic	HTML 编辑器	美国	—	2003 年 1 月	2004 年 5 月 10 日
Picasa	图片管理器	美国	—	2002 年 10 月 15 日	2004 年 7 月 13 日
ZipDash	交通分析	美国	—	2003 年	2004 年 9 月
Where2	地图	澳大利亚	—	2003 年	2004 年 10 月
Keyhole	地图	美国	—	2001 年	2004 年 10 月 27 日
Urchin Software Corporation	网络分析	美国	—	1995 年 12 月	2005 年 3 月 28 日
Dodgeball	社交网络服务	美国	—	2000 年	2005 年 5 月 12 日

(续表)

被并购公司名	业务	所处国家或地区	并购金额（美元）	成立时间	并购时间
Akwan Information Technologies	搜索引擎	巴西	—	2000 年	2005 年 7 月 19 日
Reqwireless	移动浏览器	加拿大	—	2001 年	2005 年 7 月
Android	移动操作系统	美国	50 000 000	2003 年 10 月	2005 年 8 月 17 日
Skia	图形库	美国		2004 年	2005 年 11 月
Phatbits	软件开发	美国		2004 年	2005 年 12 月 27 日
allPAY	软件	德国		2022 年	2005 年 12 月 31 日
bruNET	软件	德国			2005 年 12 月 31 日
dMarc Broadcasting	广告	美国	102 000 000	2002 年	2006 年 1 月 17 日
Measure Map	博客	美国	—	2005 年	2006 年 2 月 14 日
Upstartle	文字处理器	美国		2004 年	2006 年 3 月 9 日
@Last Software	3D 建模软件	美国		1999 年	2006 年 3 月 14 日
Orion	搜索引擎	澳大利亚		2003 年	2006 年 4 月 9 日
2Web Technologies	在线电子表格	美国		2003 年	2006 年 6 月 1 日
Neven Vision Germany	计算机视觉	德国		2003 年	2006 年 8 月 15 日
YouTube	视频分享平台	美国	1 650 000 000	2005 年 2 月 14 日	2006 年 10 月 9 日
JotSpot	Web 应用程序	美国		2004 年	2006 年 10 月 31 日
Endoxon	地图	瑞士	28 000 000	1988 年	2006 年 12 月 18 日
Adscape	广告	美国	23 000 000	2002 年	2007 年 2 月 16 日
Trendalyzer	统计软件	瑞典	—	2005 年 2 月 25 日	2007 年 3 月 16 日
Crusix	社交网络服务	美国			2007 年 5 月 28 日
Tonic Systems	演示程序	美国		1999 年	2007 年 4 月 17 日
Marratech	视频会议	瑞典	15 000 000	1998 年	2007 年 4 月 19 日
DoubleClick	广告	美国	3 100 000 000	1996 年	2007 年 4 月 13 日
GreenBorder	计算机安全	美国		2001 年	2007 年 5 月 11 日
Panoramio	照片分享	西班牙		2005 年 10 月 3 日	2007 年 6 月 1 日
FeedBurner	网络订阅	美国	100 000 000	2004 年 2 月 29 日	2007 年 6 月 3 日
PeakStream	并行处理	美国		2005 年	2007 年 6 月 5 日
Zenter	演示程序	美国		2007 年	2007 年 6 月 19 日

（续表）

被并购公司名	业务	所处国家或地区	并购金额（美元）	成立时间	并购时间
GrandCentral	IP 语音	美国	45 000 000	2005 年	2007 年 7 月 2 日
ImageAmerica	航空摄影	美国	—	1990 年	2007 年 7 月 20 日
Postini	通信安全	美国	625 000 000	1999 年	2007 年 7 月 9 日
Zingku	社交网络服务	美国	—	2005 年	2007 年 9 月 27 日
Jaiku	微博	芬兰	—	2006 年	2007 年 10 月 9 日
Omnisio	在线视频	美国	15 000 000	2007 年	2008 年 7 月 30 日
TNC	博客	韩国	—	2004 年	2008 年 9 月 12 日
On2	视频压缩	美国	133 000 000	1992 年	2009 年 8 月 5 日
reCAPTCHA	安全	美国	—	2007 年	2009 年 9 月 16 日
AdMob	广告	美国	—	2006 年 1 月	2009 年 11 月 9 日
Gizmo5	IP 语音	美国	30 000 000	2003 年	2009 年 11 月 9 日
Teracent	广告	美国	—	2006 年	2009 年 11 月 23 日
AppJet	协作实时编辑器	美国	—	2007 年	2009 年 12 月 4 日
Aardvark	社交搜索	美国	50 000 000	2007 年	2010 年 2 月 12 日
reMail	电子邮件搜索	美国	—	2008 年	2010 年 2 月 17 日
Picnik	照片编辑	美国	—	2005 年	2010 年 3 月 1 日
DocVerse	Microsoft Office 文件共享网站	美国	25 000 000	2007 年	2010 年 3 月 5 日
Episodic	在线视频平台	美国	—	2008 年	2010 年 4 月 2 日
Plink	视觉搜索引擎	爱尔兰	—	2010 年	2010 年 4 月 12 日
Agnilux	服务器 CPU	美国	—	2009 年	2010 年 4 月 20 日
LabPixies	软件开发	以色列	—	2006 年	2010 年 4 月 27 日
BumpTop	桌面环境	加拿大	30 000 000	2006 年	2010 年 4 月 30 日
Global IP Solutions	视频和音频压缩	美国	68 200 000	1999 年 7 月	2010 年 5 月 18 日
Simplify Media	音乐流媒体	美国	—	2005 年 8 月	2010 年 5 月 20 日
Ruba.com	旅行	美国	—	2009 年	2010 年 5 月 21 日
Invite Media	广告	美国	81 000 000	2007 年	2010 年 6 月 3 日
Metaweb	语义搜索	美国	—	2005 年 7 月	2010 年 7 月 16 日
Zetawire	移动支付、NFC	加拿大	—	2008 年	2010 年 8 月

(续表)

被并购公司名	业务	所处国家或地区	并购金额（美元）	成立时间	并购时间
Instantiations	Java/Eclipse/AJAX开发工具	美国	—	1988年	2010年8月4日
Slide.com	社交游戏	美国	228 000 000	2005年	2010年8月5日
Jambool	社交金币支付	美国	70 000 000	2006年	2010年8月10日
Like.com	搜索引擎	美国	100 000 000	2004年	2010年8月15日
Angstro	社交网络服务	美国	—	2008年	2010年8月30日
SocialDeck	社交游戏	加拿大	—	2008年	2010年8月30日
Quiksee	视频	以色列	10 000 000	2007年	2010年9月13日
Plannr	计划管理	美国	—	—	2010年9月28日
BlindType	盲打	希腊	—	2009年	2010年10月1日
Phonetic Arts	语音合成	英国	—	2006年	2010年12月3日
Widevine Technologies	数字版权管理	美国	—	1999年	2010年12月3日
eBook Technologies	电子书	美国	—	1998年	2011年1月13日
SayNow	语音识别	美国	—	2005年	2011年1月25日
Zynamics	安全	德国	—	2004年	2011年3月1日
BeatThatQuote.com	价格比较服务	英国	65 000 000	2005年	2011年3月7日
Next New Networks	在线视频	美国	—	2007年	2011年3月7日
Green Parrot Pictures	数字视频	爱尔兰	—	2004年	2011年3月16日
PushLife	服务提供商	加拿大	25 000 000	2008年	2011年4月8日
ITA Software	旅游科技	美国	676 000 000	1996年	2011年4月12日
TalkBin	移动软件	美国	—	2010年	2011年4月26日
Sparkbuy	产品搜索	美国	—	2010年	2011年5月23日
PostRank	社交媒体分析服务	加拿大	—	2007年	2011年6月3日
Admeld	广告	美国	400 000 000	2007年	2011年6月9日
SageTV	媒体中心	美国	—	2002年	2011年6月18日
Punchd	会员卡服务	美国	—	2010年	2011年7月8日
Fridge	社交平台	美国	—	2010年	2011年7月21日
PittPatt	面部识别系统	美国	—	2004年	2011年7月23日
Dealmap	信息服务	美国	—	2010年	2011年8月1日
Motorola Mobility	移动设备	美国	12 500 000 000	2011年1月4日	2011年8月15日

(续表)

被并购公司名	业务	所处国家或地区	并购金额（美元）	成立时间	并购时间
Zave Networks	数字优惠券	美国	—	2006 年	2011 年 9 月 7 日
Zagat	餐厅评论	美国	151 000 000	1979 年	2011 年 9 月 8 日
DailyDeal	信息服务	德国	114 000 000	2009 年	2011 年 9 月 19 日
SocialGrapple	社交媒体分析服务	加拿大	—	2010 年	2011 年 10 月 11 日
Apture	即时搜索	美国	—	2007 年	2011 年 11 月 10 日
Katango	社交圈组织	美国	—	2010 年	2011 年 11 月 14 日
RightsFlow	音乐版权管理	美国	—	2007 年	2011 年 12 月 9 日
Clever Sense	本地推荐应用	美国	—	2008 年	2011 年 12 月 13 日
Milk	软件	美国	—	2011 年	2012 年 3 月 16 日
TxVia	网上支付	美国	—	2006 年	2012 年 4 月 2 日
Meebo	社交网络	美国	100 000 000	2005 年	2012 年 6 月 4 日
Quickoffice	移动办公套件	美国	—	1997 年	2012 年 6 月 5 日
Sparrow	移动应用程序	法国	25 000 000	2011 年	2012 年 7 月 20 日
WIMM Labs	Android 智能手表	美国	—	2008 年	2012 年
Wildfire Interactive	社交媒体营销	美国	450 000 000	2008 年	2012 年 8 月 1 日
VirusTotal.com	安全	西班牙	—	2004 年	2012 年 9 月 7 日
Nik Software	摄影	美国	—	1995 年	2012 年 9 月 17 日
Viewdle	面部识别	乌克兰	45 000 000	2006 年	2012 年 10 月 1 日
Incentive Targeting	数字优惠券	美国	—	2007 年	2012 年 11 月 28 日
BufferBox	包裹递送	加拿大	17 000 000	2011 年 6 月 1 日	2012 年 11 月 30 日
Channel Intelligence	产品电子商务	美国	125 000 000	1999 年	2013 年 2 月 6 日
DNNresearch	深度神经网络	加拿大	44 000 000	2012 年	2013 年 3 月 12 日
Talaria Technologies	云计算	美国	—	2011 年	2013 年 3 月 15 日
Behavio	社会预测	美国	—	2011 年	2013 年 4 月 12 日
Wavii	自然语言处理	美国	30 000 000	2009 年	2013 年 4 月 23 日
Makani Power	空中风力涡轮机	美国	—	2006 年	2013 年 5 月 23 日
Waze	GPS 导航软件	以色列	966 000 000	2008 年	2013 年 6 月 11 日
Bump	移动软件	美国	—	2008 年	2013 年 9 月 16 日
Flutter	手势识别技术	美国	40 000 000	2010 年	2013 年 10 月 2 日

（续表）

被并购公司名	业务	所处国家或地区	并购金额（美元）	成立时间	并购时间
FlexyCore	应用程序	法国	23 000 000	2008年	2013年10月22日
Schaft	机器人技术	日本	—	2012年	2013年12月2日
Industrial Perception	机械臂、计算机视觉	美国	—	2011年	2013年12月3日
Redwood Robotics	机械臂	美国	—	2011年	2013年12月4日
Meka Robotics	机器人	美国	—	2006年	2013年12月5日
Holomni	机器人车轮	美国	—	2010年	2013年12月6日
Bot & Dolly	机器人摄像机	美国	—	2010年	2013年12月7日
Autofuss	广告和设计	美国	—	2008年	2013年12月8日
Boston Dynamics	机器人	美国	—	1992年	2013年12月10日
Bitspin	应用软件	瑞士	—	2013年	2014年1月4日
Nest Labs	家庭自动化	美国	3 200 000 000	2010年	2014年1月13日
Impermium	网络安全	美国	—	2010年	2014年1月15日
DeepMind Technologies	人工智能	美国	625 000 000	2010年	2014年1月26日
SlickLogin	网络安全	以色列	—	2013年	2014年2月16日
spider.io	反点击欺诈	英国	—	2010年	2014年2月21日
GreenThrottle	软件开发	美国	—	2012年	2014年3月12日
Titan Aerospace	高空无人机	美国	—	2012年	2014年4月14日
Rangespan	电子商务	英国	—	2011年	2014年5月2日
Adometry	广告	美国	—	2008年	2014年5月6日
Appetas	餐厅网站创建	美国	—	2012年	2014年5月7日
Stackdriver	云计算	美国	—	2012年	2014年5月7日
MyEnergy	在线能源使用监控	美国	—	2007年	2014年5月7日
Quest Visual	增强现实	美国	—	2009年	2014年5月16日
Divide	移动设备管理	美国	—	2010年	2014年5月19日
Skybox Imaging	卫星	美国	500 000 000	2009年	2014年6月10日
mDialog	广告	加拿大	—	2005年	2014年6月19日
Alpental Technologies	无线	美国	—	2012年	2014年6月19日
Dropcam	家庭监控	美国	555 000 000	2009年	2014年6月20日

(续表)

被并购公司名	业务	所处国家或地区	并购金额（美元）	成立时间	并购时间
Appurify	自动化应用程序测试	美国	95 000 000	2012年4月1日	2014年6月25日
Songza	音乐流媒体	美国	—	2007年	2014年7月1日
drawElements	图形兼容性测试	芬兰	—	2008年	2014年7月23日
Emu	即时通信客户端	美国	—	2011年	2014年8月6日
Directr	视频	美国	—	2012年	2014年8月6日
Jetpac	人工智能、图像识别	美国	—	2015年	2014年8月17日
Gecko Design	机械设计	美国	—	1996年	2014年8月23日
Zync Render	基于云的视觉效果软件	美国	—	2011年	2014年8月26日
Lift Labs	升降机	美国	—	2018年	2014年9月10日
Polar	社交民意调查	美国	—	2002年	2014年9月11日
Firebase	应用开发平台	美国	—	2011年	2014年10月21日
Dark Blue Labs & Vision Factory	人工智能	英国	10 000 000	2014年	2014年10月23日
Revolv	家庭自动化	美国	—	2012年	2014年10月24日
RelativeWave	移动软件原型设计	美国	—	2011年	2014年11月19日
Vidmaker	视频编辑	美国	—	2011年	2014年12月17日
Launchpad Toys	儿童友好型应用程序	美国	—	2010年	2015年2月4日
Odysee	多媒体共享与存储	美国	—	2020年	2015年2月8日
Softcard	移动支付	美国	—	2010年	2015年2月23日
Red Hot Labs	应用广告和发现	美国	—	2012年3月	2015年2月24日
Thrive Audio	环绕声技术	爱尔兰	—	2012年	2015年4月16日
Skillman & Hackett	虚拟现实软件	美国	—	2014年	2015年4月16日
Timeful	软件	美国	—	2012年	2015年5月4日
Pulse.io	移动应用优化器	美国	—	2013年	2015年5月28日
Pixate	移动软件原型设计	美国	—	2012年5月1日	2015年7月21日
Oyster	电子书订阅	美国	—	2012年	2015年9月21日
Jibe Mobile	富通信服务	美国	—	2006年	2015年9月30日

（续表）

被并购公司名	业务	所处国家或地区	并购金额（美元）	成立时间	并购时间
Agawi	移动应用程序流媒体	美国	—	2010 年	2015 年 6 月 18 日
Digisfera	360 度摄影	葡萄牙	—	2010 年	2015 年 10 月 17 日
Fly Labs	视频编辑	美国	—	2012 年	2015 年 11 月 11 日
bebop	云软件	美国	380 000 000	2012 年	2015 年 11 月 11 日
BandPage	音乐家平台	美国	—	2009 年	2016 年 2 月 12 日
Pie	企业通信	新加坡	—	2013 年	2016 年 2 月 18 日
Synergyse	互动学习平台	加拿大	—	2013 年	2016 年 5 月 2 日
Webpass	互联网服务提供商	美国	—	2003 年	2016 年 6 月 22 日
Moodstocks	图像识别	法国	—	2008 年	2016 年 7 月 6 日
Anvato	基于云的视频服务	美国	—	2007 年	2016 年 7 月 8 日
Kifi	链接管理	美国	—	2012 年	2016 年 7 月 12 日
LaunchKit	移动开发者工具	美国	—	2015 年	2016 年 7 月 27 日
Orbitera	云软件	美国	100 000 000	2012 年	2016 年 8 月 8 日
Apigee	API 管理和预测分析	美国	625 000 000	2004 年	2016 年 9 月 8 日
Urban Engines	基于位置的分析	美国	—	2014 年	2016 年 9 月 15 日
API.AI	自然语言处理	美国	—	2010 年	2016 年 9 月 19 日
FameBit	品牌内容	美国	—	2013 年	2016 年 10 月 11 日
Eyefluence	眼动追踪、虚拟现实	美国	—	2013 年	2016 年 10 月 24 日
LeapDroid	Android 模拟器	美国	—	2015 年	2016 年 11 月 5 日
Qwiklabs	基于云的实践培训平台	美国	—	2012 年	2016 年 11 月 21 日
Cronologics	智能手表	美国	—	2014 年	2016 年 12 月 13 日
Limes Audio	语音通信	瑞典	—	2007 年	2017 年 1 月 5 日
Fabric	移动应用平台	美国	—	2014 年	2017 年 1 月 19 日
Kaggle	数据科学	美国	—	2010 年	2017 年 3 月 8 日
AppBridge	生产力套件	美国	—	2014 年	2017 年 3 月 9 日
Owlchemy Labs	虚拟现实工作室	美国	—	2010 年	2017 年 5 月 10 日

(续表)

被并购公司名	业务	所处国家或地区	并购金额（美元）	成立时间	并购时间
Halli Labs	人工智能	印度	—	2017年	2017年7月12日
AIMatter	计算机视觉	白俄罗斯	—	2016年	2017年8月16日
HTC（portions）	人才和知识产权许可	中国台湾	1 100 000 000	1997年5月15日	2017年9月21日
Bitium	单点登录和身份管理	美国	—	2012年	2017年9月26日
Relay Media	AMP转换器	美国	—	2015年	2017年10月9日
60db	播客	美国	—	2014年	2017年10月11日
Redux	声音	英国	—	2015年	2018年1月11日
Tenor	GIF图片搜索	美国	—	2014年	2018年3月27日
Velostrata	云迁移	以色列	—	2014年	2018年5月9日
Cask	大数据，Hadoop	美国	—	2014年	2018年5月14日
GraphicsFuzz	GPU可靠性	英国	—	2017年	2018年8月6日
Senosis	健康监测	美国	—	2016年	2018年9月19日
Onward	机器学习、自然语言处理	美国	—	2002年	2018年10月2日
Workbench Education	教育技术	美国	—	2013年	2018年11月28日
Sigmoid Labs	印度铁路列车跟踪应用程序	印度	40 000 000	2013年	2018年12月10日
DevOps Research and Assessment	研究与评估	美国	—	2015年	2018年12月20日
Superpod	问答应用程序	美国	60 000 000	—	2019年1月3日
Alooma	大数据、云迁移	以色列	150 000 000	2013年	2019年2月19日
Nightcorn	视频共享	德国	—	2018年	2019年3月31日
Looker	大数据&分析	美国	2 600 000 000	2012年	2019年6月6日
Elastifile	文件存储	美国	—	2013年	2019年7月9日
Socratic	学习应用程序	美国	—	2013年	2019年10月16日
CloudSimple	云托管	美国	—	2016年	2019年11月18日
Typhoon Studios	视频游戏开发	加拿大	—	2017年	2019年12月19日
AppSheet	移动应用程序开发	美国	—	2014年	2020年1月14日
Pointy	本地零售库存信息	爱尔兰	163 000 000	2014年	2020年1月14日

(续表)

被并购公司名	业务	所处国家或地区	并购金额（美元）	成立时间	并购时间
Cornerstone Technology B. V.	大型机、云迁移	荷兰	—	1989年	2020年2月19日
North	智能眼镜	加拿大	180 000 000	2012年	2020年6月30日
Stratozone	云评估	美国	—	2012年1月1日	2020年8月25日
Dataform	大数据、分析	英国	—	2018年	2020年12月8日
Neverware	ChromiumOS 发行版	美国	—	2011年1月	2020年12月11日
Actifio	备份、灾难恢复	美国	—	2009年	2020年12月14日
Fitbit	可穿戴设备	美国	2 100 000 000	2007年3月26日	2021年1月14日
Provino	云硬件	美国	—	2015年	2021年2月
Dysonics	音频硬件	美国	—	2019年	2021年4月5日
Simsim	电子商务	印度	100 000 000	2012年	2021年7月21日
Playspace	协作工具	美国	—	2012年	2021年9月3日
MuJoCo	机器人模拟器	美国	—	2012年	2021年10月18日
Siemplify	网络安全	以色列	500 000 000	2015年	2022年1月4日
Mandiant	网络安全	美国	5 400 000 000	2004年	2022年3月8日
Raxium	AR 硬件	美国	1 000 000 000	2017年	2022年3月16日
Vicarious	人工智能、机器人软件	美国	—	2010年	2022年4月22日
MobiledgeX	移动边缘计算	美国	—	2018年	2022年4月29日
Forseeti	网络安全软件	瑞典	—	2014年	2022年5月13日
Alter	人工智能	美国	100 000 000	2017年	2022年8月
BreezoMeter	空气质量监测	以色列	—	2014年	2022年9月20日
BrightBytes	数据和分析	美国	—	2012年	2022年10月11日
Sound Life Sciences	健康监测	美国	—	2019年	2022年10月26日
Open Source Robotics Corporation	机器人软件	美国	—	2016年	2022年12月15日
Photomath	人工智能	克罗地亚	—	2014年	2023年6月2日
Cameyo	虚拟应用交付	美国	—	2010年	2024年6月5日

数据来源：依据 wiki Google 词条提供的资料整理，并随机选择了 10% 的公司进行比对，包括金额最大的 10 起并购。

附件二　　　　按照业务种类以及融合后的业务分部归类

（1）收购后融合进 Android 业务的公司：Android、PeakStream、Agnilux、BumpTop、Simplify Media、BlindType、TalkBin、PittPatt、Viewdle、FlexyCore、Bitspin、GreenThrottle、Appurify、drawElements、RelativeWave、Pulse.io、Pixate、LeapDroid、GraphicsFuzz、Divide、Softcard、WIMM Labs、Cronologics、Agawi、Motorola Mobility、Zetawire。

（2）收购后融合进 Chrome 业务的公司：GreenBorder、Cameyo、Neverware。

（3）收购后融合进谷歌商店业务的公司：PushLife、Red Hot Labs、Oyster、60db、Songza。

（4）收购后融合进 Google Workspace 业务的公司：Workbench Education、Socratic、BrightBytes、GrandCentral、SayNow、Playspace、Jibe Mobile、Upstartle、Tonic Systems、Zenter、DocVerse、Quickoffice、Synergyse、AppBridge、Ignite Logic、JotSpot、2Web Technologies、Limes Audio、Marratech、Gizmo5、Postini、reMail、Sparrow。

（5）收购后融合进谷歌地图业务的公司：Panoramio、Digisfera、ZipDash、Where2、Endoxon、ImageAmerica、Quiksee、Clever Sense、Urban Engines、Sigmoid Labs、Pointy、BreezoMeter、Keyhole、Skybox Imaging、Waze。

（6）收购后融合进谷歌搜索业务的公司：Orion、Metaweb、Apture、Akwan Information Technologies。

（7）收购后融合进谷歌云平台业务的公司：LaunchKit、Fabric、Provino、Talaria Technologies、Stackdriver、Zync Render、Firebase、bebop、Anvato、Orbitera、Apigee、Qwiklabs、Kaggle、Bitium、Velostrata、Cask、DevOps Research and Assessment、Alooma、Looker、Elastifile、CloudSimple、AppSheet、Cornerstone Technology B.V.、Stratozone、Dataform、Actifio、Siemplify、Mandiant、MobiledgeX、Forseeti、VirusTotal.com。

（8）收购后融合进谷歌照片业务的公司：Bump、Fly Labs、Moodstocks、Picnik、Jetpac、Picasa、Neven Vision Germany。

（9）收购后融合进 Nest Labs 业务的公司：Nest Labs、MyEnergy、Dropcam、Revolv、Senosis。

（10）收购后融合进 Project Zero 业务的公司：Zynamics、Impermium、SlickLogin。

（11）收购后融合进 X 业务的公司：DNNresearch、Vicarious、Open Source Robotics Corporation、Titan Aerospace、Makani Power、Schaft、Industrial Perception、Redwood Robotics、Meka Robotics、Holomni、Bot & Dolly、Autofuss、Boston Dynamics、Gecko Design、Lift Labs、On2。

（12）收购后融合进 YouTube 业务的公司：YouTube、Crusix、Omnisio、Episodic、Next New Networks、Green Parrot Pictures、RightsFlow、Directr、Vidmaker、BandPage、FameBit、AIMatter、Nightcorn、Simsim、Launchpad Toys。

（13）收购后融合进广告业务的公司：dMarc Broadcasting、Adscape、DoubleClick、

Teracent、Applied Semantics、Sprinks、Invite Media、mDialog、spider.io、AdMob、Admeld、FeedBurner、Adometry。

（14）收购后融合进其他重要业务的公司：Fitbit、Urchin Software Corporation、Measure Map、Trendalyzer、SocialDeck、Wildfire Interactive、Plannr、Fridge、Katango、Milk、Meebo、Polar、Odysee、PostRank、SocialGrapple、Jambool、Slide.com、Alpental Technologies、Aardvark、Relay Media、Pyra Labs、Genius Labs、TNC、eBook Technologies、reCAPTCHA、Thrive Audio、Phatbits、Webpass、ITA Software、Plink、DejaNews、Neotonic Software、Emu、Tenor、Timeful、Wavii、Dodgeball、Appetas、Behavio、Punchd、Dealmap、Zave Networks、DailyDeal、Incentive Targeting、Outride、Kaltix、Zagat、Like.com、BeatThatQuote.com、Sparkbuy、Channel Intelligence、Rangespan、BufferBox、@Last Software、Quest Visual、Widevine Technologies、SageTV、Phonetic Arts、TxVia、AppJet、Instantiations、Nik Software、Flutter、Angstro、Ruba.com、LabPixies、Dysonics、Skia、Pie、Kifi、Typhoon Studios、Skillman & Hackett、Global IP Solutions、Eyefluence、Owlchemy Labs、North、Raxium、Sound Life Sciences、API.AI、Superpod。

（15）收购后融合人工智能业务的公司：Photomath、DeepMind Technologies、Dark Blue Labs & Vision Factory、MuJoCo、Halli Labs、Onward、Alter。

（16）收购后融合进手机业务的公司：Reqwireless、allPAY、bruNET、Zingku、Jaiku、HTC（portions）、Redux。

附件三：谷歌博客：手机的未来（https://googleblog.blogspot.com/2008/09/future-of-mobile.html）。

原文是英文，检索页面显示，张贴日期是2008年9月19日，发布人是Andy Rubin。中文译本来自新浪肖恩，我们进行校阅后更正了个别文字。（https://tech.sina.com.cn/t/2008-09-21/12482468619.shtml?from=wap）

前言

自谷歌创立10年以来，互联网对全球每个人的生活都产生了巨大的影响，互联网改变了政治、娱乐、文化、商业、健康、环境，以及你可以想到的任何领域。这让我们开始思考，未来10年将会发生什么？惊人的互联网技术将会怎样演进？我们将怎样适应？更为重要的是，互联网将怎样适应我们？我们向10位顶级专家提出了这些问题，并在九月（Google成立十周年的月份）发表了他们的回应。就像计算机科学家艾伦·凯伊（Alan Kay）的著名论断所说：预测未来的最好方式是创造它。所以，我们将竭尽所能，将专家的预测一步步变为现实。

目前，全球约有32亿手机用户，在未来几年内，有望至少再增加10亿。今天，手机的普及率已经超过了汽车（目前全球登记车辆为8亿辆）和信用卡（仅14亿张）。固定电话花了100年才普及到全球80%以上的国家，而手机仅用了16年就完成了相同目标。青少年们都在使用手机查看时间，很少有人再戴手表。因此我们可以大胆地宣称，手机是截至目前拥有最多用户的消费类产品。

然而,你是否曾经真正认真考虑过,手机究竟有多大的威力?你装在口袋、背包或者手提袋里的手机,其性能可能超过 8~9 年前 PC 性能的 10 倍(如果你曾经用过 PC 的话,而实际上大多数手机用户都不曾用过 PC)。即使最基本的手机都配置有大量的传感器,可与火星探测器的装备媲美,其中包括时钟、电量传感器(显示目前电池用量)、温度计、测光表(确定屏幕背部光亮)等。许多更高级的手机中还安装了位置传感器、测速器,甚至指南针。最重要的是,从本质上来讲,这些装置都互相连接在一起。

让我们来设想一下未来十年手机的发展趋势。你可能 24 小时携带着一部功能强大、连接上网、具有诸多传感器的手机(近期一项针对中国手机用户的调查显示,大部分人睡觉的时候,都把手机放在距离自己一米的范围内)。而最酷的是,每个人都是这样。那么,未来的手机能为你实现哪些现在还不具有的功能呢?

智能提醒

你的手机将对你的状态了如指掌,当你需要获取某些信息时,手机会向你发出警告。这个设想今天已经实现,eBay 可以在用户竞拍获胜时发出短信通知,而一些"提醒服务"(例如谷歌新闻)可以向用户发送新闻、体育赛事或者股价信息。未来这些应用将会更加智能,它们将一直监控用户的个性化设置(这些设置保存在云计算网络中),一旦出现用户希望了解的信息,这些应用将会发送给用户。例如,可以设想一个非常有帮助的应用场景:你的手机知道你将去市中心吃晚饭,因此会将交通状况或者最佳泊位告诉你。

增强现实

你的手机可以借助传感器组来了解你的状态,并为你提供有用的信息。例如,你真的希望了解宠物店中那只小狗的售价吗?手机的 GPS 和指南针可以知道你正在看什么,在你开口询价之前就告诉你价格,甚至可以告诉你怎么喂养和训练这些小狗。

草根信息主流化

你的手机是向世界发表信息的传声筒,可以用来发布图片、邮件和短信、Twitter 信息或者博客文章等。当所有的手机用户都这样做的时候,这个星球上的所有人都可以实时地共享彼此的经历。海量信息按照全新及有趣的方式进行保存、分类并重新配置给其他用户。当你在网上查询附近地区最好玩的去处时,你的手机可以显示其他用户上传的相关图片和评论。如果你看中了某个地方,手机将显示交通路线。

无时不在的传感器

你的手机更了解你周围的世界。如果你在"云"里把所有手机的智能整合在一起,我们将会看到一幅不可思议的世界动态全景图片。最新气象信息不再依靠数以百计的传感器监控,而是借助上亿个手机传感器;交通路况也不再仅仅依靠直升机和路面传感器获取,而是依据陷于交通堵塞区域中手机的数量、移动速度,以及方向计算而出。

发展工具

手机不仅仅是方便的通信工具,更可能成为你的谋生工具。这在许多地方已经成为现实。在印度南部,渔民借助短信找到销量最好的市场;在南非,甘蔗农场工人可以收到怎样灌溉作物的短信。在整个非洲次撒哈拉地区,拥有手机的企业家变身为私人运营商,为村民们提供电信服务。随着移动电话成为促进经济发展的关键,这些创新在未来只会越来越多。

面向未来的设备

您的手机将像互联网一样开放,因此开发人员可以轻松创建或改进应用程序和内容。你关心的应用软件会自动安装到你的手机上。比方说,你的手机上有一款软件可以改善电源管理(从而延长电池寿命)。如果开发人员对软件进行了改进,更新会自动安装到您的手机上,您无需动一根手指。随着时间的推移,您的手机实际上会变得更好。

信任与验证

手机将会提供工具和信息,让你授权哪些内容可以下载、浏览或者共享。在一个始终互联互通的世界里,信任将至关重要,手机将帮助你控制信息。你可以采用默认模式,选择不共享任何内容,或者只针对部分可信任的朋友或者家庭共享内容。你可以根据从服务和软件提供商手中获取的信息及其他用户的集体评级,作出以上决定。你的手机将成为你的安全顾问:对你了解颇深,但未经同意,绝不泄漏半句。

4.3 数智化与并购角色的转变：从产业引领到套利驱动

一、引言

"并购"(M&A)是企业兼并(Merger)与企业收购(Acquisition)的合称。《新不列颠百科全书》对企业兼并的理解如下：两家或者两家以上的企业进行融合，重新组成一家新的企业，企业合并大多数都是由原先占据绝对优势的企业来主持合并。《新帕尔格雷夫货币金融大词典》中对企业收购的定义如下：企业内部经营管理权之间的转让，收购导致企业内部管理制度的变化，以及内部结构的调整等都是企业收购对企业的影响。传统的企业并购理论认为，企业并购既是现代经济生活中企业自我发展的一个重要内容，又是市场经济条件下企业资本经营的重要方面，通过并购，企业可以有效实现资源合理配置、扩大生产经营规模、实现协同效应、降低交易成本、提高企业的价值。

数智化的全面应用，不仅改变个体、微观企业的运行效率，而且也在重构商业运行的逻辑，包括企业并购的逻辑。企业在发展到一定阶段后为了扩大产能、获取资源等目的而发起并购。这也是斯蒂格勒所说的：美国大企业没有一个不是通过并购发展起来的。当并购活动产生较大的收益后，它也成为市场逐利性交易的一部分。因此，我们提出，传统并购理论所讨论的并购，如当年通用汽车并购凯迪拉克(Cadillac)、奥克兰德(Oakland)等，并购双方都是具体的产业，并购后，通过整合生产，达成"1+1＞2"的效果。这也是传统并购理论所讨论的"资源联合效应"(synergy)的现实基础。

数智化并不仅仅是大数据与智能化的高度应用，它也伴以高度的金融化与资本充裕、高流动性。资本充裕，逐利性交易增多，溢出到并购市场，企业的并购方式由产业驱动并购模式，逐渐演变成"产业+资本"驱动并购的模式(刘峰等，2022)。数智化时代的并购，从推动并购的主体角度，大致可以分为产业推动与金融资本推动。无论是通用汽车，还是Google，作为并购的发起方，它们都可以被定义为产业资本，它们所推动的并购，我们称之为产业并购。与产业并购不同，目前资本市场上有大量的金融资本推动的并购，例如，1988年，KKR发起了对RJR公司的并购，最后收购以250亿美元达成，这是金融资本并购产业最知名的案例，这之后，各种专门用于"杠杆收购"的基金以天文数字增长，金融资本主导的并购交易越来越多。而在20世纪美国的并购狂潮中，也出现了一大批并不注重被收购公司的长期经营收益，而是注重短期套利或者现金流的公司掠夺者(corporate raider)。

这些收购往往涉及金融买家,他们利用杠杆加债务融资来收购公司,将目标公司的资产作为抵押品,为自己支付丰厚的即时回报。他们关注由于各种原因股价被低估的公司,通过并购等形式对这些被低估的公司发起袭击,并将公司的优质资产剥离后套现。债务使他们不得不削减未来的投资计划,裁员并关闭工厂和其他设施。KKR 通过世纪并购大战控制 RJR 后,逐步将 RJR 分拆出售。RJR 在市场上的地位也在逐步降低。我们将这种由金融资本,尤其是各种并购基金等主导的、旨在短期内获得套利效应的并购行为,定义为"套利并购"(Hedge-driven Merger)。

事实上,通过并购来套利并不是一个新的策略,华尔街的一些最知名的资本玩家已娴熟地应用这一技巧并获得成功。例如,巴菲特在他职业生涯的早期就多次进行并购套利[1],这一点可以参考他在 1988 年致 Berkshire Hathaway 公司投资者的信,在这封投资信中他指出:"近几年来,大部分的套利操作都牵涉到购并案,不管是友善的或是敌意的皆然,在购并案狂热之时,几乎感觉不到托拉斯法的存在。"这一现象在中国的资本市场也越来越普遍,越来越多的上市公司与金融资本一起成立产业并购基金。2012—2023 年,1 697 家上市公司设立了 3 353 支产业并购基金,并且大部分上市公司只作为出资人和 LP(有限合伙人),不参与产业基金并购的管理,金融机构负责基金的日常管理,这些并购基金完全由金融资本进行主导。

如果说,产业并购的目标还是被并购方资产的某些特征,获益的方式也是类似于教科书所定义的"资源联合效应"(Synergy Effect);而金融资本主导的并购,期望的是在未来不长的时期里卖出标的公司,从而获取差价收益。传统并购理论认为,企业通过购买目标企业的股权或资产,控制、影响目标企业,以增强企业的竞争优势、实现价值增值。具体而言,在传统制造业为主的时期,企业之间的并购多为出于将原有企业做大做强的目的而进行合并,即"产业驱动并购",如吉利收购沃尔沃、谷歌收购 YouTube 等,这种并购可以是同业并购,也可以是上下游产业链之间的并购,或者是混合型并购,扩大企业规模与市场势力,构建内部市场、降低交易成本(张双鹏和周建,2018)。在数智化时代,上述并购逻辑是否必然能够成立,值得学术界去关注。例如,滴滴收购快的、优酷并购土豆,并购后的公司,规模没有明显增长,且快的、土豆等品牌也逐渐淡出,乃至消失;进一步来说,套利并购的潜在逻辑、并购的表现形式、可能的经济后果等,同样需要学术界去提炼、总结。如果不认真、细致地总结数智化时代、金融资本驱动的并购行为及其特征,沿用传统的、基于工业化时代所形成的关于并购的认识和理论,有可能会导致"削足适履",当然,学术研究和理论存在的意义也大打折扣。

我们以高瓴资本[2]主导并购百丽国际为例,详细解读金融资本主导的并购与传统并

---

[1] 在信中,巴菲特选择有价证券投资时,主要有五种选择:长期股票投资;长期固定收益债券;中期固定收益债券;短期约当现金;短期套利交易。其中套利交易指:"自从第一次世界大战之后,套利或者说风险套利的定义,已延伸包括从已公开的企业购并、重整再造、清算等企业活动中获利。"

[2] 高瓴资本以下简称为高瓴。

购的区别。第一,我们通过案例发现,相较于并购的资源协同效应,套利并购可能更加重视短期利益,以实现金融资本的利润最大化,和传统的管理层杠杆收购相对比,并购活动并不是由被并购企业的管理层主导,而是由金融资本主导。第二,金融资本主导的套利并购主要通过二次上市、拆分优质资产、关闭低效资产,以及高额分红等方式实现退出。第三,受到期限压力等因素影响,金融驱动的套利并购内在决定了并购方无法长时间持有被并购公司,传统的并购收益实现渠道不畅通,传统并购的资源联合效应理论存在的基础被削弱。

二、文献综述:从产业并购到套利并购

研究并购的文献众多,涉及并购交易的全过程,包括管制方在内的所有相关方、并购交易的方式、并购的经济后果等。这里仅就并购交易发生的原因,对已有文献加以回顾。

(一)并购为什么会发生:关于并购的动因文献

经典的并购动因研究,将并购动因分为战略效应和资源联合效应。其中,资源联合效应是并购动因研究中讨论最广泛的话题,包括:获取资源、增强市场力量、提高效率和降低交易成本等(张双鹏和周建,2018)。

——企业主要是基于资源获取的目的而发起并购。基于资源基础观,由于产生竞争优势的资源具备价值和稀有性,在企业之间并非完全可移动而产生异质性且可能持续很长时间(Barney,1991),而并购能帮助企业快速获取自身并不具备的、异质性的资源,同时帮助企业有效吸收整合内外部资源,提升生产力(Ahuja 和 Katila,2001;Hussinger,2012)。因此,当企业内部发展陷入瓶颈或者缺乏进入某些行业必要的牌照时,并购扩张就是重要的手段,如比亚迪当年为获得造车资质并购秦川汽车,从而顺利进入了造车领域。

——获取关键稀缺资源推动了企业进入市场并快速扩张。市场势力理论认为,并购能够减少市场上竞争者的数量,从而帮助企业加强对资源和市场的掌控力,进一步实现垄断,如水平或垂直式收购(Comanor,1967;Genesove 和 Mullin,1998)。具体而言,由于无法获得稀缺的资源,企业之间的竞争导致了并购的产生,即企业期望通过取得并购标的的固定资产、厂房等有形资产或是商誉等无形资产,以实现业务升级或自身规模扩张等(Zhao,2009)。Stigler(1950)指出,美国大公司都是通过并购达成规模扩张,如通过并购扩张规模、提高市场势力;姜付秀等(2008)、陈仕华等(2015)学者的研究也指出,当企业追求快速成长时,走对外的并购扩张道路是更好的选择。

——提升企业运营效率。效率理论认为,并购能帮助企业提高资源配置效率,从而提升企业的价值(Jensen 和 Ruback,1983)。并购双方为了增强自身的竞争力,采用并购等方式达成联合,充分利用资源,通过规模经济实现协同效应。Banerjee 和 Eckard(1998)对19世纪末美国资本市场大合并浪潮进行研究后发现,并购通常出于更高效运营的目的,并且市场为并购参与者创造了更高的价值。

——降低交易成本。严格地说,降低交易成本与提升市场运营效率在一定意义上是等

价的。所不同的是,因为科斯(1937)之后被学术界所认可,并逐步进入学术研究的视野。所以这里的交易成本是指进入市场速度的加快、降低管制成本等。Meyer 等(2009)认为,面对较高的市场进入壁垒,新进入者会采用并购市场中已有公司的方法来快速进入市场,从而降低进入市场所需的成本。张双鹏和周建(2018)认为,企业通过自身原有的力量进入其不熟悉的新市场、开发新产品相对困难,因而并购市场已有企业来推出新产品成为节约资源、降低新品研发成本的一条捷径。

(二)从外来收购到管理层收购:关于 MBO 的文献回顾

随着资本市场规模的增大,并购交易数量、频次相应增加,并购交易的类型更加复杂,这些构成并购动因研究的现实基础。并购交易一般分为横向并购、纵向并购和混合并购。横向兼并涉及在同种商业活动中经营和竞争的两家企业。1987 年美国汽车公司(American Motors)被克莱斯勒(Chrysler)汽车公司收购就代表了横向并购。纵向并购发生在处于生产经营不同阶段的企业之间。混合兼并是从事不相干业务类型企业的并购行为。在协同效应方面,并购的协同效应一般分为管理协调效应与财务协同效应。

在众多并购活动中,还有一类并购,即由公司管理层发起、旨在获取控制权的并购(Management Buyout,MBO)。在经济学的意义上,MBO 的价值创造,既是公司所有权结构优化的结果,又是公司内在价值低估被市场纠正的结果。MBO 的诞生,脱离不了它的经济环境和金融土壤。MBO 诞生于美国 20 世纪 80 年代的兼并高潮,当时存在两个不可忽视的背景。其一,公司价值被普遍低估,经理人市场没有竞争,他们的积极性没有得到充分发挥,代理成本高昂,其他公司治理渠道也不顺畅。其二,信贷条件的不断放松和高利率低级别债券的蓬勃发展。由于并购涉及的资本量大,管理层往往需要借助金融资本的支持,才能达到对公司进行全面控制的目的。而美国并购市场上所盛行的"杠杆并购""垃圾债券",一定程度上都是与管理层收购联系在一起的。第一个条件是经济条件,第二个条件是金融条件,脱离了这两个背景条件,MBO 就没有产生生存的环境和土壤。

管理层收购是指目标企业的管理层利用融资购买本企业股份,从而改变公司结构,获得或可能获得本企业实际控制权的行为(任自力,2005)。对于管理层收购的绩效,Kaplan(1989)研究发现,管理层收购能够降低公司的代理成本,防御恶意收购,从而提高经营效率,同时也可能导致公司财富转移至管理层。因此,私募投资基金的出现在一定程度上缓解了管理层收购后的债务压力,同时降低了收购后公司盈余管理的水平,保障了中小股东的利益(Lokman Tutuncu,2019)。套利并购机会的识别,也常常源于公司内部管理层等,公司内部往往更容易发现公司价值的低估。例如,当年 KKR 并购 RJR 事件的触动因素就是 RJR 的 CEO 约翰逊向董事会提出管理层收购计划。

(三)从 MBO 到套利并购:关于套利并购的文献

当大量的套利资本用来支持管理层收购、以期获取高额收益时,基于套利目的的并购行为就已经在普遍发生了。根据 Shleifer 和 Vishny(2003)的股票市场驱动的并购研究,证券市场通常是非理性的,因此很多公司的价值被错误估计,然而,从事并购活动的企业管理层是市场上完全的理性人,在充分了解市场和掌握内部信息的全面性的基础上,他们能够通过并购活动来抬升公司的价值,以此实现公司的股东利益最大化。李增泉等(2005)认为,控股股东和地方政府在并购活动中同样存在类似短期套利的行为,即控股股东只是为了帮助上市公司达到配股资格或避免亏损的短期会计目标,或仅仅为了获取控制权私人利益,而通过并购在短期内迅速提升企业业绩,不一定能够为企业带来持续的盈利能力。美国资本市场的大规模杠杆收购就是套利并购的典型例子。在这类操作中,金融资本的加入往往能够在短期内推高企业的股价,投资者得以迅速套现离场,长期未必能促进企业的健康成长。在金融资本的推动下,并购逐渐演变成一种专门的"高收益产业",催生了大量的产业并购基金。由于这些基金通常设有 6~8 年的投资期和退出期,因此在到达一定期限后,基金通常会通过目标公司上市、股权转让、减资或清算等方式退出市场,这进一步突显了并购行为的短期套利性质。

在金融资本参与的套利并购中,其获得收益最常用的手段就是在并购后进行资产剥离与售出,并择时退出。以 KKR 并购 RJR 事件为例,RJR 被收购后,KKR 大量出售公司拥有的专机等豪华设施,停止了 Premier 无烟雪茄和 Coolieville 饼干生产两个巨额耗资的项目,此后,将 RJR 旗下的 Del Monte Foods 部门出售给美林集团下属企业以减少债务。同时,为实现降本增效,KKR 进行了裁员、建立新的薪酬标准、削减广告费等其他开支、改进生产设备等一系列举措。1990 年 7 月,KKR 开始再融资以减轻债务负担,如向 RJR 注入了 17 亿美元的新股本;同年 11 月,RJR 的债券持有者以 5 元/股将债券转换成公司新的公开股票;1991 年 3 月,RJR 向公众增发普通股;到 1991 年年末,KKR 的伙伴基金所拥有的股份从刚完成收购时的超过 2/3 降至 41%;1995 年年初,KKR 剥离了 RJR 的剩余股权,完全退出 RJR[1]。很难由具体数据来描述 KKR 在这起收购事件中的得失,从 RJR 公司作为一个利益相关者联合体来看,RJR 的大部分股东、员工等的利益总体是受损的。

相关的学术文献也部分支持这种推论。郑嘉义和王建伟(2020)的实证研究发现,并购中的资产剥离可以在短期内改善企业经营情况,长期难以扭转公司经营困境。雷建波(2015)同样认为,资产剥离在短期内可以显著提高公司绩效,但从长期来看效果不佳。

与数智化相伴而生的还有金融化。社会高度金融化、流动性程度提升、资本的宽松使得金融资本在并购活动中的作用日益增强,以及话语权的增加,以并购产业基金等金融资本主导的套利并购,逐渐成为一种主要的并购活动。理论上,并购产业基金也需要以价值发现为导向,在一个充分竞争的市场环境下,价值发现、价值创造需要时间或"耐心",而并购产业基金通常都有固定且较短的存续期(6 年至 10 年),因此,对于金融资本主导的并购,套利是它的内生特征,将并购活动转变为金融资本主导下的价值挖掘及短期利益变现,并不是关注企业的长远发展,以及与并购主体的资源联合效益。套利并购中的利益实现,主要依赖的手段包括但不限于杠杆收购、关闭低效资产、大额分红,以及优质资产剥离后套

---

[1] Anders G. Merchants of debt: KKR and the mortgaging of American business[M]. Beard Books,2002.

现等。

三、高瓴资本与百丽国际：案例介绍

百丽国际的前身为丽华鞋业，由邓耀于1978年在香港创立，最开始从事鞋履贸易业务，后逐步扩大业务范围至鞋类批发零售。1991年，邓耀创建百丽国际集团，1992年，百丽国际成立，百丽国际拥有自己的品牌工厂进行运营，业务涵盖鞋类、运动和服饰三大业务，逐渐发展成为一家大型时尚及运动产业集团。2004年，随着我国放宽了零售业的外商投资限制，百丽国际逐渐进入中国内地市场，并建立独立的全国性零售网络，搭建起集产品研发、原料采购、产品生产、分销和DTC终端销售和客户运营于一体的垂直化业务模式，在内地范围内已经拥有了超过1 600家门店，并迅速在行业中占据领先地位。2006年年底，百丽国际成为以零售额计中国最大的女鞋零售商。2007年5月23日，百丽国际在香港联合交易所成功上市，股票代码为01880。根据招股说明书，百丽国际上市发售价为每股6.20港币，市值约为510亿港币。此后的近6年间，百丽国际收购了森达、SKAP等自有品牌，以从产品研发到销售的产业链纵向一体化方式进行运营，并且代理了Nike、Adidas等国际运动品牌，经营规模不断扩大，内地自营零售网点从6 090家增长到17 564家，经营收入从116.7亿元增长到328.6亿元，增幅近两倍，市值也在2013年年初达到巅峰的约1 500亿港币。

百丽国际长期以DTC(Direct To Customer)零售模式为主，公司存在大多数传统制造业具有的业务流程不清晰、横向区域、渠道和门店的数据不联通、上游供应链和下游品牌商数据无法同步等通病。同时，百丽国际也存在严重的"线下依赖症"。百丽国际早年虽然试水电商平台，曾经在2008年成立了淘秀网，进入场鞋类电商领域，2009年在天猫开设首家线上旗舰店，2011年成立时尚品类B2C平台优购网，这些电商平台的定位均为"尾货平台"，作为清理过剩存货的渠道，以相较于线下门店更低的价格处理过季产品，因此均因效果不佳而逐渐退出了市场。此后，随着电商行业的崛起，传统零售业面临颠覆性改革，公司的经营困难初现端倪，销售业绩开始出现下滑。2015年和2016年，百丽国际的大陆鞋类自营零售网点分别减少366家和700家，鞋类业务收入在2014年后出现下降，2016财年收入跌破200亿元，经营净利率也从2012年的17%跌落到2016年的5.8%，公司的市值也随之持续走低至约420亿港币。

2017年4月17日，高瓴牵头的要约人提交私有化百丽国际的协议，计划以每股6.30港币的价格收购百丽国际的股份。按私有化价格，百丽国际当时的市值估值约为531亿港币。2017年4月18日，百丽国际停牌。在私有化方案经股东大会表决通过后，2017年7月27日，百丽国际正式摘牌，在香港联合交易所终止交易。高瓴并购百丽国际流程见表4.3-1。

表 4.3-1　　　　　　　　　　　高瓴并购百丽国际时间线

时间	事件
2017 年 4 月 17 日	以高瓴为牵头的要约人在与董事会协商后将关于私有化百丽国际的协议计划提交股东,其中注明要约人及其一致行动人将以每股 6.30 港币的价格收购计划被要约的股份。该价格比截至宣布私有化前的最后一个交易日(包括该日)的 90 个交易日的平均收市价(每股约 4.91 港币)高出 28.38%。按私有化价格,百丽国际当时的市值估值约为 531 亿港币
2017 年 4 月 18 日	百丽国际停牌
2017 年 4 月 28 日	百丽国际宣布要约人提出以协议方式收购百丽国际的股份,并公布委任独立董事委员会、相关财务顾问的有关情况及关键时间进展表
2017 年 7 月 17 日	百丽国际顺利举行了法院会议和特别股东大会,私有化方案以超过出席会议股东表决权 98% 的比例通过
2017 年 7 月 27 日	百丽国际正式摘牌,在香港联合交易所终止交易

资料来源:百丽国际公告。

如图 4.3-1 所示,私有化前,包括于武、盛放在内的管理层股东直接或间接持有百丽国际共计 14.72% 的股份,其他公众股东共持有 59.54% 的股份。

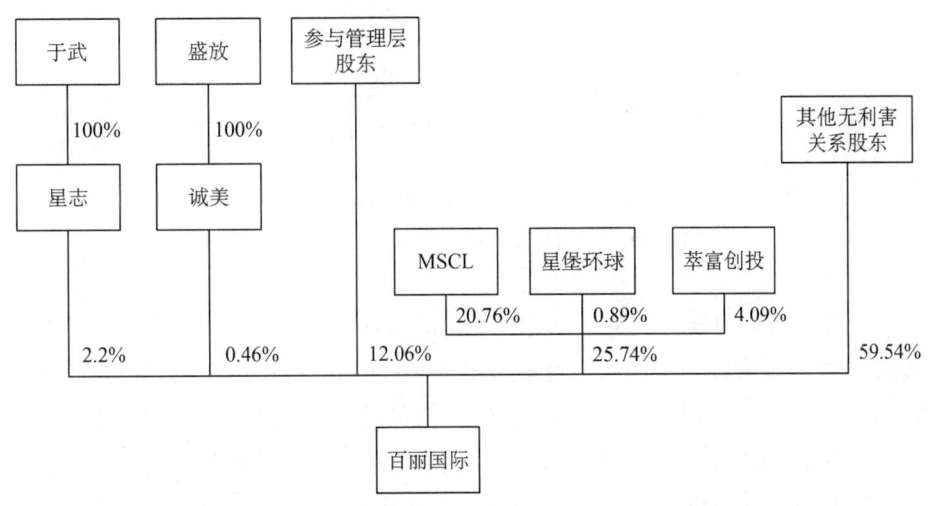

图 4.3-1　百丽国际私有化前股权架构

资料来源:百丽国际与 Muse Holding-B Inc. 联合公告。

如图 4.3-2 所示,为了完成私有化,高瓴和鼎晖投资搭建了以要约人 Muse 为私有化主体的三层架构。Muse 是由高瓴产业并购基金,Muse 的唯一股东为 Holdco,Holdco 的唯一股东为 Topco。由 Topco 和 Holdco 筹集的所有资金最终汇合至 Muse,用于私有化百丽国际。盛放、于武及相关管理层等想实现 MBO 的百丽国际原股东,将其所持 14.72% 股份通过智者创业投入 Topco,并进一步转让至 Muse,从而间接持有百丽国际的股份。因此,Muse 仅需支付百丽国际剩下的 85.28% 股份的对价,预计为 453 亿港币。其中,高瓴现金

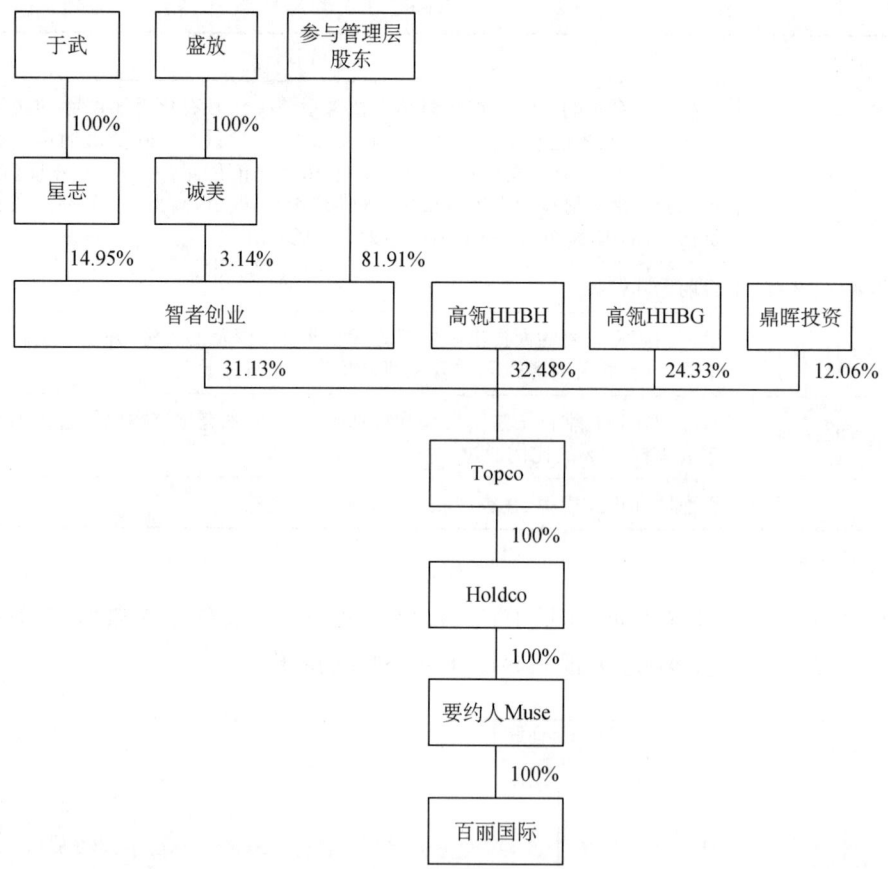

图4.3-2 百丽国际私有化时股权架构

资料来源：百丽国际与Muse Holding-B Inc.联合公告。

出资142.8亿港币，鼎晖投资现金出资30.31亿港币，剩下的约280亿港币为Holdco将其所持Muse股权全部质押给美国银行融资所得，同时，Muse将所持百丽国际全部股份作为该融资的担保。由此，公司管理层股东间接持有百丽国际31.13%的股权，高瓴旗下两家公司HHBH和HHBG分别持有32.48%、24.33%的股份，高瓴因此成为百丽国际的控股股东，取得控股权。鼎晖投资旗下公司SCBL持有其余12.06%的股份。和传统的MBO中管理层掌握话语权，金融资本仅作为资金支持不同，在私有化百丽国际的过程中，高瓴作为金融资本主导了整个并购，并且实际控制了私有化后百丽国际的经营和公司治理。

如图4.3-3所示，私有化后，高瓴再次调整百丽国际的股权结构，将Topco、Holdco、Muse分别调整为Muse Holdings、Muse M和Muse B，智者创业、高瓴、鼎晖投资等在Muse Holdings层面持股。调整后，智者创业对Muse Holdings的持股比例达到46.36%，成为私有化后的百丽国际的第一大股东，高瓴旗下公司HHBH持有44.48%的股份，鼎晖投资旗下公司SCBL持有9.16%的股份。

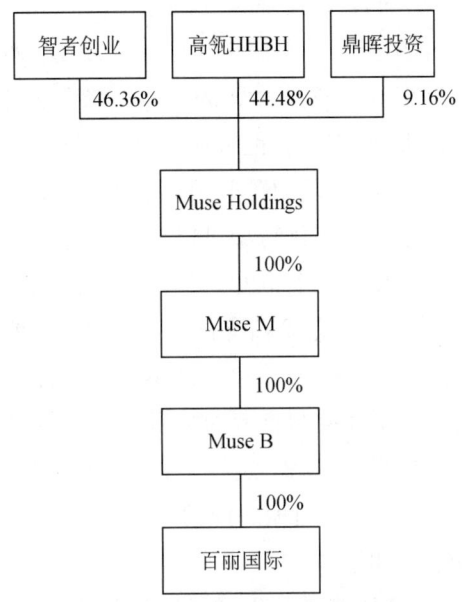

图 4.3-3 百丽国际私有化后股权架构

资料来源:百丽国际时尚招股说明书。

四、变现之路:资产分拆与二次上市

高瓴资本的实际控制人[1]多次在线上线下公开场合表示对于这笔投资的希望和理想是坚持长期结构性的价值投资,即在借鉴格雷厄姆和巴菲特投资理论的前提下,随时代变化不断更新原有的投资观念,用发展的眼光发现企业的价值和成长可能性,而非机械地长期持有、机械地寻找低估值的企业。在《价值》一书中,张磊也提道:"我们所理解的价值投资,不仅仅要看到生意的宿命论,还要关注创业者的主观能动性,关注环境、生态的变化,这些都会改变生意的属性。因此,价值投资的前提是对公司进行长期的、动态的估值,寻找持续创造价值的确定性因素";"在他的投资哲学中,长期结构性价值投资的最终目的是创造价值,即与企业合作共赢,在不断颠覆自身,重塑产业中持续创造企业与社会的价值,从中获得收益,是投资机构与企业、市场间的一场正和游戏"。

高瓴在接手百丽国际后,进行了一系列的改革措施,如分拆上市、降本增效、数字化转型和品牌收购等,这些措施在一定程度上帮助百丽国际改善了经营状况。任何资本运营的最终目的是为投资者取得应有的回报,为了达成资本运营的目标,高瓴必须要通过一系列的操作来获得收益。高瓴作为投资机构,没有证据表明它采用 Berkshire Hathaway 的模式

---

[1] 我们对高瓴投资策略的引用均源于公开资料。

长期持有[1],而是在寻求适当的时机"变现"。由于高瓴资本联合鼎晖投资取得百丽国际的控制权,直接现金支出 173 亿港币,并举债 280 亿港币,因此,对百丽国际进行改造,并择时变现,应该是高瓴资本斥巨资介入这项并购的动因。张磊也在《价值》[2]一书中提到,投资百丽国际是一笔"三倍回报"的交易。他解释了这一预期的三个主要原因:首先,交易价格便宜,有一定的套利空间。其次,运动鞋服销售业务是优质资产,但被女鞋业务拖累,分拆后价值巨大。最后,传统业务数字化转型可以提升业务价。很显然,百丽国际这种规格、体量的企业,很难在 IPO 之外寻找到合适的买家,自百丽国际被收购、退市之日起,高瓴就将重新上市作为其战略目标。[3] 完成私有化后,百丽国际就迅速进行了重组,拆分为百丽时尚和滔搏国际两个独立的集团公司,将传统鞋类业务注入百丽时尚、运动鞋服板块注入滔搏国际。因此,高瓴在收购并控制百丽国际后,通过一系列举措来增加提升百丽国际的价值,从而以上市、分红方式获取投资收益。具体表现如下:关闭低效门店、重整滔博体育的分拆上市、大幅举债、巨额分红、百丽时尚的再上市申请等。

(一)资源整合与关闭低效门店

高瓴对于百丽国际的改造主要基于线上和线下的渠道整合,打造了全渠道的零售网络。如表 4.3-2 所示,2019 财年至 2022 财年,百丽时尚的营业收入从 201.14 亿元小幅上升到 230.6 亿元后,又回落至 192.1 亿元,较上一年下降超 16%。净利润和净利润率也呈现相同的变化,仅在 2023 年前 9 个月有一定回升。我们翻阅 2015 财年和 2016 财年百丽国际退市前发布的年报发现,即使在公司经营业绩下滑严重的情况下,百丽国际全年营业收入分别为 407.9 亿元和 417.07 亿元,净利润分别为 29.45 亿元和 24.16 亿元,净利率约为 7.2% 和 5.8%,和百丽时尚 2022 财年 6.5% 的净利率相差无几。在数智化转型过程中,百丽时尚线上渠道的营业收入却依然呈下滑趋势,2021 财年线上渠道营业收入为 55.37 亿元,2022 财年跌至 52.03 亿元,同比跌幅约 6%。可见,在 7 年的私有化历程中,不论是业务规模还是经营绩效,百丽时尚均未能实现较大的突破。

在张磊看来,拥有两万家直营门店线下流量入口的百丽时尚,每日进店人数有 600 多万人,如果以互联网的概念量化,相当于 600 万 DAU(日活跃用户),这放在互联网企业中都能排在前列。因此,高瓴在重塑百丽时尚的过程中,十分看重线上线下的转换。如表 4.3-2 所示,对比公司线上和线下的收入占比不难发现,线上渠道的发展依然较为缓慢,营业收入占比以 2019 财年到 2023 财年的前三季度仅上升约 11 个百分点,这一占比远低于线下渠道在调整后依然具有的 72% 的比重。可见,公司目前布局的重点仍然是线下门店。

---

[1] Birkshire Hathaway 的收购,大致为两种模式,一是财务性收购,持股股票,择机出售,如比亚迪、苹果、美国银行、可口可乐等,平均在持有 10 年左右后开始减持。二是全面收购、标的公司退市、并入 Birkshire Hathaway 的财务报表。后者通常没有退出时间表。
[2] 《价值》出版时间为 2020 年 9 月 2 日。
[3] 2019 年 10 月 21 日,第六届世界互联网大会"产业数字化论坛"在乌镇召开。作为本次论坛的协办方,高瓴资本创始人兼 CEO 张磊做了开场致辞,并向大家汇报:"在高瓴投资百丽国际将近 3 年后,百丽运动业务已经取得辉煌的成绩,并在香港分拆重新上市,现在市值已经远远超过当时收购的全部市值。"

表4.3-2　百丽时尚[1]2019—2023财年前三季度线上和线下渠道产品营业收入情况

项目	FY2019	FY2020	FY2021	FY2022	FY2023前三季度
产品营收（百万元）	20 114.3	21 737.2	23 509.7	19 210.3	16 112.0
其中:线下渠道	16 813.4	17 057.0	17 973.1	14 007.0	11 651.9
线下渠道占比	83.59%	78.47%	76.45%	72.91%	72.32%
其中:线上渠道	3 300.9	4 680.2	5 536.6	5 203.3	4 460.1
线上渠道占比	16.41%	21.53%	23.55%	27.09%	27.68%

数据来源:百丽时尚招股说明书。

然而，根据披露，近年来非传统百货公司的客流增长分散了部分百货商场的客流，因此，出于渠道组合优化调整的目的，公司相应调整线下门店的分布，计划减少百货商场的门店数，增加购物中心和奥特莱斯的门店数。如表4.3-3所示，2021财年至2023财年的前三季度，百货商场的门店数从6 030家下跌至5 187家。但实际上，在百货商场门店数量减少的同时，购物中心和奥特莱斯门店的数量却同样从2021财年的3 358家下降至2023财年前三季度的3 174家，门店总数从9 388家下滑到8 361家，线下渠道营业收入也随之减少至2022财年的140.07亿元。

表4.3-3　百丽时尚2021—2023财年前三季度门店数量变动情况　　　　单位:家

项目	FY2021	FY2022	FY2023前三季度
期初	9 429	9 388	9 003
其中:百货商场	6 469	6 030	5 626
购物中心及其他	2 960	3 358	3 377
新店开设	1 153	683	436
其中:百货商场	262	156	130
购物中心及其他	891	527	306
关闭门店	1 194	1 068	1 078
其中:百货商场	701	560	569
购物中心及其他	493	508	509
期末	9 388	9 003	8 361
其中:百货商场	6 030	5 626	5 187
购物中心及其他	3 358	3 377	3 174

数据来源:百丽时尚招股说明书。

[1] 百丽国际、百丽时尚的财政年度为当年3月1日至次年2月28(29)日，下同。

在数智化时代,因为各种形式的网上购物(从淘宝的 C2C 到京东的 B2C,再到抖音的主播带货)的深度渗透,所以线下门店的效率大幅度降低,关闭大量低效线下门店,更多的是为了去除不良资产,提升公司的自由现金流等财务指标,从而提升企业估值。

(二)分拆优质资产与滔搏上市

在百丽国际私有化前,集团业务由鞋类业务和运动、服饰业务两大分部构成,其中运动、服饰业务以经销代理为主,包括:耐克(Nike)、阿迪达斯(Adidas)两个一线运动品牌和 PUMA、Converse 等二线运动品牌,以及服装品牌 moussy、SLY 等,是中国最大的运动鞋服零售商。运动业务支线由百丽国际旗下的体育子公司滔搏国际自 20 世纪 90 年代起经营。随着体育文化的兴起,滔搏国际到 2004 年已经成为国内最大的耐克合作经销商,此后的 2012 年也成为阿迪达斯在中国最大的零售运营合作伙伴。自 2010 年起,滔搏国际拓展了户外和运动时尚品类业务,并且逐步探索与开拓体育用品多品牌集合店经营模式,先后创建了 TOPSPORTS 运动城、TOPSPORTS 多品店、TOPSNEAKER 潮流集合店等。如图 4.3-4 所示,2013 财年,运动、服饰业务的业务营业收入为 166.75 亿元,至 2016 年已增长至 227.47 亿元。图 4.3-5 为百丽国际在 2013—2016 财年的鞋类和运动、服饰业务收入占比,运动、服饰业务在集团业务营业收入中的占比连续增长,至 2016 财年占比 54.5%,首次超过鞋类业务。鞋类业务的营业收入占比则首度跌破 50%,发展疲态尽显。

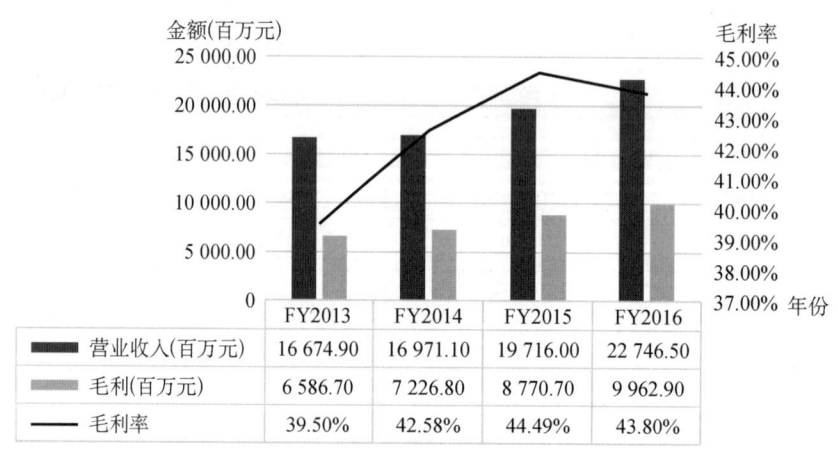

图 4.3-4　百丽国际 2013—2016 财年运动、服饰业务营业收入情况

数据来源:百丽国际年报。

因此,高瓴在 2017 年并购百丽国际后,关注到了这一部分极具发展潜力的优质资产,将鞋类板块和运动、服饰板块进行拆分,将鞋类业务注入百丽时尚,将运动鞋服板块合并注入滔搏国际。此后,滔搏国际实施多元化战略,一方面,深化与耐克、阿迪达斯的合作,根据滔搏国际的招股说明书,2016 年至 2019 年前 3 个月,主力品牌的销售收入占总销售收入的比重在 90% 上下波动。另一方面,为了满足不同类型消费者群体的需求,滔搏国际不断扩展国际著名品牌组合,共获得 12 个国际运动户外品牌的经销权,除了两大主力品牌,还包

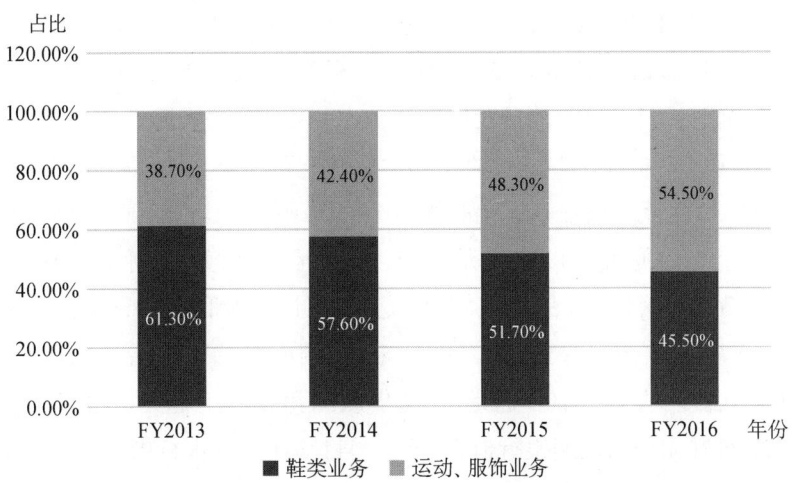

图 4.3-5　百丽国际 2013—2016 财年鞋类和运动、服饰业务收入占比

数据来源：百丽国际年报。

括彪马、匡威、北面、锐步和斯凯奇等品牌在内，并与这些品牌达成长期稳定的合作关系。除了单一合作品牌门店，公司开拓自有门店品牌、经营多品牌门店。2018 年，滔搏国际收购 FOSS 品牌后和 Topsports 共同以自有品牌经营，推动运动鞋服业务的年轻化和潮流化。

如表 4.3-4 所示，在分拆百丽国际的运动鞋服业务后，滔搏国际发展迅速。2017 财年，公司的营业收入为 265.5 亿元，2018 财年更是升至 325.64 亿元，成为中国最大的运动鞋服零售商，占有 15.9% 的市场份额，净利润也达到近 22 亿元。至 2019 年年初，滔搏国际在国内的直营门店已扩张至 8 372 家，即 8 317 家单一品牌门店和 55 家多品牌门店。2019 年 10 月，滔搏国际在香港联合交易所成功上市，发行价为每股 8.5 港币，总市值约为 574 亿港币，已经超过 2017 年百丽国际私有化退市时的 531 亿港币市值[1]。

表 4.3-4　　　　　滔搏国际 2016—2019 财年第一季度营业收入和净利润　　　　单位：百万元

项目	FY2016	FY2017	FY2018	FY2019 第一季度
营业收入	21 690.3	26 549.9	32 564.4	8 937.1
净利润	1 317.3	1 436.0	2 199.8	736.7

数据来源：滔搏国际年报[2]。

（三）募资还债与二次上市

张磊曾感叹道："我从未见过一家失败的企业像百丽一样，账上躺着几十亿的现金流。"2019—2021 财年，百丽时尚向其当时的股东百丽国际分别宣派了 70 亿元、42.28 亿元和

---

[1] 2020 年，由高瓴实际控制的百丽体育以 10.5 港币/股的价格向美林（亚太）有限公司协议转让了其持有滔搏国际约 2.77 亿股股份，获现约 29 亿港币。2025 年 1 月 20 日，滔搏国际的市值为 180 亿港币。
[2] 滔搏国际的财政年度为当年 3 月 1 日至次年 2 月 28(29) 日。

20亿元股息，2022财年和2023财年前三季度向公司现股东Belle Brands宣派股息共40亿元，近5年内累计宣派股息约为172.28亿元。根据高瓴旗下公司HHBH的持股比例44.48%和鼎晖旗下公司SCBL的持股比例9.16%，两家公司实际获取的现金股利数额分别为76.63亿元和15.78亿元。相比之下，公司2019财年至2023财年前三季度累计实现净利润约为103.32亿元。而在私有化前的2014—2016财年，百丽国际经营活动产生的现金净增加分别为54.44亿元、51.43亿元和43.91亿元，累计实现净利润101.12亿元，宣派股息分别为49.76亿元、18.56亿元和15.18亿元，累计宣派股息83.5亿元。

如表4.3-5所示，截至2023财年三季度末，百丽时尚的银行借款总计约为47.98亿元，其中短期借款合计约为25.08亿元，长期借款约为22.91亿元。根据披露，公司截至2020年2月29日并无任何短期银行借款，即公司目前所有的银行借款均产生于私有化后。同时，公司近年来的银行借款体现出"借新还旧"的特征，即以新借入的银行存款弥补之前产生的债务。2021财年，公司偿还借款10亿元，同时新增借款约为30.77亿元；2022财年，公司偿还借款约为34.29亿元，同期新增借款约为46.11亿元；2023年前三季度，公司偿还借款约为40.10亿元，同期新增约为35.56亿元的借款。相比之下，2014财年和2015财年，百丽国际的银行借款为27.05亿元和3.36亿元，并于2017年2月28日，即2016财年结束前全部还清。

表4.3-5　百丽时尚及同行业公司2019—2023财年前三季度有息负债/总资产比率

公司名	FY2019	FY2020	FY2021	FY2022	FY2023前三季度
百丽时尚	9.57%	14.97%	33.23%	41.69%	39.06%
奥康国际	0	0	1.34%	7.68%	7.86%
李宁	7.13%	7.19%	4.44%	3.53%	—
安踏体育	26.85%	32.67%	29.23%	29.81%	—

数据来源：公司招股说明书和年报。

如表4.3-6、表4.3-7所示，大幅举债的一个表现如下：百丽时尚近年来的经营活动现金流虽然每年均能实现净流入，但仍然难以完全覆盖融资活动所产生的现金流出。例如，根据公司在招股说明书中披露的现金流量表，2021财年公司的经营活动现金净流入约为45.20亿元，融资活动的现金净流出则约为53.38亿元，产生了8亿多元的现金流缺口。同样的情况也发生在2023财年前三季度，在此期间公司的经营活动现金净流入约为28.84亿元，同期的融资活动净流出高达35.86亿元。大额债务的另一个表现是公司居高不下的资产负债率。以有息负债为口径计算资产负债率，2021财年和2022财年，百丽时尚的资产负债率为33.23%和41.69%，2023财年前三季度此数据虽然有所下降，但仍有39.06%。对比同行业的奥康、李宁和安踏等企业，百丽时尚的债务压力可以说是居于行业高位，而在私有化前的2013—2016财年，以全口径计算的百丽国际的资产负债率最高仅为

22.79%。此外,2019—2021 财年公司的流动比率均低于 1,相比于私有化前的 2013—2016 财年明显降低。

表 4.3-6　　　　　　百丽时尚 2019—2023 财年前三季度流动比率

项目	FY2019	FY2020	FY2021	FY2022	FY2023 前三季度
流动比率	0.97	0.79	0.88	1.12	1.26

数据来源:百丽时尚招股说明书。

表 4.3-7　　　　　　百丽国际 2013—2016 财年资产负债率和流动比率

项目	FY2013	FY2014	FY2015	FY2016
资产负债率	18.70%	22.79%	18.58%	16.13%
流动比率	3.55	2.89	3.64	4.36

数据来源:百丽国际年报。

这一做法或许与 2017 年百丽国际私有化退市时的收购条件有关。私有化时,百丽国际的市值约为 531 亿港币,其中要约收购规模为 453.11 亿港币。作为第一、第二大股东的高瓴和鼎晖投资提供了共计 173.11 亿港币的现金投资,余下的 280 亿港币则为美国银行提供的借款融资。根据百丽时尚的招股说明书,截至 2024 年 3 月 1 日,该笔债务已悉数偿还。截至 2024 年 1 月 31 日,百丽时尚仍有近 48 亿元的银行贷款,同期的银行结余及现金却仅有约 22.56 亿元,公司的偿债压力依然较大。

百丽国际私有化退市 5 年后,其下属集团公司百丽时尚在 2022 年 3 月曾申请在香港联合交易所上市,并且公司在其招股说明书中说明,偿还银行借款被列于募资用途的首位。查阅香港联合交易所网站发现,递交以招股说明书"失效"告终。公司在更新招股说明书后,于 2024 年 3 月 1 日再次递交申请。在收购百丽国际后,通过分拆上市,高瓴对百丽的投资变成理论上可以流通、变现的股权投资,这与巴菲特的 Birkshire-Hathaway 的并购后逻辑并不一致。

(四)高瓴的获利路径

作为金融资本,高瓴主导了对百丽国际的私有化。仅就运动鞋服这一业务支线而言,滔搏国际上市后,公司控股股东曾多次减持。根据披露,2020 年,也就是滔搏国际上市后的第 2 年,由高瓴实际控制的百丽体育以 10.5 港元/股的价格向美林(亚太)有限公司协议转让了其持有滔搏国际约 2.77 亿股股份,占总股本的 4.46%,获现约为 29 亿港币,高瓴的持股份额也从 37.8%降至 34.9%。当日,滔搏国际的市值从约 646 亿港币迅速跌落至约 623 亿港币,高瓴占有约 217 亿港币的市值。此外,2020 年滔搏国际向其股东宣派股息 39.69 亿元,不考虑税收的影响,高瓴按其持股比例计算约为 13.8 亿元。换言之,在暂不考虑百丽时尚及其鞋类业务的情况下,2020 年高瓴对滔搏国际的投资余额市值、转让所得、分红等,合计约为 260 亿元,已经远高于其私有化百丽国际时的现金成本,即 142.8 亿港币,而百丽时尚仍处于 IPO 的准备阶段。高瓴 2020 年从滔搏国际获利项目和金额见表 4.3-8。

表 4.3-8 高瓴 2020 年从滔搏国际获利项目和金额

项目	转让价格（港币/股）	转让股数（亿股）	总额	持股比例	获利金额
转让滔搏国际股份	10.5	2.77	—	—	29 亿港币
滔搏国际市值	—	—	623 亿港币	34.9%	217 亿港币
滔搏国际分派股息	—	—	39.69 亿元		13.8 亿元

数据来源：滔搏国际年报和公告、wind。

五、并购逻辑：从产业引领到套利驱动

根据公开资料，高瓴宣称与 Berkshire Hathaway 一样有着实现价值投资的愿景，希望这次收购也能成为"时间的朋友"[1]。在募资方式上，Berkshire Hathaway 在上市后不再面向社会公众进行募资，且公司账面上总是有巨额的现金[2]，Berkshire Hathaway 的大额收购通常都是使用自有现金进行，没有到期清算的压力。

我们所定义的套利驱动并购，是指由包括产业并购基金等在内的金融资本主导，旨在获取价值低估的公司的控制权，并在合适的时间点进行交易，从而获取收益。通常，一只产业并购基金的锁定期为 6 年左右，一般不会超过 10 年。也就是说，一只并购基金主导的并购交易，需要在 6 年左右的时间里变现出场，而不是做"时间的朋友"或有"耐心"的投资。当一项并购交易是将 6 年或一个相对明确、较短的日期作为期限，则并购方对被并购企业是以短期变现为导向。在 KKR 并购 RJR 的事例中，RJR 公司在被 KKR 并购后，没有证据表明，公司价值提升了。在金融资本主导的并购事件中，金融资本本身与被并购对象之间不存在直接的、产业上的资源联合效应等；虽然产业并购基金一直在宣传他们的投资理念，如围绕产业链进行并购整合，但在并购方与被并购方之间很难形成直接且真正的资源联合效应，因此，传统的并购效应理论难以有效解释金融资本主导的并购活动。

与刘峰等（2022）的思路一致，我们以套利驱动来重新解释那些由金融资本主导的、以价值低估公司为标的、旨在获取短期收益的企业并购活动。我们所定义的套利驱动的并购，存在以下特征：

——被并购方是被运营健康、暂时低估的优质资产；

---

[1] 参考资料：张磊《价值》。
[2] 在 Birkshire Hathaway 2023 年年报中，现金（Cash and cash equivalents）、美国政府国库券（Short-term investments in US Treasury Bills）、债券投资（Investments in fixed maturity securities）、股票投资（Investments in equity securities）等四项合计为 5 408.91 亿美元；2024 年 2 月，巴菲特在致股东的一封信中宣称，BRK 公司现金储备为 3 342 亿美元。

——并购方是金融资本,且具体执行的都是存续期有限基金。它们与并购标的之间不存在或很难存在资源联合效应;

——并购方采取的并购形式通常是现金收购。由于并购产业基金等通常不是公开发行股票的上市公司,收购方式只能选择以现金为主要的交易对价支付手段;

——并购方会择时变现标的公司,所采取的方式包括:标的公司并购退市后,再度上市;关闭被并购方低效资产;通过私下协议等方式,转让标的公司股权;变卖标的公司资产;标的公司分红;其他可能的关联方资金占用。

在高瓴收购百丽国际的案例中,高瓴认为,百丽是一家被低估的公司,且运营健康,账面上有数十亿元现金储备;高瓴联合鼎晖资本实施对百丽国际的收购,主要交易对价都是通过现金支付的,如银行贷款支付;高瓴对百丽国际收购后的变现方式采用的方式如下:根据业务属性,将百丽原先的业务分为滔博体育(主营体育运动类产品)和百丽国际(以女鞋为主的时尚类产品),滔博体育上市,百丽国际第二轮申请在香港联合交易所上市;协议转让滔博体育的部分股权;持续现金分红。

无论是产业驱动还是套利驱动,都只是对目前市场上大量发生的并购现象的一种特征归纳,它们本身不包含价值判断。上述推论如果能够成立,它们对关于并购的理论研究,会提出新的研究命题与假设。

首先,传统的并购动因、效果的理论,如 Jensen 和 Meckling(1976)在继承前人观点的基础上,提出的控制权市场理论等理论,都是以管理层和股东长期经营企业、追求长期价值最大化为前提假设。套利并购的目标变成了规定期限内实现套利资本利润的最大化及资本的顺利退出。当企业的目标或财务目标转换为资本价值最大化且更加短期后,其对企业的融资、投资行为都会产生系统性影响。例如,过去的优序融资理论是以管理层和股东长期经营企业、追求长期价值最大化为前提假设。金融资本主导的套利并购因为目标的不同,企业的投资和融资行为将很难再匹配传统的优序融资理论。虽然优序融资理论可能仍然存在,但是很有可能主体从企业变成了背后的控制方。

其次,伴随着数智化带来的信息平权与市场平权,通过大数据分析等手段发现市场偏误和错误定价的机会越来越多。再加上更加宽松的融资环境,套利性的并购活动越来越多,产业基金或类似权益资本主导的"套利并购"出现,数智化的公司投资行为也趋于金融化。

最后,对于被并标的来说,新的控制方只求在规定期限内完成盈利与退出,必然不会过分关注被并购方的长期发展,这也需要我们重新关注并购绩效。

(刘　峰　屠雨泽　詹昀菲)

参考文献

[1] 陈仕华,王雅茹.企业并购依赖的缘由和后果:基于知识基础理论和成长压力理论的研究[J].管理世界,2022,38(05):156-175.

[2] 姜付秀,张敏,刘志彪.并购还是自行投资:中国上市公司扩张方式选择研究[J].世界经济,2008(8):77-84.

[3] 雷建波.国有企业资产剥离及其绩效研究[J].财会月刊,2015(2):53-56.

[4] 李增泉,余谦,王晓坤.掏空、支持与并购重组:来自我国上市公司的经验证据[J].经济研究,2005(1):95-105.

[5] 刘峰,苏雅拉巴特尔,郭婷.数智时代的财务与会计(Ⅱ):产业引领 VS 资本驱动:以共享单车案例为例[J].当代会计评论,2022,15(2):158-170.

[6] 刘峰,袁红,苏雅拉巴特尔等.再论财务报告的目标:兼评《企业数据资源相关会计处理暂行规定》[J].会计研究,2023(4):3-15.

[7] 任自力.管理层收购 MBO 的法律困境与出路[M].北京:法律出版社,2005.

[8] 张磊.价值[M].杭州:浙江教育出版社,2020.

[9] 张双鹏,周建.企业并购战略的决策动因述评:从理性预期到行为研究[J].外国经济与管理,2018,40(10):107-121.

[10] 郑嘉义,王建伟.深市公司并购重组情况及绩效分析[J].证券市场导报,2020(11):62-67.

[11] Ahuja G, Katila R. Technological acquisitions and the innovation performance of acquiring firms: A longitudinal study[J]. Strategic Management Journal, 2001, 22(3): 197-220.

[12] Anders G. Merchants of debt: KKR and the mortgaging of American business[M]. Beard Books, 2002.

[13] Banerjee A, Eckard E W. Are mega-mergers anticompetitive? Evidence from the first great merger wave[J]. The Rand Journal of Economics, 1998(1): 803-827.

[14] Barney J. Firm resources and sustained competitive advantage[J]. Journal of Management, 1991, 17(1): 99-120.

[15] Coase R H. The Nature of the Firm[M]. The Roots of Logistics. Berlin: Springer, 2012.

[16] Comanor W S. Vertical mergers, market powers, and the antitrust laws[J]. American Economic Review, 1967, 57(2): 254-265.

[17] Genesove D, Mullin W P. Testing static oligopoly models: Conduct and costing the sugar industry, 1890-1914[J]. The RAND Journal of Economics, 1998, 29(2): 355-377.

[18] Hussinger, K. Absorptive. Capacity and post-acquisitionventor productivity[J]. The Journal of Technology Transfer, 2012, 37(4): 490-507.

[19] Jensen M C, Meckling W H. Theory of the firm: Managerial behavior, agency costs and ownership structure[J]. Journal of Financial Economics, 1976, 3(4): 305-360.

[20] Jensen M C, Ruback R S. The market for corporate control: The scientific evidence[J]. Journal of Financial Economics, 1983, 11(1-4): 5-50.

[21] Kaplan S. The effects of management buyouts on operating performance and value[J]. Journal of Financial Economics, 1989, 24(2): 217-254.

[22] Meyer K E, Wright M, Pruthi S. Managing knowledge in foreign entry strategies: a resource-based analysis[J]. Strategic Management Journal, 2009, 30(5): 557-574.

[23] Shleifer A, Vishny R W. Stock market driven acquisitions. Journal of Financial Economics, 2003,

70(3):295-311.

[24] Stigler G J. Monopoly and oligopoly by merger[J]. The American Economic Review,1950,40(2):23-34.

[25] Tutuncu L. Earnings management and performance of management buyouts[J]. Managerial Finance,2019,45(10/11):1363-1381.

[26] Zhao X. Technological innovation and acquisitions[J]. Management Science,2009,55(7):1170-1183.

4.4 数智化与并购角色的转变：产能为什么难寻买家？

一、引言

"发展新能源汽车是我国从汽车大国迈向汽车强国的必由之路，要加大研发力度，认真研究市场，用好用活政策，开发适应各种需求的产品。使之成为一个强劲的增长点"[1]。之后一系列鼓励新能源汽车发展的产业政策相继出台，新能源汽车产业迎来爆发式增长。2014年被业界定义为新能源汽车商业化元年[2]。

2009年，节能与新能源汽车推广试点工作会议在北京召开，会议在强调推动汽车产业整体发展的同时，推进新能源汽车的发展政策；2010年，国务院批准《关于扩大节能与新能源汽车示范推广的请示》（财建〔2010〕41号），通过新能源的财政补贴，推动新能源车的发展；从2012年开始，对新能源车免征车船税；部分城市汽车牌照开放对新能源车绿牌发放。进入2014年后，除了国家多方面的政策支持，特斯拉公司还宣布，开放全部特斯拉的专利。在一系列国内政策、国际市场环境利好等的推动下，新能源汽车企业纷纷成立。

随着数智化时代的到来，新兴技术进步、全球化资源整合、资本市场支持和创新创业环境的优化，尤其是专有知识通用化，使得新公司能够在较短时间内突破传统的行业进入壁垒，快速进入一个工业化时代难以进入的、高准入门槛行业，推动了传统行业快速发展。汽车制造业从19世纪末20世纪初快速发展，到20世纪中期形成了多家企业寡头垄断的均衡，德国、美国、日本各有三家大型车企占据各自市场的主要份额，企业行业的进入门槛不断抬高[3]。自2014年起，受政策推动、特斯拉开放专利等的影响，蔚来、小鹏、理想、哪吒等新能源汽车企业快速发展，并迅速占领市场，为汽车行业带来新思想、新思维、新技术，"蔚小理"和他们所代表的一批新能源汽车初创企业被称为"造车新势力"，以区别于传统汽

---

[1] https://www.gov.cn/xinwen/2014-06/10/content_2697583.htm。

[2] 很难明确界定新能源汽车元年最早的出处。我们在google搜索输入"2014新能源汽车元年"等字样，会出现多个相关页面，其中，不完全检索指向2014年2月12日人民网财经的"2014或成新能源汽车爆发元年"（http://energy.people.com.cn/n/2014/0212/c71890-24330984.html）。

[3] 1997年，李书福开始尝试造车。他提出，汽车就是"四个轮子加两个沙发"来消解汽车制造过程的种种难题；即便如此，相关部门还是没有给吉利发放许可证，理由是：造成成本高、风险大。参见"李书福：让中国汽车跑遍全球"，《经济日报》2018年12月17日（http://www.ce.cn/xwzx/gnsz/gdxw/201812/17/t20181217_31046458.shtml）。

车企业。面对新能源汽车迅猛发展的趋势,传统车企积极应对变革,实现快速转型。比亚迪、吉利、奇瑞、长安、上汽、广汽等自主品牌也在快速转型,开始生产以电池为主的新能源汽车,如比亚迪最初只是一家电池制造企业,2003年收购秦川汽车后进入电动汽车生产赛道,并于2008年发布第一款双模电车F3DM、2011年发布第一款纯电动汽车E6,逐步实现从传统汽车制造商到新能源汽车企业的转型。

2024年全球新能源汽车销量为1 823.6万辆,我国新能源汽车销量占比超过70%。我国新能源汽车的市场容量足够大,能够带动更多的厂商进入新能源汽车制造领域。截至2024年7月,我国新能源汽车概念上市企业总数达到786家[1];天眼查数据显示,截至2021年9月,我国新能源汽车制造厂家为198家,其中,超过150家在2018—2020年注册[2]。

由于技术瓶颈、成本压力、管理不善、战略规划失败、补贴政策退坡等原因,许多造车新势力、传统车企、外资企业先后陷入困境,甚至破产退出,其中不乏盛极一时、备受关注的高合汽车、威马汽车、宝能汽车、雷丁汽车、爱驰汽车、极越汽车等。在企业发展历程中,并购是企业扩大规模、提升竞争力所常见的方法。斯蒂格勒(1950)在总结美国早期大企业发展史后评论道,大企业都是通过并购发展起来的。早期的通用汽车、福特汽车等,都通过并购多家汽车企业而快速发展、壮大;甚至当沃尔沃陷入困境后,美国的福特汽车、我国的吉利汽车都先后收购沃尔沃。当新能源汽车企业陷入困境时,很难得到投资者注资或收购,从而无法有效地利用其产能,造成社会财富的浪费。仅依靠传统并购方式扩大产能、缺乏自主研发能力的新能源车企,以及即便具有一定研发优势、交付一定数量的汽车、初步形成市场品牌声誉的新能源车企,也并没有得到投资者的过多关注。例如,累计已经交付约10 000辆新能源车、定位高端的高合汽车,自2023年起就传出资金链问题,一直到2024年年底,企业仍然缺乏资金,危机尚未解除。

纵观我国新能源汽车领域发展脉络,一个初步的推测如下:在数智化时代,新能源汽车企业产能扩张模式正在逐渐重塑。对于传统汽车厂商而言,通过并购可以快速获取现有的生产设施、管理和技术团队、供应链资源,以及一个被市场认可的品牌,迅速进入新的地区或细分市场,从而快速实现产能扩张。但是在数智化时代,越来越多的新能源造车新势力选择自建产能、新创品牌,并迅速进入市场,这也造成了数智化时代新能源车企的产能、设备、品牌等难寻买家的现象。

为什么数智化时代新能源汽车制造商鲜见并购同业产能现象?在具体讨论可能的原因或市场机制特征之前,我们对我国市场发生的案例进行了探讨。

---

[1] 参见"2024年中国新能源汽车行业研究报告",资产信息网,2024年7月19日(https://zichanxinxi.com/news/4309/)。
[2] 参见"新能源汽车强国之路需要头部效应",《中国能源报》2021年10月11日(https://paper.people.com.cn/zgnyb/html/2021-10/11/content_25883277.htm)。

二、新能源汽车的产能：高合汽车的故事

尽管比亚迪在 2008 年就开始发布并推广电动车,直到 2014 年[1],大批新能源汽车厂家成立,新能源汽车的大规模市场化才真正展开。而随着特斯拉于 2016 年发布 Model 3,电动汽车家用化市场才被真正打开。这之后,电动汽车产能发展迅速。如图 4.4-1 所示,我国电动汽车产销量在 2023 年均突破了 1 200 万辆大关。

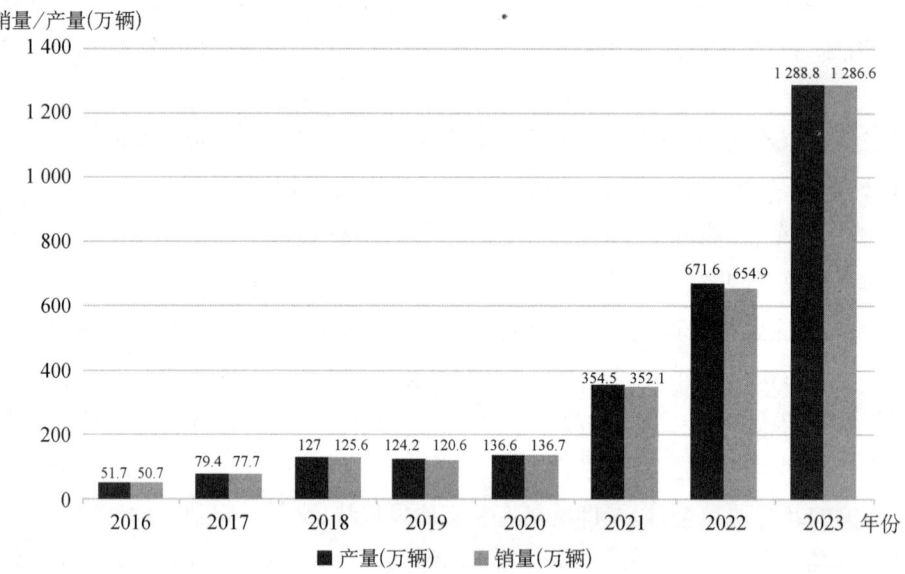

图 4.4-1　2016—2023 年我国电动汽车产销量

数据来源：汽车工业协会。

从 2023 年开始,特斯拉在中国市场率先开启价格战,宣布主力车型最多降价 3.6 万元。比亚迪随后高调宣布跟进,蔚来、小米、理想等新能源新势力,以及奔驰、宝马、奥迪等传统车企也纷纷加入。2024 年,价格战再次升级。当年 1 月,特斯拉宣布旗下车型最高下调 1.55 万元,当年 2 月,比亚迪直接喊出"电比油低",半个月内密集发布了十余款主力车型的荣耀版本,最大降幅超过 3 万元。在荣耀版推出后的 12 小时里,多家企业响应口号,如五菱星光 PLUS 宣布售价从 10.58 万元降至 9.98 万元,长安启源 A05 售价从 8.99 万元降至 7.89 万元,哪吒汽车旗下主力车型全系降价,最高降幅达 2.2 万元,深蓝汽车推出 SL03、S7 荣耀版,降价 1 万元。2024 年 4 月,小米 SU7 上市引发业界广泛关注,小鹏、问界、极氪、昊铂等企业采取降价或推出限时权益的竞争战略,一汽丰田、奇瑞、吉利、蔚来等

---

[1] 为什么 2014 年会被称为新能源汽车"元年"？现有解释如下：2014 年我国出台多项与新能源车相关的政策；特斯拉发布公告,开源相关专利 271 项,且要求所有使用了特斯拉开源专利的车企,它所引用特斯拉专利而产生的新专利,特斯拉有权使用。

企业推出置换补贴以吸引更多消费者。2024年7月,新能源品牌又开启新一轮降价"风暴",以应对燃油车的下架。

在这场愈演愈烈的价格战中,除了部分头部企业主动出击,不少企业为了摆脱困境,保住销量,被迫卷入这场竞争,一再压缩利润空间。现实往往更加残酷,压低价格保住销量的战略致使大部分新能源汽车面临亏损。2023年,虽然我国新能源汽车销售量同比增长36%,但是多数厂商的销量并未达到预期。根据公告,只有比亚迪、理想和岚图等几家企业实现了销售目标,极氪达到85%,小鹏达到71%,蔚来达到64%,哪吒仅达到43%,一些小厂商的销量更是惨淡。与此同时,根据各企业财报可以看出,即使是小鹏、蔚来这类属于第一梯队的新能源汽车企业,销售净利率始终未能转正。2023年,小鹏汽车净亏损为103.8亿元,亏损幅度同比增加13.6%。蔚来汽车净亏损为207.2亿元,亏损幅度同比增加43.5%,而理想汽车从2023年开始,销售净利率才开始回正。新能源汽车领域领头企业尚且如此,小厂商的生存更为艰难,迫切需要寻求新的发展转机。近些年来已有大量车企无法维持正常运营,进入破产重组阶段。"蔚小理"2018—2023年净利润见表4.4-1。

表4.4-1   "蔚小理"2018—2023年净利润

年份	净利润(亿元)		
	蔚来	小鹏	理想
2018	-96.39	-13.99	-15.32
2019	-114.13	-36.92	-24.38
2020	-53.04	-27.32	-1.52
2021	-40.2	-48.63	-3.22
2022	-144.37	-91.4	-20.3
2023	-207.2	-103.8	118.1

数据来源:各公司财报。

值得关注的是,当新能源汽车制造厂商出现经营困境、无法维持正常运营时,没有一家厂商能够以较高的溢价被收购。虽然威马汽车在2022年一整年卖了3万辆车,但公司陷入困境,2023年1月,香港上市公司APOLLO出行发布公告,拟以20.23亿美元收购威马汽车子公司。收购后,威马成为APOLLO出行最大的股东。2023年9月8日,APOLLO出行发布公告,终止收购协议。2023年10月,威马向上海市第三中级人民法院提交了预重整申请。2025年1月21日,威马汽车召开债权人会议,推进重整进展。

与威马汽车一波三折式的困境经历不同,多家已建立起初步的品牌效应、具备一定自主研发能力的新能源汽车,如拜腾汽车、雷丁汽车、恒驰汽车、奇点汽车、高合汽车等,在陷入财务困境后并没有得到投资者的关注,而是进入破产清算阶段,甚至退出市场。其中,高合汽车是这组企业中市场影响力、产品品牌力等都比较突出的。它的经历与威马汽车有点类似,我们以高合汽车为例,探究当前数智化时代,新能源汽车企业难寻买家的底层逻辑。

(一)高合汽车简况

高合汽车是中国华人运通旗下的高端智能电动汽车品牌,成立于 2017 年。

2019 年 7 月 31 日,高合汽车发布首款量产豪华智能 SUV Hi Phi X,定价约为 60 万～80 万元;2020 年 9 月正式交付;凭借前卫的设计、L3 级自动驾驶技术、智能网联和车路协同技术,高合汽车在高端电动车市场中树立了品牌形象;2021 年销量为 4 237 辆,是当时国产车定价最高、销量最高的车型。2022 年 8 月 26 日,高合汽车发布豪华智能轿车 Hi Phi Z,定价约为 50 万～60 万元。2023 年 7 月 15 日,高合汽车发布售价较为亲民的豪华智能车型 Hi Phi Y,定价约为 33 万～45 万元,销量未得到明显提升。

2024 年 2 月 18 日,高合汽车宣布停工停产 6 个月。

(二)高合汽车的市场定位

高合汽车的定位是高端新能源汽车制造商,售价高于市场上的其他新能源品牌,且因 50 万元以上的售价,高合汽车被市场定位为高端汽车。

根据媒体分析与讨论,支撑其高售价背后的市场价值可能体现在以下几个方面:

——独特的品牌调性与高端定位。高合汽车比照燃油车的市场细分,瞄准新能源车的高端、豪华市场。这使得高合汽车在竞争激烈的新能源汽车市场保持了一定的稀缺性和溢价能力,这是高合汽车能在产品上市初期稳居新能源汽车市场前列的重要原因,虽然年销量仅数千台,但其总销售额仍能达到每年数十亿元。

——创新的设计理念。高合汽车在外观和内饰设计上创新,打造出具有辨识度的车身造型和舒适、豪华、富有科技感的驾乘环境,并将尖端科技配置与奢华设计植入[1],提升了产品的科技含量和附加值,使得高合汽车与市场上其他大众品牌区分开来,如 Hi Phi Bot 数字机器人、Hi Phi Show 车舞模式、Hi Phi Play 场景卡等,同时,高合汽车搭载了一系列先进的智能驾驶辅助系统、智能互联功能,以及高性能的电动驱动系统,体现了产品的科技含量和附加值。

——优质的客户服务。豪车消费者对服务的期望普遍高于普通消费者。高合汽车为消费者提供了专属贴心服务,如提供更多专属客户服务和定制化选择,使消费者能够根据自己的喜好进行个性化配置,提供定制售后解决方案、长期质保等高品质服务,从而增加消费者对品牌的忠诚度和满意度等。

在数智化时代,任何可以通用化、没有专有知识门槛的竞争优势,都难以长期保持。在激烈的竞争压力下,市场逐渐萎缩,因为销量下滑、现金流断流,所以在 2024 年 2 月,高合宣布停工停产 6 个月,员工发放基本工资、延期发放工资等,并在市场积极寻求资本、可能

---

[1] 在新能源的设计中增加配置,"冰箱""沙发""彩电"等更大、更新;相比之下,特斯拉的 Model Y 被媒体戏称为"毛坯房"。

的并购。尽管媒体先后爆出长安汽车有可能收购、一汽或拯救、仰融及其所控制的 iAuto Group Inc 出手等[1]，实际上，到2024年年底，依然没有具体的收购方发起对高合汽车的收购。2024年8月初，在停工停产半年、没有实质性变化后，高合汽车母公司华人运通申请破产重整，江苏盐城经济技术开发去人民法院同意启动司法预重整。

高合汽车在市场销量下滑、现金流断流后，为什么在市场上不能寻找到合适的买家？或者说，高合汽车在市场上不具备并购潜力的现象，是一种孤例，还是具有普遍性？在对这一问题尝试给出分析之前，我们对包括特斯拉和小米在内的运行良好的电动车生产企业的发展道路进行了探讨。

三、新能源汽车的发展路径：自建产能

与传统汽车企业通过并购进行产能扩张的方式不同，新能源汽车企业多采取自建工厂的方式进行产能提升。其中代表性汽车企业：特斯拉、比亚迪、小米等，都是通过自建产能实现快速扩张。

特斯拉早期采取的模式类似于苹果公司，即关注设计与质量控制，将具体的车辆制造交由汽车生产商进行，例如，第一款车 Roadster 就是与英国 Lotus 公司合作[2]。马斯克在执掌特斯拉后，发现了其中的问题，特斯拉于2010年收购了位于美国加州佛蒙特、由通用汽车和丰田汽车联合设立的工厂，并进行大规模改造。之后，特斯拉没有再收购任何一家成熟的工厂，所有产能都是通过新建超级工厂来完成，特斯拉自2018年12月起相继建造了上海、柏林与德州三个超级工厂，其中，特斯拉上海超级工厂于2019年1月正式开工建设，2019年12月30日向15位员工交付15辆特斯拉 Model 3，标志着特斯拉上海超级工厂正式建成、进入量产阶段；公开资料显示，2021年，特斯拉上海超级工厂的交付量突破40万辆；2022年11月交付量达到100 291辆，单月交付超10万辆，理论产能超过100万辆。

我国新能源汽车厂商也是走类似路线。比亚迪公司在2021年的全年汽车交付量约为73万辆；2022年4月，比亚迪宣布停止燃油车制造，当年的汽车交付量超过186万辆，2023年这一数字是302万辆，2024年更是达到427万辆。2022—2024年净新增产能超过350万辆，比亚迪通过自建工厂来达成。没有关于比亚迪收购汽车制造产能的公开报道。

表4.4-2是部分新能源汽车企业自建工厂情况的列表。

---

[1] 自2024年2月起，各大财经、汽车类专业网站上先后出现对高合汽车可能被收购的多篇报道，甚至还出现了贾跃亭接手高合汽车的猜测。这里不一一引注。
[2] 该公司于2017年被吉利收购，目前在国内市场的名称为"武汉路特斯科技有限公司"，2024年2月在美国纳斯达克上市，代码（LOT）。

表 4.4-2　　　　　　　　　　部分新能源汽车企业自建工厂情况一览

品牌	工厂建设情况
比亚迪	国内市场：比亚迪从 2021 年起最新建设了郑州、济南、襄阳工厂、深汕合作区 欧洲市场：2023 年 12 月，比亚迪宣布将在匈牙利建立一家电动汽车工厂；2024 年 7 月，比亚迪宣布将在土耳其投资 10 亿美元建设一座年产能为 15 万辆的生产工厂
小米	小米汽车 2021 年 11 月落户北京经开区，分两期建设年产量 30 万辆的整车工厂（一期和二期产能分别为 15 万辆）。2023 年 9 月，小米汽车一期工厂主体已完工
特斯拉	上海超级工厂 2018 年 12 月动工，2019 年 12 月正式投产；柏林工厂 2019 年 11 月动工，2022 年 3 月投产；德州工厂 2020 年 7 月动工，2022 年 4 月投产
Lucid	2019 年，Lucid 建成亚利桑那工厂。2021 年 9 月，Lucid 在亚利桑那工厂开始生产 Lucid Air
Rivian	2023 年，Rivian 宣布其计划投资 50 亿美元在格鲁吉亚建设整车装配工厂，年产能将达到 40 万辆

数据来源：各公司财报。

2021 年 3 月，雷军在一次发布会上宣布造车；2021 年 9 月，小米汽车有限公司（以下简称"小米汽车"）成立，小米汽车是由小米香港公司（Xiaomi EV Limited）全资控股的有限责任公司。小米汽车的主要业务包括：新能源车整车制造；汽车整车及零部件的技术研发；电机及其控制系统研发；2023 年 11 月，小米 SU7 正式发布；2024 年 4 月，小米汽车首款车型小米 SU7 正式交付；2024 年全年交付 13.5 万辆。小米从开始造车到首款新车交付历时 3 年，且从开始造车起，就坚持自建工厂、不进行代工与收购的战略，并在 2021 年 11 月于北京经开区，分两期建设年产量 30 万辆的整车工厂（一期和二期产能分别为 15 万辆）。小米汽车发展历程见图 4.4-2。

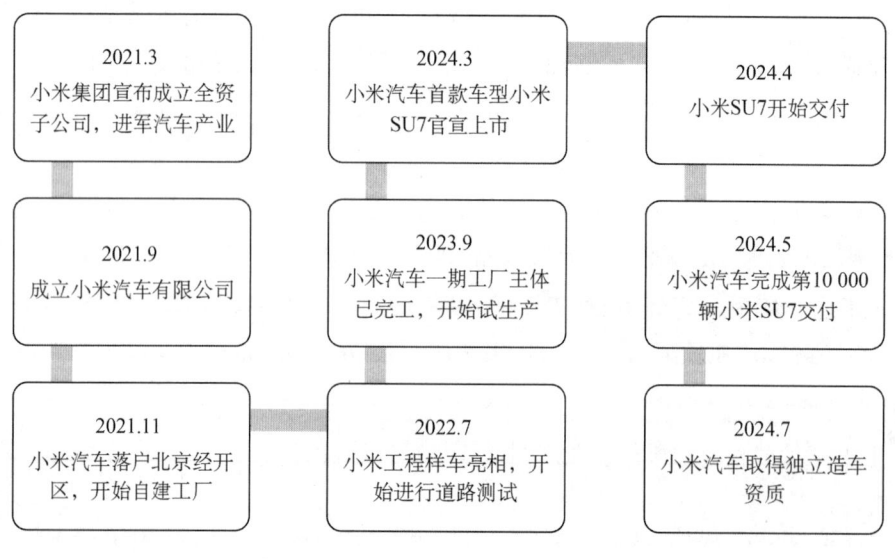

图 4.4-2　小米汽车发展历程

理论上,汽车制造过程复杂,车企需要经过长期打磨、试错后积累经营,才能造出品质优良的好车,汽车行业的新进入者所推出的第一款车,通常都会存在各种不足,从而受媒体批评,如我国的奇瑞、吉利、比亚迪等所推出的第一款车,以及丰田汽车在 1930 年推出的 A1 型轿车。根据传统的并购理论,汽车行业的新进入者应该通过并购来迅速获取汽车制造的专有知识/经验,缩减行业摸索、学习的周期,同时,通过并购获取一个行业里有一定认知度的品牌,也缩短了汽车进入市场的过程。这是工业化时代汽车企业常用的发展模式,如我国上海汽车、广州汽车等,都是以与德国、美国、日本等汽车制造企业合资方式,取得汽车制造、管理大型汽车制造企业等的"专有知识",上汽集团收购了英国的汽车品牌 Rover、MG(MorrisGarages)[1],不仅取得了相关技术,而且因为这两个品牌源自英国,且在欧洲有相应的市场基础,名爵成为上汽集团出口的主要品牌。

小米作为汽车制造行业的新进入者,没有收购成熟的汽车品牌,而是沿用小米品牌[2]。同时,小米自建工厂、自研设备等,在 3 年内完成了量产。2024 年 3 月 29 日,仅发售 24 小时的小米 SU7 售出 88 898 台[3];此后热度不减,2024 年全年交付约为 13.5 万辆[4]。小米 SU7 推向市场后,在多个专业评测机构的评测报告中都获得好评,如中保研汽车技术研究院有限公司、美国的 Motor Trend 等。

在我国市场上,2024 年销量排名前十的新能源汽车[5]中的"新势力"包括:理想、零跑、蔚来、小鹏,它们都陆续自研设备、自建产能,也自创品牌。每个新势力的公司宣传都强调核心技术自主研发、掌握核心技术、拥有智能汽车完整研发与制造、智能制造能力等。

包括小米在内的新能源车新进入者,没有通过并购获取成熟品牌、快速形成规模化产能、迅速占领市场,而是坚持自建工厂、自建品牌,背后的逻辑是什么?或者说,在数智化时代,企业发展的基础特征有什么样的改变?这种改变对并购理论的挑战是什么?

四、数智化环境下新能源汽车的发展逻辑转变:以小米、高合为例

特斯拉、小米、比亚迪等国内外新能源车企均选择自建产能。显然,在数智化环境下通

---

[1] Rover 之前译为"罗孚",上汽集团收购后将其命名为"荣威";MG 国内市场叫"名爵",是被南京汽车收购的,后上海汽车收购南京汽车。
[2] 小米品牌于 2010 年创立,第一款产品就是定价 1 999 元的小米手机。手机与汽车的差距很大,除了小米,还没有一家公司是用同一个品牌做汽车和手机两类产品。苹果一直在尝试做汽车,但最后放弃。因此,用小米品牌做汽车,按照传统的营销逻辑,应该是一种冒险性尝试。
[3] 2024 年 3 月 28 日晚,小米汽车正式发布,并开启网上预售;上市 24 小时后售出 88 898 辆。这一消息在互联网各主要门户网站上都可以检索到。
[4] 2024 年 12 月 31 日,在小米举办的跨年直播中,雷军宣布:2024 年小米 SU7 的总交付量为 13.5 万辆,售出 24.8 万辆。
[5] 互联网上的榜单显示,2024 年新能源车销量前 10 的是比亚迪、理想、鸿蒙智行、埃安、零跑、深蓝、极氪、蔚来、小鹏、小米。其中,鸿蒙智行由华为与多家汽车厂家合作,埃安、深蓝、极氪分别是广汽、长安汽车、吉利汽车子品牌。

过并购进行产能扩张的方式已经不是新能源车企的第一选择。我们以小米为例,具体讨论新能源车企自建产能的内在逻辑。

首先,技术与产品更新迭代加速,需要差异化战略突围。在数智化时代,技术的高速迭代带来了产品的迅速更新,企业通过并购获得技术难以长期保持核心竞争力。产品市场竞争的逻辑已经实现重塑。数字化为企业产品设计向个性化、精细化发展提供了契机,大数据为企业实施高端精品战略赋能,产品竞争逐渐从薄利多销转向差异化(陈德球,2024)。从小米 SU7 以及 SU7 ultra 的发布来看,尽管汽车是这个时代相对成熟的产品,它的核心原理就是"四个轮子 + 一个方向盘 + 动力驱动",且已经发展超过百年,小米 SU7 在"四个轮子 + 一个方向盘"基础上,通过数智化重构实现了突破性创新。SU7 搭载的 HyperEngineV8s 电机实现 27 200 rpm 全球量产最高转速,9 100 吨一体化大压铸技术较行业标杆特斯拉提升 13.7%,智能座舱内置的澎湃 OS 系统支持五屏联动生态。这些创新均为行业首创,企业必须具备自主技术研发与快速产业化能力才能实现这些创新。

第二,企业生产方式改变。在数智化时代,企业可以利用数字化技术对生产线进行规划与建设,从而实现自动化生产。而传统汽车企业用于生产燃油车的产能显然无法满足新能源汽车生产需求,即便是同为生产新能源汽车的产能,也可能需要对于厂房进行重新调整与规划。因此,若小米汽车选择并购其他的汽车企业,则需投入大量人力、时间等对其产能进行改造,以满足生产需要。而通过自建产能,小米能够以较低成本在较短时间内建成根据生产需要定制化的产能,从而实现快捷高效的生产。

第三,品牌建设周期缩短,通过并购获取品牌效应不再是企业优选。消费者通常对于熟悉的品牌有忠诚度,阻碍了新品牌顺利进入市场,因此企业通过并购迅速进入市场更加有效率(Meyer 等,2009)。然而,这一逻辑在数智化背景下或许不再适用。在数智化时代,品牌不但能够通过微博、抖音等社交媒体进行高效传播,迅速提高品牌的影响力与知名度,而且能够通过互联网进行品牌共创和品牌重塑,赋予品牌全新的意义(王雪冬等,2020)。这使得新品牌建设的时间成本与建设难度大大降低,因此现有品牌的相对价值下降。企业通过并购获取现有品牌,从而扩大品牌影响力不再是企业的第一选择。小米在全球具有强大的品牌效应和庞大的用户群体,根据小米集团 2024 年半年报,小米智能手机出货量排名全球前 3,市场占率达到 14.2%,全球月活跃用户数达到 6.758 亿人,这足以说明小米汽车具有十分广泛的用户基础。从线下渠道来看,截至 2024 年 9 月,小米汽车的线下门店已达到 128 家,覆盖全国 38 个城市。而小米之家在全国门店数量早已破万。小米汽车基于小米之家的零售渠道进行线下推广,再结合小米汽车的线下门店,可以迅速扩大销售传播渠道。从线上渠道来看,小米通过社交媒体互动进行营销,如微博发布《答网友 100 问》、召开发布会、雷军亲自为首批车主开门等方式,小米在互联网上不断制造话题、引发舆论。截至 2025 年 2 月 28 日,雷军个人微博的粉丝数超过 4 100 万人。线上线下相结合的销售方式使得小米汽车的品牌深入人心,大大提高了小米汽车的曝光率和转化率,从而小米能够迅速在市场中完成从手机制造商、家电制造商到汽车制造商的角色转换。

第四,市场格局改变,竞争趋于激烈。企业通过并购增强市场控制能力甚至形成垄断地位的难度大大提高。国内新能源汽车市场迅速发展,比亚迪、特斯拉、理想等企业已占据了市场领先地位(图4.4-3),比亚迪的市场份额占比大,能够达到整个新能源汽车市场的35.5%,其余企业的市场份额分布较为分散,众多主流企业也只能分别占据整个市场的5%左右。因此,小米汽车难以通过并购获得较大的市场份额,只能通过自建产能与自建品牌形成自己的独特定位,从而在竞争激烈的市场中占据一席之地。

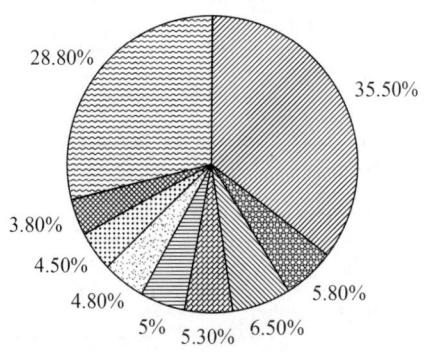

图4.4-3 新能源汽车市场份额(2024年7月)

第五,资源获取门槛降低,技术壁垒下降,企业进入新行业所需时间与成本下降,企业并不必然通过并购进入新行业。数智化能够扩大企业资源配置半径,突破企业边界(傅元海,2024)。在数字技术的加持下,小米进入新能源汽车行业的成本显著下降,且更易收集客户需求,迅速适应客户偏好,以提供与传统汽车制造企业相同或更高质量的产品与服务。一方面,小米本身为高科技公司,具备实力强大的研发团队。根据小米2024年半年报,小米的研发团队已经达到18 290人,占比接近50%,且涉及领域广泛,部分研发成果可在新能源汽车领域进行应用。另一方面,小米提早在造车方面布局,仅在整车领域就先后投资了蔚来汽车和小鹏汽车,并对新能源车三电系统和智能驾驶领域进行了一系列投资布局,为后续小米造车提供了坚实的资源与技术积累,小米汽车仅3年就实现了零的突破。

与福特汽车并购一家完整的汽车公司以迅速扩张的发展逻辑相反,小米汽车主要采取战略投资的方式,对小米汽车的产业链进行了全方位布局,针对性地打通汽车业务的关键环节,更加关注核心技术。表4.4-3列示了小米汽车的部分战略投资情况。可以看出,小米并非完全放弃并购,只是没有延续传统汽车企业并购产能扩张的方式,而采取了对汽车业务的关键环节进行战略投资入股的形式,进军新能源汽车市场。对于起步较晚的小米汽车,小米自身品牌在手机领域已经是一个知名品牌,一方面能够通过战略投资获取技术与节省时间。另一方面也能够全方位、深层次地布局新能源汽车核心产业链,建立小米汽车产业生态。

表 4.4-3　　　　　　　　　小米汽车部分战略投资布局一览

所属领域	投资年份	企业名称
三电系统	2017	酷科电子
	2018	珠海冠宇
	2019	奥易克斯
	2020	中航锂电
	2021	海之博电子
	2021	赣锋锂电
	2021	蜂巢能源
	2021	爱磁科技
	2021	孔辉汽车
视觉传感器	2020	诚瑞光学
	2021	砂睿科技
	2021	普诺飞思
激光雷达	2016、2019	北醒光子
	2021	禾赛科技
	2021	图通达
芯片	2020	比亚迪半导体
	2020	思特威
	2020	灵明光子
	2020、2021	镭鸣激光
	2020、2021	易兆微电子
	2021	裕泰微电子
	2021	云途半导体
自动驾驶	2012	深动科技
	2017、2021	Momenta
	2017、2018	智行者
	2021	纵目科技
智能座舱	2014	凯立德
	2016	板牙科技

数据来源：天眼查、小米年报、光大证券研究所。

在数智化时代，随着大数据、云计算、人工智能、物联网等新兴技术的高速发展，市场环境、产业结构、企业发展逻辑都发生了根本性的变革，这也使得传统并购价值框架也难以全面衡量企业的竞争力和未来潜力(肖欣荣等,2023)。小米造车的成功案例印证了数智化时代新能源汽车行业的发展新逻辑。而高合汽车陷入"无人问津"的困局也意味着数智化时代企业价值的重估,虽然其在某些领域具备一定的市场影响力,但在当前数智化环境中并没有体现出足够的并购价值。我们从市场地位、品牌理念、技术和创新能力、自建工厂和销量水平等方面探究高合汽车破产重组后难寻买家背后的原因。

一是难以撼动老牌车企市场地位。高合汽车定位于高度豪华市场,一度成为国内"最贵"的造车新势力。虽然避开了与"蔚小理"等同期造车新势力在主流新能源市场的正面碰撞,但也受到了来自传统豪华汽车品牌的冲击。宝马、保时捷等老牌豪华品牌凭借其强大的品牌影响力、技术积累和成熟的市场渠道,在高端市场占据着稳固的地位,而高合汽车进入市场的时间较短,且没有吸睛的品牌故事,很难受到消费者的喜爱和认可。

二是品牌理念与市场需求不符。高合汽车主打高端、酷炫、豪华智能,这对于追求新鲜感和个性化的高消费群体具有一定的吸引力,国人的审美普遍更倾向中庸的设计,消费观念也更倾向性价比、居家和彰显身份。这也意味着高合汽车引以为傲的外形酷炫、内饰科技感等优势并不能满足大部分中国消费者的心理需求。

三是技术自研与创新能力较弱。在数智化时代,投资者在进行企业市场估值时更看重其未来的市场规模、技术潜力和创新能力,而非短期财务表现。尤其是在新能源汽车领域,技术创新是核心竞争力。在数智化时代,技术的快速迭代使得新能源汽车企业必须在电池技术、芯片、软件算法、自动驾驶、智能网联等多个领域继续创新。每一次技术突破都有可能使一个企业直接处于领先地位,迅速影响市场格局。因而新能源车企不得不加快研发和创新的步伐,以抢占市场份额。虽然高合汽车在外观设计方面进行了高度创新,如展翼门、数字化自定义灯光、自适应空间悬架等,但是在最核心的软硬件配置方面,其核心技术却主要依赖供应商。例如,HiPhi X采用的是宁德时代三元锂电池,前后电机来自博世,底盘、音响、车机、座舱等也都来自ZF等供应商。相比于头部车企在核心零部件自研甚至全域自研的状态,高合汽车仍秉持着传统燃油车时代的"供应商整合"理念,在最受投资者和消费者关注的智能座舱、智能驾驶、三电控制上缺乏核心技术亮点。这也意味着高合汽车的自主研发能力较弱,投资者可能会对其持续竞争力表示担忧,从而降低高合汽车的企业估值。

四是过度依赖代工厂。高合汽车缺少自主生产的资质和能力,没有设立独立的工厂,而是在盐城市政府的支持下,利用东风悦达起亚的产能和制造基地进行生产。虽然这种合作模式使得高合汽车能够快速推出新产品,但是从长远来看,将生产依托于代工厂会受到成本和产能的限制,更重要的是不利于企业对生产过程的控制,高合汽车难以对生产质量、工艺改进和供应链管理进行全面掌控,从而难以保证品控,这也使得高合汽车常在车身零部件、电气系统、安全性能等质量问题上被消费者质疑。

五是销量表现平平。规模化竞争力对新能源汽车企业至关重要,尤其是对于新造车企业而言,若没有走量产品的支持,无法形成规模效应就难以获得营收和利润。豪车市场相对小众,价格高昂也使得产品难以实现较大的规模化发展。虽然高合汽车在2020年上市后迅速占据售价超过 50 万元的豪华电动汽车市场榜首，超越了奔驰 EQS、保时捷 Taycan 等知名豪华车型，反映了部分消费者对于高合汽车的产品创新和独特设计的青睐，但是随着新能源汽车领域竞争的不断加剧，当前其他新型电动汽车品牌以更具竞争力的价格和独特的产品特点吸引着消费者，这也使得高合汽车的价格定位与大众消费者需求的脱离越加明显，这种价格与价值的不匹配使得两款主打豪华车型在 2021 年和 2022 年销量仅为 4 237 辆和 4 349 辆。2023 年，高合汽车又尝试推出价格相对亲民的 Hi Phi Y 车型，3 款车型在 2023 年度的累计销量仍不足万辆，与蔚来、理想、小鹏等主流造车新势力相比，更显销量平平。市场对其盈利能力和销量前景的担忧在所难免。

总的来说，新能源汽车产业在政策支持和市场需求的推动下快速发展，其产业结构也发生了深刻变革。传统并购虽然能够助力企业快速获取资源、实现规模扩张，但在数智化时代，其优势逐渐被自建产能取代。以小米、特斯拉等为代表的新能源车企，凭借自建产能实现了技术自主、品牌塑造与市场布局的高效整合，展现出了更强的竞争力，这也表明高合汽车产能难寻买家已成为顺应时代发展的趋势。

究其原因，一方面，在数智化时代，技术创新是新能源汽车企业的核心竞争力。这也使得投资者在评估企业市场价值时更关注可持续发展能力，而不是短期的产能扩张或规模效应。传统的并购往往只涉及对现有设施和技术的并购，这些资产在高速变化的新能源汽车市场中很容易失去竞争力，从而被一项新技术或新产品所取代。通过自建产能，企业能够保持自主研发的活力，增强对专研技术的掌控力，形成独特的技术优势。另一方面，数智化使得产能优势建立变得更为容易，相比于并购，自建产能具有更高的效率和回报率。新能源汽车企业可以利用大数据、物联网、人工智能等技术建立智能化生产线、自动化设备、数字化管理系统，从而提高产品生产效率，满足市场的多元化需求，并且可以利用数据分析和云端共享技术跨越地理限制，实现产业链资源整合和开放共享，优化市场布局，同时，企业还可以利用社交媒体宣传推广企业文化和产品卖点，快速打造品牌知名度。此外，在数智化时代，不同企业使用不同的数据管理系统或技术标准，整合的难度和风险显著提高，并购成本也大大提升。相比于并购整个企业，新能源车企更倾向通过构建或加入生态系统来共享技术、市场和客户资源，通过合作、合资、技术共享等模式，从其他科技公司、零部件制造商、充电设施供应商等获得技术和市场资源，丰富自身产品的功能和服务。通过这种模式，企业可以更为灵活地获得需要的资源，提高创新速度，不需要花费大量资金收购整个企业，避免了并购的复杂性和整合风险。因此，新能源汽车企业一旦陷入财务困境，很难凭借自身品牌或技术优势吸引投资者的注资或收购，那些仅依靠并购扩大产能、缺乏自主研发能力的新能源汽车企业更是如此。投资者在进行企业价值评估时往往会认为这类车企难以通过自主研发或技术升级提高产品竞争力，从而对其注资或并购后的发展前景表示担忧。

（张益嘉　孙泽楠）

参考文献

[1] 陈德球,张雯宇.企业数字化转型与产品市场竞争地位[J].武汉大学学报(哲学社会科学版),2024,77(2):118-131.

[2] 傅元海,熊豪.数字化转型改善资源配置的理论逻辑与路径选择[J].经济学家,2024(9):74-86.

[3] 李博,王霄,朱宇昕.经济政策不确定性、投资信心与企业估值水平[J].投资研究,2023,42(3):4-21.

[4] 庞德良,卜睿,刘兆国.我国新能源汽车产业制度安排演进与优化建议[J].经济纵横,2022(4):106-115.

[5] 石昕,程六兵,刘峰.数智化时代下现金的角色转换[J].财务与会计,2024(11):74-77.

[6] 王雪冬,陈晓宇,孟佳佳.数字化时代的品牌意义:内涵、研究议题与未来展望[J].外国经济与管理,2020,42(9):47-62.

[7] 肖欣荣,王珏,王铎.创新型企业估值体系研究:以特斯拉估值实践(2013—2023)为例[J].会计研究,2023(11):3-16.

[8] Meyer K E,Wright M,Pruthi S. Managing knowledge in foreign entry strategies:A resource-based analysis[J]. Strategic management journal,2009(30):16-20.

4.5 数智化与并购角色的转变：资源联合效应还是资本推动？

一、引言

传统意义上的并购，由效率理论和市场驱动理论等主流理论进行支撑。效率理论认为，并购能够产生协同效应，并购参与主体能够分享到这种收益；市场驱动理论认为，证券市场的无效使得一些公司被错误定价，而完全理性的收购公司管理者通过并购活动来利用市场的无效，以达成股东财富最大化的目的（Shleifer 和 Vishny，2003）。之前有多名学者借助案例研究法对并购动机进行研究，Bradley 等人（1988）通过对 1963—1984 年成功要约收购案例的研究发现，成功的要约收购使目标公司和收购公司的总价值提高，表明企业收购能实现资源的更有效配置，并为股东创造价值，支持了协同效应理论。李青原等（2011）分析了可口可乐与汇源果汁的横向并购并研究其动因，他们认为并购参与双方和水平竞争对手在资本市场中的财富效应符合效率理论的假设，而非市场势力理论。胡海清等（2016）利用 EVA 模型，对吉利汽车在并购前后 EVA 增长趋势等变化进行对比分析，进而得出通过并购实现了吉利汽车协同效应的结论。

当并购交易所产生的经济后果受到社会广泛关注后，资本逐利的特征使得进入的资本增多，在大量资本的驱动下，并购交易量大大增加。根据普华永道的统计分析，2010 年我国并购交易数量为 4 251 件，到了 2021 年我国并购交易数量已达 12 790 件[1]。当并购交易数量增加，且纯粹套利性并购活动增多，并购的性质发生改变，并购逻辑也随之改变（刘峰等，2025）。对于资本驱动的并购交易，并购交易发生的逻辑在改变，或者说，并购的直接驱动因素改变，并购交易的达成方式在改变，并购后的整合与随之而来的经济后果也在改变。

此外，互联网的应用，不仅便利了信息的传播与获取，而且带来了商业领域的创新，如因互联网深度嵌入人们日常生活所创新的各种商业模式创新，众多互联网平台类企业陆续进入人们的日常生活，如早期的亚马逊、谷歌、百度等，以及后来的 YouTube、Uber、Airbnb、优酷、滴滴等。互联网平台类企业在发展过程中，因为数智化的深度应用改变了企

---

[1] 由于经济复苏慢于预期、政策不确定性、地缘政治紧张局势、全球利率影响、去杠杆化、房地产和股票市场下跌等多重因素，2023 年的并购交易数量为 8 563 件。

业发展模式,互联网平台类企业创业门槛降低,行业竞争更加激烈。其中,经常会出现以下现象:行业内头部企业,尤其是行业排名第一和第二的企业,会从竞争激烈的对手突然达成合并,如视频行业的优酷合并土豆、58同城合并赶集网、滴滴合并快的等。因此,我们以上述三个事件为例,对数智化时代下企业的并购行为加以分析。优酷与土豆、滴滴与快的、58同城与赶集网都是行业内领先的头部企业,它们一直是竞争对手,为什么会达成合并?其内在的驱动因素是什么? 我们对数智化时代的企业并购特征进行讨论后认为,关于并购的传统理论解释,并不必然能够有效解释数智化时代的企业并购行为。寻求新的理论解释,以期能够更有效地解释数智化环境下的互联网平台企业的并购行为,是学术界的使命,也是实务界的需求。

我们详细梳理了3起并购,在分析并购原因的基础上,尝试通过分析与讨论,还原背后可能的、真实的驱动因素,并基于公司年报分析及后续财务业绩判断此次并购是否真正达到预期。3起并购的双方均是同一行业的竞争对手;并购双方管理层并不希望达成合并,因背后资本的推动,并购达成;并购后,一个品牌消失;并购后也没有形成资源联合效应,甚至出现公司市值下降、市场份额降低、公司退市等不良后果。对三起案例的分析,支持了我们所提出的并购新视角的猜测:并购由双方背后资本推动;并购的目的是希望通过并购、降低竞争度、减少营销支出、为资本退出确立基础;并购后的市场份额并不必然提升;并购后,会有一个品牌完全退出市场,在数智化时代,品牌的价值在降低,这为我们理解数智化时代的企业并购,提供了一个新的视角。

二、滴滴合并快的

在中国互联网经济高速发展的背景下,移动出行领域成为创新与资本角逐的重要战场。2012年5月,快的打车成立;2012年6月,滴滴打车成立。之后,两家公司以"烧钱"的方式展开竞争,并迅速成为主要网约车平台。2015年2月14日,滴滴打车与快的打车宣布合并。

滴滴打车与快的打车的合并是中国互联网行业整合的一个重要里程碑。这两家公司在合并前经历了长期的激烈竞争,以补贴大战等方式争夺市场份额。然而,在看似不可调和的竞争中,两家公司突然宣布合并,这一转折引发了业界的广泛讨论和猜测。我们深入探讨此次合并的动因、过程及对行业的影响,特别关注资本力量在其中的作用。

2009年3月,Uber在美国成立;2010年10月,Uber第一款App上线,开启了出行方式的变革。在这一大背景下,我国也快速成立了多个类似的公司。滴滴打车成立于2012年6月,由程维等人在北京创立,旨在通过移动互联网技术解决"打车难"的问题。滴滴迅速抓住了智能手机普及和2013年4G网络发布的机遇,推出了便捷的手机叫车服务。2013年是滴滴发展的关键一年。这一年,滴滴获得了腾讯的战略投资,解决了资金问题的同时,也获得了微信等社交平台的流量支持。腾讯的加入给滴滴带来了强大的技术和市场资源,大幅提升了其竞争力。在腾讯的支持下,滴滴开始了全国范围的扩张,其服务逐步覆盖全国各大中城市。2014年,滴滴的发展进入快车道。这一年,滴滴的用户数量突破1亿人,服务范围覆盖全国300多个城市。同时,滴滴开始拓展业务线,除了传统的出租车叫车服务,还推出了专车和快车等新业务,丰富了其服务生态系统。2014年年底,滴滴完成了D轮融资,估值超过80亿美元,奠定了其在中国网约车市场的领先地位,见表4.5-1。

表4.5-1　　　　　　　　　　滴滴打车合并前融资历程

时间	融资情况
2012年9月	获得金沙江创投300万美元投资
2013年4月25日	获得腾讯产业共赢基金B轮1 500万美元投资
2014年1月2日	获得中信产业基金和腾讯产业共赢基金投资的1亿美元C轮投资
2014年12月11日	获得中投公司、淡马锡、腾讯产业共赢基金投资的7亿美元D轮投资

快的打车成立于2012年5月,比滴滴打车要早一个月。公司由吕传伟在杭州创立,最初也专注于解决"打车难"的问题。其特色打车服务主要体现在与支付宝的深度合作上,乘客可以使用支付宝支付车费,方便快捷。2013年,快的获得了阿里巴巴的战略投资,为公司提供了强大的资金和资源支持。阿里巴巴的加入使快的获得了支付宝的支付通道,以及淘宝、天猫等电商平台的流量。在阿里巴巴的支持下,快的业务快速扩张,尤其在二三线城市占据了显著的市场份额。2014年,快的业务扩展至全国数百个城市,用户规模迅速扩张。除了出租车叫车服务,快的也开始涉足专车市场,与滴滴展开全方位竞争。2014年年底,快的完成了新一轮融资,估值达到20亿美元,尽管低于滴滴,仍展现了其强劲的发展势头,见表4.5-2。

表4.5-2　　　　　　　　　　快的打车合并前融资历程

时间	融资情况
2013年4月10日	获得阿里资本、经纬创投1 000万美元A轮投资
2014年4月1日	获得阿里巴巴、经纬中国、一嗨租车1亿美元B轮投资
2014年4月	获得老虎基金、阿里资本8 000万美元C轮投资
2015年	获得阿里巴巴、软银中国、老虎基金6亿美元D轮投资

在合并前,滴滴与快的之间的竞争极为激烈。这场竞争的核心策略之一是大规模补贴。两家公司都投入巨额资金补贴司机和乘客,以迅速增长用户数量并锁定市场份额。例如,滴滴和快的分别在微信和支付宝上推出打车优惠活动,用户通过微信打滴滴,能够优惠5块钱,而通过支付宝打快的,能够优惠6块钱等。据北大光华管理研究案例《滴滴出行:生死时速》统计,2014年,两家公司的补贴总投入超过24亿元。这种"烧钱式"的竞争模式

带来了显著的市场效果。在2014年1月10日至3月31日短短77天的时间里,滴滴打车的用户规模从2 200万激增至1亿,滴滴成为互联网史上用户数破亿最快的产品之一。与此同时,滴滴的覆盖范围扩展至178个城市,日均订单量达到522万单。而快的打车在2014年4月2日宣布,其服务已经覆盖了261个城市,日均订单量超过了623万单[1]。用户在短时间内习惯了使用手机叫车,网约车服务迅速普及。然而,这种模式也带来了巨大的财务压力,两家公司不得不持续寻找外部融资以支持其扩张。

(一) 合并的原因

2015年2月14日,滴滴打车与快的打车突然宣布合并,这一消息震惊了整个互联网行业。要理解此次合并,首先需要审视当时的市场环境和行业状况。

2015年2月14日,滴滴与快的宣布战略合并,并发布联合声明。声明中指出,合并以双方合股的方式完成,不涉及现金交易。新公司将实施Co-CEO制度,滴滴打车CEO程维及快的打车CEO吕传伟同时担任联合CEO,原有业务和团队依旧保持不变,并将保留各自的品牌和业务独立性。同时,声明强调,合并后两家公司仍将以最大限度提升用户出行体验为业务方向之一,在相当长的时间内,针对乘客的红包补贴和司机的奖励将继续发放,同时将致力于探索其他对用户有利有益的方式。

这份声明中的关键信息表明,此次合并并非简单的收购,而是双方基于共同的发展愿景和战略目标进行的深度合作。通过合股的方式,实现资源整合和优势互补,共同应对市场挑战。保留各自品牌和业务独立性,也为双方在未来的发展中提供了更多的灵活性和创新空间。继续发放红包补贴和探索新的用户福利方式,体现了新公司对用户的重视和持续投入的决心。

滴滴打车CEO程维在内部邮件中透露了这次合并谈判的细节:"1月21日,我、柳青、Stephen在深圳启动了一个秘密项目:情人节计划。目标是在情人节前完成该计划……22天后,我们做到了。"[2]程维表示,合并后他和快的吕传伟会任Co-CEO,柳青任总裁,在过渡期内完成业务整合、团队整合。期望所有滴滴员工做好自己本职工作,等待公司进一步业务、团队安排,用尊重和微笑面对新的使命和同事。程维强调,合并创造了三个纪录,一是中国互联网历史上最大的并购案。二是最快创造了一家中国前10的互联网公司。三是整合了两家巨头的支持。

快的打车CEO吕传伟在公开信中表示:"恶性的大规模持续烧钱的竞争不可持续,合

---

[1] 在互联网时代,同一个现象也存在多种数据来源。例如,对于滴滴、快的的用户数据,另外一份由易观国际发布的《中国打车App市场季度监测报告2014年第4季度》数据显示,截至2014年年底,中国打车App累计账户规模达1.72亿,其中快的打车、滴滴打车分别以56.5%、43.3%的比例占据中国打车App市场累计账户份额领先位置;此外,滴滴打车和快的打车的用户数分别超2 000万人和超2 300万人,司机数分别超30万人和超40万人。这个数据与前述的数据相去甚远。从之后快的被滴滴强势收购来看,这个数据的可信度存疑。因此,我们使用光华案例的数据。

[2] http://www.xinhuanet.com/politics/2015-02/14/c_127495917.htm。

并是双方的所有投资人共同的强烈期望。"[1]吕传伟认为,快的和滴滴已经深刻地改善了人们的出行方式,提高了中国城市出行的现有模式,这是两家公司经过努力后作出的让参与其中的每一个人都引以为傲的、了不起的事情。合并后,上市计划也会提上日程。吕传伟期望新公司可以马上加速开展很多新的业务,在更大的平台上实现自己的价值和梦想。

在此次合并的新闻发布会上,滴滴创始人程维与快的创始人吕传伟均强调,合并的主要目的是更好地提升运营效率,减少资源浪费。程维在接受《财经》杂志采访时指出:"竞争的初衷是为了推动行业发展,但持续的无序竞争会消耗巨额的社会资源,合并后,我们可以将资源集中于服务的优化与技术的创新。"这种说法也得到了快的方面的认同。吕传伟在同一场合表示,合并将使得双方在用户体验和业务拓展方面达到新的高度,避免因重复竞争而导致的资源浪费。综上,这些官方理由强调了合并对于公司、用户和整个行业的潜在益处。然而,这些公开声明背后可能还有更深层次的考虑和动机。

(二)合并的深层动因:资本驱动的逻辑

早期,投资者对网约车市场保持高度乐观,愿意为快速增长买单。然而,随着"烧钱模式"的持续,投资者开始质疑这种增长的可持续性。他们希望看到更清晰的盈利前景,而不是无休止的补贴战。这种态度的转变,也为市场整合创造了条件。尽管滴滴与快的在合并公告中给出了较多官方理由,仔细分析此次合并的背景和过程后不难发现,资本力量在其中扮演了关键角色。事实上,资本驱动可能是促成此次合并的最主要因素。

1. 并购前巨额资本的影响

资本的巨大投入是其强话语权的基石。滴滴和快的在发展过程中都进行了多轮大规模融资。这些融资不仅为企业的快速扩张提供了资金保障,而且在一定程度上影响了企业的战略选择。滴滴得到了腾讯的战略投资,而快的则得到了阿里巴巴的支持。根据清科集团的创投数据报告,腾讯在2014年对滴滴的投资达到2亿美元,持股比例约20%,这一投资规模在当时的移动出行市场堪称"巨额"。同期,根据中国风险投资研究院的数据,阿里巴巴对快的的投资同样"惊人",投资金额超过1.5亿美元,持股比例接近25%。如此庞大的融资规模,使得企业在战略选择上不得不考虑投资者的利益和诉求。这两家互联网巨头的参与使得滴滴与快的的竞争在某种程度上成为腾讯与阿里巴巴在移动出行领域的"代理人战争"。

在实质性的决策中,除了持股比例,腾讯和阿里巴巴还能够通过投票权机制等隐性影响,在关键决策中拥有远超持股比例的实际表决权。尽管腾讯和阿里巴巴分别持有滴滴和快的20%与25%的股权,在关键决策中,他们可能通过股东协议中的对重大经营决策的建议权、任命高级管理人员的建议权等特殊条款,获得更高的实际决策权和更大的影响力。从决策结果来看,合并之前无论是滴滴与快的的市场补贴战,还是在产品和技术的迭代上,两家公司都展现出了极为相似的操作策略。这些策略的背后,或许正是腾讯和阿里巴巴通

---

[1] https://www.thepaper.cn/newsDetail_forward_1303840?commTag=true.

过资本控制和隐性影响力的体现。例如,自 2014 年起,滴滴和快的的支付方式逐渐出现了与腾讯和阿里巴巴各自生态系统深度契合的策略。腾讯通过其对滴滴的投资,推动滴滴接入微信支付,而阿里巴巴则在快的的平台上推广支付宝支付。腾讯和阿里巴巴不仅仅是资本方,更是以战略合作者的身份,借助滴滴和快的推广各自的支付工具,以此抢占中国移动支付市场的份额。微信支付和支付宝在滴滴和快的等高频使用场景中的渗透,不仅有助于提高各自支付工具的普及率,而且使得滴滴和快的的支付方式与腾讯和阿里的生态系统形成了深度捆绑。

然而,长期的补贴竞争给双方均造成了巨大的财务压力。这种情况不仅消耗了大量资金,也没有带来显著的市场格局变化。因此,背后的腾讯和阿里巴巴逐渐意识到,持续的竞争对双方都不利,而合并是实现资本利益最大化的最佳选择,因而纷纷表露出合并的强烈意愿。根据相关报道,滴滴与快的的投资者曾多次召开会议,讨论如何结束这种"烧钱式"的市场争夺战。在 2014 年年底,双方主要投资人提出合并建议,认为这将有助于提高资本的使用效率,减少重复投入,并形成规模优势。阿里巴巴集团董事会主席马云发表声明称:"感谢腾讯,感谢滴滴团队,感谢快的团队,为了整个移动出行行业的发展所做的贡献,以及放眼未来,顾全大局,以精诚合作的方式实现合并。"腾讯方面也持类似立场,腾讯 CEO 兼董事局主席马化腾也表示:"互联网改变生活,'互联网+交通'将成为又一互联网化的行业。合并后的滴滴和快的将成为这一大领域毫无争议的领先者。"[1]

2. 并购后的资本收益

从资本效率的角度来看,合并后的滴滴通过整合滴滴和快的的市场资源、技术平台和用户基础,大大减少了两家公司之前的市场竞争和资源浪费。在合并前,滴滴和快的分别在不同的市场细分中竞争,双方在营销、技术研发和用户补贴上的投入存在大量的重复性开支。而合并后的滴滴不仅占据了中国市场超过 90% 的份额,还通过集中的资源调配,提升了运营效率,降低了成本。尤其是在市场推广和用户补贴方面,滴滴能够更加精准地进行资源分配,从而提高了资本的使用效率。两家"烧钱"的补贴战结束,这对资本方而言无疑是一次资本回报率的大幅提升。

同时,合并还涉及资本方对企业上市的长期规划。通过消除恶性竞争,公司的盈利能力获得显著提升。传统的零和博弈被一种更为高级的资本协同逻辑所取代。合并不仅仅意味着成本的节省,更意味着估值的重构和融资能力的系统性提升。滴滴的估值从 2014 年合并前的约 100 亿美元,增加至 160 亿美元,迅速攀升至 2016 年的 200 亿美元,到了 2017 年,其估值突破 500 亿美元,已超过合并前滴滴和快的的估值总和。资本方希望通过合并提升公司估值,从而在未来的资本市场中获得更大的回报,最终目标是成功上市。合并后的滴滴在资本市场上展现出了强劲的增长潜力,这种增长为投资者带来了更为可观的投资回报预期。

---

[1] http://tech.cnr.cn/techyd/20150214/t20150214_517758452.shtml。

除了现实的资本利得,资本对推动合并或许还有更深层次的战略考量。在数字经济时代,出行服务已经远远超越了简单的交通连接工具,而是成为整个数字生态系统的关键基础设施。合并后,滴滴的战略定位不再局限于一个传统的打车应用,而是逐步演进为一个复杂的移动出行生态系统。阿里巴巴和腾讯对这一生态系统的战略布局体现了其超前的商业洞察力。他们深刻认识到,出行服务不仅是一个独立的业务领域,而且是连接用户日常生活的关键节点。通过推动滴滴和快的的合并,两大科技巨头期望构建一个更为完整、更具战略深度的移动服务网络。这个网络不仅连接交通工具,而且将用户的移动场景、消费行为、社交需求进行深度整合。每一次出行记录都不只是一个简单的位置追踪,而是包含了用户最为私密和珍贵的行为画像。从用户的地理位置轨迹、出行频率、时间偏好、消费习惯,甚至可以推导用户的职业特征、社会阶层、消费能力等深层次信息。合并后的海量数据资源为阿里和腾讯的其他业务线提供了极其丰富的数据底座。例如,精准的出行数据可以显著提升电商平台的营销精准度,优化金融服务的信用评估模型,甚至为社交产品提供更为细致的用户画像。从人工智能的角度来看,这些数据构成了机器学习算法最为宝贵的训练样本,能够支撑更为复杂的预测模型和智能服务。

此外,在政策与监管的维度方面,这次合并恰到好处地契合了当时中国监管部门对资本行为的宏观调控逻辑。2014年年底至2015年,国家相关部门密集发布了一系列政策文件,试图引导互联网行业的资本行为。例如,国务院发布的《关于积极推进"互联网+"行动的指导意见》明确提出要"规范互联网企业竞争秩序"。相较于无序扩张和恶性竞争,通过合作实现行业整合展现了大型科技公司的战略智慧。这种合作本身就是一种更为高级的市场竞争范式,体现了资本在新经济形态下的进化逻辑。

(三)并购结果与品牌消失

合并后的滴滴与快的在多个业务维度实现了显著的协同效应,为公司带来了新的增长机会和市场拓展空间。

首先,滴滴与快的合并后,合并平台的用户群体得到有效整合,庞大的用户基数为新业务的推广和市场渗透提供了有力保障。新浪科技和艾瑞咨询数据显示,此次合并极大地提升了用户的覆盖面和多样性:2015年,滴滴的注册用户数突破了1亿,而快的的用户数约为6 000万。合并后,这一用户基数迅速突破1.6亿,到了2016年已经突破了3亿,日活跃用户数(DAU)也达到了近2 000万,滴滴出行一跃成为全球最大的网约车平台之一。更重要的是,合并后的用户群体不仅数量庞大,而且具有不同年龄层、地域和消费需求,进一步增强了市场的多样性与广泛性,使得滴滴能够更好地拓展到新兴市场与差异化的业务领域。

其次,合并后的滴滴市场份额迅速上升,尤其加强了在二三线城市的渗透。根据艾瑞咨询《2015年中国网约车市场研究报告》,滴滴与快的合并前,滴滴的市场份额约为60%左右,而快的的市场份额约为30%。合并后,滴滴掌控了约90%的市场份额,成为国内几乎垄断的打车平台。同时,合并前,快的在二线及以下城市的市场渗透力较强,尤其在一些中小城市中,快的拥有较高的市场占有率。合并后,滴滴凭借这一优势,迅速将服务覆盖到更多的城市与地区,尤其是在一些尚未被充分渗透的二三线城市。根据艾瑞咨询数据,2016年,滴滴在二线及以下城市的市场渗透率提升了40%,从而进一步提升了市场份额,并通过规模效应降低运营成本,见表4.5-3。

表4.5-3　　　　　　　　　滴滴合并前后业务体系对比

业务维度	2014年滴滴业务体系	2016年滴滴业务体系
出租车服务	—仅限一线城市提供滴滴打车服务 —注册司机数较少	—覆盖360多个城市 —拥有168万名注册司机 —成为中国最大的网约车平台之一
代驾服务	—滴滴代驾仅限少数城市 —覆盖范围相对较小	—覆盖200多个城市 —日高峰订单超过50万个 —提供更广泛的代驾服务
企业用车	尚未开通	—已经为超过5万家企业提供用车服务 —企业用车业务快速增长
公交服务	尚未开通	—实时公交服务在27个城市上线 —累计服务用户数近千万,增强了日常出行覆盖
专快车服务	仅有滴滴快车、专车,业务局限于一线城市	—滴滴专快车在400多个城市上线 —快车拼车业务扩展,增加了低成本出行选择
顺风车服务	尚未开通	—日峰值订单达220万个 —包括跨城顺风车服务和市内顺风车服务
试驾服务	尚未开通	—滴滴推出试驾服务,拥有26个品牌的108个车型,提供新车体验服务平台
专车服务	尚未开通	—在6个城市上线租车服务 —首创免费上门送取车,推动了租车业务的便利化

数据来源:《2016年滴滴出行企业公民报告》。

综上,在用户群体的整合、市场份额的扩大和不断下沉渗透的基础上,滴滴的业务体系得到了极大的扩展,从原本仅专注于打车和代驾业务,逐步发展成覆盖多样化出行服务。滴滴在2016年不仅进入了企业用车、公交、顺风车、试驾、租车等新领域,而且优化了现有业务,如专快车和代驾,增强了市场覆盖和服务深度,最终形成了一个完整的移动出行业务生态体系。

此外,在滴滴与快的的合并过程中,一个值得关注的现象是快的品牌逐渐消失。在合并初期的承诺中,两家公司表示将保留各自的品牌和业务,并设立联席CEO制度。然而,现实的发展轨迹与这一承诺存在较大偏离。在合并后的几个月内,快的品牌逐渐淡出公众视野。这种现象反映了中国互联网行业并购中的一些普遍趋势,如58同城合并赶集网、优酷合并土豆等,虽然他们在合并时宣称要双品牌运行、设立联席或双CEO,但合并后不久,另外一个品牌逐渐退出市场,恢复到单CEO方式运行。

首先,在应用程序的整合方面,快的应用的更新频率显著降低,最终被整合进滴滴的App。安卓应用商店的下载数据显示,合并后仅3个月,快的的独立应用在主要应用商店中的下载量下降了60%,而滴滴的App用户数量则增加了45%。快的打车App最后更新时间停留在了2015年11月。此后,该App逐渐淡出用户视野,无论是功能优化还是界面改进都不再继续。从应用商店的下载量来看,随着时间的推移,快的打车App呈显著下降趋势。在用户评价方面,由于缺乏更新维护,一些用户反馈的问题无法得到及时解决,导致快的打车App负面评价堆积如山。目前,快的打车App已难以在各大应用商店的热门榜单中出现,其存在感越来越弱。

从市场份额来看,快的品牌在合并后逐渐被滴滴品牌所掩盖。TalkingData移动数据研究中心发布的《2015年O2O移动应用行业白皮书》显示,截至2015年5月,滴滴快的合并公司旗下的滴滴打车安卓应用,覆盖率达10.26%,位列榜首。而快的打车安卓应用覆盖率仅为2.59%,和滴滴打车差距悬殊。随着时间的推移,这一差距不断扩大,快的的市场份额持续萎缩。在用户认知度方面,合并后,滴滴通过大规模的市场推广和品牌建设,逐渐成为网约车的代名词。相比之下,快的品牌的知名度和影响力不断下降,越来越多的新用户只知道滴滴,而对快的品牌知之甚少。在业务整合方面,快的的原有业务逐渐被并入滴滴体系。例如,快的曾经的代驾、顺风车业务都由杭州团队负责,合并后,这些业务的发展重心逐渐向滴滴倾斜。快的的专车业务也逐渐失去竞争力,一号专车软件在网络上停止更新,而滴滴专车则不断升级,更名为"礼橙专车"重新上线。这些都表明快的品牌在市场上的逐渐淡化和消失。

在品牌推广和市场营销方面,快的品牌在广告和推广活动中的出现频率明显减少,最终被滴滴品牌取代。根据财报数据,在合并后的短短6个月内,滴滴投入了约1.5亿美元用于大规模的市场推广活动。这些资金被广泛应用于多个渠道和形式的推广,如在各大城市的核心商圈投放大量的线下广告,以及在热门电视节目、视频平台等投放的线上广告。同时,滴滴还开展了一系列吸引用户的促销活动,如新用户注册优惠、打车折扣券发放等,通过多种方式全方位提升品牌知名度和用户使用率。与滴滴形成鲜明对比的是,快的品牌推广预算在合并后被大幅削减,使得快的在广告投放上的力度大幅减弱,线下广告几乎难觅踪迹,线上广告的投放量也大幅减少。例如,在社交媒体平台上,快的的广告投放频率从之前的每周数次降至每月仅数次,曝光量锐减。快的打车的官方社交媒体账号在合并后也基本停止更新,不再发布与品牌推广相关的内容,从而逐渐边缘化。快的原先负责代驾、顺风车等核心业务的杭州团队,在合并后主要负责孵化创新业务,例如,快车业务就是率先在一号专车上进行尝试,之后才上线滴滴产品端。这种资源分配的倾斜,进一步凸显了快的在合并后所面临的困境。

公司人员的变动也反映了品牌整合的方向。虽然合并初期双方宣称联席CEO制度,但快的的创始人吕传伟在合并后的半年内逐渐淡出了公司管理层。据相关报道,吕传伟于2015年年底正式离职。据滴滴内部人员透露,合并后的公司在组织架构上进行了大幅度调整,原快的团队的多个部门被裁撤或并入滴滴的部门。从法律和公司治理的角度来看,快的品牌的退出也有法律和行政方面的表现。工商登记信息显示,快的的相关公司实体在

2016年被注销或吸收合并进滴滴的公司架构。这一公司架构的变化,从法律层面确认了快的品牌的消失,也标志着滴滴品牌的全面主导地位。

三、优酷合并土豆

优酷与土豆都是行业内领先的头部企业,它们一直是竞争对手,为什么会达成合并?其内在的驱动因素是什么?我们认为,关于并购的传统理论解释,并不必然能够有效解释数智化时代企业的并购行为。寻求新的理论解释,以期能够更有效地解释互联网平台企业在数智化环境下的并购行为,既是学术界的使命,又是实务界的需求。

2005年4月15日,土豆网正式成立,它创立初期的模式与YouTube一致,都是用户生成内容。2006年3月,前搜狐首席运营官古永锵以300万美元为基础,创建了优酷网,最开始;优酷网的定位是视频分享网站,优酷网于2006年6月21日正式成立,12月12日开始正式运营。优酷网于2010年成功登录纳斯达克之后,土豆于2011年8月在纳斯达克成功上市(代码TUDO),结果并不令人满意[1],首发价为每股2.9美元,开盘之后屡屡受挫,开盘价比发行价下跌13个百分点,土豆上市后一直面临资金困扰。

(一) 合并的原因

随着网络视频的兴起,网络视频应用行业竞争激烈,大批新兴视频网站涌入行业,也涌现出一批实力强劲的行业黑马,面对激烈的行业竞争,运营成本过高与用户黏性不强使得网络视频行业亏损严重成为普遍现象,优酷在2007年至2009年的毛利润亏损分别为4 437万元、1.38亿元、6 308万元;土豆同期毛利润亏损为6 578万元、1.17亿元和3 803万元。根据公司财报数据,2010年优酷净亏损高达2.047亿元,土豆的净亏损高达3.5亿元。尽管市场规模高速发展,高昂的版权与宽带维护费用让优酷和土豆都难以摆脱持续亏损的困境,特别是土豆为了上市持续扩大亏损,而在上市之后股价萎靡不振,土豆一直希望通过谋求合并改善局面。此外,优酷和土豆一直"水火不容"[2],两者的合并或许能解决一些竞争问题。

2012年3月11日,优酷和土豆共同宣布双方签订最终协议,将以100%换股的方式合并。根据协议条款,自合并生效日起,土豆所有已发行和流通中的A类普通股和B类普通股将退市,每股兑换成7.177股优酷A类普通股;土豆的美国存托凭证(Tudou ADS)将退市并兑换成1.595股优酷美国存托凭证(Youku ADS)。每股Tudou ADS相当于4股土豆

---

[1] 2010年3月,土豆网创始人王微与妻子杨蕾离婚;2010年11月9日,土豆网提交资料,准备在纳斯达克上市;11月10日,杨蕾向法院起诉,申请冻结王微的股权,上市计划受挫;2011年6月双方达成和解协议,王微支付700万美元赔偿,杨蕾不再对土豆网的股权提出其他要求;2011年8月,土豆网上市。土豆网上市后还产生了一个新的术语:土豆条款。

[2] 2011年,土豆高层斥责优酷盗播土豆拥有版权的综艺节目"康熙来了",当年12月16日,土豆正式宣布,针对优酷网涉嫌侵权盗播授权内容,其将向优酷提出1.5亿元人民币的侵权赔偿。而优酷也称将在京沪两地发起诉讼,追究土豆涉嫌盗播百部版权作品的侵权行为。

B类普通股,每股Youku ADS相当于18股优酷A类普通股。合并后,优酷股东及美国存托凭证持有者将拥有新公司约71.5%的股份,土豆股东及美国存托凭证持有者将拥有新公司约28.5%的股份。土豆美国存托股份自2012年8月24日起在纳斯达克全球市场摘牌。优酷的美国存托凭证将继续在纽约证券交易所交易,代码为YOKU。合并后的新公司将命名为优酷土豆股份有限公司(Youku Tudou Inc.)。

合并协议提到,优酷和土豆董事会认为在线视频行业趋势是支持行业整合的,与其他公司建立战略合作伙伴关系、合资企业和收购,会加强公司业务和提高长期股东价值。土豆与优酷合并,一方面,它们有各自购买的视频播放权,合并后就可以实现资源共享,购买一次版权就可以在两家视频网站播放,这无疑在不减少访问量的前提下大大减少了公司在购买版权方面的运营成本,且优酷和土豆合并之后,两者的关系由竞争转向共赢,不会再在版权竞价中恶性竞争,而是可以站在同一立场与客户谈条件,通过规模优势获得定价权,在版权市场的议价能力提升,购买的视频成本也有所降低。优酷土豆集团总裁刘德乐告诉记者,"合并后规模效应正在显现。比如合并将有效降低双方的成本,也提升了与版权方的议价能力。以往一部剧最高能炒到180万元一集,但到今年最高也就在50万元左右。"另一方面,对服务器与带宽的硬件投入也占据较多的运营成本,例如,优酷每月仅带宽成本一项就需要两万元,土豆和优酷合并后可以实现服务器同享,从而合理地降低网络费用。因此,不管是在视频数量和质量上,还是在技术开发上,土豆与优酷的并购都实现了节约成本的目的。

时任迅雷CEO邹胜龙表示,土豆选择优酷将获得流量上的竞争优势,未来行业内将会有更多的洗牌与并购[1]。时任艾瑞咨询集团CEO杨伟庆提出,从商业角度来讲,市场对优酷和土豆的合并比较看好。一是双方的整合会带来成本的降低,版权的购买费用会直线下降,带宽成本和研发成本也会相应的减少。二是合并后的运营效率会提升[2]。此外,也有业内人士对优酷和土豆的合并持怀疑态度,认为两者的协同效应并不会非常明显。时任《华尔街日报》中文网的主编袁莉在微博上称,两家不盈利的公司合并,并不会改变视频行业烧钱的局面[3],优酷还需要找到一种可行的商业模式。

整体而言,当时媒体对优酷收购土豆的评价是复杂的,既有积极的方面,又有消极的方面。积极方面的评价包括:增强市场竞争力、优化成本结构、推动行业整合、提升广告议价能力。而消极方面的评价包括:改革创新难度增加、企业信誉受损、用户重合度高。从市场角度来看,合并无疑增强了优酷土豆的市场竞争力,推动了行业的整合和发展。然而,从企业内部管理的角度来看,合并也带来了一定的挑战和风险。

(二)并购的深层次动因

现有文献对并购的讨论,总体是从协同效应、代理成本等理论出发,潜在假定管理层主

---

[1] https://www.163.com/tech/article/7SDPDSMD000915BF.html。
[2] https://lmtw.com/mzw/content/detail/id/81295/keyword_id/-1。
[3] https://www.ifanr.com/77735。

动选择并购或不并购;而对于优酷和土豆的合并来说,管理层不是主动选择合并或并购,背后的资本推动或许是更重要的驱动因素。

两家是行业长期的竞争对手,土豆是业内第一家短视频网站,甚至要早过 YouTube 网站;优酷则是完全模仿 YouTube,连名字都有点类似。两家公司一直在竞争。根据优酷和土豆于 2012 年 4 月 25 日向 SEC 提交的并购注册声明文件(F-4),优酷与土豆曾经在 2009 年就讨论经营层面的合作,但没有结果。

由于土豆自身的问题,其上市之路一波三折,融资 1.74 亿美元,IPO 时开盘价为 25.83 美元,此后股价一路走低,最低时为 10 美元左右,土豆的股东和投资者被股价"套牢",加上多年运营一直处于亏损的状态,投资方一直不能顺利退出。优酷在土豆市值较低[1]的时候抛出橄榄枝,提出高价换股合并[2]。时间线上,2012 年 2 月的第 1 周,优酷 Pre-IPO 的主要投资方成为基金(Chengwei Capital)代表与土豆 Pre-IPO 的主要投资方纪源资本(GGV Capital)代表就双方合并的可能性进行商谈,双方代表都同意继续这一话题;此后的 2 月 15 日,优酷召开特别董事会,对可能的并购进行评估,并授权管理层推进与土豆的合并事宜。2012 年 2 月 16 日,优酷的管理团队与土豆的资本代表就可能的合并形成初步方案。土豆的资本代表将这一合并方案通报给土豆的 CEO 王微[3]。向 SEC 提交的 F-4 表是需要承担法律责任的,它所报告的时间线、事实可信度高。它明确说明:在资本方与优酷商谈出基本框架后再向王微通报。虽然王微作为创始人、董事长、CEO,且个人持股超过 8%,投票权超过 25%,没有他的同意,并购达成的难度会加大,但是在并购事件中,他不是主要推动方,资本才是。

在初步达成合并意向后,优酷和土豆双方讨论的就是"价格"问题,即如何对土豆进行估价。2012 年 2 月 24 日,优酷与土豆管理层和部分董事(也是资本代表)在香港就双方股权比例达成一致意见。之后,就是讨论后续相关的合并程序问题,如违约责任的认定与违约金数额等。2012 年 3 月 12 日,在纽约的证券市场开市前,优酷与土豆联合发布声明,宣布合并事宜。

在优酷与土豆并购事件中,优酷作为实际上的"买方",它是愿意乐见其成的:通过消除行业内最大的竞争对手,可以减少之后的营销支出,压低影视剧资源的购入版权开支,抬高广告收入;土豆在并购后主体中的份额为 28.5%,不足 1/3,且在合并后公司中,只有土豆的创始人兼 CEO 王微、纪源资本的代表进入合并后公司的董事会。这种"卖身"式并购,对一个创业企业家来说,通常都不会答应。因此,土豆的董事会,尤其是管理层团队批准这项并购,就带有"被迫"或"不得不"的成份在内了。

---

[1] 根据纳斯达克 2012 年 3 月 9 日的收盘价,土豆市值为 4.36 亿美元。
[2] 汤森路透发布分析报告估计,此次合并估算交易额是 10.4 亿美元。
[3] F-4 表"The Merger"部分具体陈述了合并的全过程,以及相应的理由等。"Background of the Merger"部分(原文 97—102 页)报告了具体的合并过程。这部分的表述是公开资料,且经由双方/合并后主体的法律专业人士确认,并要承担可能的后果。因此,这部分对合并过程的叙述,在时间节点、事实表述、用词表述等方面,经得起事后的检查。原文的表述如下:……Mr. Foo informed Mr. Gary Wei Wang… regarding the meeting. Mr. Foo 是纪源资本代表符绩勋。

(三) 并购后果与品牌消失

如果说按照传统理论,并购是为了获得产业协调效应,那么优酷吸收合并土豆后必然会带来原有业务的改善。并购后的结果并不尽如人意。优酷和土豆作为视频网站,其主要营业收入是广告收入,对广告市场份额的争夺一直是视频网站的竞争重点。根据易观国际的数据,合并前,优酷就一直占据了我国视频行业广告市场份额的首位,而土豆上市之后经营效益始终不理想,优酷与其合并后尽管始终保持行业龙头的位置,市场份额整体呈现下降趋势,之后受到爱奇艺和 PPS 整合合并的冲击,2014 年,优酷土豆的市场份额跌至 22.82%,两者合并后在市场份额上的经营协同效应并不明显,见图 4.5-1。一方面,优酷和土豆的合并加快了视频行业的整合的速度,竞争更加激烈。另一方面,如上文所述的优酷和土豆用户重合度高的问题致使广告主投放谨慎,根据业内广告代理商的陈述,"优酷土豆推出的统一广告系统让我看不到广告的真实价值,我的投放究竟能影响多少目标客户,心里也没有底。合并后的优酷土豆,在我看来只是提高了它自己在上游版权的议价能力,对于广告商而言,完全是优酷土豆用一份视频版权卖出了两份价格[1]。"优酷和土豆合并之后无法向广告商展示关键的用户重叠数据,广告商的核心利益无法得到确认,加上两者合并之后广告商的议价能力降低,广告商平均广告投入从每位 100 万元增长到 170 万元[2]。对于广告商而言,投入广告的效益与成本不成比例,与其在作为视频网站行业龙头的优酷土豆投入性价比较低的广告,不如将广告投入资金分散投入爱奇艺、搜狐视频等其他视频网站。因此,优酷和土豆合并以后,这种同质化内容除了带来上游成本的谈判空间、减少内部管理成本,并不能在广告投放上有什么重大突破,要让两个平台在公司合并后的广告收入产生 1+1>2 的效果,这一愿望很难实现。

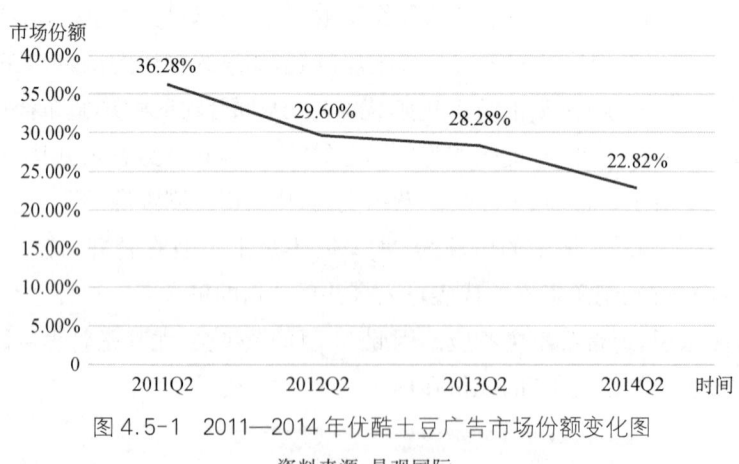

图 4.5-1 2011—2014 年优酷土豆广告市场份额变化图
资料来源:易观国际。

对于合并后的业务运营,优酷土豆表示:"在综合内容平台基础上,会坚持差异化运营。

---

[1] http://www.gototsinghua.org.cn/wenku/zhanlueguanli/mba_30533.html。
[2] https://xueqiu.com/8689584849/22541091。

合并后,优酷土豆将持续保持独立,在内容、品牌、营销方面实行差异化运营,会保留两个品牌、两个网站、两个营销团队[1]。"实际上在与优酷合并之后,土豆逐渐失去了其原有的特色和独立运营,尽管土豆拥有大量的用户、优质的视频内容和独特的影视版权,在后续运营过程中可以明显看到,无论是产品设计、创作资源还是网页排版,优酷比土豆更优质、更精美,或者说,优酷土豆吸收了土豆的原有资源,却在资源配置上始终是向优酷倾斜,以达到将土豆原有用户引流到优酷的目的。土豆很多原有的视频内容因平台整合和技术调整而失效或迁移,部分用户上传的视频也因合并过程中的数据处理、版权问题或服务调整而变得无法播放。随着时间推移,土豆的首页和功能不再更新,用户体验下降,用户和创作者转移至其他平台,最终使得土豆不再是人们关注的焦点。目前,虽然可以通过优酷访问土豆的部分遗留内容,但其已非主流视频分享平台。

四、58同城并购赶集网

58同城与赶集网在并购前是行业领先企业,也是竞争对手。2005年12月,姚劲波创立了58同城。它是模仿美国一家分类信息网站Craigslist[2]设立的,以本地化的生活服务分类信息为主,包括:房屋租售、招聘求职、二手买卖、汽车租售、宠物、票务、餐饮娱乐、旅游交友等。由于这一服务的商业模式主要是城市本地化,58同城从创立开始就将业务拓展至主要城市,从而推广本地化服务、个性化定制、社区运营等。

58同城提供的服务主要有在线广告推广、增值服务和会员服务,其中增值服务具体包括:精准营销、信息置顶、品牌推广和QQ平台推广,而会员服务则是指那些享有推广特权的58同城网邻通会员用户。因此58同城的主要盈利方式是向发布信息的商业用户和需要广告服务的广告主收取会员费和在线营销服务费,即广告费。

数智化时代企业的发展,离不开各类风险资本或基金的支持。2006年2月,58同城获得赛富投资基金500万美元的投资,2008年6月又获得赛富投资基金追加的4000万美元投资。2010年4月和12月,58同城又分别获得了DCM、赛富投资基金和华平投资的1500万美元与6000万美元的投资。2011年下半年,58同城获得华平投资5500万美元的投资[3]。2013年10月31日,58同城在纽约证券交易所上市(股票代码为WUBA),募集资金2.28亿美元,见表4.5-4。

表4.5-4　　　　　　　　　　58同城上市前所获融资

融资日期	融资轮次	融资金额(万美元)	投资方
2006-02-01	A轮	500	赛富投资基金

---

[1] http://news.cntv.cn/20120327/118297.shtml。
[2] Craiglist创立于1999年,它的独特运行模式曾经是当时专业财经媒体广泛关注的话题。
[3] 数据来源:企查查官网。

(续表)

融资日期	融资轮次	融资金额(万美元)	投资方
2008-06-01	B轮	4 000	赛富投资基金
2010-04-01	C轮	1 500	赛富投资基金、DCM Ventures
2010-12-01	D轮	6 000	华平投资
2011-12-01	E轮	5 500	华平投资

数据来源:企查查官网。

在数智化时代,因为知识的高度扩散,创业也是"群雄并进"。2005年,曾经在谷歌工作过的杨浩涌创立了赶集网,他所对标的也是美国的分类信息平台Craiglist。与58同城类似,赶集网也是一个专业的分类信息平台。赶集网上线后迅速扩展到上海、深圳、广州等城市,并在全国近400个城市设立了分站。赶集网的服务范围包括房屋租售、二手车交易、求职、汽车买卖和团购等,为用户提供本地生活和商业服务的各种信息。截至2015年8月,赶集网的生活服务已经覆盖50多个行业,成为国内仅次于58同城的第二大生活服务信息网站。赶集网的融资开始得相对较晚,融资总额却不逊于58同城。2009年1月,赶集网获得了蓝驰创投800万美元的资金;2010年5月,赶集网获得了诺基亚成长伙伴基金和蓝驰创投的2 000万美元的联合投资;2011年5月,红杉中国和今日资本为其投资7 000万美元;2013年8月,赶集网获得中信产业基金、麦格理、安大略教师退休金基金的9 000万美元;2014年8月,赶集网获得了凯雷投资集团和老虎基金的超2亿美元的投资[1]。

(一)为什么要合并:合并驱动因素探究

2015年4月17日,58同城正式对外宣布与赶集网合并。2015年4月17日,赶集网发布的内部信中提及,两家企业的合并可以为双方带来减少营销成本、扩大平台优势和资源优势互补的好处[2];58同城发布的内部信中表明,合并可以立即停止一些短期的市场行为,以提升整体的收入和利润水平、加大在创新产品和模式上的投入,更好地把握市场机会[3]。2015年4月20日,58同城发布SEC公告文件,CEO姚劲波称本次与赶集网的合并可以共同实现成本、收入和战略业务的协同效应。

经过协商后,此次并购采用5:5换股的形式进行,具体来说,58同城将通过现金加股票的支付方式,以4.122亿美元现金加上3 400万份普通股换取赶集网43.2%的股份。同时,腾讯集团作为58同城的重要股东,也将以每ADS 52美元的价格认购价值4亿美元的58同城新发股票,这部分现金用来支付对价中的现金部分。按照58同城前一日的收盘价粗略估计,赶集网合并时的估值略高于36亿美元。换股完成后,58赶集有限公司成立,第一阶段并购完成。

---

[1] 数据来源:企业预警通官网。
[2] https://www.163.com/tech/article/ANDPM5EF000915BF.html。
[3] https://www.163.com/tech/article/ANDOUQG1000915BF.html。

2015年8月,58同城为规避垄断争议,采取间接收购策略,以私募基金等投资方的名义完成了对赶集网剩余股权的收购。由此第二阶段的并购也圆满结束,也标志着58同城对赶集网的并购彻底完成[1]。

为确保两大管理团队的互动协调,合并后的新公司将采用双品牌运营策略,即延续58同城和赶集网的两个品牌,两者的管理制度和员工架构基本保持不变,仍然保持独立经营、独立管理的生存模式,赶集网的创始人杨浩涌和58同城的创始人姚劲波将共同担任新公司的首席执行官。2015年11月25日,杨浩涌辞去58赶集联席CEO的职务,转而投身于瓜子二手车的创业中,并以个人投资者的身份向瓜子二手车投资6 000万美元,担任瓜子二手车的CEO。姚劲波则继续担任58赶集的CEO,主导公司的发展方向和战略规划。这次人事变动也意味着58赶集结束了联席CEO的管理模式,转而由姚劲波独立执掌。

2015年合并时,58集团设立了一个控股性架构,控制了58同城、赶集网、安居客、中华英才网、58到家等。之后,58集团淡化58赶集名称的使用,虽然年报中并未体现,但是截至目前,人们已不再称呼58集团为58赶集。2020年9月7日,58同城从纽约证券交易所退市,退市时的市值约为87亿美元。

财经媒体不仅有助于传播公司的相关信息,帮助公司信息送达范围更广,增强透明度,它还在一定程度上发挥了约束、激励公司管理层的治理效应(李培功,沈艺峰,2010;贺建刚等,2008;孙鲲鹏等,2020)。因此,媒体对58同城并购赶集网的讨论,一定意义上代表了当时市场上投资者的认知。或者说,财经媒体的讨论与分析,会影响到当时市场上投资者的

---

[1] 58同城2016年年报中原文:"Later in 2015, our company, as a limited partner, committed an aggregate of 46.5 million newly issued ordinary shares and US $406.7 million in cash to several private equity funds, of which all the ordinary shares and US $272.4 million in cash were contributed to the funds in August 2015. These funds are dedicated to investing in businesses in China and separately managed by different investment entities, as general partners, which are unaffiliated with each other and unaffiliated with us. These funds, together with Tencent, acquired all the remaining equity interests in Ganji in August 2015. We also transferred an aggregate of 4.4 million fully vested restricted share units of our company and approximately US $51.0 million in cash to former Ganji employees as part of the total consideration of step acquisition of Ganji. We considered that we have a controlling financial interest over the equity funds under the voting interest model, and as a result have consolidated Ganji since August 6, 2015." "Upon the completion of the transactions on August 6, 2015, Ganji was directly owned by the Company as a result of the Transaction (i) and by the Equity Funds and Tencent as a result of the Transaction (ii)." Because of the step acquisition, the Company became the beneficial owner of an aggregate of 99.6% equity interest in Ganji. The remaining 0.4% interest in Ganji was owned by Tencent. In relation to this noncontrolling interest in Ganji, a put option agreement was entered into between the Company and Tencent in 2015, where the Company has also granted to Tencent a right to sell all of Tencent's interest in Ganji (the "Put Option").
简而言之,58同城向多家私募股权基金承诺了4 650万股普通股和4.067亿美元现金,请他们与腾讯一起于2015年8月代为收购了赶集网剩余股权,全部普通股和2.724亿美元现金已于2015年8月付清。自2015年8月6日起,赶集网正式被58同城纳入合并报表的范围,58同城拥有赶集网合计99.6%的股权,剩余的0.4%归腾讯所有。就赶集网的这0.4%的股权,58同城与腾讯于2015年签订了一份看跌期权协议,授予腾讯出售其拥有的赶集网全部权益的权利。
根据比达咨询发布的报告,2014年,在平台类移动生活App累计用户市场份额中,58同城占40.6%、赶集网占33.4%,百姓网占16.3%。据此推算,合并之后的58同城在移动端的市占率将高达74%,处于垄断地位。若是直接全资收购,很可能被外界指责造成垄断,导致交易不通过。

认知。58同城和赶集网的合并,是这一时期的热点新闻事件。各财经媒体都先后报道,大致观点类似。其中,核心点如下:58同城与赶集网的合并是资本背后推动的结果。关于主要推动人,不同的媒体对此说法不完全一致。

赶集网自成立以来进行的融资如表4.5-5所示。

表4.5-5　　　　　　　　　赶集网自成立以来所获融资

融资日期	融资轮次	融资金额(美元)	投资方
2009-01-01	A轮	800万	蓝驰创投基金
2010-05-01	B轮	2 000万	蓝驰创投基金、诺基亚成长伙伴基金
2011-05-06	C轮	7 000万	红杉资本股权投资管理(天津)有限公司、今日资本集团
2013-08-16	D轮	9 000万	中信产业投资基金管理有限公司、安大略省教师养老金计划委员会、麦格理集团有限公司
2014-08-12	E轮	超2亿	凯雷投资集团、老虎基金

数据来源:企业预警通官网。

2015年4月7日,58同城向美国证券交易委员会提交的文件显示,老虎基金增持了58同城的股份,从原来的30万股增持到252万股,占企业股份总额的6.5%。由此可以推测,老虎基金实为两家公司共同的投资人,因为不愿意看到两家公司进行如此激烈的消耗战,所以从中推动达成合并也有可能。

资本为什么要推动两家竞争对手达成合并?公司与媒体给出的解释如下:

——合并对于赶集网、58同城和整个行业都是当下更好的决定,可以帮助避免不必要的资源损耗,减少营销成本。

——合并也可以帮助两个企业扩大平台优势,新公司将拥有国内绝大部分的蓝领招聘和二手车流量,房产和生活服务频道的流量也将成为行业龙头。

——赶集网在招聘和汽车方面的优势与58同城在房产和生活服务领域的优势相结合后,将会迅速产生协同效应,实现资源优势互补。

除了上述资源联合效应,另外一种可能的猜测是风险投资资本的退出。鉴于58同城已经在美国上市,公司持续亏损,股票价格表现差强人意,这都为赶集网的上市,增加了难度。通常,中概股赴美上市,第一支概念股会被市场所认可。在第一支概念股上市后,如果市场表现没有得到认可,后续上市就会增加难度。换言之,在58同城上市后,赶集网再提起赴美上市的申请,难度会加大。赶集网背后投资人的退出难度加大。因此,通过与58同城合并,或被58同城吸收合并,赶集网的投资人能顺利退出,这或许是这起并购事件的最主要、最直接的驱动因素。当然,58同城为什么会愿意接受这种安排、帮助赶集网的投资人顺利退出?我们认为,58同城希望通过并购,降低市场竞争强度,提升股票价格。当然,真实的推动因素,还需要我们更进一步检验。

(二) 合并是否达成目的：基于公司年报的分析

无论是公司的公告、内部的信件，还是媒体的分析，都将降低成本、扩大优势作为并购的原因。我们根据公司年报信息，用数据来展示并购是否达成公司所宣称的目的。虽然我们也在尽力查找赶集网的相关信息，但由于赶集网在并购前没有上市，58同城并购赶集网的过程中，赶集网的财务数据公布有限，我们尽力检索后并没有获取赶集网被并购前完整的年报数据，因此，对并购绩效的讨论，相当多数据是推测而来。

1. 降低营销费用

合并前，58同城在2014年年末的营业收入为16.28亿元，2015年中期的营业收入为17.54亿元，根据58同城2015年年报，2015年4月20日至2015年8月6日，赶集网营业收入为5 240万美元，折合人民币3.2亿元左右；合并后，58同城在2015年年末的营业收入为44.78亿元，同比增长175.06%，2016年中期的营业收入为34.55亿元，同比增长96.98%。合并之后，58同城的业绩十分亮眼。

表4.5-6、表4.5-7是58同城年报中披露的广告费用，以及剔除了广告费用后的销售与营销费用。58同城在2014年的广告费用为4.51亿元，占收入的27.7%，而2015年由于与赶集网的激烈竞争，广告费用飙升至占收入的40.5%。2015年8月收购赶集网后，58同城广告费用占收入的比重有所回落，在25%左右上下浮动。58同城剔除广告费用后的销售与营销费用占收入的比重在2014年和2015年分别为40.3%和55.9%，达到了巅峰水平；合并之后该项费用在收入中的占比逐渐下降，在2018年和2019年降至30%以下。58同城与赶集网合并之后，还面对其他企业的竞争与威胁，总体而言，58同城的销售与营销费用得以降低。

表4.5-6　58同城2014—2016年广告、销售与营销费用　　　　　　　　金额单位：万元

项目	2014年		2015年		2016年	
	人民币	收入占比	人民币	收入占比	人民币	收入占比
广告费用	45 117.2	27.7%	181 185.2	40.5%	204 002	26.9%
销售和营销费用	65 551.7	40.3%	250 436.5	55.9%	290 136	38.2%
总销售和市场费用	110 668.9	68%	431 621.7	96.4%	494 138	65.1%

数据来源：58同城年报。

表4.5-7　58同城2017—2019年广告、销售与营销费用　　　　　　　　金额单位：万元

项目	2017年		2018年		2019年	
	人民币	收入占比	人民币	收入占比	人民币	收入占比
广告费用	208 706.6	20.8%	330 956	25.2%	371 750.5	23.9%
销售和营销费用	312 529.4	31%	355 228.5	27%	433 215.7	27.8%
总销售和市场费用	521 236	51.8%	686 184.5	52.2%	804 966.2	51.7%

数据来源：58同城年报。

2. 合并后的公司业绩

如图 4.5-2 所示,2015 年第 1 季度,58 同城的营业收入为 6.21 亿元,2015 年第二季度将赶集网纳入合并范围后,58 同城的营业收入飙升至 11.37 亿元,此后一直处于上升趋势,其中 2016 年第二季度同比增长 71.06%。至 2017 年第四季度,58 同城营业收入已达 27.65 亿元,同比增长 31.98%。

如图 4.5-3、图 4.5-4 所示,58 同城历年来的收入主要由会员收入、在线营销收入等构成,其付费会员数自合并了赶集网和安居客后也呈稳定上升趋势,为其收入的上涨提供了保障,由 2015 年第二季度的 78.4 万增长至 2017 年第四季度的 265.4 万,涨幅为 238.52%。58 同城在 2015 年并购了与其进行激烈竞争的赶集网,导致其背负高额的销售

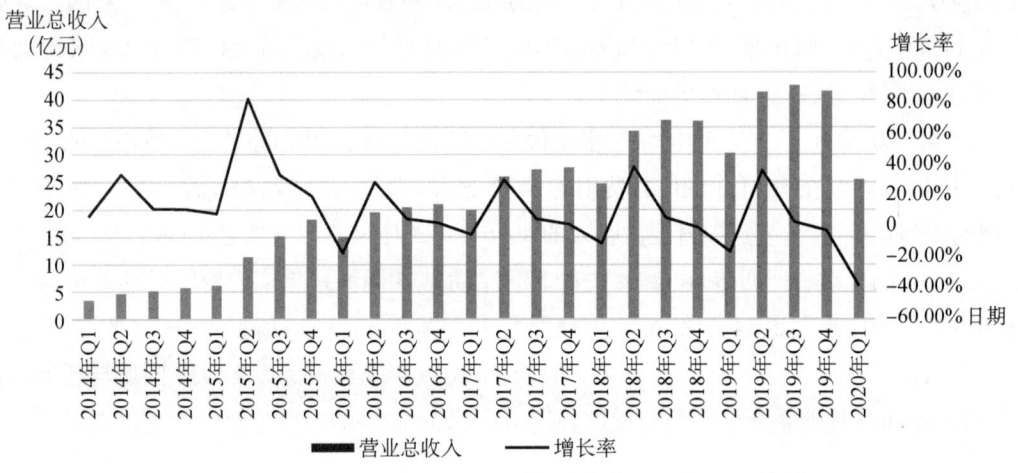

图 4.5-2　2014—2020 年 58 同城各季度营业总收入与增长率

数据来源:58 同城年报。

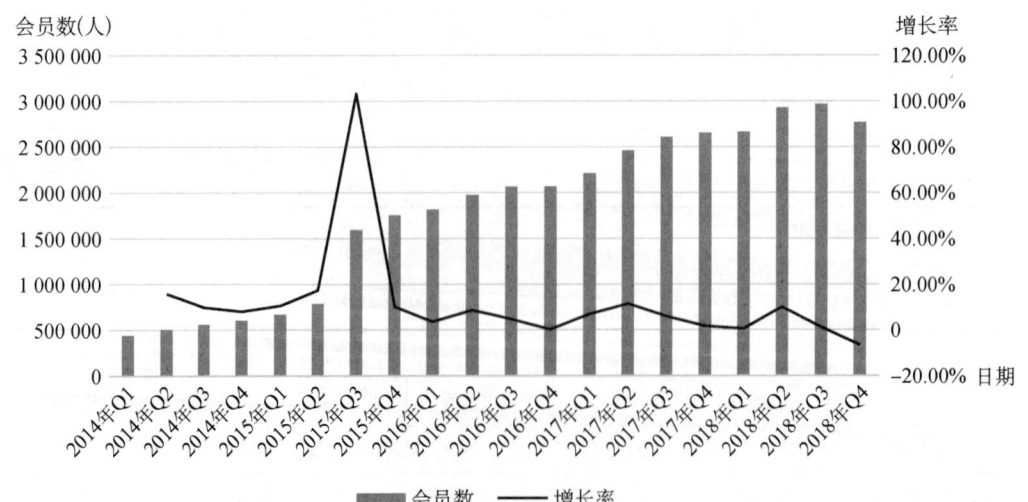

图 4.5-3　2014—2018 年 58 同城各季度会员数与增长率

数据来源:58 同城年报。

费用,且2015年及2016年由于新孵化业务(58到家、瓜子二手车)处于起步阶段,公司出现亏损。2017年第二季度后,58同城扭亏为盈,处于持续盈利状态。总体而言,58同城与赶集网合并后,公司具备更强的竞争力。

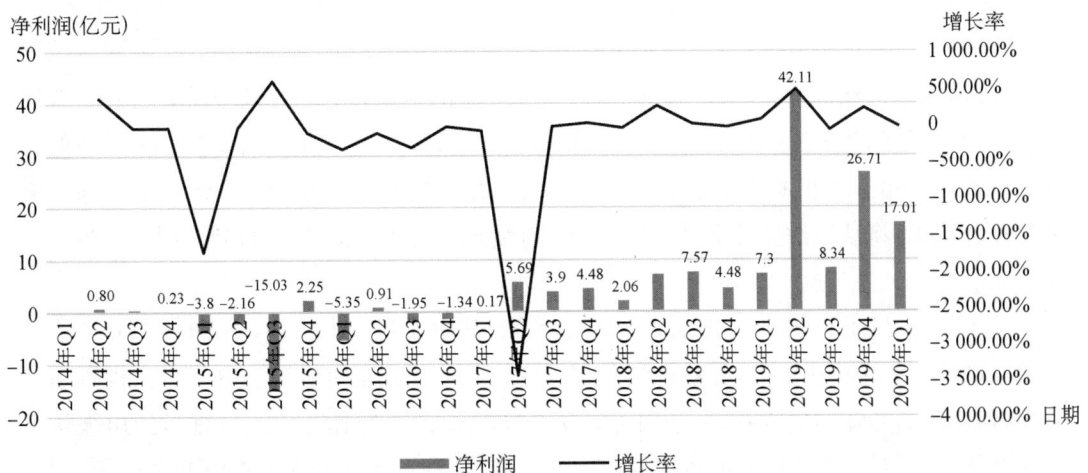

图4.5-4　2014—2020年58同城各季度净利润与增长率

数据来源:58同城年报。

(三)合并后果与品牌消失

58同城于2013年10月31日上市,开盘价为21美元,当日市值约为21亿美元;经过一段时间的发展,至2015年4月14日传出合并消息前,58同城的市值已达50亿美元左右,相较于上市当日已增长138%。受到2015年4月14日合并消息的影响,2015年4月17日,58同城的市值升至60亿美元左右。

按照计划,58同城与赶集网是1∶1合并。如果市场认可这场并购并给予相应的估值,那么,合并后的公司市值会超过百亿。然而,2015年4月20日,58同城的市值升至80亿美元,之后虽持续走高升至96亿美元,但却始终未突破百亿大关,直到2017年11月,其市值才突破100亿美元。虽然58同城的市值在2018年5月达到了巅峰,即近130亿美元,但在2020年6月15日宣布私有化决定时,总交易估值约为87亿美元,较巅峰时期缩水近三分之一。虽然这是我们追踪的、在纳斯达克上市的中概股公司并购后,市场表现最好的一家公司,但它仍未能达到预期。

按照公司并购时所公开的说法,合并是"强强联合",即双品牌运营、联席CEO制度等。58同城更名为58同城赶集网,最大限度地保持了58同城和赶集网两个品牌的有效运行。在合并运营约8个月后,2015年11月,杨浩涌宣布辞去CEO职位,转身参与创立瓜子二手车。这之后,赶集网的地位逐渐转淡,并聚焦于招聘领域,而Boss直聘等平台在市场上已经占据了领先地位,赶集网仍然面临着激烈的市场竞争。因此,赶集网瞄准城市服务业人群这一细分领域,以"真实企业直接招"破解信息不对称等招聘痛点。2022年1月20日,

58同城宣布赶集网正式重塑为专注招聘市场的"赶集直招"。赶集直招以"企业直招"为核心特点,通过企业VR、企业直播、企业实勘、短视频探店、AI面试间等产品功能匹配企业和求职者。赶集网原有的产品矩阵,只保留了这一部分。

2020年6月15日,58同城宣布已与Quantum Bloom Group Ltd.签署私有化协议。根据合并协议条款,买方投资财团(由华平投资、General Atlantic、鸥翎投资和58同城董事长兼CEO姚劲波组成)将以每股普通股28美元现金的价格,购买58同城所有已发行普通股,总交易估值约为87亿美元(折合人民币约615亿元)。2020年9月7日,58同城的特别股东大会以超75%的投票审议通过了私有化方案。2020年9月18日,58同城宣布完成私有化并购,并将从纽约证券交易所退市,58同城向纽约证券交易所申请自9月18日起停止交易。

关于58同城退市的原因,各大媒体众说纷纭,其中大多数人认为,58同城在分类信息网站领域已经完全失去优势,在各种细分领域中也无法领先竞争对手。由于多家投资基金介入,他们作为专业的投资者,不会因为一家公司估值低而选择介入。只有当公司被认为存在低估、公司具有价值回归的可能性空间,投资基金资本才会介入。投资基金可能认为,58同城被低估了。58同城退市后,58同城所运营的多个业务板块独立上市,其收益要远高于退市价格。贝壳找房于2020年8月14日在纽约证券交易所上市,招股价每ADS为20美元,首日收盘价为37.44美元每ADS,市值达422亿美元;2020年9月7日,58同城通过私有化方案时,贝壳找房最近一个交易日(9月4日)的收盘价为45.44美元每ADS,市值约为512亿美元,远高于58同城的退市价格。而58同城的安居客项目,是当时市场上仅次于贝壳找房的存在,且在买房租房App应用上的渗透率、用户时长等数据上,安居客要优于贝壳找房[1]。遗憾的是,后续因为房地产市场受压,安居客于2021年4月、2024年10月两次申请在香港上市,均未成功;同时,58同城旗下的其他城市生活类应用,也被后来者赶超,公司估值持续走低。58同城给媒体留下的印象如下:业务庞大却不精,未深耕某个领域,在多个领域逐渐被赶超。到2024年年底,58同城这次退市,从商业角度看是失败的。

此外,58同城的信息真实性开始遭到质疑,2016—2020年,中国裁判文书网公开的58同城相关诈骗案件就有204起,是其他招聘平台出现在虚假招聘相关裁判文书中的次数的数倍,这损害了用户对其的信任。根据58同城与赶集网的公司公告与内部信,本次合并可以帮助双方减少营销成本、扩大平台优势、提升整体的收入和利润水平、达成资源优势互补。而媒体的讨论除了上述声音,还认为本次合并是资本背后推动的结果,只是关于主要推动人,不同的媒体说法不完全一致。58同城和赶集网的合并从年报的角度来看确实达到了降低销售费用的目的,合并后的几年内,58同城的业绩也提升了,比合并前更加具备竞争力。然而,在数智化时代,市场在动态变化,美团、大众点评等本地生活服务类平台

---

[1] https://xueqiu.com/2287778230/176609166。

的出现与普及,不断挤压58同城原来所享有的市场份额,一定程度上导致58同城与赶集网的合并在市值上并未达到预期,退市时的市值低于当初合并时希望达到的百亿元目标。

五、讨论与暂行结论

新兴互联网企业的并购逻辑与传统行业存在显著差异。推动互联网企业并购的因素、并购方式、并购后的整合与运营,都有可能存在不同或值得关注的地方。在滴滴并购快的案例中,虽然公司官方宣称的并购驱动力是资源联合等协同效应,但上文的分析表明,滴滴和快的的背后资本是这起并购事件发生的主导性因素。互联网企业在快速发展的早期阶段,往往面临着高度竞争和激烈的市场争夺,尤其是通过巨额补贴和市场扩张来抢占用户份额。这种"烧钱模式"虽然在短期内能够迅速扩大市场占有率,但从长期来看,会对企业的财务状况构成严重压力。因此,资本方往往在企业发展到一定阶段时介入,通过并购促成资源整合,以优化资本使用效率、降低资金消耗。

在工业经济时代,企业都是以实体形式存在,并购产生规模效应,是直接且明显的。以类平台实体零售企业为例,行业内两家竞争对手合并,会使门店数量直接增长,同时,仓储、物流、管理等可以共享,降低管理成本,例如,2009年,联合超市与华联超市合并,合并前双方的门店数量分别为3 932家、1 396家,合并后就是5 268家,这是最直接的"强强联合"与"1+1>2",也是并购中的"资源联合效应"的直接体现。

在数字经济时代,企业存在形式、组织与运行特征都在改变。我们所讨论的滴滴和快的就是一种平台类企业,互联网平台的虚拟化特征,使得平台理论上可以通过小额投入、提升软硬件系统等容纳无限用户,两个系统同时并行后容易产生用户混乱,因此,平台企业合并后通常都只保留一个平台。同时,互联网平台用户跨平台转换的成本近乎于零,平台合并后,用户数量并不会同比例增长,传统工业化时代的同类企业合并、"1+1>2"的现象,并不必然适用互联网平台类、同类企业合并,甚至有可能出现"1+1<1"的极端情况。

既然互联网平台类同类企业的合并不能产生"1+1>2"的效应,它们为什么要合并?从市场现象看,2015年的出行服务领域呈现一种较特殊的竞争形态:滴滴与快的之间的补贴大战,通过耗费了巨额资本,在最短的时间里"培养""生成"了一个新的市场——共享出行。这种通过"烧钱模式"在短期内形成的市场,没有稳定且健康的商业模式,需要持续的现金投入,行业健康发展的基本生态平衡难以确立。在这一背景下,阿里巴巴和腾讯作为幕后的资本推动者,展现出超越传统市场竞争的战略思维。他们意识到,持续的价格战将导致资本的非理性消耗,不仅无法创造实质性的价值,反而会削弱整个行业的发展潜能。在滴滴、快的双方背后资本的推动下,双方的合并,能够在短期内降低竞争、促销的市场支出,提升共享出行行业的经济有效性,从而提升公司价值,实现投资方的目标。当然,作为滴滴、快的的背后的投资方,阿里巴巴、腾讯同时拥有两个综合平台,它们都在重构一个更为全面、更具战略价值的数据要素生态系统。出行数据不仅仅是服务本身的价值,而且是人工智能、大数据分析的核心资源之一。传统的商业竞争逻辑正在被一种更为复杂的生态系统逻辑所取代。同样的事件也发生在优酷和土豆、58同城与赶集网。

制度经济学的核心观点是制度决定行为。借用康芒斯的表述：集体行动控制个体行动。并购作为一种市场衍生的经济行为，它也受到相应市场环境和各种基础性制度的影响。基于工业化时代所形成的并购理论，在数智化时代的适用性，值得讨论与关注。

因为数智化、金融化等的提升，资本市场的制度环境发生改变，并购的逻辑发生改变。我们对滴滴合并快的的案例分析表明，推动滴滴、快的合并的，很可能不是两个公司的管理层，而是两个公司背后的投资人。投资人推动合并，希望合并后的公司，减少市场竞争性的、过度的营销支出，以此来提高投资效率。这在一定意义上改变了并购的逻辑。

——并购发生的动因：在资本的推动下，互联网行业中存在直接竞争关系的头部企业会达成合并，如滴滴与快的、优酷合并土豆、58同城合并赶集网等。资本希望通过推动这种合并，降低市场竞争度，减少竞争的直接支出，以此来提升购并双方的市场价值，从而获利退出。

——并购定价与对价支付。由于并购发生在行业内头部企业，且推动者是资本，而资本推动并购与资本获利退出直接相关，因此，并购双方价值的确定可能会存在系统性高估现象。与资本市场公开要约收购只涉及目标公司估值不同，互联网平台类行业头部企业之间的合并，在双方都不是上市公司的情况下，会存在估值乐观现象，且对价支付以增发新股为主要支付手段。

——并购后运行。虽然滴滴与快的合并后提出双品牌运行、双CEO的联席制度等，但是很快就会出现标的公司品牌淡出、标的公司的CEO离开公司、公司的实际运营将由主并方公司及团队负责。并购后的市场份额通常会出现 1+1<2 的现象。极端情形下，出现 1+1<1。

滴滴并购快的是两家均没有上市的公司的合并，合并过程更多地聚焦于市场份额的争夺和业务整合的可能性；而优酷土豆则是两家都已经上市的主体的合并；58同城并购赶集网则是一家上市、一家未上市公司的合并，虽然三者的上市结构不同，但是三者的结果均符合我们的猜测。

时代改变了，理论也需要被重新认识、提炼。数智化重新定义了企业运行的制度环境，它也必然会改变企业并购的各项表现，即并购逻辑因为数智化的全面应用而改变。因此，我们探究三起并购案例的真正驱动因素，并结合并购后的实际运营情况，对数智化时代互联网企业并购给出合乎逻辑的解释，不仅是学者的使命，而且对资本市场的实务有相应的参考意义。通过对案例的研究，可以丰富企业并购理论，为后续的学术研究提供新的视角和实证依据；也可以提醒投资者和企业管理者在进行并购决策时，不能仅仅被短期的资本利益所诱惑，而应更加注重企业的长期战略规划、核心竞争力的培育，以及可持续发展能力的提升。在并购过程中，要充分考虑市场动态变化、行业竞争态势、品牌建设与维护等多方面因素，制定合理的并购策略和整合方案。资本推动的合并，追求的是资本短期利益最大化，这种资本短期回报最大化，对合并后的主体、合并后主体的全体股东、全体员工的影响，值得认真且细致的研究。例如,对于股东而言,虽然短期内可能通过股票交易获得一定收益,但从长期来看,如果企业发展受阻,股权价值将大幅缩水;在员工层面,并购后的业务调整和整合往往伴随着裁员、岗位变动等,员工的职业发展具有不确定性;高管层员工可能面临权力结构的重新调整,原有的管理理念和发展战略可能被推翻,影响其职业成就感和发展空间。

当然,我们关于数智化时代企业并购逻辑改变的若干预测,有待更加严谨的研究文献的支持。

(胡歆翊　卢禹心　洪景昱　赵姝娅)

参考文献

[1] 程聪,谢洪明,杨英楠,等.理性还是情感:动态竞争中企业"攻击—回应"竞争行为的身份域效应:基于AMC模型的视角[J].管理世界,2015(08):132-146+169+188.

[2] 郝慧丽.O2O商业模式下我国打车软件行业的法律监管[J].商场现代化,2014(10):74-75.

[3] 贺建刚,魏明海,刘峰.利益输送、媒体监督与公司治理:五粮液案例研究[J].管理世界,2008(10):141-150,164.

[4] 李培功,沈艺峰.媒体的公司治理作用:中国的经验证据[J].经济研究,2010,45(4):14-27.

[5] 李青原,田晨阳,唐建新,等.公司横向并购动机:效率理论还是市场势力理论:来自汇源果汁与可口可乐的案例研究[J].会计研究,2011(05):58-64,96.

[6] 阮飞,李明,董纪昌,等.我国互联网企业并购的动因、效应及策略研究[J].经济问题探索,2011(7):69-72.

[7] 孙鲲鹏,王丹,肖星.互联网信息环境整治与社交媒体的公司治理作用[J].管理世界,2020,36(7):106-132.

[8] 戎珂,肖飞,王勇,等.互联网创新生态系统的扩张:基于并购视角[J].研究与发展管理,2018,30(4):14-23.

[9] 于潇潇.我国风险投资机构的"择势"规则[D].厦门:厦门大学,2016.

[10] 张维,齐安甜.企业并购理论研究评述[J].南开管理评论,2002(2):21-26.

[11] 张鑫.互联网企业并购动因分析与思考:以滴滴出行并购案为例[J].当代经济,2018(14):50-51.

[12] 张姗,卢素艳.互联网企业并购整合的风险与防范:以滴滴打车和快的打车合并为例[J].企业管理,2017(4):108-109.

[13] 周绍妮,文海涛.基于产业演进、并购动机的并购绩效评价体系研究[J].会计研究,2013(10):75-82,97.

[14] Bradley M, Desai A, Kim E H. Synergistic gains from corporate acquisitions and their division between the stockholders of target and acquiring firms[J]. Journal of financial Economics, 1988, 21(1): 3-40.

[15] Fu F, Lin L, Officer M S. Acquisitions driven by stock overvaluation: are they good deals? [J]. Journal of Financial Economics, 2013, 109(1): 24-39.

[16] Shleifer A, Vishny R W. Stock market driven acquisitions[J]. Journal of financial Economics, 2003, 70(3): 295-311.